La storia. Temi

60

Marco Di Branco

Il califfo di Dio

Storia del califfato dalle origini all'ISIS (VII-XXI secolo)

viella

Prima edizione: maggio 2017
ISBN 978-88-6728-593-8

viella
libreria editrice
via delle Alpi, 32
I-00198 ROMA
tel. 06 84 17 758
fax 06 85 35 39 60
www.viella.it

Indice

Franco Cardini

Prefazione

Nell'ottobre dell'801, sul molo di Portovenere nel golfo della Spezia, successe una cosa che sembra una fiaba e che è, invece, storia ben documentata e impeccabilmente ricostruita da uno dei migliori medievisti del secolo scorso, l'indimenticabile Giosuè Musca.[1] Del resto, lo sanno tutti: la realtà storica supera spesso la più vivida delle fantasie.

A Portovenere sbarcò difatti l'ebreo Isacco, ambasciatore del califfo abbaside di Baghdad Harun al-Rashid; ma ai primi del IX secolo quell'*optimum* climatico che si sarebbe notato nel continente europeo a partire dalla seconda metà circa del successivo (e che circa trecento anni più tardi avrebbe cominciato a dar segni di declino) era ancora lontano. L'autunno inoltrato si sarebbe fatto sentire con precoci nevicate e le Alpi da passare erano un ostacolo troppo pauroso non solo e non tanto per il buon ambasciatore del califfo, quanto per il dono mirabile ch'egli recava dalla Mesopotamia in Austrasia per il re dei franchi Carlo, da pochi mesi divenuto – non sappiamo bene se davvero per sua iniziativa o in seguito a una *combine* del papa – *Romanorum gubernans imperium*: formula abbastanza ambigua, mirante non si sa bene se a tranquillizzare e placare oppure a provocare e indispettire la *basilissa* Irene, che appunto imperatrice lo era sul serio. Era quello un momento d'intensa attività diplomatica da parte di Carlo: alla volta del vescovo di Roma, degli emirati arabo-berberi della penisola iberica, della stessa Irene, del patriarca di Gerusalemme e perfino, appunto, del califfo Harun. Del resto, già suo padre Pipino aveva già avviato rapporti diplomatici addirittura fino dal 765 col secondo califfo abbaside, al-Mansur.

1. G. Musca, *Carlo Magno e Harun al-Rashid*, n.ed. riveduta, Bari, Dedalo, 1996, pp. 17-19 e *passim*.

La stagione fredda obbligò pertanto Isacco a svernare a Vercelli per ripartire alla volta di Aquisgrana solo in primavera inoltrata, quando i passi furono del tutto sgombri e il clima più dolce per il grande animale, dono di colui che gli *Annales regni Francorum* denominano *rex Persarum*, ricevuto con onore, orgoglio, stupore, meraviglia e ammirazione il 20 luglio dell'802 dal sovrano franco e dai suoi cortigiani. La considerazione dell'elefante come animale simbolo di forza e di potenza, già comune fra i romani fino dai tempi di Pirro d'Epiro e di Annibale, era condivisa da cristiani e da musulmani.[2]

Il dono recato da Isacco non era, a quel che pare, spontaneo: l'imperatore – nella *Francia orientalis,* in quella *occidentalis* e in Italia lo chiamavano ormai tutti così – lo aveva anzi richiesto con insistenza. Si trattava di un esemplare di elefante indiano, dal momento che a quel che pare – secondo la testimonianza di al-Masʿudi – tali pachidermi si erano completamente estinti o erano comunque scomparsi dall'Africa settentrionale. Non sappiamo che età avesse il grande animale quando raggiunse la reggia franca. Sarebbe morto comunque meno di un decennio più tardi, nell'810, a Lippenham sul Reno: e si dice che la brava gente del luogo avrebbe atteso trepidante che le sue ossa, secondo la leggenda, si mutassero in puro prezioso avorio.

Le vicende successive alla scomparsa di Carlomagno non consentirono la sistematica prosecuzione dei contatti tra una corte imperiale franca e poi romano-germanica che non mantenne né solidità né autorevolezza e fu oggetto di numerose crisi da una parte, una corte califfale che dovette affrontare – da Cordova al Cairo – numerose forme di ostilità e vari episodi di emulazione dall'altra. Eppure, se non proprio progetti e programmi, sogni e speranze continuavano.

Ma ormai della parola «califfo», con molte varianti, si era impadronita la cultura medievale: e anche l'immaginario. Al punto che ai primi del 906 Berta di Toscana, figlia di Lotario II re di Lotaringia, poteva osar indirizzare al califfo al-Muktafi una lettera sorprendente che accompagnava ricchi doni, lo invitava a renderle visita nel suo 'regno' e gli annunziava una più precisa e segreta proposta, che il latore della missiva avrebbe oralmente presentato al Principe dei Credenti. Il tono di quel documento è così sorprendente da aver consentito a qualche studioso – sia pur forzando alquanto i termini della

2. Sulla 'cultura dell'elefante', cfr. A. Hutchinson, *Cet étrange colosse. L'éléphant en Europe. Deux mille cinq cents ans d'histoires,* tr.fr., Paris, Arléa, 2007, *passim.*

questione – di ipotizzare che si trattasse addirittura di una promessa di matrimonio: il che va comunque escluso in quanto la gran signora a quell'epoca era coniugata. Più probabile appare semmai la proposta di un'alleanza in funzione antibizantina, sulla quale la duchessa contava forse in realtà, concretamente, per rafforzare la sua posizione in Italia.[3]

L'istituzione del califfato, a proposito della quale o attorno alla quale si consumò il duplice scisma tra sunniti e sciiti e quindi tra sciiti e kharigiti,[4] fu quindi molto presto oggetto dell'interesse degli europei occidentali: ma non si può dire che fosse troppo ben compresa nelle sue linee di fondo sia teologico-religiose, sia politico-istituzionali. Si colse tuttavia, sia pur maldestramente adattandola al pensiero cristiano-latino, che si trattava di qualcosa che da una parte interessava il tema della 'monarchia sacra' – e che il potere fosse strettamente congiunto con la sacralità sarebbe stato indiscutibile, del resto, fino al XVIII secolo[5] – ma dall'altra riguardava anche il 'sacerdozio' e, soprattutto, una funzione vicariale. Non a caso fu detto, nel nostro medioevo, che il califfo era «il papa dei musulmani»: vicario e successore del Profeta, dunque, con forte e non generica analogia rispetto al pontefice romano, vicario di Pietro (e non ci dilunghiamo qui sul parallelismo, in ciò sottinteso, tra Pietro e Muhammad nella differente concezione della Divinità e nella comune adorazione dello stesso Dio che caratterizza le due religioni abramitiche e le collega entrambi alla primigenia, l'ebraismo). D'altronde, il fatto

3. Cfr. il fondamentale studio di C. Renzi Rizzo, *Riflessioni su una lettera di Berta di Toscana al califfo Muktafi: l'apporto congiunto dei dati archeologici e delle fonti scritte,* «Archivio storico italiano», 159 (2001), pp. 3-46, a proposito del quale mi permetto il rinvio anche a F. Cardini, *La Toscana medievale e l'Oriente musulmano*, «Oriente Moderno», n.s., 24 (2005) = *Studi in memoria di Pier Giovanni Donini*, pp. 363-375. La signora Renzi Rizzo è allieva del grande Marco Tangheroni, studioso finissimo della Toscana e del Mediterraneo medievali, purtroppo immaturamente scomparso.

4. Su ciò rimandiamo a A. Ventura, *Confessioni scismatiche, eterodossie e nuove religioni sorte nell'Islam,* in *Islam,* a cura di G. Filoramo, Roma-Bari, Laterza, 1999, p. 318-319: un libro fondamentale, al quale vanno tuttavia accostati, per una visione generale del problema musulmano (e quindi anche del califfato nel suo complesso), almeno il precedente B. Scarcia Amoretti, *Il mondo musulmano. Quindici secoli di storia,* Roma, Carocci, 1998, e il successivo *Storia del pensiero politico islamico. Dal profeta Muhammad ad oggi*, a cura di M. Campanini, Milano, Mondadori, 2017.

5. Ma si tratta di un inaggirabile principio universale, per quanto la Modernità si fondi anche, tra l'altro, sulla sua pretesa contestazione: «l'*auctoritas* di un regime politico, qualsiasi esso sia, non può non riferirsi a un orizzonte *metapolitico*» (M. Cacciari, *Il tramonto di Padre Polemos,* in M. Cacciari, L. Caracciolo, E. Galli della Loggia & E. Rasy, *Senza la guerra,* Bologna, il Mulino, 2016, p. 119).

che il califfato più celebre, l'abbaside, scomparisse a metà del Duecento e che altre esperienze califfali passassero in un modo o nell'altro (compresa l'ottomana) più o meno inosservate fu causa di una scarsa attenzione sia da parte del pensiero storico-religioso e religioso-istituzionale dell'Occidente, sia da parte delle *idées reçues* a livello di cultura diffusa e di pubblica opinione. Non a caso, il califfo (naturalmente 'di Baghdad') più celebre resta Harun al-Rashid, evidentemente a causa della diffusione dal Seicento in poi delle *Mille e Una Notte* e, quindi, del cinema che – soprattutto dalla magica età del caro, indimenticabile Technicolor e dei kolossal di Hollywood in poi – lo ha cucinato in varie salse e a proposito del quale è appunto il caso di dire che se ne siano viste di tutti i colori.

D'altronde, come si usa dire, «al peggio non c'è mai fine» (e poi, quello hollywoodiano non era in fondo il peggio…). Se avete la pazienza di rintracciare e di ripercorrere *Le Monde des Livres* del 9 gennaio 2015, e in particolare la 'spalla' a firma Jean Birnbaum, *Houellebecq et le spectre du califat,* ne apprenderete delle belle – e anche delle brutte, e addirittura delle bruttissime – a proposito del purtroppo *best seller* di Michel Houellebecq dal titolo *Soumission* e di molto altro *parler pour ne rien dire* (non a caso si tirano in ballo l'«Eurabia» e la signora Bat Ye'or: il che rinvia irresistibilmente noialtri italiani a Oriana Fallaci). Ma tra Harun al-Rashid e Michel Houellebecq n'è passata moltissima d'acqua sotto i ponti: sotto quelli del Tigri non meno che sotto quelli della Senna.

Un ingrediente del successo è infatti, indiscutibilmente, la tempestività: che è sovente anche un'involontaria, addirittura insperata coincidenza. È un dato obiettivo che l'uscita del romanzo di Houellebecq sia si può dire esattamente contemporanea all'attentato del 7 gennaio 2015 nella sede del «Charlie-Hebdo»: ed entrambi gli episodi, evidentemente del tutto estranei tra loro, si situano meno di sei mesi dopo un altro evento che aveva acceso sull'istituzione califfale i riflettori del mondo intero come nessun Harun al-Rashid, nessuna edizione de *Le Mille e Una Notte,* nessun kolossal hollywoodiano sarebbe mai riuscito a fare: e che ha contribuito enormemente all'ulteriore dilagare di quello che con molta correttezza Alfonso Noël Angrisani ha proposto di definire «mislamismo».[6]

6. A.N. Angrisani, recensione a M. Onfray, *Pensare l'Islam* (Milano, Ponte alle Grazie, 2016), «Diorama letterario», 336 (marzo-aprile 2017), p. 24. Temo che la proposta di Angrisani non avrà purtroppo successo, in quanto il neologismo proposto è un po' troppo difficile per la media culturale del nostro tempo e del nostro paese: ma è molto più preciso

Difatti il 29 giugno 2014 il mondo assisté attonito alla notizia della «restaurazione del califfato» (o meglio, dell'instaurazione di un nuovo califfo) da parte dei cosiddetti *mujahidin* – vale a dire "impegnati in uno sforzo gradito a Dio" – dell'area di confine tra Siria e Iraq, quelli che di solito i *media* definivano allora e ancor oggi definiscono i «jihadisti» di un autoproclamato *Islamic State in Iraq and Levant* (ISIL) che fu definito allora anche *Islamic State in Iraq and al-Sham* (ISIS), mentre ormai ha prevalso la più corretta dizione di *Da'wa Islamiyya al 'Iraq wa-al-Sham* espressa dalla fatidica sigla *Daesh* che peraltro, ad orecchie italiane, richiama irrimediabilmente una marca di detersivo.

Daesh dovrebbe, nelle intenzioni, raccogliere tutti i fedeli musulmani del mondo e ricostituire la *umma,* la comunità musulmana nel suo complesso. Il nuovo califfo porta il nome del primo califfo dell'Islam, Abu Bakr, suocero del Profeta in quanto padre della di lui prediletta moglie 'A'isha: si tratta difatti di Ibrahim Abu Bakr al-Baghdadi. Lo *speaker* dell'organizzazione, Abu Muhammad al-Adnani, sottolineò l'importanza di questo evento, che avrebbe conferito un volto nuovo all'Islam, ed esortò i buoni fedeli ad accoglierlo, respingendo la «democrazia» e gli altri pseudovalori proclamati dall' l'Occidente. Alcuni 'esperti' commentarono che ci si trovava dinanzi al più importante sviluppo del *jihad* musulmano dopo l'11 settembre del 2001 e che il nuovo califfato avrebbe potuto travolgere gli equilibri vicino- e mediorientali. Di quell'esperienza stiamo in questi giorni assistendo all'epilogo, per quanto le cose siano ancora molto incerte. Ma, se non altro, questi tragici (e talora anche, va riconosciuto, tragicomici) eventi hanno risvegliato da noi l'interesse per una straordinaria istituzione e un grande, significativo capitolo della storia politica, religiosa, culturale non solo dell'Islam bensì del mondo intero.

Del califfato e dei califfi si sono dette molte cose, spesso con imprecisioni molto forti quando non addirittura con equivoci ed errori. Anche per questo è utile, anzi necessario e benemerito, questo libro di Marco Di Branco che però – e ciò va sottolineato con forza – non è soltanto, anzi non è semplicemente, una storia dell'istituzione califfale.

della parola «islamofobia», che specificamente indica piuttosto la paura dell'Islam, mentre oggi ci troviamo dinanzi a un vero e proprio odio nei confronti di esso. Ma ormai i lettori del *Misanthrope* di Molière, per tacer di quelli dell'alfieriano *Misogallo,* si sono rarefatti: e i 'misogini', da parte loro, sono stati derubricati ad 'antifemministi' (che, tra l'altro, non è per nulla la stessa cosa). *Graecum est, non legitur.*

Marco Di Branco accampa le sue straordinarie conoscenze, tanto estese quanto approfondite, in un àmbito che – come le sue ricerche già edite ben attestano – riguarda essenzialmente e centralmente il rapporto fra la cultura greco-romana antica e quella arabo-musulmana. A queste sue competenze egli ha impresso un carattere che – al di là di qualunque abusato, logoro riferimento a una 'interdisciplinarità' che sarebbe comunque un dato pleonastico – affianca sistematicamente la storia alla filologia all'antropologia. Ciò conferisce a questa monografia, disegnata in modo molto ardito e con metodo impeccabile che va tuttavia attentamente meditato e compreso, un carattere che, pur senza mai disorientare il lettore (ma obbligandolo sempre, e quasi sfidandolo, a un impegno vigile che non ammette distrazioni), si discosta spesso dalla buona, vecchia e tanto comoda narrazione cronologica per guidarlo in un itinerario labirintico ad affrontare il quale, peraltro, sempre gli viene offerto un solido filo di Arianna. Esemplare in tal senso mi è apparsa l'insistenza del rapporto dei califfi – o di quanti, a torto o a ragione, la dignità califfale hanno rivendicato – con Roma, i loro attacchi ad essa, le reiterate dichiarazioni di volontà conquistatrice nei suoi confronti che con molte e profonde differenze (dall'incursione dell'846 alle millanterie liturgizzate dei *padisha* ottomani sino alle minacce di al-Baghdadi che potranno sembrar grottesche ma non sono prive di significato profondo) alcuni di loro hanno esplicitamente proferito. La prospettiva dalla quale tutto ciò va considerato – e non dimentichiamo il rapporto profondo dei califfi successivi a quelli «Ben guidati» con il mondo bizantino prima, persiano-sasanide poi – è quella della monarchia sacra o, se si preferisce definirla altrimenti (ma le due espressioni sono complementari se non addirittura tautologiche), della regalità universale: che, al di là di comparazioni peraltro legittime con lontani esempi uralo-altaici, cinesi, giapponesi e magari maya o aztechi – ma lontani quanto e in che senso? Qui, da Frazer a Frobenius a Lévi-Strauss le risposte date sono state molte…–, rinvia a modelli egizi, assiro-babilonesi, indoiranici che stanno alla base delle esperienze ellenistico-romane ed etiopiche; ma senza dimenticare tuttavia, e Di Branco difatti non le dimentica, la presenza biblico-ebraica (a quelle egizia e assiro-babilonese-indoiranica peraltro profondamente connessa) e quindi le tradizioni arabe preislamiche con i loro modelli sabei e nabatei (nei quali, assieme alla Bibbia, alla Persia, alla Grecia e a Roma, s'impone di nuovo l'Etiopia) che tanto hanno influenzato la prima fase della civiltà musulmana. E vien quasi spontaneo pensare di nuovo al vecchio Carlomagno, stupito alla presenza di quel bestione che il califfo gli aveva spedito a morir nella gelida Aquisgrana (poco avranno giovato al povero animale i pur «tèpidi lavacri» di manzoniana memoria delle sue sorgenti termali…), e alla coincidenza – un'altra! – che il Profeta sia nato proprio nell'Anno dell'Elefante, il 570.

Con un occhio alla teoria e uno alla prassi, Di Branco procede con rigore nel confronto tra fatti, istituzioni, fondamenti scritturali e teologico-giuridici, pratiche di governo, organizzazione territoriale dell'impero – o di quella che, peraltro in appunto più profonda analogia con l'impero romano, dovremmo denominare *res publica fidelium*? –, dinamiche di potere espresse e sintetizzate nell'eterna *fitna,* la «discordia» che sconvolge il mondo dei «Ben Guidati» e prelude alle grandi dinastie umayyade e ʿabbaside che l'hanno successivamente estinta, cavalcata, eliminata di nuovo fino all'apocalisse tartara del 1258 ma ch'è a quel che pare destinata a sempre risorgere, terribile e talora silenziosa, talaltra urlante compagna dell'Islam come ai giorni nostri ben abbiamo purtroppo dovuto reimparare.

Dall'Arabia alla Siria all'Iraq all'Egitto alla penisola iberica all'Anatolia all'Africa settentrionale dilaga quindi la lunga storia dei califfi e anche dei loro collaboratori, emulatori, rivali: 'eresia' (se di eresie nel mondo musulmano, che manca d'istituzioni propriamente ecclesiali come noi le intendiamo, si può parlare), esoterismo, messianismo e spirito 'sedizioso' – l'aggettivo «rivoluzionario» sarebbe forse improprio, forse imbarazzante e sviante – si alternano e s'intrecciano anche nella storia dei vari sultani, *shaykh*, *mahdi*, *imam* e *ra'is* che all'istituzione califfale o a quelle che ad essa volta per volta pretendono d'identificarsi o di sovrapporsi s'indirizzano, si riferiscono o si contrappongono.

Di Branco è uno studioso di straordinario rigore, inflessibile con se stesso e con gli altri: sa che nulla va concesso a soluzioni semplicistiche o a compromessi divulgativi, ma al tempo stesso non ignora che una corretta, efficace e magari anche piacevole esposizione è parte integrante della ricerca storica, non ne costituisce solo un più o meno allettante involucro. Senza tirate retoriche sul «tutta-la-storia-è-storia-contemporanea», egli sa benissimo, e si rende perfettamente conto, che le sue pagine saranno lette da molti che vi cercheranno anche risposte a fatti e a situazioni contemporanee. Questa è la storia: impegno scientifico certo, piacere intellettuale senza dubbio: ma anche servizio civico.

Introduzione*

Al momento di marciare
molti non sanno
che alla loro testa marcia il nemico.
La voce che li comanda
è la voce del loro nemico.
E chi parla del nemico
è lui stesso il nemico.

Bertolt Brecht

È più gratificante – e più difficile – pensare in modo concreto e comprensivo, contrappuntistico, agli altri di quanto non lo sia pensare esclusivamente a 'noi'. Ma ciò significa anche non cercare di dominare gli altri, non cercare di classificarli o di inserirli a forza in un ordine gerarchico e, soprattutto, non ripetere continuamente che la 'nostra' cultura (o il nostro paese) è la prima fra tutte (o che *non* lo è, per quel che conta). L'intellettuale ha ben altri e più validi compiti da assolvere.

Edward W. Said

In uno dei suoi ultimi libri Umberto Eco offre una sintetica descrizione – tanto tragicomica quanto efficace – del momento storico che stiamo vivendo:[1]

> Terminata la guerra fredda, abbiamo avuto con l'Afghanistan e l'Iraq il ritorno alla Guerra Calda; riesumando il Grande Gioco di Kipling, si è tornati allo scontro tra Islām e Cristianità, compresi gli Assassini suicidi del Veglio

* Nomi propri e toponimi arabi sono traslitterati secondo la consuetudine scientifica. Un'eccezione è costituita dai toponimi e dai nomi di uso comune (come ad esempio «Baghdad», «Iraq», «Iran», «Mecca», «Medina», «Mossul», «harem» etc.) dei quali, per comodità del lettore, si è scelto di utilizzare la versione 'normalizzata'. Seguendo la prassi consolidata, i nomi comuni arabi, anch'essi traslitterati, sono quasi sempre riportati al singolare (ad esempio, «gli *imām*», non «gli *a'imma*»), onde evitare inutili confusioni; quando però la forma plurale è attestata sia nella letteratura scientifica sia in quella divulgativa più di quella singolare (ad esempio, «gli *'ulamā'*», sing. *'ālim*), si riporta la prima, segnalandolo opportunamente al lettore.

1. U. Eco, *A passo di gambero. Guerre calde e populismo mediatico*, Milano, Bompiani, 2006, p. 3.

della Montagna, e il grido di «mamma li turchi» [...]. La Storia, affannata per i balzi fatti nei due millenni precedenti, si riavvoltola su se stessa, marciando velocemente a passo di gambero.

In effetti, fino a pochi decenni fa, non in molti avrebbero previsto che il XXI secolo si sarebbe aperto all'insegna di un nuovo confronto fra Oriente e Occidente, somigliante, almeno in superficie, a una versione postmoderna delle Crociate. La consapevolezza che la realtà sia molto diversa e che l'idea stessa di «scontro delle civiltà», così come essa è stata formulata dal politologo Samuel P. Huntington, non sia altro che un mito semplificatore, uno schermo atto a nascondere, anziché svelare, i veri termini del conflitto in atto, non rende meno importante e urgente dotarsi di un solido bagaglio di conoscenze di base sulla storia e sulla religione islamica. Esso infatti potrà costituire una sorta di bussola per orientarsi nell'intrico di falsità, errori marchiani e fraintendimenti che caratterizza la rappresentazione dell'Islām offerta dai mezzi di comunicazione di massa dei paesi occidentali, contribuendo al tempo stesso a smascherare l'inganno di chi utilizza l'immagine deformata del mondo islamico a scopi propagandistici.

In effetti, i drammatici eventi che negli ultimi venticinque anni hanno visto contrapporsi una serie di paesi e organizzazioni terroristiche musulmane e alcune delle più importanti nazioni dell'Occidente (dalle due Guerre del Golfo all'attentato delle *Twin Towers*, dall'intervento americano in Afghanistan ai recenti eccidi di Parigi, Bruxelles, Nizza e Berlino) possono essere compresi in tutta la loro portata solo se analizzati, oltre che da sociologi e politologi, da storici ed esperti del mondo islamico, tanto più che la pretesa dei musulmani fondamentalisti di trarre ispirazione dalle istituzioni e dai costumi dell'epoca d'oro dell'Islām rende paradossalmente attualissime dottrine e visioni che risalgono all'epoca tardoantica o all'alto Medioevo. Da questo punto di vista, il caso più eclatante è quello del ritorno del califfato, la recentissima riproposizione da parte del cosiddetto «Stato Islamico in Iraq e in Siria» (ISIS), poi autodefinitosi semplicemente «Stato Islamico» (IS), di un'istituzione più che millenaria in chiave contemporanea. Stando così le cose, uno dei concetti fondamentali su cui è bene sviluppare una riflessione rivolta a un pubblico che vada oltre quello degli addetti ai lavori è appunto l'idea islamica di sovranità, di cui il califfato costituisce una delle massime espressioni. Data la sua importanza, l'istituto califfale è stato oggetto nel corso del tempo di un enorme numero di studi specifici, ma a esso, per quanto strano possa sembrare, sono stati dedicati pochissimi lavori di sintesi. Nel mondo anglosassone i testi di riferimento sono stati a lungo le classiche monografie di Sir William Muir e di Sir Thomas W. Arnold, che risalgono rispettivamente al 1891 e al 1924, alle quali si è aggiunta solo recentemente un'opera a più mani che tratta molteplici aspetti della questione,[2] mentre in ambito francofono, fino al 2014, anno della proclamazione del califfato dell'IS, si disponeva dei volumi di Aboubekr Rahal e Ali Mérad.[3] Gli eventi degli ultimi anni hanno ovviamente spinto gli studiosi a tornare ad affrontare questo tema: in Francia ha visto la luce l'agile storia del califfato di Mathieu Guidère, e in Gran Bretagna è stata pubblicata una brillante sintesi firmata da Hugh Kennedy.[4]

Per quanto concerne il panorama culturale italiano, il manifestarsi di nuove problematiche coinvolgenti le relazioni con il mondo islamico, come la questione palestinese, la rivoluzione iraniana, i sempre più intensi flussi migratori provenienti da paesi musulmani, la nascita di movimenti fondamentalisti e terroristi come *al-Qāʿida* e il cosiddetto «Stato Islamico» (IS), autori di attentati tanto efferati quanto spettacolari in Oriente e in Occidente, ha portato alcuni dei maggiori islamisti italiani contemporanei – Biancamaria Scarcia Amoretti, Gianroberto Scarcia, Paolo Branca, Claudio Lo Jacono, Antonino Pellitteri e Massimo Campanini – a prendere la parola anche a livello mediatico.[5] Ma il contributo più notevole, in tal

2. W. Muir, *The Caliphate: Its Rise, Decline and Fall*, London, The Religious Tract Society, 1892²; T.W. Arnold, *The Caliphate*, Oxford, Clarendon Press, 1924; *The Caliphate and Islamic Statehood: Formation, Fragmentation and Modern Interpretations*, ed. by C. Kersten, I-III, Berlin, Gerlach Press, 2015. Vd. anche E.I.J. Rosenthal, *Political Thought in Medieval Islam. An Introductory Outline*, Cambridge, Cambridge University Press, 1958, pp. 21-109; A.A.V.V., s.v. «Khalīfa», in *The Encyclopaedia of Islam*², IV (1997), pp. 937-953, e W. Qadi, A.A. Shahin, s.v. «Caliph, Caliphate», in *The Princeton Encyclopedia of Islamic Political Thought*, ed. by G. Bowering, P. Crone, W. Kadi, D.J. Stewart and M. Qasim Zaman, Princeton, Princeton University Press, 2012, pp. 81-86.

3. A. Rahal, *Le Califat, de sa naissance à son abolition*, Alger, Entreprise Nationale du Livre, 1992; A. Mérad, *Le Califat, une autorité pour l'Islam?,* Paris, Desclée de Brouwer, 2008.

4. M. Guidère, *Le retour du califat*, Paris, Gallimard, 2016 (Le débat, s.n.); H. Kennedy, *The Caliphate*, London, Pelican Books, 2016

5. Va rilevato come anche studiosi stimati possano comunque incorrere in clamorose ingenuità ed errate valutazioni di fenomeni legati al mondo islamico contemporaneo: è il caso, ad esempio, delle cosiddette «Primavere arabe», di cui non si è riuscito a comprendere per tempo il carattere ambiguo ed eterodiretto. Così, rilette a posteriori, le considerazioni entusiastiche espresse sul momento da analisti rinomati risultano alquanto risibili e imbarazzanti. Un chiaro esempio di questa attitudine è l'articolo dell'arabista Roberto Tottoli *Se i giovani arabi riconoscono Israele* pubblicato sul «Corriere della Sera» del 4 aprile

senso, è stato offerto da Franco Cardini, uno studioso che, pur non essendo a tutti gli effetti un islamista, ha intrapreso un interessante cammino di ricerca concernente i modi e le ragioni dei contatti fra Europa e mondo islamico, il processo storico secondo il quale tali rapporti si sono sviluppati e la pluralità di aspetti, concezioni, forme di pregiudizio e di disinformazione che hanno configurato e condizionato la visione del secondo da parte della prima.[6] Negli ultimi tempi, partendo da una piena consapevolezza della complessità di tali problematiche e delle dinamiche da esse sottese, Cardini si è poi dedicato all'analisi delle politiche e delle strategie militari messe in atto dallo «Stato Islamico»,[7] giungendo a risultati assai più fondati e convincenti di quelli esposti nei numerosissimi studi dedicati al fenomeno da giornalisti ed esperti di geopolitica e strategia che sono apparsi sull'onda delle dirompenti azioni militari e terroristiche attribuite all'IS.[8]

2011, in cui l'autore afferma testualmente: «Manca un ultimo passo alla gioventù araba e musulmana delle rivolte per ambire a un futuro veramente nuovo: affermare e pretendere il riconoscimento di Israele e chiedere ai coetanei israeliani di mobilitarsi anche loro per la creazione di uno Stato palestinese, deponendo ogni ostilità. E chiedere alle forze politiche nuove e forse libere, Fratelli musulmani compresi, di fare lo stesso». L'ingenuo e velleitario ottimismo di una simile posizione, che si tinge di grottesco alla luce dei fatti successivi, è basato su un'analisi dei fatti superficiale e semplicistica, nella quale la complessità della situazione e il concreto intreccio di interessi contrapposti vengono sistematicamente ignorati a favore di una generica retorica venata di un entusiasmo 'democratico' del tutto ingiustificato.

6. Della vasta produzione di Franco Cardini relativa al rapporto tra Europa e mondo islamico si vedano soprattutto *L'invenzione del nemico*, Palermo, Sellerio Editore, 2006 (Nuovo Prisma, 67); *Europa e Islam. Storia di un malinteso*, Roma-Bari, Laterza, 2007[2] (EL, 432), e il recente *Il Califfato e l'Europa. Dalle crociate all'I.S.I.S.: mille anni di paci e guerre, scambi, alleanze e massacri*, Torino, UTET, 2015.

7. Vd. in particolare F. Cardini, *L'ipocrisia dell'Occidente. Il califfo il terrore e la storia*, Roma-Bari, Laterza, 2015 (I Robinson/Letture, s.n.), che raccoglie i principali interventi 'militanti' dell'autore su temi storici, politici e culturali legati al tema del fondamentalismo islamico e dei suoi ambigui legami con l'Occidente; F. Cardini, M. Montesano, *Terrore e idiozia. Tutti i nostri errori nella lotta contro l'islamismo*, Milano, Mondadori, 2015, che costituisce un'utile messa a punto anche teorica sulla questione della peculiare «guerra asimmetrica» in atto tra l'IS e il mondo occidentale, e F. Cardini, *"L'Islam è una minaccia". Falso!*, Roma-Bari, Laterza, 2016 (Idòla, s.n.), in cui sono analizzati e decostruiti molti dei luoghi comuni concernenti l'Islām diffusi nella pubblicistica contemporanea.

8. In Italia, la ricca pubblicistica concernente l'IS brilla per la totale assenza di un inquadramento storico adeguato del problema del califfato e per l'assoluta superficialità dei riferimenti religiosi e culturali: un tipico esempio di questo modo di procedere sono le due monografie di M. Molinari, *Il califfato del terrore. Perché lo Stato islamico minaccia*

Secondo Cardini, le stragi perpetrate dagli scherani dello «Stato Islamico», non sono un episodio di una guerra di religione né, tantomeno, il riflesso di uno 'scontro di civiltà': esse costituiscono piuttosto il risultato delle mosse di un'organizzazione criminale che fa proseliti trattando l'Islām non come una fede ma esclusivamente come un'ideologia politica, postulando arbitrariamente la necessità che tutti i musulmani sunniti del mondo si riuniscano per combattere i «crociati» occidentali e gli «eretici» sciiti. Dietro questa costruzione, folle solo in apparenza, si celano però interessi ben precisi di vari protagonisti della politica mondiale, che, per motivi diversi, hanno tutto l'interesse a perpetuare all'infinito lo *status quo*.

Per scardinare una simile logica, è necessario riflettere storicamente, evidenziando l'artificiosità della proposta politica avanzata dagli ideologi dell'IS, che è basata su una forma di Islām mai inveratasi nella realtà effettuale. A tal proposito, l'analisi della vicenda storica del califfato, alla quale è dedicato questo libro, costituisce un'importante cartina tornasole: da essa

l'Occidente, Milano, Rizzoli, 2015, e *Jihad. Guerra all'Occidente*, Milano, Rizzoli, 2015, che contengono solo scarsissimi accenni, generici e approssimativi, alla teoria e alla prassi politiche dell'Islām medievale; la raccolta di saggi *Jihad e terrorismo. Da al-Qa'ida all'ISIS: storia di un nemico che cambia*, a cura di A. Plebani, Milano, Mondadori, 2016 (Oscar storia, s.n.), in cui l'articolo di P. Maggiolini, *Dal* jihad *al jihadismo: militanza e lotta armata tra XX e XXI secolo*, ivi, pp. 3-44, dedica appena sette pagine al concetto di *ğihād* nella storia e nella riflessione giuridica (pp. 11-17); lo sconcertante volume di A. Orsini, *ISIS. I terroristi più fortunati del mondo e tutto ciò che è stato fatto per favorirli*, Milano, Rizzoli, 2016, del tutto privo di informazioni concernenti il contesto politico-religioso di riferimento dei 'terroristi' al centro dell'indagine. Due eccezioni positive sono costituite dai volumi curati da M. Maggioni, P. Magri, *Il marketing del terrore*, Milano, Mondadori, 2016 (Piccola Biblioteca Oscar, 750) e M. Trentin, *L'ultimo califfato. L'organizzazione dello Stato Islamico in Medio Oriente*, Bologna, il Mulino, 2017 (Saggi, 849), che contengono brevi saggi sulla storia del califfato (P. Branca, *Il califfato fra storia e mito*, in *Il marketing del terrore*, pp. 29-47; B. De Poli, *Il califfato di al-Baghdādī. L'ideologia dello «Stato Islamico»*, in *L'ultimo califfato*, pp. 97-124). Il panorama internazionale non appare molto più stimolante: basti pensare che quelle che vengono considerate a tutt'oggi le migliori monografie sull'IS, e cioè il volume di J. Warrick, *Black Flags. The Rise of ISIS*, New York, Doubleday, 2015, e quello di M. Weiss, H. Hassan, *ISIS. Inside the Army of Terror*, New York, Regan Arts, 2016[2], mancano totalmente di un inquadramento storico della questione del califfato. Anche in questo caso, esistono due felici eccezioni: la seconda edizione del libro di David Cook sul concetto di *ğihād* dalle origini all'età contemporanea (*Understanding Jihad*, Oakland, CA, University of California Press, 2015[2]) e il saggio tanto erudito quanto brillante e provocatorio di Ph.-J. Salazar, *Parole armate. Quello che l'ISIS ci dice e che noi non capiamo* (2015), tr. it. di C. Lurati e G. Sartori, Milano, Bompiani (Saggi Bompiani, s.n.), 2016.

si evince infatti chiaramente come l'attuale riproposizione di questa antica e prestigiosa istituzione, più che scaturire dal corpo vivo delle società del mondo islamico contemporaneo, sia il frutto di una ben precisa strategia di '*marketing* politico' finalizzata a restaurare un'icona del tutto priva di radici reali nell'attuale assetto del Medioriente e nelle teorie dei maggiori *leaders* politico-religiosi musulmani. Questo smascheramento costituisce in fondo un'ulteriore prova del fatto che le scienze storiche, anche in una società tecnologica e globalizzata, esercitano ancora un ruolo sociale e politico estremamente importante. Esse, infatti, offrono strumenti preziosi per interpretare una realtà sempre più complessa e possono contribuire a fornire soluzioni ai problemi di convivenza interculturale e interreligiosa che la società contemporanea si trova a dover affrontare con sempre maggior urgenza.

Il libro che avete tra le mani si rivolge soprattutto a coloro che desiderano conoscere meglio la storia dell'istituzione califfale, per come essa è rappresentata dalla tradizione musulmana, pur non disponendo di conoscenze approfondite sull'Islām. Di conseguenza, nessuna nozione di base concernente la storia e la religione islamiche è data per scontata, tutti i personaggi menzionati sono presentati al lettore nella maniera più chiara possibile e degli eventi a cui si fa riferimento si dà sempre un breve riassunto.

I passi coranici sono citati nella splendida traduzione di Alessandro Bausani (*Il Corano*, Milano, Rizzoli, 1988 [Biblioteca Universale Rizzoli, s.n.]).

Desidero qui ringraziare alcune persone che mi hanno sostenuto con la loro amicizia durante la stesura del testo: Reda Hammad, Jean-Claude Maire Vigueur, Cristina D'Ancona, Elisa Coda, Cecilia Martini, Kordula Wolf, Biancamaria Scarcia Amoretti, Gianroberto Scarcia, Vera von Falkenhausen, Carlo Taviani, Edoardo Acotto, Filippo Donvito.

Dedico il lavoro alla memoria del mio maestro, Gianfranco Fiaccadori, *quia fortis est ut mors dilectio*.

1. Il ritorno del califfo

Un califfo a Mossul

Il 5 luglio 2014 tutto il mondo ha potuto assistere all'apparizione in video del califfo dello «Stato Islamico», l'*amīr al-mu'minīn* («emiro dei credenti», uno dei titoli ufficiali con cui, dal VII secolo d.C., veniva appunto designato il califfo) Abū Bakr al-Ḥusaynī al-Qurašī al-Baġdādī, l'astro nascente del *ğihād* globale, il nuovo *leader* dei combattenti sunniti radicali, proclamato califfo pochi giorni prima, il 29 giugno, primo giorno del mese di *ramaḍān* dell'anno dell'ègira 1435. Le sue milizie, mentre scriviamo, controllano ancora parte della Siria orientale e la zona Nord-Ovest dell'Iraq. Nel video, girato il giorno precedente alla sua diffusione, al-Baġdādī appare vestito di nero – il colore cerimoniale dei califfi ʿabbāsidi, che governarono il mondo islamico dal 750 al 1258 d.C. – su un pulpito (*minbar*) della moschea congregazionale di Mossul, la seconda città irachena, caduta il 9 giugno dello stesso anno nelle mani dei guerriglieri fondamentalisti. Dopo aver guidato la preghiera del venerdì, egli pronuncia la tradizionale *ḫuṭba*, un sermone religioso che è anche un discorso a tutti gli effetti politico, in cui ogni volta si rinnova e si riafferma la comunione spirituale di tutti i musulmani del mondo, e tramite il quale, come enuncia un celebre detto islamico, l'abile oratore (*ḫaṭīb*) può ottenere che il pubblico a cui si rivolge faccia con entusiasmo ciò che non sarebbe di per sé incline a compiere.[1]

1. Sulla *ḫuṭba* e, più in generale, sulla retorica politica islamica vd. L.G. Jones, *The Power of Oratory in the Medieval Muslim World*, Cambridge, Cambridge University Press, 2012 (Cambridge Studies in Islamic Civilization, s.n.).

Tra le affermazioni più significative contenute nella *ḫuṭba* di al-Baġdādī v'è quella di essere il *wālī* (termine arabo indicante un ministro, ma anche un santo o l'erede designato al califfato) che governa sui musulmani, l'incitamento rivolto ai fedeli di tutto il mondo islamico a schierarsi dalla sua parte e a dichiarare il *ğihād* sulla via di Dio al fine di restituire dignità, diritti e autorità all'Islām, e la lode alla vittoria che ha permesso, dopo secoli, di restaurare il califfato. Vale la pena di riportare integralmente il suo discorso:[2]

> Tutte le lodi sono per Iddio, noi Lo lodiamo, noi cerchiamo il Suo aiuto e perdono e noi cerchiamo la protezione di Dio contro i mali delle nostre anime e delle nostre azioni malvagie. Chiunque sia guidato da Dio non può essere fuorviato da nulla, e chiunque Dio smarrisca nessuno lo può guidare. Io testimonio che non v'è Dio al di fuori di Iddio, e che non ha compagni, e che Muḥammad è il Suo servo e messaggero. La pace e la benedizione di Dio siano su di lui, la sua famiglia e i suoi compagni. «Oh voi che credete, temete Dio come deve essere temuto, e morirete musulmani» (*Corano* III 102). «Oh voi che credete, temete Dio e parlate con rettitudine, cosicché Egli migliori le vostre azioni e perdoni i vostri peccati. Chiunque obbedisce a Dio e al Suo messaggero ottiene certo un grande successo» (*Corano* XXXIII 70-71). Quanto a ciò che segue, in effetti la parola più veridica è il Libro di Dio e il migliore orientamento è la direzione di Muḥammad (Dio preghi per lui e gli dia la pace). La cosa peggiore sono le innovazioni, e ogni cosa nuovamente inventata è un'innovazione, e ogni innovazione è un inganno, e ogni inganno è nel fuoco. «Oh voi che credete, il digiuno è stato ordinato a voi come fu ordinato a quelli prima di voi, cosicché diveniate pii, un numero limitato di giorni» (*Corano* II 183-184). E Dio l'Altissimo ha detto: «Il mese di *ramaḍān* è il mese in cui il Corano è stato fatto discendere come guida per le genti e prova chiara e criterio di orientamento: dunque chiunque fra voi ne testimoni l'inizio, digiuni! (*Corano* II 185)». Oh credenti, in effetti l'arrivo del mese di *ramaḍān* è una grande generosità e un grande favore che viene da Dio l'Altissimo. È un mese il cui inizio è misericordia, il cui mezzo è perdono e la cui fine è l'affrancamento dal fuoco dell'inferno. Secondo Abū Hurayra, l'inviato di Dio ha detto: «Chiunque in questo mese

2. Per la versione araba (con sottotitoli francesi) del discorso: http://fr.wn.com/caliphe_al_baghdadi_discours_en_entier_vostfr_ (nr. 1: consultato il 18-X-2015). Cfr. la traduzione inglese commentata in: http://genius.com/Caliph-ibrahim-sermon-at-grand-mosque-of-mosul-annotated/ (consultato il 18-X-2015), e la traduzione italiana di L. Declich e F. Petroni in «Limes», III (2015), pp. 141-145, con errata datazione del discorso al 29 giugno.

digiuni con fede e speranza della ricompensa riceverà il perdono dei peccati commessi in precedenza, e chi prega con fede e speranza della ricompensa riceverà il perdono dei peccati commessi in precedenza. E chiunque si svegli di notte per pregare animato da sincera fede e speranza di ottenere i doni di Dio vedrà perdonati tutti i suoi peccati». Un mese che, quando giunge, le porte del paradiso sono aperte, e le porte dell'inferno sono chiuse e i demoni sono incatenati. Un mese nel quale c'è una notte migliore di mille notti e chi ne sarà privato sarà privato di ogni bene: «la notte del destino è migliore di mille mesi. In essa discendono gli angeli e lo Spirito, con il permesso del loro Signore, per fissare ogni decreto, notte di pace fino allo spuntar dell'aurora (*Corano* XCVII 1-5)». Un mese in cui ogni notte Dio ci protegge dall'Inferno. È un mese nel quale si tiene il mercato del *ǧihād*. In questo mese l'inviato (su di lui la pace) nominò i generali e preparò le armate per lottare contro i nemici di Dio e per condurre il *ǧihād* contro gli associatori. Oh servitori di Dio, profittate di questo nobile mese nell'obbedienza di Dio, perché in questo mese le ricompense sono moltiplicate. «Che vi aspirino coloro che ne sono degni (*Corano* LXXXIII 26)». Oh credenti, in effetti Dio, il Benedetto e l'Altissimo, ci ha creato per dichiarare la Sua unità, per adorarLo e per stabilire la Sua religione. E Dio l'Altissimo ha detto: «Ho creato i *ǧinn* e gli uomini solo perché mi adorassero (*Corano* LI 56)». E Dio il Benedetto e l'Altissimo ci ha ordinato di combattere i Suoi nemici e di compiere uno sforzo (*ǧihād*) sulla Sua via, per farne una realtà e stabilire la religione. Dio l'Altissimo ha detto: «Il combattimento vi è stato prescritto, anche se non lo gradite (*Corano* II 216)». Egli ha detto pure: «E combatteteli finché non vi sia più associazione e la religione sia tutta per Dio (*Corano*,VIII 39)». Oh genti, in effetti la religione di Dio il Benedetto e l'Altissimo non può essere stabilita e questo scopo in ragione del quale Dio ci ha creato non sarà raggiunto salvo stabilendo la legge di Dio e giudicando secondo essa e fissando le pene: cosa che non può compiersi senza la forza e l'autorità. Dio l'Altissimo ha detto: «Invero inviammo i Nostri messaggeri con prove inequivocabili, e facemmo scendere con loro la Scrittura e la Bilancia, affinché gli uomini osservassero l'equità. Facemmo scendere il ferro, strumento terribile e utile per gli uomini, affinché Dio riconosca chi sostiene Lui e i Suoi messaggeri in ciò che è invisibile. Dio è forte, eccelso (*Corano* LVII 25)». È questo il sostegno della religione: un libro che guida e una spada che aiuta. Certo Dio l'Altissimo ha favorito i vostri fratelli guerrieri del *ǧihād* con l'aiuto e la vittoria, permettendo loro, dopo lunghi anni di *ǧihād* e di pazienza e di lotta contro i nemici di Dio, di ottenere successi e di fare dei loro obiettivi una realtà. Di conseguenza, essi si sono affrettati a dichiarare il califfato e a nominare una guida (*imām*), e ciò è un obbligo per i musulmani, un obbligo che era scomparso da secoli ed era scomparso dalla faccia della terra, cosicché numerosi musulmani sono divenuti ignoranti su tale questione, e hanno peccato perdendolo e permettendo la sua scomparsa, mentre sarebbe stato loro dovere di cercare costantemente di stabilirlo. Ora lo hanno proclamato. E a Dio appartengono la lode e la grazia. E io sono stato messo alla prova con questa potente questione, sono stato messo alla prova con questa responsabilità, una responsabilità impegnativa, e sono stato nominato *wālī* su di voi: e non sono il migliore tra voi, e non sono meglio di voi. E se mi vedete nella menzogna, allora consigliatemi e correggetemi, e obbeditemi come io obbedisco a Dio; ma se io disobbedisco a Lui, allora non vi sia da parte vostra obbedienza nei miei confronti. Io non vi prometterò ciò che i re e i governanti promettono ai loro adepti e ai loro cittadini: benessere, dolcezza, pace e abbondanza. Ma vi prometto ciò che Dio l'Altissimo e il Benedetto promette ai suoi servitori credenti: «Iddio ha promesso a coloro che hanno creduto e che fra voi hanno compiuto opere buone, di farne Suoi vicari sulla terra, come ha fatto con quelli prima di loro, e che li rafforzerà nella religione che Egli ha preferito per loro e che trasformerà in sicurezza il loro timore. Mi adoreranno senza associarmi alcunché. Quanto a coloro che dopo di ciò ancora saranno miscredenti, ecco, quelli sono iniqui (*Corano* XXIV 55)». Dio l'Altissimo ha detto: «Non perdetevi d'animo, non vi affliggete: se siete credenti avrete il sopravvento (*Corano* III 139)». Ed Egli ha detto anche: «Se Dio vi dà il suo soccorso, nulla vi può vincere (*Corano* III 160)». E ha detto anche: «Era nostro dovere soccorrere i credenti (*Corano* XXX 46)». E ha anche detto: «La potenza appartiene a Dio, al Suo Messaggero e ai credenti, ma gli ipocriti non lo sanno (*Corano* XXX 47)». Questa è la promessa di Dio! Se voi volete la promessa di Dio, allora temete Dio e obbediteGli, temete Dio Onnipotente in tutte le condizioni, e seguite la verità, rimanendo a essa fedeli sia nelle cose che amate sia in quelle che non amate fare. E se volete la promessa di Dio, combattete sulla Sua via, e incitate i credenti e abbiate pazienza nelle difficoltà. Se sapeste quale ricompensa di dignità, nobiltà e onore si trova nel *ǧihād* in questo mondo e nell'altro, nessuno di voi tarderebbe e resterebbe indietro, senza fare il *ǧihād*; perché si tratta di un dovere che Dio ci ha ordinato e ci salva dalla vergogna e ci segue con onore nei due mondi. «Credete in Dio e nel Suo messaggero e combattete con i vostri beni e le vostre persone sulla via di Dio: se solo sapeste che questo è molto meglio per voi! Per questo i vostri peccati saranno perdonati ed Egli vi farà entrare nei giardini nei quali scorrono ruscelli e nelle piacevoli dimore dei giardini dell'Eden: ecco l'enorme successo! E vi accorderà altre cose che voi desiderate: un soccorso divino e una prossima vittoria. Danne la buona novella ai credenti (*Corano* LXI 11-13)».

Pronuncio queste parole e chiedo a Dio il perdono per me e per voi. Chiedete a Dio e sarete certi di essere ascoltati. Dio solo sia lodato. La pace e la benedizione siano sul Sigillo dei profeti, sulla sua famiglia, i suoi compagni, il suo partito, i suoi soldati e su quanti li hanno seguiti con benevolenza fino al giorno del giudizio. Non v'è altro dio al di fuori di Dio. A Lui nulla si associa. Siamo con Lui nella religione, nonostante l'odio degli infedeli. Servi di Dio, affermate la religione e temete Dio, di modo che egli vi onori in questo mondo e nell'aldilà. Se desiderate la sicurezza, temete Dio. Se desiderate di che vivere, temete Dio. Se desiderate una vita nobile, temete Dio e combattete il *ǧihād* sulla via di Dio. Chiediamo a Dio, Signore del grande Trono, di unire le vostre parole e di trovare un accordo fra voi e di guidarvi verso il bene che egli ama e approva. Oh Dio, onora l'Islām e i musulmani, disonora il politeismo e i politeisti, e garantisci la vittoria ai tuoi servi, i combattenti monoteisti di tutto il mondo. Oh Dio, rendi saldo il loro passo e il loro cuore, aiutali e assistili. Oh Dio, guidali al bersaglio e guida le loro opinioni. Oh Dio, fa che essi ricevano una buona guida e fa che il tuo aiuto li rinforzi. Oh Dio, tu che sconvolgi i cuori, salda i nostri alla tua religione e alla tua obbedienza, purifica i nostri cuori dall'ipocrisia, le nostre azioni dall'inganno, le nostre bocche dalla menzogna, i nostri occhi dal tradimento. Ti chiediamo una fede sincera, un cuore umile e che le nostre azioni siano accettate. Oh Dio, ti chiediamo perdono e salute, e cura eterna nella religione e nella vita terrena. Oh Dio, rendi misericordiosa questa nostra adunata e benedetto il suo scioglimento. La nostra ultima supplica è che tutte le lodi siano rivolte a Te, Signore dei mondi. Che la pace e la benedizione di Dio siano con il nostro profeta Muḥammad.

'Immigrazione' e ǧihād

Il discorso di Mossul era stato preceduto, alcuni giorni prima, da un altro appello, in cui al-Baġdādī invitava a 'immigrare' nel nuovo Stato Islamico, «perché l'immigrazione nella casa dell'Islām (*dār al-Islām*) è un dovere per tutti i musulmani»:[3]

La comunità dell'Islām osserva il vostro *ǧihād* e il vostro combattimento con la speranza negli occhi. Voi avete in ogni angolo della terra dei fratelli che subiscono la persecuzione, il cui onore è calpestato e il cui sangue è versato. I prigionieri gridano aiuto, le vedove e gli orfani piangono; le loro moschee sono profanate e ciò che hanno di più sacro calpestato; i loro diritti sono conculcati in Cina, in India, in Palestina, in Somalia, nella Penisola araba, nel Caucaso, in Siria, in Egitto, in Iraq, in Indonesia, in Afghanistan, nelle Filippi-

3. http://fr.wn.com/caliphe_al_baghdadi_discours_en_entier_vostfr_ (nr. 2: consultato il 18-X-2015).

ne, in al-Ahwāz e in Iran, in Pakistan, in Tunisia, in Libia, in Algeria, in Marocco, in Occidente e in Oriente. Forza, forza, o soldati dello Stato Islamico! Perché i vostri fratelli su tutta la superficie della terra aspettano il vostro aiuto e aspettano la vostra avanguardia [...]. Per Dio, noi ci vendicheremo, per Dio, noi ci vendicheremo anche se ci vorrà del tempo e restituiremo loro il doppio di ciò che ci hanno fatto, «coloro che sono vittime dell'ingiustizia si difendono (*Corano* XLII 39)». Giorno verrà in cui il musulmano sarà rispettato in ogni luogo; leverà la testa e il suo onore sarà preservato, e nessuno oserà attaccarlo senza essere castigato, e ogni mano che si avvicinerà a lui sarà tagliata. Che il mondo sappia che oggi è l'inizio di una nuova era: che l'incurante esca dal suo stato di incuranza, e che quello che dormiva si risvegli, e che quello che era stupefatto, torni in sé. I musulmani oggi parlano forte e sono forti. Essi faranno comprendere al mondo il senso della parola «terrorismo», calpesteranno l'idolo del nazionalismo, distruggeranno la falsa divinità chiamata «democrazia» e mostreranno il suo inganno. Allora, ascolta, o comunità islamica! Ascolta e comprendi, levati e risvegliati! Il tempo è venuto di liberarsi dalle catene della debolezza e di sollevarsi davanti alla tirannia, davanti ai governanti traditori, gli agenti dei crociati, gli atei e i protettori degli Ebrei. Oh comunità islamica, il mondo è diviso in due parti, in due tronconi: non ve n'è un terzo: il campo dell'Islām e della Fede e il campo della miscredenza e dell'ipocrisia; il campo dei musulmani e dei combattenti del *ǧihād* e il campo degli Ebrei, dei crociati e dei loro alleati; e, con loro, tutte le nazioni della miscredenza e delle sue religioni, dirette dall'America e dalla Russia e governate dagli Ebrei. I musulmani sono stati vinti dopo che il loro califfato è caduto e che il loro stato è scomparso. La miscredenza ha potuto allora umiliare i musulmani e gettarli in uno stato di debolezza, prendere ovunque il sopravvento su di loro, rubare le loro ricchezze e violare i loro diritti. E ciò attaccando e occupando i loro paesi e mettendo in piedi dei governi traditori che governano i musulmani col ferro e col fuoco, pronunciando slogan ingannatori come «civiltà», «pace», «solidarietà», «libertà», «democrazia», «laicità», «socialismo», «nazionalismo», «patriottismo». Questi governatori continuano a ridurre i musulmani in schiavitù e a strapparli alla loro religione grazie a tali slogan. Così il musulmano esce dalla sua religione e non crede più in Dio e si sottomette alle leggi forgiate dagli idolatri dell'Est e dell'Ovest, in tutta sottomissione ed umiltà, vivendo disprezzato e oltraggiato, ripetendo questi slogan, privato di volontà e onore. Oppure, è perseguitato, combattuto, inseguito, ucciso, imprigionato o accusato di terrorismo. Perché terrorismo è non credere in tutti questi slogan e credere in Dio; terrorismo è giudicare secondo la legge di Dio; terrorismo è adorare Dio come Dio l'ha ordinato; è rifiutare l'umiliazione, la servitù e la sottomissione; terrorismo è che il musulmano viva libero, fiero, nobile e realmente musulmano; terrorismo è che tu reclami i tuoi diritti senza concessioni;

> ma non è terrorismo assassinare i musulmani e bruciare le loro case, come in Birmania; farli a pezzi e aprir loro il ventre, come nelle Filippine, in Indonesia o in Kashmir; non è terrorismo ucciderli ed esiliarli, come nel Caucaso; non sono terrorismo le fosse comuni in Bosnia e l'evangelizzazione dei bambini; non è terrorismo distruggere le case dei musulmani in Palestina, appropriarsi ingiustamente delle loro terre, calpestare il loro onore e profanare i loro luoghi sacri; non è terrorismo bruciare le moschee in Egitto, distruggere le case dei musulmani, violare donne virtuose, reprimere i combattenti del *ǧihād* sul Sinai e altrove; non è terrorismo se il musulmano viene perseguitato e umiliato, se si calpestano i suoi diritti nel Turkestan orientale e in Iran; non è terrorismo se le prigioni ovunque nel mondo sono piene di musulmani; non è terrorismo se il pudore viene combattuto e il velo vietato in Francia, in Tunisia e altrove; se la fornicazione e le turpitudini sono diffuse; non è terrorismo se il Signore della Possanza viene insultato, come anche la religione, e se ci si fa beffe del nostro profeta (Dio preghi per lui e gli dia la pace); e non è terrorismo se si sgozzano i musulmani in Africa centrale, come montoni in un mattatoio. Nessuno piange su queste cose. Questo non è terrorismo, ma libertà, democrazia e pace, sicurezza e solidarietà. E Dio è sufficiente, è il migliore in cui confidare: «E non li tormentavano che per aver creduto in Dio, il Potente, il Degno di lode (*Corano* LXXXV 8)». Oh voi, musulmani, io vi annuncio la buona novella, sperate, e levate ben alta la testa: perché avete oggi per la grazia di Dio uno stato e un califfato che vi riporta l'onore e la potenza, che ristabilisce i vostri diritti e il vostro governo; uno stato in cui fraternizzano l'Arabo e il non-Arabo, il bianco e il nero, l'orientale e l'occidentale; un califfato che raccoglie il Caucasico, l'Indiano, il Cinese, il Siriano, l'Iracheno, lo Yemenita, l'Egiziano, il Marocchino, l'Americano, il Francese, il Tedesco e l'Australiano. «Lui ha riconciliato i cuori vostri e per grazia Sua siete diventati fratelli (*Corano* III 103)», proteggendovi gli uni gli altri, sacrificandovi gli uni per gli altri. Il loro sangue si mescoli sotto una sola bandiera, per un solo scopo, in un solo campo [...]. Questo è il mio consiglio per voi. Se lo seguirete, conquisterete Roma e diventerete padroni del mondo, con la volontà di Dio.

Se l'elemento mediaticamente più suggestivo di questo primo messaggio del califfo è certamente la sua chiusa, in cui si annuncia la possibile conquista islamica della capitale della Cristianità, il suo nucleo fondamentale è rappresentato dall'invito all''immigrazione' nel nuovo Stato Islamico e al *ǧihād* sulla via di Dio, tema, quest'ultimo, su cui si avrà modo di tornare anche più oltre.[4]

4. Vd. *infra*, pp. 80-83.

Ugualmente importante, dal punto di vista ideologico, è il documento che precisa la fondazione del califfato, intitolato *Questa è la promessa di Dio* e diffuso in diverse lingue:

> Lo Stato Islamico, rappresentato dalle sue autorità, i *leaders*, i capi, i comandanti e il consiglio della *šūrà*, ha stabilito di proclamare la fondazione del califfato islamico (*al-ḫilāfa al-islāmiyya*), di nominare un califfo per i musulmani [...] discendente dalla famiglia del Profeta, servo di Dio: Ibrāhīm Ibn ʿAwwād Ibn Ibrāhīm Ibn ʿAlī Ibn Muḥammad al-Badrī al-Hāšimī al-Ḥusaynī al-Qurašī per lignaggio, al-Sāmarrā'ī per nascita e crescita, al-Baġdādī per istruzione e residenza. Egli ha accettato il giuramento di fedeltà, divenendo di conseguenza *imām* e califfo per i musulmani di ogni dove. In base a ciò è annullata la dicitura «Iraq e Siria» dalla denominazione «Stato» da tutte le delibere e comunicati ufficiali e abbreviata in «Stato Islamico» (*al-dawla al-islāmiyya*) a partire dalla pubblicazione di questo comunicato. Avvertiamo i musulmani: con la proclamazione del califfato è diventato obbligatorio per tutti i musulmani prestare giuramento al califfo Ibrāhīm e sostenerlo.

Sulle tracce degli antichi

Nella visione fondamentalista, il califfato non è un sistema da costruire nel futuro, ma quello storicamente determinatosi dopo la morte del Profeta, modello eterno di una forma perfetta di stato che Dio ha voluto si attuasse nel tempo della storia. Sono state soprattutto le correnti di pensiero del 'fondamentalismo' contemporaneo, dai Fratelli musulmani, ai «Salafiti» («coloro che ripercorrono le tracce degli antichi») a riproporre una teoria della ricostituzione del califfato adeguata alle esigenze della modernità (che, ad esempio desse spazio al concetto di «stato», ignoto al mondo medievale) e interprete delle tendenze più radicali del pensiero islamico.[5]

Come appare evidente, il discorso di Mossul si pone dunque sulla linea del fondamentalismo islamico di stampo salafita, che enfatizza nuclei politico-religiosi come il *ǧihād* e il califfato a scapito di altri elementi altrettanto fondamentali della dottrina musulmana, quali ad esempio il misticismo o il forte spirito egualitario dell'Islām più antico, condensato nel celebre versetto coranico XLIX 13: «O uomini, vi abbiamo creato da un maschio e

5. Sul rapporto fra Islām politico e modernità vd. soprattutto O. Roy, *L'échec de l'Islam politique*, Paris, Éditions du Seuil, 2015[2] (Points, 763).

una femmina. Presso Dio, il più nobile di voi è colui che più Lo teme». Il tentativo messo in atto dalla *leadership* di al-Baġdādī è insomma quello di un ritorno a una presunta condizione primigenia dell'Islām che però appare tale solo agli occhi dei suoi fautori, non essendo in realtà che il frutto di una ricostruzione totalmente artificiosa e ideologica. A chiarire meglio il senso di queste considerazioni, provvederà l'analisi dell'ultimo motivo presente nei discorsi di al-Baġdādī, quello della conquista di Roma.

Quale Roma?

In effetti, per quanto strano possa sembrare, l'incitamento alla conquista di Roma è un argomento scarsamente presente nella tradizione retorica dell'Islām medievale. In questo periodo, la città al centro delle brame dei califfi e dei sultani musulmani è un'altra Roma: la seconda, cioè Costantinopoli, non solo in quanto metropoli cristiana, ma soprattutto in quanto capitale di un impero nemico. Tra il 674 e il 678 la capitale bizantina fu più volte assediata da una grande flotta araba, ma riuscì a resistere anche grazie al famoso «fuoco greco». Un nuovo attacco contro la «Seconda Roma» fu sferrato dai califfi umayyadi tra il 717 e il 718, sotto la guida del comandante Maslama ibn ʿAbd al-Malik, figlio del califfo ʿAbd al-Malik b. Marwān e di una sua schiava, ma, come quarant'anni prima, i Bizantini riuscirono ad avere la meglio nella battaglia decisiva e i tentativi degli Arabi di espugnare Costantinopoli si infransero contro la saldezza delle mura della città. Con questo ulteriore fallimento, si chiude una fase importante della lotta arabo-bizantina. Costantinopoli non subirà più assedi arabi, e l'Asia Minore resterà a lungo parte integrante dell'impero bizantino. Saranno infatti i Turchi, e non gli Arabi, a impadronirsi della città nel 1453 e a farne la splendida capitale di un nuovo impero, quello ottomano. La «Prima Roma», che nel periodo medievale era ben lontana dal raggiungere i fasti costantinopolitani, suscitò l'interesse dei musulmani in pochi casi. Il più importante fu l'attacco alla città da parte di milizie islamiche nell'agosto dell'846, che si risolse unicamente nel saccheggio delle basiliche di San Pietro e San Paolo, ambedue fuori dalle mura Aureliane: in effetti, le coste laziali, dall'inizio del IX secolo, erano divenute obiettivo di incursioni musulmane provenienti dal Marocco, dall'Algeria e dall'Andalusia; proprio per proteggere Roma da tali *raids,* papa Gregorio IV (828-844) aveva fondato una nuova città fortificata presso Ostia, dotandola di strutture necessarie alla difesa e dandole il nome di Gregoriopoli. Un altro caso è costituito da una semplice dichiarazione di intenti: quella dell'emiro aghlabida Ibrāhīm II (sovrano del grande emirato islamico di al-Qayrawān, in Tunisia, dall'875 al 902), che nel 902 indisse il *ǧihād* contro le popolazioni cristiane confinanti (Bizantini e Longobardi), affermando che non si sarebbe fermato fino alla conquista di Costantinopoli e della città «del vecchio Pietro», cioè, appunto, Roma.[6] In ogni caso, sia quest'ultimo evento sia il precedente riguardano un'area periferica dell'Islām, quella dell'estremo Occidente. Il cuore del mondo islamico mostra scarsissimo interesse per l'antica capitale dell'impero romano. Ciò si riflette anche nelle opere dei geografi arabi orientali, i cui capitoli dedicati a Roma (in arabo *Rūmiyya, Rūmiya* o *Rūma*) contengono molto spesso descrizioni della Seconda Roma, cioè della capitale bizantina. Accenni, non privi di ambiguità, alla conquista di Roma compaiono quasi esclusivamente in testi di tipo apocalittico, che troveranno una eco interessante in alcuni ambienti ottomani dopo la conquista di Costantinopoli.[7]

6. Sul *ǧihād* dell'emiro Ibrāhīm, fondamentale M. Talbi, *L'émirat aghlabide (184-296/800-909). Histoire politique*, Paris, A. Maisonneuve, 1966, pp. 315-322; sebbene non convincenti su più di un dettaglio, vd. anche due interventi di A. Nef, *Violence and the Prince: The Case of the Aghlabid* Amīr *Ibrāhīm*, in *Public Violence in Islamic Societies*, ed. by Ch. Lange and M. Fierro, Edinburgh, Edinburgh University Press, 2009, pp. 217-237, e Ead., *Instruments de la légitimation politique et légitimité religieuse dans l'Ifrīqiya de la fin du IXe siècle. L'exemple d'Ibrāhīm II*, in *La légitimation du pouvoir au Maghreb médiéval. De l'orientalisation à l'émancipation politique*, éd. par A. Nef et E. Voguet, Madrid, Casa de Velásquez, 2011, pp. 75-91.

7. Sulle campagne militari arabe contro Costantinopoli nei primi due secoli dell'Islām e sui trattati di pace tra Damasco e Bisanzio vd. in particolare A. Kaplony, *Konstantinopel und Damaskus. Gesandschaften und Verträge zwischen Kaisern und Kalifen 639-750*, Berlin, K. Schwarz Verlag, 1996 (Islamkundliche Untersuchungen, 208), con ulteriore bibliografia. Sulla confusione fra Roma e Costantinopoli nelle fonti geografiche arabe vd. M. Di Branco, *Storie arabe di Greci e di Romani*, Pisa, Pisa University Press, 2009 (Le vie del sapere. Studi, 1), pp. 223-230. Sulle profezie concernenti Roma e/o Costantinopoli in ambito arabo vd. D. Cook, *Studies in Muslim Apocalyptic*, Princeton, NJ, Darwin Press, 2002 (Studies in Late Antiquity and Early Islam, 21), pp. 58-67; sul ruolo di Roma e/o Costantinopoli nell'apocalittica ottomana vd. soprattutto *Les traditions apocalyptiques au tournant de la chute de Constantinople*, éd. par B. Lellouch et S. Yerasimos, Paris, L'Harmattan 1999 (Varia Turcica, XXXIII), e K. Şahin, *Constantinople and the End Time: Ottoman Conquest as a Portent of the Last Hour*, in «Journal of Early Modern History», 14 (2010) pp. 317-354.

Attacco a Roma

Secondo il *Liber Pontificalis*, il 10 agosto 846 il *comes* Adelvertus, *marcensis et tutor Corsicanae insulae*, avrebbe inviato una lettera a Roma per avvertire il papa Sergio II (844-847) dell'approssimarsi di un imponente armata musulmana. Tuttavia, l'appello di Adelvertus non fu preso seriamente in considerazione, e il 23 agosto quelli che le fonti latine chiamano «Saraceni» giunsero *ad littus Romanum* senza incontrare alcuna resistenza. Appresa la notizia dello sbarco e della presa di Ostia e di Porto (che furono abbandonate senza che i loro abitanti opponessero alcuna resistenza), i Romani decisero di inviare nell'area effettivi Sassoni, Frisoni e Franchi appartenenti alle *scholae peregrinorum* (associazioni di pellegrini residenti nel Borgo vaticano con funzioni civili e militari), ma, dopo una prima scaramuccia, resisi conto dell'effettiva portata della minaccia musulmana, molti di essi rientrarono a Roma per rafforzare le difese della città. Così, il 26 agosto, i «Saraceni», dopo aver attaccato e ucciso i soldati di guardia presso Porto e inseguito i sopravvissuti fino a Ponte Galeria, poterono iniziare indisturbati la loro marcia verso la Città eterna, investendo in pieno la chiesa di San Pietro. Successivamente essi saccheggiarono anche la basilica di San Paolo, per poi ritirarsi nella zona di Gaeta. A proteggere i Gaetani intervenne allora una squadra navale, inviata da Napoletani e Amalfitani e guidata da Cesario, figlio del duca di Napoli Sergio I. La situazione si sarebbe risolta a causa di una tempesta che avrebbe spinto i musulmani ad accordarsi con Cesario: egli avrebbe consentito a che le navi «saracene» venissero tirate in secco, evitando il naufragio, a patto che la flotta, una volta tornato il bel tempo, fosse ripartita. I musulmani avrebbero rispettato i patti, ma le loro navi sarebbero state quasi totalmente distrutte da un vento 'divino'.[8]

A chi giova?

Proprio l'accenno del califfo al-Baġdādī alla conquista di Roma, un motivo essenzialmente estraneo alla tradizione classica, alla quale tutta-

8. Sull'attacco a Roma dell'846 vd. soprattutto M. Amari, *Storia dei musulmani di Sicilia*, II, Catania, R. Prampolini, 1935², p. 507, n. 1; Talbi, *L'émirat aghlabide*, p. 452, n. 1, e Ph. Lauer, *Le poème de la Destruction de Rome et les origines de la Cité Léonine*, in «Mélanges d'archéologie et d'histoire», 19 (1899), pp. 307-361: p. 310, n. 1.

via la dottrina salafita afferma di volersi rigorosamente uniformare, mostra chiaramente tutta l'artificiosità e l'infondatezza storica della costruzione operata dai fondamentalisti, che appare peraltro completamente priva di realistiche prospettive di successo politico. Il loro progetto, ha scritto uno dei maggiori intellettuali contemporanei, Hans Magnus Enzensberger, «consiste, come attualmente in Iraq e in Afghanistan, nell'organizzare il suicidio di un'intera civiltà».[9] Tuttavia, Enzensberger tralascia di porsi il problema di chi si avvantaggerebbe da tale suicidio. Una questione affrontata invece molto efficacemente dal politologo francese Gilles Kepel che, non a caso, ha indagato a lungo sui rapporti più o meno confessabili tra fondamentalismi islamici e servizi segreti occidentali.[10] Negli ultimi decenni, infatti, è accaduto spesso che l'Occidente abbia soffiato sul fuoco dell'estremismo salafita per contrastare regimi 'laici' invisi alle cancellerie europee e nordamericane. D'altro canto, in *Medio Oriente* nulla è come sembra: tantomeno un califfo riesumato in tutta fretta dagli abissi della storia e utilizzato da forze oscure quale strumento per ridisegnare l'assetto politico, economico e militare della regione.

In ogni caso, appare più che mai necessario soffermare l'attenzione sull'elemento chiave che accomuna i due discorsi di al-Baġdādī: la proclamazione di un nuovo califfato che mira a divenire un punto di riferimento universale per i musulmani di tutto il mondo. Per comprendere pienamente il senso storico, politico e religioso di questa operazione è necessario riflettere sul significato dell'istituzione califfale nella storia islamica, dalle sue origini fino ad oggi, confrontandosi con il tema complesso e affascinante del rapporto tra politica e religione nell'Islām: ed è proprio questo che, nelle pagine che seguono, si tenterà di fare.

9. H.M. Enzensberger, *Il Perdente radicale*, tr. it. di E. Picco, Torino, Einaudi, 2007, p. 73.

10. Vd. ad es. G. Kepel, *Fitna. Guerra nel cuore dell'Islam* (2004), tr. it. di C. Brancaccio e L. Capezzone, Roma-Bari, 2004 (I Robinson/Letture, s.n.).

2. Riesumare il califfato o delle contraddizioni del 'fondamentalismo' islamico

Senza il califfo: 3 marzo 1924

Il 3 marzo del 1924 è una data davvero fondamentale per la Turchia e per tutto il mondo islamico: in questo giorno, infatti, il *Türkiye Büyük Millet Meclisi*, cioè la Grande Assemblea Nazionale Turca, su impulso di Muṣṭafà Kemāl Atatürk (1881-1938), il padre della Turchia moderna, votò pressoché compattamente per l'abolizione del califfato, la più antica e prestigiosa istituzione islamica della storia.[1] Certamente, in epoca ottomana il califfato era ben lungi dal godere del prestigio di cui esso aveva goduto nel periodo precedente, ma la deliberazione della Grande Assemblea Nazionale Turca costituì comunque un atto traumatico di grande rottura e fu seguito da una serie di decisioni che favorivano la laicizzazione dello stato e la de-islamizzazione della società: parità dei sessi; divieto dell'uso del velo islamico nei locali pubblici; divieto del fez e del turbante; divieto della barba per i funzionari pubblici; adozione dell'alfabeto latino al posto di quello arabo; del calendario gregoriano al posto dell'anno dell'ègira; della domenica come giorno festivo; del sistema metrico decimale, etc.

1. Sulla complessa vicenda dell'abolizione del califfato vd. soprattutto B.M. Nafi, *The Abolition of the Caliphate in Historical Context*, in *Demystifying the Caliphate. Historical Memory and Contemporary Contexts*, ed. by M. al-Rasheed, C. Kersten and M. Shterin, Oxford, Oxford University Press, 2015, pp. 31-56. Cfr. anche L. Di Fiore, *L'Islam e l'impero*, Roma, Viella, 2015 (I libri di Viella, 196), *passim*; l'utile sintesi di A.F. Ambrosio, *L'Islam in Turchia*, Roma, Carocci editore, 2015 (Quality Paperbacks, 443), pp. 15-29; R. Pankhurst, *The Inevitable Caliphate? A History of the Struggle for Global Islamic Union, 1924 to the Present*, Oxford, Oxford University Press, 2013, e Ch. King, *Mezzanotte a Istanbul. Dal crollo dell'Impero alla nascita della Turchia moderna*, tr. it. di L. Giacone, Torino, Einaudi, 2015 (La Biblioteca, s.n.), *passim*.

L'ultimo califfo ottomano, ʿAbdü 'l-Mecid II (1868-1944), il centunesimo della storia islamica, era figlio del sultano ʿAbdü 'l-ʿAzīz (1830-1876) e cugino di primo grado di Mehmet VI (1861-1926), trentaseiesimo e ultimo sultano della dinastia. Il ruolo dell'istituzione che egli rappresentava era ormai ridotto a un mero simulacro del califfato medievale, ma dopo l'abolizione del sultanato ottomano, avvenuta il primo novembre del 1922, ʿAbdü 'l-Mecid II pensò di poter giocare un ruolo politico complottando contro Atatürk insieme a membri dell'*élite* turca che si opponevano alle sue riforme. L'ambiguità del comportamento del califfo convinse dunque lo stesso Atatürk dell'assoluta necessità di eliminare dalla scena un'entità potenzialmente molto pericolosa. Il primo marzo del 1924, Muṣṭafà Kemāl pronunciò uno storico discorso davanti alla Grande Assemblea Nazionale, nel quale metteva in rilievo alcuni punti fondamentali del suo programma politico, tra cui la necessità di garantire la corretta diffusione della fede islamica, impedendo che essa fosse trasformata in uno strumento al servizio dei conservatori. Atatürk chiarì meglio il suo pensiero il giorno successivo, nel corso di una riunione del Partito del Popolo, e le sue istanze furono recepite senza obiezioni significative nel voto della Grande Assemblea Nazionale del 3 marzo, che disponeva tra l'altro la deposizione del califfo, l'abolizione del califfato, il bando dei membri della Casa ottomana da tutti i territori turchi, l'abolizione del Ministero per gli Affari religiosi e la collocazione di tutte le forme di educazione sotto l'autorità dello stato. Moriva il califfato, nasceva la Turchia moderna.

Al-Ḥusayn ibn ʿAlī Himmat: l'ultimo califfo prima di al-Baġdādī

Il 5 marzo 1924, solo due giorni dopo il voto dell'Assemblea Nazionale turca che sanciva l'abolizione del califfato, il mondo islamico assistette all'autoproclamazione di un nuovo califfo: al-Ḥusayn ibn ʿAlī Himmat (1854-1931).[2] Al-Ḥusayn era di stirpe hāšemita, cioè apparteneva

2. Su al-Ḥusayn ibn ʿAlī Himmat e sulle vicende connesse alla sua figura vd. soprattutto D. Fromkin, *A Peace to End All Peace. The Fall of the Ottoman Empire and the Creation of the Modern Middle East*, New York, NY, Avon Books, 1989, *passim*; B.M. Nafi, *Arabism, Islamism and the Palestine Question, 1909-1941*, Reading, Ithaca Press, 1998, *passim*; S. Oliver-Dee, *The Caliphate Question*, Lanham-Boulder-New York-Toronto-Plymouth, Lexington Books, 2009, pp. 91-119, e J. Teitelbaum, *The Rise and Fall of the Hashemite Kingdom of the Hijaz*, London, C. Hurst & Co. Publishers, 2001, *passim*.

alla famiglia del Profeta Muḥammad, il cui bisavolo si chiamava appunto Hāšim ibn ʿAbd Manāf: la sua dinastia aveva governato ininterrottamente Mecca e la regione del Ḥiǧāz, il cuore della Penisola Araba, dal X secolo d.C., e al-Ḥusayn era stato l'ultimo degli Hāšemiti essere stato investito della carica di «sceriffo» (*šarīf*) di Mecca da parte del sultano ottomano. Nella fase iniziale della Prima guerra mondiale, egli fu formalmente alleato degli Ottomani e della Germania, ma già a partire dal 1914 intavolò trattative con gli Inglesi, che erano alla ricerca di una figura da porre a capo dell'insurrezione araba contro i Turchi da essi progettata. In cambio del suo appoggio alla guerra di liberazione, gli Inglesi garantirono ad al-Ḥusayn che egli sarebbe divenuto il sovrano di un grande regno arabo unito e indipendente che avrebbe abbracciato l'intero territorio fra Egitto e Persia, con l'eccezione dei possedimenti imperiali britannici e di quelli sotto tutela francese. Allettato da tali lusinghe, lo «sceriffo» di Mecca, nel novembre del 1916, diede inizio alla Rivolta araba, assecondando le mire degli Inglesi, i quali, grazie all'apporto di al-Ḥusayn, assumevano di fatto il controllo della regione, evitando una dispendiosa occupazione armata. Questa strategia era però sostenuta solo da una parte del *Foreign Office* britannico, nonché da Thomas Edward Lawrence (1888-1935), il celebre «Lawrence d'Arabia», caloroso sostenitore della 'causa hāšemita'; in effetti, molti esponenti dello stesso ufficio, capeggiati dall'arabista Hillary Harry St. John Bridger Philby (1885-1960), preferivano ad al-Ḥusayn il suo acerrimo nemico ʿAbd al-ʿAzīz ibn Saʿūd (1876-1953), fondatore e primo sovrano del moderno regno dell'Arabia Saudita. D'altra parte, l'accordo con il clan hāšemita e con al-Ḥusayn aveva già perso di valore con la sottoscrizione del famoso patto segreto denominato «Sykes-Picot» (16 maggio 1916), che cancellava virtualmente (anche se solo alla fine della guerra) l'alleanza con gli Hāšemiti, coinvolgendo Francia e Russia nella spartizione del Vicino Oriente. In ogni caso, al-Ḥusayn, fidandosi delle promesse britanniche, nel 1917 si proclamò re dell'Hiǧāz e sovrano del Paese degli Arabi (*malik bilād al-ʿarab*). Il primo ottobre del 1918, Lawrence e le sue truppe arabe entrarono a Damasco: la Rivolta araba si era conclusa con un grande successo, ma le conferenze di pace post-belliche misero le basi del sistema dei mandati, provocando un enorme delusione nel mondo arabo. A ogni modo, ai figli di al-Ḥusayn furono assegnati l'emirato di Transgiordania (più tardi regno hāšemita di Giordania), e i regni di Siria e Iraq. Ma il vecchio «sceriffo» hāšemita non era certo soddisfatto. Mentre era in visita presso suo figlio ʿAbd Allāh ibn al-Ḥusayn (1882-1951), emiro di Transgiordania, egli ricevette la notizia dell'abolizione del califfato e fu spinto dallo stesso ʿAbd Allāh ad approfittare del momento propizio e a impadronirsi del titolo califfale, la più prestigiosa carica a cui potesse aspirare un uomo politico musulmano. Così, il 5 marzo 1924, nell'accampamento invernale di ʿAbd Allāh, al-Ḥusayn si autoproclamò califfo e contestualmente suo figlio diede inizio a una poderosa campagna 'legittimistica' a sostegno del padre in tutta la Grande Siria. In Iraq il riconoscimento del califfato di al-Ḥusayn fu invece cautamente ritardato fino a metà marzo, per ordine dell'altro suo figlio, Fayṣal ibn al-Ḥusayn ibn ʿAlī (1885-1933), che aveva avuto un ruolo molto importante nella Rivolta araba ed era stato premiato con il regno iracheno. Nel resto del mondo islamico, l'immagine di al-Ḥusayn non era per nulla brillante: la sua alleanza con gli Inglesi, il tradimento nei confronti del governo ottomano e il sostanziale fallimento delle trattative per una reale indipendenza araba non avevano certo contribuito ad aumentare la popolarità dell'ex-«sceriffo» di Mecca. La sua autoproclamazione a califfo suscitò dunque molte più critiche (specialmente in Egitto e in India) che apprezzamenti. Al-Ḥusayn cercò di rafforzare la sua posizione convocando un congresso a Mecca nel luglio del 1924, che tuttavia si concluse senza risultati positivi. I più ostili nei confronti della riesumazione del califfato erano senza dubbio i Sauditi, sempre più apertamente sostenuti dai Britannici. Proprio la sua manifesta incapacità di fare fronte alla crescente pressione saudita, indusse infine al-Ḥusayn ad abdicare e a lasciare l'Hiǧāz, trasferendosi in Transgiordania, presso ʿAmmān, ospite del figlio. Fino alla sua morte, avvenuta nel 1931, mantenne il titolo di califfo, che da allora, e fino alla proclamazione di al-Baġdādī, è rimasto a tutti gli effetti vacante.

Dai califfi di al-Mahdī alla rivendicazione di re Fārūq ibn Fuʾād

Un caso estremamente interessante di uso dell'istituto califfale è quello messo in atto da Muḥammad Aḥmad ibn ʿAbd Allāh detto al-Mahdī (1844-1885), religioso sudanese che si pose a capo di un movimento politico, fondando uno stato musulmano esteso su buona parte dell'odierno Sudan. Nel 1881 si proclamò *mahdī* («ben guidato»), il messia atteso nella tradizione islamica, lanciando una grande campagna militare contro il dominio turco-egiziano e poi anglo-egiziano. La guerra santa indetta dal *mahdī* giunse fino all'acrocoro etiopico, assumendo sempre di più i caratteri di una rivolta religiosa, sociale e nazionale. Il 26 gennaio 1885 Muḥammad Aḥmad conquistò Khartum, nonostante la strenua resistenza del generale britannico Charles Gordon. Ammalatosi, morì poco dopo a Omdurman, dove aveva fissato la sua capitale. Le istituzioni politiche, come anche la nomenclatura del suo governo, erano basate sulla rilettura dello stesso Muḥammad Aḥmad della situazione politica dell'Islām delle origini: egli aveva scelto quattro «califfi» che considerava i successori viventi dei primi quattro califfi della tradizione islamica. Muḥammad Aḥmad si definiva successore dell'Inviato di Dio, ma solo nel senso di continuatore della sua opera. Gli subentrò il «califfo» ʿAbd Allāh ibn Muḥammad, che guidò lo stato islamico sudanese fino alla sconfitta, nel 1898, a opera delle forze anglo-egiziane.[3]

Un ulteriore tentativo di rivendicare il califfato fu messo in atto da re Fu'ād I d'Egitto (1868-1936): in effetti, quattro giorni dopo il voto dell'Assemblea Nazionale turca, sedici giurisperiti della prestigiosa università di al-Azhar proclamarono nullo il provvedimento, definirono un'esigenza vitale per l'Islām l'esistenza di un califfo e convocarono un congresso per discutere della questione. Non è chiaro se la presa di posizione dei dotti di al-Azhar fosse stata sollecitata da re Fu'ād o se quest'ultimo si limitasse a farla propria e ad autoproporsi quale califfo. In ogni caso, molti giurisperiti della stessa al-Azhar non videro di buon occhio l'iniziativa del re, e lo accusarono apertamente di essere una pedina al servizio degli Inglesi. Inizialmente pianificato per il marzo del 1925, il congresso fu più volte rinviato per la crescente opposizione nei confronti delle aspirazioni di Fu'ād che venne a registrarsi in gran parte del mondo islamico. Alla fine, esso si svolse al Cairo nel maggio del 1926, ma vi parteciparono solo trentanove delegati, un gran numero dei quali era egiziano: il suo esito, a causa degli aspri dissensi tra i delegati, fu totalmente negativo. Anche i due congressi 'panislamici' convocati a Mecca nel 1926 e a Gerusalemme nel 1931 si risolsero in un nulla di fatto.

L'ultimo progetto di una qualche importanza concernente la restaurazione del califfato fu quello del Grande *imām* di al-Azhar Muḥammad Muṣṭafà al-Marāġī (1881-1945) che cercò di promuovere la figura del re egiziano Fārūq ibn Fuʾād (1920-1965), senza tuttavia giungere ad alcun

3. Sulla vicenda di Muḥammad Aḥmad e sulla fondazione del suo califfato vd. ad es. F. Nicoll, *The Sword of the Prophet. The Mahdi of Sudan and the Death of General Gordon*, Thrupp, Sutton Publishing, 2004.

risultato concreto.[4] Se con quello di al-Marāġī, i tentativi pratici di riesumare la figura del califfo si esaurirono, non si interruppe il dibattito teorico sulla necessità di una rifondazione dell'istituzione califfale: al contrario, fu proprio negli anni '20 del XX secolo che si posero le basi di una discussione che prosegue ancora oggi, influenzando fortemente gli assetti politico-religiosi dell'intero mondo islamico.

'Fondamentalismo' e califfato: un rapporto contradditorio

Il primo movimento islamico moderno che, ancor prima dell'abolizione del califfato ottomano, sostenne l'idea di un ritorno a un califfato universalistico fu la cosiddetta *Salafiyya* (cioè il movimento di coloro che ricercavano ispirazione nel pensiero e nell'azione degli *al-salaf al-ṣāliḥ*, «i pii antenati»), i cui membri, tra i quali spicca la figura di Ǧamal al-Dīn al-Afġānī (1839-1897), avevano come obiettivo quello di islamizzare la modernità attraverso l'applicazione al presente dei principî della religione. Come ha ben visto Massimo Campanini, autore di un libro fondamentale sul rapporto fra Islām e politica,[5] il dibattito sul califfato raggiunse il suo apice nello scontro tra due importanti pensatori dell'inizio del XX secolo: Muḥammad Rašīd Riḍā (1865-1935) e ʿAlī ʿAbd al-Rāziq (1888-1966). Il primo sosteneva con vigore la necessità di una rinascita del califfato; il secondo era un modernista e affermava invece che il califfato era estraneo all'autentico messaggio islamico, imponendo la supina obbedienza delle masse a un potere assoluto e autocratico. Pur sembrando per certi versi antitetiche, la posizioni di Riḍā e quella di ʿAbd al-Rāziq facevano entrambe riferimento alle fonti tradizionali del diritto islamico, cioè il *Corano*, la *sunna* (cioè l'insegnamento di Muḥammad e l'imitazione delle sue azioni) e i *ḥadīṯ* (cioè i detti e i fatti del Profeta), e tuttavia, paradossalmente, la posizione sul califfato del modernista ʿAbd al-Rāziq risulta per certi versi più tradizionalista di quella del salafita Riḍā. ʿAbd al-Rāziq, infatti, si limitava a sostenere che nel *Corano* non vi sono chiare indicazioni del fatto che il califfato sia un obbligo religioso prescritto dalla legge divina (*šarīʿa*)

4. Su questi progetti egiziani vd. soprattutto Nafi, *The Abolition of the Caliphate*, pp. 47-51.

5. Sul dibattito islamico concernente il califfato fra XIX e XX secolo, è fondamentale M. Campanini, *Islam e politica*, Bologna, il Mulino, 2015[3], in particolare pp. 176-183.

e che l'Islām costituisce un fenomeno puramente religioso, e non politico; Riḍā, al contrario, riproponeva le posizioni medievali sulla figura del califfo, che egli conseguentemente riteneva l'erede del Profeta e l'unico e solo detentore del potere religioso e politico, ma al tempo stesso affermava che l'autentico titolare del potere è la comunità, che ha il diritto di conferire al califfo la sua carica, ma anche di sottrargliela se questi non se ne rende degno. Come si avrà modo di vedere, l'idea secondo cui è lecito abbattere un sovrano che va contro le leggi dell'Islām non costituisce una novità nella teoria politica del mondo musulmano,[6] ma Riḍā si avvicina qui al concetto moderno di rapporto fra società civile ed esercizio del potere: come nota Campanini, la dottrina di Riḍā sul califfato sembra in realtà prefigurare un tipo molto peculiare di democrazia indiretta e rappresentativa.[7] Nei decenni successivi, il fenomeno coloniale e il processo di decolonizzazione, che hanno introdotto nel mondo islamico strutture di potere importate dall'Occidente, hanno provocato una certa stasi nel dibattito sul califfato, che è tornato in auge soltanto a partire dagli anni Settanta del XX secolo, quando, con un impressionante crescendo, una parte non marginale del mondo musulmano ha progressivamente acquisito una fisionomia sempre più 'militante', rielaborando in maniera estremistica il messaggio educativo e riformistico del movimento salafita e dei cosiddetti «Fratelli musulmani». In tale contesto, sono emersi nuovi paradigmi politici e le vecchie teorie sono state rivisitate: un dato eclatante è ad esempio costituito dalla nuova *Salafiyya*, che ha assunto posizioni fortemente rigoristiche e conservatrici, se non integralistiche e reazionarie, conservando nel nome il principio del richiamo ai *salaf*, l'eccezionale generazione dei compagni del Profeta, ma abbandonando nella sostanza l'attitudine originariamente riformista e progressista dei fondatori del movimento salafita ottocentesco. E tuttavia, la riapertura della discussione politica intorno all'istituzione califfale non è avvenuta senza contrasti, che hanno interessato proprio gli ambienti islamici radicali. In effetti, vari prestigiosi intellettuali islamisti hanno elaborato il concetto di «stato civile» (*al-dawla al-madaniyya*), secondo cui lo stato islamico si fonda sulla legge (*šarīʿa*), è costituzionale e la sua autorità è basata sulla volontà popolare.[8] Ciò, ovviamente, implica un allontanamento dal califfato e dal suo mito, che, con diverse sfumature,

6. Vd. *infra*, pp. 225-234.
7. Vd. Campanini, *Islam e politica*, p. 178.
8. Vd. ivi, pp. 281-282.

sono invece al centro dell'elaborazione teorica degli ideologi di *al-Qā'ida* e dell'IS. Al di là dei contrasti politici che oppongono le due organizzazioni terroristiche, nel discorso di Mossul pronunciato dal califfo dell'IS emerge infatti una concezione del califfato che ha molti punti in comune con quella propugnata da *al-Qā'ida*: se infatti nei discorsi del celebre terrorista saudita Usāma bin Lādin (1957-2011?) la rivendicazione della creazione di uno stato islamico e della restaurazione del califfato occupa un posto tutto sommato secondario, per il suo 'erede', l'egiziano Ayman Muḥammad Rabīʿ al-Ẓawāhirī, rivitalizzare l'istituzione califfale costituisce uno degli obbiettivi fondamentali dell'azione di *al-Qā'ida*.[9] Si tratta comunque di un'operazione artificiosa e per così dire 'archeologica': a tal proposito, molti analisti musulmani evocano esplicitamente il Medioevo, riferendosi a una supposta 'irrazionalità medievale' fatta di arretratezza e insensatezza che affliggerebbe il mondo arabo contemporaneo. In effetti, a dispetto delle correnti e degli autori più tradizionalisti che vagheggiano il ritorno alla forma più antica di stato islamico governata dai cosiddetti «califfi ben guidati», è del tutto evidente che l'elaborazione teorica dei musulmani radicali fa riferimento a un Islām puro e mitico che, come vedremo nelle pagine che seguono, nei termini utopici in cui esso è evocato, non è mai realmente esistito. Al contrario, va posto l'accento sugli aspetti 'postmoderni' delle attuali derive terroristiche islamiche – come l'eccezionale abilità nell'uso dei *media*, la spettacolarizzazione della violenza, il culto della morte, l'estrema spregiudicatezza in campo finanziario – del tutto estranei alla prassi politica e alla cultura islamica medievale.[10]

9. Vd. in proposito *Al-Qaida dans le texte*, Paris, Presses Universitaires de France, 2005, pp. 91-100 e 285-310.

10. Sul rapporto tra storia, memoria e 'narrazione' islamista vd. Campanini, *Islam e politica*, pp. 266-268; A. Afsaruddin, *The First Muslims. History and Memory*, Oxford, Oneworld, 2008, pp. 148-195; D. Lav, *Radical Islam and the Revival of Medieval Theology*, Cambridge, Cambridge University Press, 2012. Sul culto 'islamista' della morte e sull'estetica della violenza jihadista è ora fondamentale O. Roy, *Le djihad et la mort*, Paris, Éditions du Seuil, 2016.

3. Il califfato in prospettiva: regalità e sacro fra tardoantico e medioevo

Sovrano, divinità, profezia

Lo stretto e inscindibile legame tra il sovrano e gli dèi costituisce uno dei caratteri originali di quasi tutte le civiltà premoderne, giungendo, in alcune zone del mondo, fino alle soglie dell'età contemporanea. In uno studio fondamentale sulla regalità islamica,[1] Aziz al-Azmeh ha dedicato pagine di notevole interesse proprio al rapporto fra potere e sfera del sacro nel mondo pagano, nel Giudaismo, nel Cristianesimo, nel Buddhismo, nel Mazdeismo e nell'Islām, utilizzando in maniera estremamente appropriata gli strumenti della comparazione storico-religiosa. Nel corso della sua analisi, Azmeh prende in considerazione ambiti in apparenza molto lontani tra loro – dall'Egitto faraonico a Babilonia; dall'India vedica e post-vedica alla Grecia; dalla Roma repubblicana e imperiale alla Persia e alla Cina dei T'ang, dal mondo celtico a quello giudaico – evidenziando dinamiche comuni e contestualizzando le forme islamiche dell'esercizio del potere all'interno della più ampia area del *Commonwealth* tardoantico e medievale. Secondo l'autore, le istituzioni politiche islamiche in costruzione erano il portato di linguaggi politici e modi di enunciazione e relazione del potere con la sfera del sacro che derivavano da varie storie, 'orientali' e romane, ed erano diffuse in molte direzioni, attraverso il confine fra il mondo iranico e quello ellenistico. Forme politiche diverse furono allora rese omogenee o ridotte nel tempo a un repertorio stabile e piuttosto costante, attraverso i territori che l'imperialismo islamico avrebbe riunito in una vasta zona

1. A. al-Azmeh, *Muslim Kingship. Power and the Sacred in Muslim, Christian and Pagan Polities*, London-New York, I.B. Tauris, 2001².

amministrativa, economica e culturale. Questi territori, seppur interessati, a partire dall'ultima parte del IX secolo, da uno stato di guerra endemico e dal declino economico, seppero preservare un senso molto pronunciato dell'uniformità urbana, culturale e istituzionale. In altri termini, questo mondo tardoantico cristallizzò un repertorio di norme politico-culturali che fu discorsivamente, esteticamente e socialmente riprodotto, condiviso, adattato e considerato come l'ordine ecumenico naturale delle cose presso le corti provinciali e successivamente presso le capitali di organismi statali indipendenti.[2]

In particolare, i punti di riferimento naturali della politica islamica in formazione vanno individuati nei modelli politici rappresentati dai due grandi imperi con i quali la comunità dei musulmani (*umma*) si trovò dapprima a convivere e poi a guerreggiare vittoriosamente: Bisanzio e la Persia. Al modo stesso in cui, come ha notato Oleg Grabar, uno dei maggiori studiosi del fenomeno artistico musulmano, l'arte islamica si origina riutilizzando e rielaborando in maniera assolutamente originale elementi tipici dell'arte bizantina e dell'arte sasanide,[3] così le istituzioni politiche islamiche si sviluppano sulla base di elaborazioni concettuali già operanti a Bisanzio e nel mondo persiano. Analogamente, i rituali della monarchia musulmana inglobano, sin dai primi secoli dell'Islām, elementi tipici della tradizione tribale preislamica della Penisola araba, come ad esempio la *bayʿa*, cioè il giuramento di alleanza, ma anche forme e simboli complessi appartenenti all'ideologia regale e alla prassi della corte bizantina e di quella sasanide.[4]

Per comprendere meglio le origini dell'istituzione del califfato è dunque necessario esaminare brevemente alcune delle caratteristiche della regalità bizantina e di quella iranica, senza trascurare il tema della saldatura tra regalità e profezia tipica di molte società orientali che trova una delle sue espressioni più compiute nel testo biblico.[5]

2. Ivi, pp. 62-63.

3. Vd. soprattutto O. Grabar, *Arte islamica. La formazione di una civiltà* (1973), tr. it. di M. Parizzi, Electa, Milano 1989 (Biblioteca Electa. Saggistica universale illustrata, 7), *passim*.

4. A. Marsham, *Rituals of Islamic Monarchy. Accession and Succession in the First Muslim Empire*, Edinburgh, Edinburgh University Press, 2009. Cfr. anche R.P. Mottahedeh, *Loyalty and Leadership in an Early Islamic Society*, London, I.B. Tauris, 2001[2].

5. Sul rapporto fra regalità e profezia vd. in particolare C. Grottanelli, *Kings and Prophets. Monarchic Power, Inspired Leadership, and Sacred Texts in Biblical Narrative*, Oxford, Oxford University Press, 1999, *passim*.

Imperatore e sacerdote: l'autorità e il sacro fra Bisanzio, la Persia, l'Occidente e l'Islām

Il paradigma teocratico – cioè l'assoluta convinzione che l'impero terreno fosse a immagine e somiglianza di quello dei cieli e che l'imperatore regnasse sulla terra per eseguire i comandamenti divini – costituisce uno degli elementi fondanti della costruzione statale bizantina. D'altra parte, è ben noto che il concilio di Nicea (maggio-giugno 325), primo concilio ecumenico della storia della Chiesa, fu convocato e presieduto non dal papa o dal patriarca di Costantinopoli, bensì dall'imperatore Costantino in qualità di «vescovo dei laici» (in greco, *episkopos tōn ektós*). Come è stato giustamente sottolineato, questa espressione è la pietra angolare per l'interpretazione di tutto l'atteggiamento costantiniano nei confronti della Chiesa. È infatti evidente che al potere dei vescovi sulle chiese si giustappone qui il potere di Costantino su quelli che sono al di fuori dell'organizzazione ecclesiastica, sebbene l'imperatore riconosca di non avere autorità religiosa, ma solo secolare, e lasci i vescovi liberi di prendere le loro decisioni. Ma l'atteggiamento di Costantino costituisce solo il punto di partenza del processo di integrazione fra potere e Cristianesimo in ambito bizantino, un processo che, con geniale operazione collettiva di ingegneria politica e culturale, venne progressivamente inserendo nell'ideologia provvidenzialistica e 'totalitaria' dell'impero universale dei Romani i valori più originali e più tipici della predicazione cristiana, fino a fare della nuova religione il fondamento confessionale e sacrale dello stato e dell'ordine civile, e la sua fonte di legittimazione di fronte ai popoli soggetti. Tra gli autori che hanno dedicato particolare attenzione al fenomeno del cesaropapismo bizantino, cioè quel sistema di relazioni tra potere civile («Cesare») e potere spirituale («papa»), per cui il potere civile estende la propria competenza al campo religioso anche nei suoi problemi disciplinari e teologici, giudicando il potere religioso quasi un organo a sé sottoposto, spiccano per profondità e originalità di analisi Steven Runciman, uno dei maggiori specialisti di storia bizantina e medievale del secolo scorso,[6] e soprattutto il grande bizantinista francese Gilbert Dagron, che ha dedicato alla questione uno studio di straordinario interesse, intitolato significativamente *Empereur et prêtre* (Imperatore e sacerdote).[7] Secondo Dagron, che

6. S. Runciman, *La teocrazia bizantina*, tr. it. di V. Peri, Firenze, Sansoni, 1988.

7. G. Dagron, *Empereur et prêtre. Étude sur le 'césaropapisme' byzantin*, Paris, Gallimard, 1988 (Bibliothèque des histoires, s.n.).

richiama giustamente alla memoria i due fondamentali studi pionieristici sul rapporto fra regalità medievale e sfera sacrale di Marc Bloch (1924) ed Ernst Kantorowicz (1957),[8] lo stato medievale è uno stato sacralizzato e la Chiesa è anche una forma di potere; se la loro separazione costituisce un innegabile progresso e merita di essere preservata come un principio morale e un'istanza di libertà, essa non è comunque un dato naturale, ma piuttosto un'eredità storica, e dunque soggetta a rischi. L'Antichità aveva i suoi sacerdoti, ma non ebbe mai una chiesa pagana in margine o nel seno dello stato. Nel caso del Giudaismo, il sincronismo tra rivelazione religiosa e organizzazione politica appare talmente evidente che la distinzione tra stato e istituzione ecclesiastica sembra priva di senso. Quando Cristo pronuncia la celebre frase «Date a Cesare quel che è di Cesare e a Dio quel che è di Dio» (Mt., XXII 21), era comunque nella condizione storica piuttosto contraddittoria di un Ebreo costretto a vivere il suo monoteismo all'interno di un impero politeista. Più tardi, l''esplosione' geografica del potere romano favorì la formazione di una 'teoria dei due poteri', uno temporale, stabilito a Costantinopoli, l'altro spirituale con sede a Roma. Ma basta che una chiesa orientale si organizzi intorno all'imperatore o al suo patriarca o che l'impero resusciti in Occidente con i Carolingi o gli Ottoni, perché lo schema si ingarbugli e questa 'teoria dei due poteri' si trovi confrontata a un altro modello: quello di una regalità terrestre concepita sul modello della regalità divina, incarnata in un sovrano che Dio ha delegato direttamente al governo e alla salvezza degli uomini e che ha legittimato attraverso l'unzione. Alla distinzione dei poteri fa resistenza una sorta di integralismo che è in realtà una nostalgia di unità.

Questo imperatore, questo re (il termine greco-bizantino *basileus*, che designa il sovrano può tradursi nell'uno e nell'altro modo) è, a suo modo, un sacerdote? La risposta a questa domanda non è affatto semplice. Costantino, come abbiamo visto, si diceva «vescovo dei laici»; correva voce che l'imperatore Eraclio, vincitore dei Persiani, fosse divenuto sacerdote, ma si trattava di una diceria infondata; Leone III avrebbe dichiarato di essere re e sacerdote, ma era considerato da molti un eretico; Leone VI avrebbe avuto il rango di lettore o diacono, ma ciò è sostenuto solo da alcuni autori arabi per spiegare il fatto che gli era stato vietato di risposarsi. Il sacerdozio dei re sembra essere un destino al quale non si può sfuggire dal momento in cui

8. E.H. Kantorowicz, *I due corpi del re. L'idea di regalità nella teologia politica medievale*, tr. it. di G. Rizzoni, Torino, Einaudi, 2012 (PBE, N.S.), e M. Bloch, *I re taumaturghi*, tr. it. di S. Lega, Torino, Einaudi, 2005 (ET-Saggi).

si riflette sui fondamenti di una regalità universale, ma che non può essere espresso apertamente. Questa attitudine per certi versi ambigua risale a Costantino, cioè all'origine stessa di un impero che si identifica con il Cristianesimo presente e futuro e in cui il sovrano diviene la guida sulla via della salvezza. A questo imperatore, chiamato alla conversione e alla realizzazione delle profezie, bisognava ben riconoscere almeno un particolare tipo di sacerdozio, fuori dal campo propriamente liturgico, cioè quello del misterioso Melchisedeq del *Genesi*, o di Saul, David e Salomone, predecessori degli imperatori bizantini alla testa di un popolo eletto. Se nell'antichità greco-romana sono certamente esistiti elementi tipici di una regalità sacralizzata, la concezione imperiale bizantina è certamente più influenzata dal modello veterotestamentario: gli imperatori della Bisanzio cristiana ereditano dai re dell'Antico Testamento un potere non soltanto sacro e divino, come nel caso della monarchia ellenistica e romana, ma anche sacerdotale o quasi sacerdotale. È questo a dare consistenza all'idea stessa di 'impero cristiano', ma anche a renderla ambigua: perché di questa storia del popolo giudaico, dei suoi sovrani, dei suoi rapporti con il suo Dio geloso, il Cristianesimo non autorizza una lettura realista, ma unicamente metaforica. Così la nozione del sacerdozio regale a Bisanzio appare tanto inevitabile quanto inconfessabile.

Anche nel mondo iranico, che costituisce l'altro polo di riferimento della comunità islamica in formazione, l'essenza della regalità è fortemente sacralizzata, ma in questo caso in forme totalmente esplicite:[9] come si evince dai testi sacri del Mazdeismo (la religione dell'Iran achemenide, partico e sasanide) essa consiste infatti in un potere sovrannaturale che ha lo scopo di far ritrovare ordine al mondo terrestre secondo un modello celeste e spirituale, e il re rappresenta per il suo popolo la concreta incarnazione di uno stato primordiale cosmico. Secondo tale concezione, il dovere che incombe al re è quello di compiere tra gli uomini un 'rinnovamento' del mondo secondo questo archetipo, che deve concretarsi in qualcosa di percepibile anche dal punto di vista materiale. Tutte le azioni del sovrano, di conseguenza, rive-

9. Sul rapporto fra regalità e sfera sacrale nel mondo iranico vd. ad es. C. Saccone, *La regalità nella letteratura persiana: dall'Iran mazdeo al medioevo islamico*, in *La regalità*, a cura di C. Donà e F. Zambon, Roma, Carocci, 2002 (Biblioteca Medievale. Saggi, 9), pp. 33-64; A. Panaino, *Politica religiosa e regalità sacra nell'Iran preislamico*, Milano, Mimesis, 2007; M. Verlicchi, *Influenze e conflitti tra Persia e Bisanzio. La regalità e il sacro nel mondo iranico*, Milano, Mimesis, 2009 (Esssere e libertà, s.n.); P. Filippani-Ronconi, *Regalità iranica e gnosi ismaelita*, Roma, Irradiazioni, 2014 (Edizione critica degli scritti editi e inediti di P. Filippani-Ronconi sull'Islam, II).

stono carattere rituale: perfino la terra su cui questi si muove diviene oggetto di culto, ed egli non solo ha il compito di coordinare, anche a livello pratico, le diverse funzioni delle classi sociali e amministrative dell'impero, ma anche quello di essere emblema visibile della condizione di quell'«Uomo perfetto», che in potenza è presente nel cuore umano e che, come principio spirituale, dà senso all'individualità terrestre di ogni uomo. A questa realtà soggettiva corrisponde il concetto mistico fondamentale della regalità iranica, cioè quello del carisma divino (*x*^{v}*arənah*), simboleggiato dall'aureola posta sul capo dei sovrani legittimi, dei santi e degli eroi (una rappresentazione in seguito adottata dal Buddhismo e dal Cristianesimo). Come rivelano gli scritti religiosi mazdei, essa è l'energia visibile, vincolante il destino di ogni uomo, che gli permette di compiere il dovere proprio al suo stato. È questo un dono che il re riceve dal suo Creatore, dopo che quest'ultimo l'ha estratto dalle Luci infinite che governano gli archetipi della realtà, per consegnarlo ai geni del fuoco e delle acque, che a loro volta lo trasferiscono dal mondo ideale a quello materiale. Se poi, lasciando da parte i testi religiosi, si prende in considerazione l'idea di regalità che emerge dall'*epos* iranico, si noterà che in questo tipo di letteratura il sovrano della Persia è anche rappresentato come il sovrano cosmico, il «re del mondo». I re terreni sono molti, ma solo al re dell'Iran compete il titolo di «re dei re» (*Shāhanshāh*), ovvero i primi non possono essere altro che vassalli del secondo. Il «re dei re» è fornito di straordinarie capacità di scienza e conoscenza: egli può addirittura vedere il mondo intero davanti ai suoi occhi grazie a una magica coppa-specchio, è in grado di intendere tutte le lingue della terra, può conoscere anticipatamente il futuro e la sua generosità non ha limiti. Infine, il sovrano persiano possiede una caratteristica di grande interesse, che, come vedremo, avrà una notevole importanza nelle concezioni islamiche di califfato e di 'guerra santa' (*ǧihād*): egli è infatti «la mano del dio», cioè la mano della massima divinità del *pantheon* persiano, Ahura Mazdā, il cui compito essenziale è la difesa armata della vera fede dai nemici, identificati *tout court* con i servi del dio malvagio Ahriman. La regalità iranica dunque si legittima non solo rivendicando una derivazione divina, elemento comune a molte culture, ma anche autodefinendosi e rappresentandosi esplicitamente come 'vicaria' della divinità, con particolare enfasi sull'aspetto guerriero e sulla lotta per imporre il culto mazdeo a tutti i popoli sottomessi. «L'Iran [...] – scrive Carlo Saccone – fornisce al mondo cristiano e musulmano con l'idea sua peculiare della regalità un raffinato paradigma – destinato a durare fino ai nostri giorni – delle modalità di autostrutturazione e autorappresentazione del potere e delle sue strategie di mantenimento e di sopravvivenza».[10] In Occidente, il Cristianesimo interdice ovviamente ogni processo di divinizzazione del sovrano; tuttavia, il re è incoronato da Dio (*a Deo coronatus*); è immagine di Dio (*imago Dei*); unto (*rex christus*) e, in alcuni casi, taumaturgo; in maniera analoga, il re sacerdote veterotestamentario è escluso dall'orizzonte concettuale della monarchia medievale occidentale. Come nota Jacques Le Goff, l'interesse sembra qui spostarsi dal religioso al politico: se la figura del re progressivamente si laicizza, a essere sempre più sacralizzati sono i rapporti con il potere e lo stato.[11]

Per quanto invece concerne il modello islamico di regalità, va in primo luogo evidenziato come anch'esso sia fortemente influenzato da elementi veterotestamentari. I musulmani dell'epoca medievale non utilizzavano concetti politici astratti come «stato» o «regno»; al contrario, la lingua araba possiede vari termini per indicare il sovrano: fra questi spiccano *malik* («re»), parola che deriva dalla radice semitica *mlk* e che indica il detentore di una regalità dinastica senza particolari venature di tipo sacrale, e *ḫalīfa*, «califfo», che esercita invece, per delegazione umana e divina, un potere per molti versi sacralizzato senza che sia escluso o affermato chiaramente un diritto ereditario. In generale, se il califfato rappresenta per i musulmani il governo islamico sottoposto alla legge di Dio, il regno sta a indicare un governo personale e arbitrario, senza base e senza sanzione religiosa e legale. Come vedremo anche in seguito,[12] nel *Corano* (II 30; XXXVIII 26) Dio stabilisce Adamo e David come suoi «califfi» sulla terra, e il *malik* è ben distinto dal *ḫalīfa*, distinzione che viene recepita con precisione da moltissimi autori musulmani, che oppongono appunto il re al califfo, come in questo celebre aneddoto che vede protagonisti Salmān, il primo musulmano persiano e il califfo ʿUmar:[13]

> Disse Salmān che ʿUmar gli aveva chiesto: «sono un re (*malik*) o un califfo (*ḫalīfa*)?». Ed egli rispose: «Se hai tassato le terre dei musulmani di un *dirham*, o più o meno che sia, e quello hai utilizzato a fini illegali, allora sei un re, altrimenti sei un califfo». E ʿUmar pianse.

10. Saccone, *La regalità nella letteratura persiana*, p. 52.

11. J. Le Goff, *Il re nell'Occidente medievale* (2004), tr. it. di R. Riccardi, Bari-Roma, Laterza, 2006 (I Robinson/Letture, s.n.), pp. 25-52.

12. Vd. *infra*, pp. 111-112.

13. Cit. da B. Lewis, *Il linguaggio politico dell'Islam* (1988), tr. it. di B. Scarcia Amoretti, Bari-Roma, Laterza, 1991 (Quadrante, 41), p. 64.

L'insieme dei governati è definito *umma* («nazione»)[14] o *milla* («comunità religiosa»).

Secondo un racconto islamico molto diffuso concernente la nascita del potere politico, quando Dio ebbe creato il cielo, la terra, gli angeli e i *ǧinn*, creò Iblīs (il futuro Satana), che fu il primo a ricevere il potere (*mulk*). Dio lo fece governatore del cielo più basso e della terra, custode del Paradiso, e giudice dei *ǧinn*, che erano i primi abitanti della terra e avevano re, profeti, religioni, fede, lunga vita e benedizioni in abbondanza. I *ǧinn* però si corruppero, e Iblīs inviò contro di loro un'armata, sconfiggendoli e divenendo altezzoso. Allora Dio, per capire quale fosse la sua vera natura, creò Adamo e impose a Iblīs di prostrarsi davanti a lui: al suo rifiuto, lo gettò nel profondo dell'Inferno e scelse Adamo come suo vicario (*ḫalīfa*), dandogli potere e autorità (*mulk wa-sulṭān*). Alla sua morte, Adamo trasferì la propria *leadership* (*riyāsa*) al figlio Seth e da allora in poi ogni sovrano lasciò al suo successore istruzioni (*waṣiyya*) concernenti il potere politico (*siyāsat al-mulk*). Quando poi Caino uccise Abele, il primo abbandonò le montagne sub-paradisiache nelle quali viveva Adamo per trasferirsi altrove, dove i suoi discendenti divennero despoti e faraoni (*ǧabābira wa-farāʿina*), cioè tiranni senza Dio, che inventarono gli strumenti musicali e si abbandonarono alla musica, al vino e alla promiscuità sessuale; di conseguenza, molti discendenti di Seth abbandonarono la montagna sacra per raggiungerli e divertirsi con loro; Enoch e suo figlio Methuselah (Matusalemme) combatterono una guerra santa contro i discendenti di Caino, ma non riuscirono ad annientarli: così, Dio, per punire le loro malefatte mandò il Diluvio, dopo il quale i figli di Noè si dispersero sulla terra, divenendo gli antenati dell'umanità come la conosciamo. L'assunto fondamentale dietro questo racconto è che tutto il potere nell'universo emana da Dio, il quale governa il mondo attraverso magistrati, governatori, giudici e rappresentanti. Adamo incarna la pienezza del potere divino sulla terra, e i *ǧinn*, i Sethiani e i discendenti di Caino sono descritti come popolazioni che vivono in società organizzate politicamente. Ma non tutti i governi sono giusti, come mostra proprio la vicenda dei discendenti di Caino: esistono i despoti e i tiranni (chiamati in arabo *mulūk* – lo stesso termine che definisce i «re» – o *ǧabābira*), che prima o poi vengono puniti in quanto ribelli all'ordine di Dio. Adamo incarna l'alternativa alla tirannide e all'anarchia: la sua *leadership* è definita *imāma*, guida politica e religiosa a un tempo, in accordo

14. Sul concetto di *umma* vd. *infra*, p. 67.

con il volere divino. Dopo Adamo, il giusto governo si è manifestato solo sporadicamente sulla terra, ma è stato restaurato dal Profeta Muḥammad, che ha fondato la comunità islamica basandosi sulla legge di Dio.[15]

Va comunque rilevato come nella trattatistica giuridica e politica islamica medievale la sostanza teologica del potere califfale non sia affatto chiara e come tale ambiguità si ritrovi già nelle varie accezioni date dai testi al termine *ḫalīfa*, che può avere, secondo i tempi e i casi, il senso di «vicario» di Dio sulla terra o quello di «rappresentante» del Profeta. In altri termini, il califfato musulmano oscilla tra il modello sacrale del sovrano sasanide, «mano di Dio sulla terra», e quello 'quasi sacerdotale' dell'imperatore bizantino, in cui il rapporto tra impero e sacerdozio non è mai rivendicato in maniera esplicita e fino alle estreme conseguenze. Vedremo subito come tutta la storia più antica dell'istituzione califfale sia fortemente imperniata proprio sul conflitto fra questi due diversi modelli di regalità offerti dai due grandi imperi confinanti con il mondo islamico in formazione.

15. Su questo racconto vd. P. Crone, *Medieval Islamic Political Thought*, Edinburgh, Edinburgh University Press, 2004 (The New Edinburgh Islamic Surveys, s.n.), pp. 3-10.

4. La successione al Profeta

*Dall'*Arabia Felix *a Petra e Palmyra: modelli politici delle società preislamiche*

Uno dei maggiori fraintendimenti riguardanti il mondo arabo è quello che stabilisce un'equivalenza fra la definizione di «arabo» e quella di «musulmano»: in realtà, va ribadito che si tratta di due nozioni assolutamente distinte, prova ne sia, tra l'altro, il fatto che il nome «Arabi» (forse derivante da una radice semitica che indica l'atto dell'attraversamento) ricorre già in alcune iscrizioni assire del IX secolo a.C.[1]

La Penisola araba ha una forma trapezoidale di estensione vastissima: tre milioni di chilometri quadrati – cioè circa dieci volte la superficie dell'Italia – in gran parte occupati da deserti, tant'è che la popolazione locale chiama il più grande di essi *al-rubʿ al-ḫālī*, cioè «il Quarto vuoto». La Penisola è caratterizzata da notevoli differenze climatiche, determinate soprattutto dagli alti monti che corrono paralleli al suo lato Sud, contro i quali si infrangono le nuvole provenienti dall'Oceano indiano, provocando piogge periodiche nelle zone costiere. È questo uno dei motivi principali che fanno dell'Arabia meridionale un'area molto diversa da tutto il resto della Penisola.

1. Vd. Ph.K. Hitti, *History of the Arabs from the Earliest Times to the Present*, London, Macmillan, 1970[10], pp. 3-108; J. Retsö, *The Arabs in Antiquity. Their History from the Assyrians to the Umayyads*, New York-London, Routledge-Curzon, 2003, pp. 11-102; R.G. Hoyland, *Arabia and the Arabs. From the Bronze Age to the Coming of Islam*, New York-London, Routledge, 2001, pp. 13-20, e ultimamente A. al-Azmeh, *The Emergence of Islam in Late Antiquity. Allāh and his People*, Cambridge, Cambridge University Press, 2014, pp. 100-163.

L'elemento fondamentale delle società arabe sin dal loro esordio sul palcoscenico della storia è l'organizzazione in tribù, che rende tendenzialmente difficile la creazione di regimi monarchici saldi. Se la zona centro-settentrionale dell'Arabia, in cui ebbe sempre grande importanza il nomadismo degli «uomini del deserto» (è questo il senso primario del termine «beduini»), non fu mai sede di raggruppamenti statali di grandi dimensioni, nella regione meridionale, oggi corrispondente allo Yemen, venne a costituirsi intorno al 1000 a.C. il grande regno di Saba, legato al mito della famosa regina amante di Salomone. Di questo regno, che ebbe come capitale la città di Māʾrib, si ignorano le origini, poiché le iscrizioni sudarabiche conosciute non sembrano anteriori all'VIII secolo a.C. In ogni caso, uno dei primi sovrani (chiamati *mukarrib*) ricordati da tali testi si presenta come il costruttore di un'enorme diga presso Māʾrib, finalizzata a creare un bacino artificiale da utilizzare per l'irrigazione: ciò dimostra la notevole abilità tecnica dei Sabei, che evidentemente dovevano aver conosciuto un grande periodo anteriore di prosperità e civilizzazione. Parallelamente alle grandi opere idrauliche furono costruiti grandi palazzi, castelli, case in muratura di molti piani, templi sontuosi. In questo periodo i Sabei erano certamente politeisti: fra le loro divinità più importanti vanno annoverati il dio lunare Sīn, la dea ʿAṯtar (la Ištar degli Assiri e la Astarte dei Greci) e la dea solare Šams. A Māʾrib sono state trovate le spettacolari vestigia del tempio del dio lunare, del quale restano otto giganteschi pilastri monolitici. Caratteristiche del culto sono le misteriose statuette di pietra calcarea e di alabastro raffiguranti uomini e donne, spesso recanti inciso sul piedistallo il nome del personaggio rappresentato, che venivano offerte ai templi come *ex-voto* per grazie ricevute.

Una delle principali risorse dei Sabei era il commercio dell'incenso e della mirra, prodotti in abbondanza in molte zone dell'Arabia meridionale – che per la sua fertilità e la sua ricchezza i Romani chiamavano appunto *Arabia Felix* – ed esportati in tutto il mondo mediterraneo Fra alterne vicende, il regno sabeo, che giunse a espandersi fino all'Etiopia, si mantenne vivo e vitale fino al IV secolo d.C., epoca nella quale, come testimoniato da iscrizioni che invocano «Dio, re del cielo», la monarchia sudarabica sembra mostrare simpatia nei confronti del monoteismo. Tale tendenza è probabilmente dovuta a un influsso giudaico.

Intorno al 480 d.C. il regno di Saba era in decadenza e su di esso ebbero il sopravvento gli Ḥimyariti, fondatori di un altro reame sudarabico che aveva come capitale la città di Ẓafār. L'ultimo monarca ḥimyarita si convertì al Giudaismo e favorì l'elemento ebraico a danno del Cristianesimo, che era penetrato in Arabia già da molto tempo. Questa tendenza filo-giudaica e anti-cristiana – probabilmente connessa all'ostilità degli Ḥimyariti nei confronti della cristiana Etiopia, percepita come una minaccia – sfociò in una vera e propria persecuzione: nel 524 d.C. a Naǧrān, nell'attuale Arabia Saudita, i membri della grande comunità cristiana locale furono trucidati dalle truppe ḥimyarite. L'eccidio non poteva lasciare indifferente il negus etiopico, che infatti intervenne occupando lo Yemen e mettendo fine al regno di Saba. A Mā'rib e a Ṣan'ā' (l'attuale capitale dello Yemen) furono costruite due grandi chiese, e quest'ultima città assurse al rango di capitale della regione, che gli Etiopi affidarono, con il ruolo di vicerè, prima a un principe ḥimyarita cristiano e poi a un Abissino di nome Abraha (Abraha al-Ḥabašī). Costui restaurò la diga di Mā'rib, che rischiava di crollare e nel 530 d.C. – o forse nel 570 d.C., anno generalmente ritenuto come quello della nascita del Profeta Muḥammad – intraprese una spedizione militare (nota come spedizione «dell'elefante») verso il Nord della Penisola, giungendo forse fino a Mecca, dove il suo esercito sarebbe stato miracolosamente distrutto.

Nel 575 d.C. lo Yemen fu poi attaccato dai Persiani che vi stabilirono un governatore, ma intorno al 630 ogni traccia del dominio persiano era scomparsa, e la regione venne facilmente conquistata dagli eserciti musulmani.[2]

Anche nell'area che va dall'Arabia settentrionale alla Mesopotamia settentrionale e alla Siria, tra l'età ellenistica e l'epoca romana vennero a formarsi alcuni regni 'semitici': il regno nabateo, quello palmireno, quello di Hatra e quello di Osroene. Il regno più importante della regione era quello dei Nabatei, che dal Golfo di 'Aqaba si estendeva a Nord fino al Mar Morto e a Sud fino alle montagne dell'Ḥiǧāz settentrionale. La capitale di questo stato, fondato sul commercio carovaniero, era la splendida Petra, una delle gemme più luminose dell'archeologia mondiale, patrimonio dell'Unesco e parte integrante dell'immaginario di ogni appassionato di arte antica: nei suoi celeberrimi monumenti lo stile ellenistico si unisce a forme egizie e orientali, dando vita a un'arte elaborata ed eclettica che an-

2. Sulla storia dei regni sudarabici è fondamentale J. Ryckmans, *L'institution monarchique en Arabie méridionale avant l'Islam*, Louvain, Publications Universitaires, 1951. Sulle iscrizioni regali sudarabiche vd. ora Ch.J. Robin, *Before Ḥimyar: Epigraphic Evidence for the Kingdoms of South Arabia*, in *Arabs and Empires before Islam*, ed. by G. Fisher, Oxford, Oxford University Press, 2015, pp. 90-126, e Id., *Ḥimyar, Aksūm and* Arabia Deserta *in Late Antiquity*, ivi, pp. 127-171.

cora oggi lascia senza fiato i fortunati visitatori. I sovrani nabatei batterono moneta e portarono il titolo di re: il primo monarca noto dalle iscrizioni è Areta (Ḥāriṯ), menzionato in un'epigrafe dell'inizio del II secolo a.C., redatta in lingua aramaica e in quella scrittura nabatea da cui sembrano derivare i più antichi caratteri dell'alfabeto arabo (la scrittura detta *al-ǧazm*) e che a sua volta costituisce una rielaborazione della scrittura sudarabica (denominata *musnad*).[3]

Un secondo regno 'semitico' basato sul commercio carovaniero è quello di Palmyra, la perla della steppa desertica siriana, caduta nel maggio 2015 sotto il controllo dell'IS e liberata dall'esercito siriano appoggiato da truppe russe il 27 marzo del 2016. Palmyra (l'antica Tadmor) fu una delle più grandi e importanti città carovaniere del mondo antico: le carovane che trasportavano incenso, seta (alcuni frammenti rinvenuti nella necropoli sembrano essere di manifattura cinese) e altre merci preziosissime, facendo obbligatoriamente tappa in questa grande oasi, ne determinarono la ricchezza per almeno 300 anni. L'inizio della fioritura di Palmyra si colloca alla metà del I secolo a.C., quando Augusto mise momentaneamente fine al contrasto tra Roma e l'impero partico per mezzo di un'intesa diplomatica che si protrasse fino al regno di Traiano. Così, il commercio carovaniero attraverso la Siria e lungo l'Eufrate (e di lì verso la Persia e l'Asia Centrale) si riattivò, sino a raggiungere proporzioni mai toccate prima a causa dell'enorme richiesta di beni di lusso da parte di Roma. Fu allora che la città si arricchì di vie colonnate, di templi, di strutture commerciali e di tombe monumentali che ne condizionarono la fisionomia successiva. Attraverso grandi opere pubbliche, si provvide all'approvvigionamento idrico della città, rendendo possibile l'estensione delle aree coltivabili attorno a essa. Tuttavia, all'inizio del II secolo d.C., la politica di indipendenza che caratterizzava la città ricevette un duro colpo a opera di Traiano, che tentò di mettere l'impero partico, e di conseguenza anche Palmyra, sotto il diretto controllo di Roma. Alla morte di Traiano (117), il suo successore, Adriano, non proseguì questa politica interventista e per Palmyra si aprì un'epoca di notevole prosperità, che durò fino al III secolo d.C. La maggior par-

3. Per una visione d'insieme su Petra e il regno nabateo, con aggiornamenti sulle più recenti scoperte archeologiche, vd. G. Markoe, *Petra Rediscovered. The Lost City of the Nabataean Kingdom*, London, Thames & Hudson, 2003. Sul problema del rapporto tra scrittura nabatea e alfabeto arabo vd. Z.T. Fiema, A. al-Jallad, M.C.A. Macdonald, L. Nehmé, Provincia Arabia: *Nabataea, the Emergence of Arabic as a Written Language, and Graeco-Arabica*, in *Arabs and Empires before Islam*, pp. 373-433.

te dei monumenti oggi visibili a Palmyra risale a questo periodo. Con il sorgere della nuova e bellicosa dinastia persiana dei Sasanidi (224-651), gli imperatori romani individuarono in Palmyra un baluardo a difesa del *limes* dell'Eufrate e le concessero nuovamente ampia autonomia in chiave anti-persiana. La città venne in tal modo a giocare un ruolo decisivo nello scacchiere mediorientale e una nobile famiglia palmyrena assurse al rango di vera e propria dinastia regale. Sotto l'imperatore Valeriano (253-260), Odenato, rifacendosi alla titolatura achemenide e partica, si attribuì il titolo di «Re dei Re». Vaballato, figlio di Odenato, sotto la reggenza della madre, la mitica Zenobia, estese il potere della città a gran parte della Siria e dell'Asia Minore e all'Egitto. Quando Zenobia giunse ad autoproclamarsi Augusta e discendente di Cleopatra, insignendo anche suo figlio del titolo imperiale, Roma comprese che era il momento di intervenire. Ad assumersi l'incarico di domare la ribellione fu l'imperatore Aureliano. Nel 272, l'esercito palmyreno e quello romano si scontrarono sulle rive del fiume Oronte, dove Aureliano ottenne una grandissima vittoria. Zenobia e il suo generale, Zabdos, furono costretti a riparare ad Antiochia e poi a Emesa. La vittoria decisiva di Aureliano avvenne proprio a Emesa, ma Zenobia non si arrese e si ritirò a Palmyra. Aureliano pose l'assedio alla città e le offrì una resa onorevole, ma la regina, confidando nell'aiuto delle tribù del deserto, non accettò. Quando si rese conto che nessuno sarebbe venuto in suo soccorso, Zenobia fuggì con suo figlio Vaballato a dorso di dromedario, unendosi a una carovana di nomadi, ma la coppia regale fu riconosciuta, catturata e inviata a Roma come trofeo trionfale. Il figlio morì durante il viaggio, mentre la regina fu fatta sfilare legata al carro dell'imperatore con catene d'oro. Le fonti offrono due versioni diverse su ciò che le accadde dopo il trionfo: secondo il cronista siro Giovanni Malala, l'imperatore l'avrebbe fatta decapitare, mentre la più romantica *Historia Augusta* riferisce che Aureliano, soggiogato dal fascino di Zenobia, le avrebbe concesso di terminare i suoi giorni presso Tivoli, in una splendida villa.[4]

A queste monarchie settentrionali, che sono comunque ben lontane dall'avere la forza e la compattezza di quelle yemenite, si aggiungono poi due regni arabi creati artificialmente dai Bizantini e dai Persiani quali 'stati cuscinetto' atti ad arginare l'invadenza dei beduini alle frontiere dei rispettivi imperi. Alle dipendenze dei Bizantini era infatti il regno dei Ghassanidi, i cui

4. Su Palmyra vd. da ultimo la recente sintesi di P. Veyne, *Palmyre. L'irremplaçable trésor*, Paris, A. Michel, 2015.

sovrani non avevano una capitale fissa e si erano convertiti al Cristianesimo monofisita; alleato dei Persiani era invece il regno laḫmide, che aveva come capitale al-Ḥīra, non molto lontana dalle rovine di Babilonia, e che intorno al 450 d.C. passò dal paganesimo al Cristianesimo di tendenza nestoriana.[5]

Il «grande mare di sabbia»: la terra delle tribù

L'Arabia centrale è occupata sia dal «grande mare di sabbia», con le sue enormi dune che si spostano seguendo il vento, sia da zone steppose, che dopo una breve pioggia si ricoprono di rada vegetazione. Tipici di quest'area sono i letti di antichi fiumi (*wādī*) che si riempiono d'acqua solo in alcuni periodi dell'anno e che per il resto del tempo costituiscono vere e proprie piste atte a collegare la zona in questione con l'Eufrate meridionale e con l'entroterra siriano. La fascia costiera è divisa dal grande altipiano al centro della penisola (Naǧd, «terra elevata», «altipiano») da una catena di montagne chiamata Ḥiǧāz, cioè, appunto, «barriera». È questa la terra dei grandi raggruppamenti tribali, a loro volta ulteriormente suddivisi in aggregazioni minori (le 'frazioni', i clan, i 'lignaggi' e i 'sottolignaggi'), che presumevano di discendere per linea maschile da un antenato comune e che per questo si ritenevano uniti fra loro da vincoli di sangue e di solidarietà. I vari membri della tribù si consideravano fratelli e pari, e da ciò derivavano importanti conseguenze sociali e giuridiche che più tardi investirono anche i membri della comunità musulmana. La società preislamica è una società scarsamente stratificata e tendenzialmente egualitaria (sebbene fortemente e fieramente competitiva), e un'ideologia ispirata all'egualitarismo è ancora ben visibile nel *Corano*. Il testo sacro dei musulmani non teorizza certamente l'abolizione delle differenze sociali, e anzi invita ad accettare di buon grado le ineguaglianze osservabili nella distribuzione terrena della ricchezza, del potere e del prestigio (come ad esempio la superiorità degli uomini sulle donne). Tuttavia, numerosi versetti coranici insistono sulla maggiore importanza dei valori etici e religiosi rispetto agli averi e al rango. Tra questi, il più importante ed esplicito è il versetto 49 della sura XIII:

5. Sui Ghassanidi vd. soprattutto I. Shahîd, *Byzantium and the Arabs in the Sixth Century*, I.1, I.2 e II, Washington, DC, Dumbarton Oaks Research Library and Collection, 1995-2009, *passim.* Sui Laḫmidi vd. ora I. Toral-Niehoff, *Al-Ḥīra. Eine arabische Kulturmetropole im spätantiken Kontext*, Leiden-Boston, Brill, 2014 (I.H.C., 104).

> O uomini, in verità Noi vi abbiam creato da un maschio e da una femmina e abbiam fatto di voi popoli vari e tribù a che vi conosceste a vicenda, ma il più nobile fra di voi è colui che più teme Iddio. In verità Dio è sapiente e conosce.

Per il *Corano*, ricchezze e figli non serviranno a nulla nel Giorno del Giudizio, quando «solo varrà chi avrà portato a Dio un cuore sincero» (XXVI 88-89).

Una delle più importanti istituzioni della società tribale araba è la cosiddetta «vendetta del sangue», cioè la punizione privata di un reato di sangue commesso nei confronti di un membro della tribù, salvo il caso che, per accordo fra le due parti, l'uccisore o il feritore pagasse un compenso materiale alla famiglia dell'offeso: tuttavia tale vendetta non ha luogo fra i membri della stessa tribù, perché essi sono fratelli. Di conseguenza, i delitti più gravi commessi all'interno della tribù sono puniti con un bando: l'espulso, a meno che non trovi un'altra tribù disposta ad accoglierlo, diviene passibile di uccisione da parte di chiunque, senza che alla sua famiglia sia dovuta vendetta o il prezzo del sangue.

Al contrario, la vendetta esercitabile su persone appartenenti ad altre tribù implica la possibilità di guerre, poiché la tribù dell'offeso è solidale con questo nel diritto alla vendetta o alla composizione economica, mentre a sua volta la tribù dell'offensore è responsabile in sua vece. Così, se l'offensore non può pagare il prezzo del sangue, è la tribù che paga; al contrario, se la tribù dell'offeso non può esercitare la vendetta sull'offensore o ottenere il prezzo del sangue, ha facoltà di vendicarsi su qualsiasi membro della tribù avversaria. D'altra parte, fuori dalla cerchia ristretta della propria tribù, tutto è permesso: attaccare membri di altre tribù, derubarli, ucciderli. L'unico freno è costituito dal timore della vendetta o di rappresaglie da parte della tribù offesa.

In ogni caso, la tribù è sempre solidale in caso di guerre o razzie e nell'uso collettivo di terreni da pascolo e pozzi. Tale solidarietà è garantita dalla figura del capo (in arabo *sayyid* o *šayḫ*), la cui carica è elettiva; questi rappresenta soprattutto un'autorità di tipo morale, priva di autentici poteri coercitivi: ne deriva che le grandi decisioni (guerre, spostamenti di accampamenti alla ricerca di pascoli migliori, accordi con altre tribù) dovevano essere prese collettivamente dall'assemblea dei capifamiglia (*šūrà*).[6] Ana-

6. Sulla *šūrà* e sulle forme politiche dell'Arabia preislamica vd. soprattutto P. Crone, *Šūrā as an Elective Institution*, in «Quaderni di Studi Arabi», 19 (2001), pp. 3-39. In gene-

logamente, le campagne militari non erano necessariamente affidate al capotribù, ma il loro comandante (*ra'īs*), a cui spettava un quarto del bottino, veniva deciso di volta in volta. In caso di lite fra tribù venivano scelti degli arbitri esterni alle famiglie coinvolte le cui sentenze venivano accolte e messe in atto senza particolari problemi.

Il maggiore elemento di coesione delle tribù arabe era costituito dal profondo rispetto per la tradizione (*sunna*) degli antenati: questo concetto è poi passato nell'Islām, dove la consuetudine, intesa come il comportamento tenuto dal Profeta in tutti i campi della vita pubblica e privata, forma uno degli elementi fondamentali del sistema legislativo islamico.

Fra i modi in cui la tribù viene ad accrescersi, in età preislamica hanno notevole importanza gli istituti dell'adozione e della protezione: l'adottato (che poteva essere anche uno schiavo affrancato) entrava a far parte a tutti gli effetti della tribù dell'adottante; il protetto era invece accolto e difeso da tutti i membri della tribù che lo aveva preso in carico. Naturalmente, erano anche possibili alleanze fra le varie tribù, che a volte facevano scaturire vere e proprie aggregazioni di notevole entità: è il caso, ad esempio, del regno dei Kinda, una tribù dell'Arabia meridionale che emigrò nel centro della Penisola in un'epoca molto antica e che intorno alla metà del V secolo d.C. riunì intorno a sé molte altre tribù fino a costituire uno stato che giunse addirittura a rivaleggiare con l'impero bizantino.

Furono comunque le grandi conquiste islamiche, con l'enorme afflusso di ricchezze che esse comportarono e con la creazione di un vero e proprio impero, a sconvolgere definitivamente l'assetto sociale egualitario del sistema tribale arabo.[7]

Gli dèi delle tribù

Le radici del sistema politico e religioso islamico sono in gran parte legate alla vicenda biografica di Muḥammad, il Profeta dell'Islām, che vis-

rale, vd. anche Retsö, *The Arabs in Antiquity*, e M. Lecker, *Pre Islamic Arabia*, in *The New Cambridge History of Islam*, I. *The Formation of the Islamic World. Sixth to Eleventh Century*, ed. by Ch.F. Robinson, Cambridge, Cambridge University Press, 2010, pp. 153-170.

7. Sull'assetto sociale della società preislamica e protoislamica vd. L. Marlow, *Hierarchy and Egalitarianism in Islamic Thought*, Cambridge, Cambridge University Press, 1997 (Cambridge Studies in Islamic Civilization, s.n.), e Hoyland, *Arabia and the Arabs*, pp. 85-138.

se tra la seconda metà del VI e l'inizio del VII secolo d.C. (la maggioranza degli storici arabi indica come suo anno di nascita il 570, mentre la sua morte è fissata concordemente al 632). Prima dell'avvento di Muḥammad, la religione più diffusa fra le tribù arabe era il paganesimo, sia pure insidiato dall'avanzare del Giudaismo (soprattutto nella zona di Yaṯrib/Medina) e del Cristianesimo (diffuso in particolare nel Nord della Penisola). Il culto era molto semplice: in genere, il santuario non era che uno spazio aperto con intorno delle rocce che delimitavano il territorio sacro. Alcuni dèi erano poi immaginati come residenti in pozzi, piante o pietre (i cosiddetti betili, le «case del dio») di cui erano considerati i Signori (*rabb*). A queste divinità si affiancavano i *ǧinn*, esseri di calore o di aria legati agli spazi selvaggi fuori dal controllo umano, in grado di svolgere un ruolo positivo ma anche estremamente negativo, a seconda dei loro mutevoli umori. Tuttavia, nel periodo che precede la nascita del Profeta, si registra in molte tribù arabe una tendenza a dare la preminenza a una determinata divinità, pur non negando l'esistenza delle altre (enoteismo).[8]

Nella grande città carovaniera di Mecca, posta in una gola trasversale nella catena di montagne che corre parallela alla costa, a circa 80 km dal mare, lungo la via percorsa dalle grandi spedizioni commerciali che dallo Yemen muovevano verso il Mediterraneo, si trovava invece l'unico santuario dell'Arabia centrale e settentrionale a noi noto fatto in muratura, cioè la cosiddetta *Kaʿba* (termine traducibile come «cubo»), che tanta importanza avrà nella tradizione religiosa musulmana. Si trattava di una piccola costruzione a base quasi quadrata in cui erano inseriti dei betili, tra i quali la famosa pietra nera, oggetto di particolare venerazione. Vicino alla *Kaʿba* era una sorgente, chiamata *Zamzam*, che costituiva molto probabilmente l'originario nucleo sacro di tutto il complesso. Un'ampia fascia di territorio intorno al santuario, comprendente anche la stessa città di Mecca, era considerata sacra e inviolabile (*ḥarām*): non era permesso introdurvi armi e uccidere e chi vi si rifugiava trovava un asilo sicuro. Qui, nel mese di *ḏū 'l-ḥiǧǧa*, il dodicesimo mese dell'anno arabo (un anno lunare che ha da dieci a undici giorni in meno rispetto all'anno solare), giungevano in pellegrinaggio folle provenienti da tutta la penisola: in questa

8. Sulla transizione fra paganesimo e Islām nella Penisola araba vd. ora al-Azmeh, *The Emergence of Islam in Late Antiquity*, pp. 47-99 e 164-278. Sul fenomeno dell'enoteismo, fondamentale J. Assmann, *Of God and Gods: Egypt, Israel and the Rise of Monotheism*, Madison, WI, The University of Wisconsin Press, 2008.

occasione nella regione di Mecca si tenevano grandi fiere che costituivano importantissime occasioni per scambi commerciali e culturali fra le tribù. Il complesso della *Kaʿba* era gestito dalla più potente tribù di Mecca, i Qurayš (il cui nome, forse originariamente legato a un animale totemico, significa «piccolo squalo» o «bello squalo»), che avevano una sorta di monopolio dei commerci transitanti per la città e che seppero rendere il loro santuario il più importante di tutta l'Arabia, combinando con grande abilità pratiche religiose e interessi economici. A un clan di questa tribù, quello dei Banū Hāšim (Hāšemiti), apparteneva, secondo la tradizione, il Profeta dell'Islām.[9]

Vero, falso, finto

«Gli storici parlano del vero, i poeti del possibile. Ma naturalmente il vero è un punto d'arrivo, non un punto di partenza. Gli storici (e, in modo diverso, i poeti) fanno per mestiere qualcosa che è parte della vita di tutti: districare l'intreccio di vero, falso, finto che è la trama del nostro stare al mondo».[10]

Queste parole di un importante studioso contemporaneo si adattano perfettamente a indicare il compito che attende chi voglia tentare di ricostruire le vicende della vita di Muḥammad (e anche quelle dei primi due secoli del califfato islamico). In effetti, le sue prime biografie a noi

9. Per una sintetica introduzione sulle divinità e i culti dell'Arabia preislamica vd. Hoyland, *Arabia and the Arabs*, pp. 139-166. Come è noto, in un suo libro molto controverso (*Meccan Trade and the Rise of Islam*, Princeton, Princeton University Press, 1987), Patricia Crone ha tentato di mettere in discussione alcune idee consolidate riguardanti il ruolo commerciale di Mecca e, in generale, la veridicità dell'immagine della città che emerge dalle fonti islamiche medievali. E tuttavia, nonostante l'indubbio acume critico della Crone e i molti stimoli in esso contenuti, *Meccan Trade and the Rise of Islam* risulta tutt'altro che convincente (vd. per esempio le giuste critiche rivolte all'opera contenute nella recensione di R.B. Serjeant, in «Journal of the American Oriental Society», 110 [1990], pp. 472-486). Come un altro celebre saggio 'eterodosso' dell'autrice, scritto in collaborazione con Michael Cook (*Hagarism. The Making of the Islamic World*, Oxford, Oxford University Press, 1977), anche *Meccan Trade and the Rise of Islam*, per usare un'efficace espressione di R. Stephen Humphreys (*Islamic History*, Princeton, Princeton University Press, 1991, pp. 84-85), va considerato «more a 'what-if' exercise than as a research monograph».

10. C. Ginzburg, *Il filo e le tracce. Vero, falso, finto*, Milano, Feltrinelli 2006 (Campi del sapere, s.n.), p. 13.

note – purtroppo non pervenuteci – furono composte nei primi decenni dell'VIII secolo, mentre le prime opere storiche riguardanti la figura del Profeta dell'Islām a essere giunte fino a noi si collocano in un arco cronologico che va dalla fine dell'VIII alla metà del X secolo (da un secolo e mezzo a tre secoli dopo la sua morte). In questo periodo, la società tribale nella quale nasce e si diffonde il messaggio islamico si era ormai da tempo trasformata in una società imperiale, prima sotto i califfi umayyadi di Damasco e poi sotto gli ʿAbbāsidi di Baghdad.[11] Negli ultimi decenni, vari studiosi, partendo da tale dato di fatto, hanno messo in discussione l'attendibilità delle notizie contenute nelle opere in questione, giungendo al punto di considerare tutta questa produzione storiografica come una pura fabbricazione tardiva e di sostenere che per indagare la storia islamica delle origini sarebbe più utile basarsi sulle fonti non islamiche coeve, e in particolare sui testi storici bizantini.[12]

Modelli e contesti

Le tesi di chi nega affidabilità alla storiografia islamica – che hanno suscitato un'accesa discussione fra gli specialisti – sono troppo radicali. La scarsità delle testimonianze non deve portarci al loro completo rifiuto: in ef-

11. Sulle prime biografie profetiche vd. J.M.B. Jones, *The* Maghāzī *Literature*, in *Arabic Literature to the End of the Umayyad Period*, ed. by A.F.L. Beeston, T.M. Johnstone, R.B. Serjeant and G.R. Smith, Cambridge, Cambridge University Press, 1983, pp. 344-351; M.J. Kister, *The* Sīrah *Literature*, in *Arabic Literature to the End of the Umayyad Period*, pp. 352-367; T. Khalidi, *Arabic Historical Thought in the Classical Period*, Cambridge, Cambridge University Press, 1994, pp. 30-39; Ch.F. Robinson, *Islamic Historiography*, Cambridge, Cambridge University Press, 2003, pp. 23-25, e A. Cheddadi, *Les Arabes et l'appropriation de l'histoire*, Paris, Sindbad, 2004, pp. 250-252.

12. Sul dibattito sull'attendibilità della storiografia islamica, soprattutto per ciò che concerne il periodo iniziale della storia dell'Islām, vd. soprattutto F.M. Donner, *Narratives of Islamic Origins: The Beginnings of Islamic Historical Writing*, Princeton, Darwin Press 1998 (Studies in Late Antiquity and Early Islam, 14); Id., *Maometto e le origini dell'Islam* (2010), a cura di R. Tottoli, tr. it. di P. Arlorio, Torino, Einaudi, 2011 (PBE, Mappe, 31); H. Berg, *The Development of Exegesis in Early Islam. The Authenticity of Muslim Literature from the Formative Period*, New York-London, Routledge, 2000 (Routledge Studies in the Qur'ān, s.n.); G. Schoeler, *Écrire et transmettre dans les débuts de l'islam*, Paris, PUF, 2002 (Islamiques, s.n.); T. El-Hibri, *Parable and Politics in Early Islamic History. The Rashidun Caliphs*, New York, Columbia University Press, 2010; F. Micheau, *Les débuts de l'Islam. Jalons pour une nouvelle histoire*, Paris, Téraèdre, 2012 (L'Islam en débats, s.n.).

fetti, la letteratura islamica sulla vita di Muḥammad costituisce nello stesso tempo la nostra unica fonte affidabile e un ostacolo da superare con adeguati strumenti di analisi. In particolare, ci vengono in aiuto gli strumenti della comparazione storico-religiosa e dell'antropologia, grazie ai quali è ora possibile inquadrare il fenomeno della nascita dell'Islām, nel contesto globale in cui esso venne a formarsi e a svilupparsi. Da questo punto di vista, nello studio storico sulla biografia del Profeta rivestono grande importanza quelle che sono state definite «informazioni di sottofondo», che in genere sono assai più esatte di quelle che forniscono le testimonianze dirette: seppure non conosceremo mai gli eventi reali della vita di Muḥammad, possiamo però utilizzare un gran numero di particolari affidabili offertici dai testi antichi per ricostruire lo stato delle cose in Arabia agli inizi del VII secolo. Un buon punto di partenza è ad esempio la precisa descrizione del sistema tribale dell'Arabia preislamica e protoislamica fornita dalle fonti attraverso genealogie particolareggiate. Un altro metodo utile è quello di analizzare la nascita e i primi sviluppi della storiografia musulmana fino all'VIII secolo, cercando di precisare le relazioni di continuità e di rottura che si riscontrano fra i testi storici musulmani e le tradizioni storiografiche greco-romane e giudaico-cristiane a essi anteriori. A tal proposito, risulta evidente il ruolo esercitato nella formazione della storiografia islamica dalle opere storiche tardoantiche e bizantine, mentre per quanto concerne più precisamente il genere biografico emerge con chiarezza il debito delle vite islamiche del Profeta nei confronti della letteratura agiografica cristiana. Come infatti la formazione dell'arte islamica si deve all'accumulazione e alla nuova distribuzione di forme artistiche provenienti da tutto il mondo conquistato – e in particolare da Bisanzio e dalla Persia – così le vite dei santi bizantini costituiscono per i biografi di Muḥammad un modello ineludibile dal quale essi traggono ispirazione e schemi narrativi. D'altra parte il Profeta dell'Islām, pur essendo totalmente immerso nella sfera del sacro, ha in comune con i santi cristiani il fatto di restare saldamente ancorato alla sua umanità: anche mentre guida il suo popolo «sulla via di Dio», egli rimane un semplice uomo, con i suoi dubbi, le sue incertezze, i suoi desideri, i suoi compromessi, i suoi tragici errori. Tutto ciò è ben riassunto da un detto che gli viene attribuito: «Io sono soltanto un uomo, con occhi che piangono e un cuore che soffre». Proprio come accade con i santi cristiani, l'umanità del Profeta non gli impedisce di compiere miracoli: secondo la dottrina islamica, infatti, gli eventi straordinari che Dio suscita attraverso Muḥammad sono innumerevoli: l'intero cosmo prende parte alla sua missione e si adopera alla conversione dei miscredenti.

Si narra ad esempio che la luna si spaccò in due parti; che gli alberi piansero di nostalgia per la sua lontananza, o spostarono le loro fronde per confortarlo o fargli ombra sul cammino; si racconta che gli animali parlarono, che le pietre si mossero e cantarono tra le sue mani le lodi di Dio. Il Profeta si intrattiene con gli angeli e ode le voci spaventose dei diavoli; predice il futuro della comunità musulmana, ma soprattutto porta al mondo il *Corano* dettatogli dal Signore dei Mondi: è questo il suo miracolo più grande, la prova che lo certifica, agli occhi di ogni musulmano, come il Profeta per eccellenza, il «Sigillo degli inviati».

Una delle iniziative più interessanti e raffinate intraprese dalle fonti medievali islamiche è senza dubbio la costruzione dell'albero genealogico di Muḥammad, che comincia da suo padre e giunge fino ad Adamo, passando per i grandi patriarchi biblici: Abramo, Noè, Sem, Matusalemme, Enoch e Seth. Questa connessione del Profeta dell'Islām con il mondo dell'Antico Testamento si inserisce in una più vasta e complessa operazione ideologico-religiosa: l'innesto dei racconti dei «Figli di Israele» nella tradizione culturale della Penisola araba. Quello che è stato definito dagli studiosi come «biblismo islamico» è in parte già presente nel *Corano*, ma solo in versetti rivelati nel periodo più tardo della missione profetica di Muḥammad: esso dunque non appartiene alla fase iniziale della Rivelazione, ma costituisce un'elaborazione successiva che si preciserà in maniera sempre maggiore nell'arco cronologico che va dal 622, anno dell'emigrazione del Profeta da Mecca a Yaṯrib/Medina, all'epoca del califfato ʿabbāside (VIII-XIII secolo). Di tale operazione è parte integrante la cosiddetta «abramizzazione della *Kaʿba*», cioè la connessione artificiale operata dalle fonti islamiche fra il grande santuario preislamico meccano – destinato a divenire il principale luogo di culto islamico – e la figura di Abramo, della concubina Hagar e di suo figlio Ismaele. Secondo le fonti islamiche medievali, che ancora una volta sviluppano in un racconto compiuto accenni contenuti nelle sure più tarde del *Corano*, la «dimora inviolabile» della *Kaʿba* sarebbe stata infatti eretta originariamente da Dio perché Adamo potesse girarvi intorno in venerazione; distrutta dal diluvio universale, essa sarebbe stata poi riedificata da Abramo. Nella sua opera di ricostruzione il patriarca avrebbe ricevuto l'assistenza del figlio Ismaele, considerato il capostipite del popolo arabo, e dell'angelo Gabriele. L'«abramismo coranico» è strettamente collegato alle vicende che vedono Muḥammad alle prese con l'opposizione delle tribù giudaiche di Medina: non è un caso che l'Abramo del *Corano* venga rappresentato come né Ebreo né cristiano, ma seguace di una religione monoteistica indefinita che sarà compito della missione profetica di Muḥammad di rinnovare e perfezionare.

Le letture coraniche decontestualizzate del periodo ʿabbāside trasformeranno l'«abramismo» in un «ismaelismo musulmano» che nulla nel *Corano* lasciava presumere. Al suo centro v'è la leggenda secondo cui Hagar e Ismaele, allontanati da Abramo per placare la gelosia di Sara, si sarebbero rifugiati presso Mecca, dove appunto Ismaele, nel corso di una delle visite effettuate da suo padre, avrebbe aiutato quest'ultimo a riedificare la *Kaʿba*, ricollocando nell'angolo Sud-Est la pietra nera, ultimo lacerto della Casa Antica fatta calare da Dio in terra all'inizio dei tempi come Suo santuario.

In ogni caso, il legame di Muḥammad con la *Kaʿba* è rappresentato come particolarmente solido anche prima della Rivelazione: le fonti di epoca ʿabbāside raccontano infatti che, quando i Meccani decisero di ricostruire la *Kaʿba* in rovina, scoppiò una lite fra i quattro gruppi tribali della città su chi avrebbe avuto il privilegio di risistemare la pietra nera all'angolo dell'edificio. Dopo non poche discussioni, venne stabilito di prendere come arbitro il primo uomo che sarebbe entrato nel santuario: questi fu appunto Muḥammad, il quale si fece portare un mantello, vi pose la pietra nera e fece sollevare i quattro lembi di stoffa dai rappresentanti di ciascuna tribù. Essi sollevarono il mantello e portarono la pietra presso il luogo designato. Allora Muḥammad in persona – qui rappresentato come grande mediatore dei conflitti tribali – sistemò la pietra al suo posto.

Ovviamente, la vita di quest'uomo così eccezionale divenne ben presto un modello fondamentale per il comportamento del buon musulmano: subito dopo la morte del Profeta cominciarono a raccogliersi i detti attribuiti a Muḥammad relativi a un vasto insieme di temi comprendenti la politica, la legge e la religione: dal modo di pregare a quello di compiere il pellegrinaggio, dal comportamento da tenere in pubblico al contegno da adottare con amici e parenti stretti. Nel IX secolo tutto questo materiale confluì nelle raccolte di due grandi 'tradizionisti' islamici: Muslim ibn al-Ḥaǧǧāǧ (morto nell'875) e ʿAbd Allāh Muḥammad ibn Ismāʿīl al-Buḫārī (morto nell'870), che costituiscono un ulteriore strumento per lo studio della biografia del Profeta e della società musulmana. Anche in questo caso è però necessario riflettere sul fatto che tali raccolte si sono formate molto tempo dopo i fatti di cui esse danno testimonianza ed evitare di considerare le notizie in esse riportate in maniera superficiale e ingenua, limitandosi a riassumere le biografie medievali invece di studiarle criticamente. A questo proposito, va tenuto conto del dato paradossale per cui la trasformazione di un profeta tribale in modello di comportamento per una raffinata società imperiale come quella ʿabbāside avviene in una perfetta illusione di continuità e di fedeltà rispetto al passato. Gli storici e i 'tradizionisti' di epoca califfale si riconnettono infatti esplicitamente a fonti contemporanee a Muḥammad, esibendo le loro più o meno artificiali «catene» (*isnād*) di testimonianze che giungono appunto fino ai tempi del Profeta.[13]

Come nasce un Profeta

Secondo la tradizione islamica, Muḥammad ibn ʿAbd Allāh nacque nell'oasi di Mecca, nella Penisola araba occidentale nella seconda metà del VI secolo (forse nel 570). La fitta rete di presagi (tra cui la rappresentazione della fine del tempo antico e dell'inizio del tempo nuovo, simboleggiata dalla caduta di trecentosessanta idoli pagani, e perfino una vera e propria variante dell'annunciazione) che sembra avvolgere in maniera inestricabile il concepimento e la nascita di Muḥammad è una costruzione dei suoi tardi biografi medievali: in particolare – come ha mostrato in un saggio tanto importante quanto discusso la studiosa francese Jaqueline Chabbi[14] – essi sono responsabili della decontestualizzazione della figura del Profeta dalla società tribale del suo tempo e della sua ricomposizione attraverso gli schemi narrativi vetero e neotestamentari e della letteratura agiografica dell'impero bizantino, che a sua volta deve molto ai temi mitici del mondo classico. Il personaggio così ricreato probabilmente non ha più molto del Muḥammad originario, ma si adatta assai meglio a essere apprezzato dalla coltissima società imperiale ʿabbāside, che ha assai di più in comune con Bisanzio che con l'Arabia delle tribù.

Così, tutto il periodo che precede la nascita e il momento stesso della nascita del Profeta dell'Islām vengono rappresentati come accompagnati da segni e profezie che ne annunciano lo straordinario avvenire, esattamente come avviene per i profeti biblici, Gesù, i santi e gli eroi del mito greco. Attraverso il noto meccanismo narrativo della profezia *post-eventum*, basata

13. Per una visione equilibrata e convincente della questione della biografia di Muḥammad vd. Donner, *Maometto e le origini dell'Islam*, *passim*; cfr. anche, in generale, T. Khalidi, *Images of Muhammad. Narratives of the Prophet in Islam across the Centuries*, New York-London-Toronto-Sydney-Auckland, Doubleday, 2009; C. Lo Jacono, *Maometto*, Roma-Bari, Laterza, 2011 (Biblioteca essenziale Laterza).

14. J. Chabbi, *Le Seigneur des tribus. L'Islam de Mahomet*, Paris, Noêsis, 1997.

sugli accadimenti successivi, Muḥammad viene descritto da un lato come il campione del monoteismo e il distruttore del paganesimo, dall'altro come l'ispiratore delle conquiste islamiche dei grandi imperi confinanti con le terre degli Arabi: quello persiano e quello bizantino. I continui riferimenti ai presagi e ai segni che precedono la nascita del Profeta hanno la funzione di rafforzare la specifica identità del nascituro, rendendolo 'diverso' da tutti gli altri. La coincidenza di questa nascita con un certo segno celeste, e dunque con un verdetto divino, costituisce una via immediata per potenziare il personaggio che sta per venire alla luce, proiettandolo sulla superficie di uno specchio amplificante. Ma v'è di più: nonostante la tradizione islamica ortodossa insista fortemente sull'umanità di Muḥammad – anche in polemica contrapposizione nei confronti della credenza cristiana in un dio incarnato – tutto il complesso narrativo concernente il suo concepimento, in cui ha un ruolo chiave il tema della luce, allude esplicitamente a una presenza attiva di Dio. Nella società delle origini, quella delle tribù d'Arabia, il Muḥammad coranico scongiurava i suoi di non prenderlo per un angelo e dieci anni dopo l'inizio supposto della Rivelazione non era ancora riconosciuto come un profeta. Nella società imperiale di epoca ʿabbāside egli è invece una presenza trascendente, a cui tutti devono obbedienza: certamente gli Arabi dell'epoca di Muḥammad credevano al suo messaggio in una maniera ben diversa dai sudditi del grande califfato, che in fondo – come è stato giustamente notato – non è che un modo esotico di chiamare un impero.

Le fonti musulmane riferiscono poi concordemente che Muḥammad rimase orfano in giovane età e fu allevato dallo zio paterno Abū Ṭalib, che lo introdusse nel mondo del commercio carovaniero; ancor giovane, sposò una ricca vedova, Ḫadīǧa, e ne gestì le attività commerciali. Intorno ai quarant'anni, avrebbe cominciato a ritirarsi in meditazione su un monte nei pressi di Mecca, e durante uno di questi ritiri spirituali avrebbe iniziato a ricevere delle «rivelazioni» divine. Ben presto, vinti timore e riluttanza, Muḥammad riconobbe la sua vocazione profetica e prese a predicare pubblicamente il messaggio rivelatogli: l'unicità di Dio, il Giudizio Universale; la necessità di un comportamento pio. Alcuni membri della sua famiglia e del suo clan, gli diedero subito il loro sostegno e abiurarono la fede pagana: tra questi la moglie Ḫadīǧa, il cugino ʿAlī ibn Abī Ṭālib, Abū Bakr, ʿUṯmān b. ʿAffān (questi ultimi tre personaggi, come vedremo subito, avranno un ruolo cruciale dopo la morte del Profeta). Tuttavia, molti appartenenti alla tribù dei Qurayš furono spaventati e turbati dalle «rivelazioni» di Muḥammad, e quando la sua predicazione, assumendo sempre di più un carattere inequivocabilmente monoteista, iniziò a minacciare e ad escludere gli altri dèi, passarono decisamente al contrattacco, anche in maniera violenta. La situazione si deteriorò irreparabilmente alla morte di Ḫadīǧa e di Abū Ṭalib, che con il loro prestigio avevano protetto il nuovo Profeta da eventuali malintenzionati. Muḥammad comprese che per il momento a Mecca la strada per la nuova fede era sbarrata e si accordò con gli abitanti di Yaṯrib, una piccola oasi a 325 km a Nord di Mecca a lungo dilaniata da lotte intestine: costoro, impressionati dal suo messaggio, lo accolsero come arbitro dei loro conflitti. Nel 622, Muḥammad e i suoi seguaci effettuarono l'ègira (*hiǧra*, «migrazione») a Yaṯrib, che più tardi sarà chiamata *Madīnat al-nabī*, la «città del Profeta», o, più semplicemente, Medina, «la Città» per eccellenza. L'ègira di Muḥammad a Medina fu considerata come la data nascita della nuova comunità di credenti e, a partire dal 637, divenne ufficialmente la data di inizio del calendario musulmano (l'anno 1 dell'ègira). I Meccani che effettuarono l'ègira con il Profeta furono denominati *muhaǧirūn*, «emigrati», mentre i Medinesi che li accolsero furono detti *anṣār*, «ausiliari».

Le narrazioni tradizionali si diffondono largamente sulla vita di Muḥammad a Medina e ci informano sui fatti di carattere personale (i suoi matrimoni, la nascita e la morte dei suoi figli maschi, il matrimonio del cugino ʿAlī con la figlia di Muḥammad, Fāṭima, i rapporti familiari) ma anche e soprattutto sul ruolo politico del Profeta, fondatore di una comunità indipendente sia dal punto di vista politico sia da quello religioso: la *umma.* Con il termine *umma*, che deriva da una radice araba da cui origina anche la parola «madre» (*umm*), si indica la comunità islamica guidata da Muḥammad e dai suoi successori. L'atto di nascita della *umma* è costituito dalla cosiddetta «costituzione di Medina» (anche nota come «documento della *umma*»), in cui lo stesso Muḥammad si presentava come capo dei musulmani e arbitro unico delle controversie fra questi ultimi e gli appartenenti a tutte le altre confessioni religiose, mentre garantiva a tutti libertà di culto, stabiliva le linee guida della collaborazione dei vari gruppi presenti a Medina, e affermava la necessità del mutuo soccorso in caso di conflitti armati. Nei primi tempi del suo soggiorno medinese, il Profeta intrattenne relazioni estremamente positive con gli Ebrei della città, ma successivamente i rapporti si deteriorarono: in particolare, gli appartenenti alla tribù ebraica dei Banū Qurayẓa, sospettati di tradimento, furono in parte massacrati o ridotti in schiavitù.[15]

15. Sulla 'costituzione' di Medina, fondamentale M. Lecker, *The "Constitution of Medina". Muhammad's First Legal Document*, Princeton, Darwin Press, 2004 (Studies in

Il «Profeta armato»

Le fonti islamiche insistono con forza sul ruolo di Muḥammad quale legislatore e fonte di giurisprudenza, sebbene la maggior parte della legislazione enunciata nel *Corano* non faccia riferimento a un ruolo attivo del Profeta. Tuttavia, vari versetti coranici alludono chiaramente alla sua *leadership* indiscussa. Ad esempio, nel versetto 17 della sura XLVIII si legge:

> Nessuna colpa al cieco, nessuna allo zoppo, nessuna colpa all'infermo: ma chi obbedisce a Dio e al Suo Messaggero, Iddio lo farà entrare in Giardini alle cui ombre scorrono i fiumi; chi s'allontana lo castigherà di castigo cocente!

E al versetto 65 della sura IV si fa esplicita menzione della sua mansione di arbitro dei conflitti:

> Ma no! Per il tuo Signore! Essi non crederanno finché non ti avranno costituito giudice delle loro discordie e allora non troveranno alcun imbarazzo ad accettare la tua decisione e a sottomettervisi di sottomissione piena.

Passi come questi fanno pensare che Muḥammad fosse visto dai suoi primi seguaci come un *ḥakam* («arbitro») o come un *kāhin* («veggente») che esercitava una funzione oracolare.[16] Ma accanto a questa immagine di 'statista' emerge nelle fonti anche quella di abile diplomatico, propugnatore di una politica di «conciliazione dei cuori», e soprattutto quella di condottiero, sia nel conflitto contro i Qurayš di Mecca, che fu infine conquistata e occupata dai musulmani nel 630, sia in scorrerie e incursioni ai confini meridionali del territorio bizantino in Sira. Il Profeta, infatti, quando le circostanze lo richiedono, non esita a impugnare le armi. Anche su questo punto, il Corano è estremamente chiaro (IX 1-16):

> 1 Immunità da parte di Dio e del Suo Messaggero per quegli idolatri coi quali abbiate stretto un patto: - 2 «Viaggiate pure sulla terra per quattro mesi, ma sappiate che non riuscirete a vincere Dio e che Dio coprirà d'obbrobrio i Negatori». - 3 Ed ecco un proclama da parte di Dio e del Suo

Late Antiquity and Early Islam, 23). Sulla storia della città di Medina vd. ora H. Munt, *The Holy City of Medina. Sacred Space in Early Islamic Arabia*, Cambridge, Cambridge University Press, 2014, e Donner, *Maometto e le origini dell'Islam*, pp. 71-77.

16. Su Muḥammad come arbitro e legislatore vd. J.E. Lowry, *The Prophet as Lawgiver and Legal Authority*, in *The Cambridge Companion to Muḥammad*, ed. by J.E. Brockopp, Cambridge, Cambridge University Press, 2010, pp. 83-102.

Messaggero, agli uomini, pel giorno del Gran Pellegrinaggio: Dio non è responsabile degli idolatri, e così il Suo Messaggero. E se vi convertirete, meglio sarà per voi, ma se volgerete le spalle a Dio, sappiate che non riuscirete a sopraffarLo; annunzia ai miscredenti un castigo cocente! - 4 Esclusi quei pagani coi quali avete stretto un patto e che in nulla hanno poi mancato contro di voi, né prestato soccorso contro di voi ad alcuno. Osservate fino all'ultimo, allora, il patto con loro, fino al termine prestabilito, poiché Dio ama quei che Lo temono. - 5 Quando poi saran trascorsi i mesi sacri, uccidete gli idolatri dovunque li troviate, prendeteli, circondateli, appostateli ovunque in imboscate. Se poi si convertono e compiono la Preghiera e pagano la Dècima, lasciateli andare, poiché Dio è indulgente clemente. - 6 E se qualche idolatra ti chiede asilo, accordaglielo, acciocché oda la Parola di Dio, e poi, se non crede, rinvialo in luogo per lui sicuro. Fa così, perché è gente, quella, che nulla conosce. 7 Come potrebbero aver gli idolatri un patto con Dio e col Suo Messaggero, eccettuati quelli coi quali pattuiste un patto presso il Tempio Sacro? Ma finché son giusti con voi, siate giusti con loro, ché, certo, Dio ama quanti lo temono. 8 E come dunque potrebbero aver quel Patto? Se essi prevalessero contro di voi non guarderebbero né a parentele né a alleanze: vi contenteranno a parole, ma renitente sarà il loro cuore, e i più di loro sono degli empi, - 9 che han venduto i Segni santi di Dio a vil prezzo, allontanando gli uomini dalla Sua Via. Eccoli: quanto malvagio è il loro operare! - 10 Non guardano, con un credente, né a parentele né a alleanze: sono i Prevaricatori! - 11 Ma se si convertono e compiono la Preghiera e pagano la Dècima, siano per voi fratelli nella Fede: noi precisiamo i Segni Nostri a gente capace di conoscere. - 12 E se violeranno i loro giuramenti dopo aver stretto il patto e insulteranno la vostra Religione, combattete i príncipi dell'empietà (non c'è giuramento che valga agli occhi loro!) così, forse, desisteranno dal loro agire malvagio! 13 E come non dovreste combattere della gente che violò i propri giuramenti, s'affannò a scacciare il Messaggero di Dio, e v'attaccò per prima? Avete forse paura di loro? Ma è di Dio che piuttosto dovete aver paura, se siete credenti! 14 Combatteteli, dunque, e Iddio li castigherà per mano vostra e li coprirà d'obbrobrio, e vi assisterà a trionfo contro (li loro, e guarirà il petto dei credenti - 15 e scaccerà loro la collera via dal cuore, e Dio si convertirà benigno a chi Egli vuole e Dio è saggio sapiente. 16 Credete forse che sarete abbandonati, e che Dio non conosca chi è fra voi che ha combattuto e non s'è scelto altri amici che Dio, il Suo Messaggero e i fratelli credenti? Dio ha buona contezza di quello che fate!

Alla morte del Profeta, nel 632, la *umma* era in piena fase di espansione, ben oltre la sua base originaria della Penisola araba occidentale.

La successione a Muḥammad

Nessun evento storico ha diviso più profondamente l'Islām della successione a Muḥammad. Il diritto di occupare il posto del Profeta alla testa della comunità musulmana dopo la sua morte divenne infatti una questione di enorme peso politico e religioso, destinata a dividere sunniti e sciiti fino a oggi.

Secondo la tradizione islamica, l'istituto califfale sarebbe stato il risultato della decisione di un piccolo gruppo di musulmani che si trovarono ad agire la sera stessa della morte di Muḥammad. In tale drammatica occasione, alcuni «ausiliari» (*anṣār*) – cioè gli abitanti di Medina convertitisi all'Islām – si sarebbero infatti riuniti nella corte coperta (*saqīfa*) su cui si affacciavano le abitazioni dei componenti del clan dei Banū Sā'ida, facente capo ai Banū Ḫazraǧ, la più importante tribù araba di Medina: costoro, volendo riprendere nelle loro mani la guida della propria città, intendevano designare come loro *leader* il capo della tribù dei Banū Ḫazraǧ, Sa'd b. 'Ubāda. Quando gli «emigrati» (*muhāǧirūn*) – cioè i primissimi musulmani meccani emigrati a Medina con il Profeta – vennero al corrente delle intenzioni degli «ausiliari», decisero di riunirsi a loro volta: i più autorevoli fra loro (Abū Bakr, 'Umar b. al-Ḫaṭṭāb, Abū 'Ubayda b. al-Ǧarrāḥ, Sa'd b. Abī Waqqāṣ, 'Abd al-Raḥmān b. 'Awf) e alcuni membri dell'influente clan degli Umayyadi (tra cui 'Uṯmān b. 'Affān e Sa'īd b. al-'Āṣ) riuscirono ad imporre un accordo sulla gestione della *umma*, accordo le cui basi erano state poste da un colloquio segreto tra Abū Bakr, 'Umar b. al-Ḫaṭṭāb e Abū 'Ubayda b. al-Ǧarrāḥ. Di conseguenza, fu respinto il compromesso di individuare un capo per gli «emigrati» e un capo per gli «ausiliari» e fu invece proclamato guida della comunità dei credenti Abū Bakr. Tra gli elementi chiave di tale scelta v'era la convinzione che nella *umma* non dovessero contare tanto il censo o le virtù guerriere, quanto piuttosto l'«anzianità di fede» (*sābiqa*), l'«intimità» con Muḥammad (*qarāba*) e la considerazione da lui espressa. Da questo punto di vista, il candidato più autorevole era certamente Abū Bakr, che era stato amico fraterno del Profeta ben prima della Rivelazione (e forse il primo uomo adulto a convertirsi all'Islām) e, con 'Umar b. al-Ḫaṭṭāb, il suo più intimo collaboratore.

Per i sunniti – cioè coloro che aderiscono alla corrente maggioritaria dell'Islām, che riconosce la validità della *sunna* (cioè la tradizione del Profeta e della *umma*) e si ritiene detentrice della giusta interpretazione del *Corano* – Abū Bakr è dunque il solo legittimo erede di Muḥammad, giacché egli era unanimemente considerato l'uomo più eccellente di tutti dopo lo stesso Profeta. Benché Muḥammad non lo avesse esplicitamente designato come suo successore, la sua preferenza nei confronti di Abū Bakr sarebbe stata provata dal suo ordine di far guidare a quest'ultimo la preghiera nel periodo della sua ultima malattia. Il consenso raggiunto dai musulmani in favore di Abū Bakr avrebbe solo confermato la scelta divina. Al contrario, per gli sciiti – cioè i membri della «fazione di ʿAlī» (*šīʿat ʿAlī*) – il Profeta avrebbe designato come guida dei musulmani il suo cugino e genero ʿAlī sia per il suo precoce sostegno all'Islām sia per il legame di sangue che lo univa a lui; la carica che gli spettava sarebbe stata usurpata da Abū Bakr con il sostegno della maggioranza dei compagni di Muḥammad. Nonostante l'enorme importanza di questo conflitto per la storia dell'Islām, gli storici contemporanei hanno dedicato pochissimi studi al problema della successione al Profeta: solo recentemente questo grande vuoto storiografico è stato colmato grazie alla fondamentale monografia di Wilferd Madelung che, per quanto possibile, fa definitivamente chiarezza sulla questione.[17]

Che cos'è il Corano*?*

Dato che nelle pagine precedenti si è più volte chiamato in causa il *Corano* e che il libro sacro dei musulmani sarà sempre di più protagonista anche dei capitoli che seguono, vale la pena – prima di procedere oltre – di fornire alcune brevi informazioni su di esso.

Il *Corano* è un volume (*musḥaf*) composto di 114 capitoli detti «sure», a loro volta suddivise in versetti (in arabo *ayāt*, «segni» di Dio). La parola *Corano* (*Qur'ān*) significava originariamente «lettura ad alta voce», «recitazione», venendo ben presto a designare, in maniera più specifica, il libro contenente la predicazione.

17. W. Madelung, *The Succession to Muḥammad. A Study of the Early Caliphate*, Cambridge, Cambridge University Press, 1997. Sulle tradizioni concernenti la morte del Profeta vd. S.J. Shoemaker, *The Death of a Prophet. The End of Muhammad's Life and the Beginning of Islam*, Philadelphia, University of Pennsylvania Press, 2012 (Divination: Rereading Late Ancient Religion, s.n.). Sul concetto di «anzianità di fede» (*sābiqa*), fondamentale A. Afsaruddin, *Excellence & Precedence. Islamic Discourse on Legitimate Leadership*, Leiden-Boston-Köln, Brill, 2002 (Islamic History and Civilization. Studies and Texts, 36). Cfr. anche Marlow, *Hierarchy and Egalitarianism in Islamic Thought*, Marlow, *Hierarchy and Egalitarianism in Islamic Thought*, pp. 14-36.

Le sure, secondo un uso importato dall'Occidente in tempi piuttosto recenti, sono numerate e dotate di un titolo: quest'ultimo è tratto dal primo versetto della sura o da una parola caratteristica presente al suo interno, spesso del tutto incongruente con il contenuto generale. Gli studiosi – musulmani e non – dividono poi le sure in «meccane» e «medinesi», a seconda del luogo in cui esse sarebbero state rivelate. Esse – se si esclude la prima breve sura «Aprente» (*fātiḥa*), che costituisce una sorta di prologo-preghiera – sono ordinate, con criterio puramente esteriore, per lunghezza: le più lunghe in principio, le più brevi alla fine. Poiché generalmente le sure più lunghe sono cronologicamente le più recenti, ne consegue una notevole confusione.

Il *Corano* per l'Islām raccoglie ogni parola di Dio rivelata al Profeta Muḥammad. Oltre agli inni alla gloria e alla potenza divina, il *Corano* contiene storie, leggende e un complesso di precetti e ammonimenti che da quindici secoli regolano la vita del popolo musulmano.

Secondo la tradizione islamica, già prima della morte del Profeta brani della Rivelazione erano stati scritti su materiali di fortuna: pietre piatte, scapole di montone o cammello, pelli etc.; inoltre, molto si conservava nella memoria dei fedeli. Una prima redazione scritta della totalità delle rivelazioni ricevute da Muḥammad sarebbe stata promossa all'epoca del califfo Abū Bakr, subito dopo la morte del Profeta. Abū Bakr, l'avrebbe poi lasciata al suo successore, ʿUmar, dal quale a sua volta passò a sua figlia Ḥafṣa, che era stata moglie di Muḥammad. Ma la stessa tradizione che ci parla di questo primo testo coranico dà anche chiara notizia dell'esistenza di altre raccolte di rivelazioni, contenenti divergenze più o meno grandi rispetto a quella 'ufficiale'. Gli storici musulmani narrano che questa situazione di ambiguità rispetto alla definizione del 'vero' *Corano* suscitò ben presto delle critiche. Così, durante il califfato di ʿUṯmān (644-656 d.C.) emerse l'esigenza di una nuova redazione del testo coranico, che andasse definitivamente a sostituire tutte le altre versioni circolanti. Il califfo chiese dunque ad Ḥafṣa di mandargli i fogli in suo possesso, ed ella così fece. ʿUṯmān incaricò quindi cinque persone di copiare questi fogli in un unico volume, controllando il testo mentre procedevano. Completata l'opera, il califfo inviò una copia della nuova versione 'ufficiale' del *Corano* in tutte le province, ordinando che tutte le altre versioni fossero distrutte.

Che si presti o meno fede a questo racconto tradizionale, resta il dato incontestabile che il processo attraverso cui il *Corano* è diventato testo canonico è stato eccezionalmente rapido, e le fonti islamiche sembrano del tutto convincenti quando attribuiscono la velocità di tale canonizzazione all'iniziativa statale. Come ha scritto giustamente Michael Cook, uno dei maggiori studiosi delle vicende legate alla trasmissione del testo coranico, «il fatto che in pratica possediamo un'unica recensione del *Corano* sta dunque a testimoniare quale autorevolezza avesse lo stato islamico antico».[18]

Il più antico manoscritto coranico completo che si sia conservato e la cui datazione sia certa risale solo al IX secolo (877-88 d.C.). Esistono tuttavia numerosi frammenti che, sebbene quasi impossibili da datare con precisione, sono evidentemente anteriori: si ritiene che alcuni risalgano all'inizio dell'VIII secolo se non addirittura alla metà del VII. Tra questi hanno raggiunto una qualche notorietà i frammenti scoperti nel 1972 a Ṣanʿā': durante i lavori di restauro della Grande moschea, uno dei più venerandi monumenti dell'Islām, alcuni operai trovarono in un nascondiglio ricavato nel sottotetto dell'edificio un ammasso di antiche pergamene consumate dal tempo. Si trattava di una vera e propria 'sepoltura' di vecchi testi religiosi ormai in disuso e che per il loro carattere sacro non era permesso distruggere: una pratica in uso anche nel mondo ebraico. Su invito del direttore delle Antichità yemenite, il ricercatore tedesco Gerd-Rüdiger Puin poté esaminare a fondo il materiale e nel 2007 esso fu anche riprodotto su microfilm. Recentemente, i fogli di Ṣanʿā' sono stati studiati, trascritti ed editi da un giovane studioso della Stanford University, Benham Sadeghi:[19] essi appartenevano a un codice palinsesto, cioè una pergamena riciclata contenente due redazioni del testo, la più antica delle quali risalirebbe al VII secolo. Secondo Sadeghi, questo codice sarebbe addirittura il primo esemplare esistente di uno dei Corani appartenente ai compagni del Profeta, ma altri studiosi non concordano con lui e affermano che si tratterebbe invece un manuale di lettura coranica. Per trarre una rapida conclusione da quanto sopra, possiamo affermare con ragionevole certezza che i dati della tradizione manoscritta del testo coranico sembrano confermare quelli forniti dalle fonti: la trasmissione scritta del *Corano* prende avvio già nel VII secolo; il suo andamento è dinamico e instabile. Per usare le parole di uno dei maggiori esperti della storia più antica del testo sacro dell'Islām, Alfred-Louis de Prémare, «non c'è un mosaico ma

18. M. Cook, *Il Corano* (2000), a cura di R. Tottoli, tr. it. di A. Martini, Torino, Einaudi, 2001, p. 132.

19. B. Sadeghi, *The Codex of a Companion of the Prophet and the Qurān of the Prophet*, in «Arabica», 57 (2010), pp. 343-436.

nemmeno un caos disperante. C'è una pluralità di vie, ma non una pluralità di itinerari perché un itinerario presuppone un sicuro punto di partenza e un sicuro punto di arrivo. Studiare il *Corano* oggi vuol dire allora familiarizzare con queste strade, con le ricerche che abbiamo descritto e con quelle che non abbiamo descritto [...]. Vuol dire considerare il paradigma della Tarda antichità come spazio temporale, geografico e culturale condiviso tra Europa e Vicino Oriente; come quel comune denominatore che permette di studiare il *Corano* come espressione di un'eredità condivisa».[20] Tra le fonti del *Corano* va annoverato l'ampio materiale attinto al paganesimo preislamico, la tradizione cristiano-ebraica, lo Gnosticismo, elementi di religiosità iranica (Mazdeismo e Manicheismo).

Il Corano *e la successione profetica*

Come ha ben visto Madelung, il *Corano* pone grande enfasi sull'importanza dei legami di sangue e sono molti i passi in cui il testo sacro dell'Islām prescrive di agire in maniera gentile verso i congiunti, di assisterli e di aiutarli nelle difficoltà, purché questi si siano convertiti.[21] Sempre stando al *Corano*, i rapporti familiari giocano un ruolo importante anche nei racconti concernenti i profeti del passato. Ad esempio, la famiglia protegge i profeti dagli avversari che vogliono recar loro danno e, dopo la morte di un profeta, i suoi discendenti diventano i suoi eredi materiali e spirituali. I profeti chiedono a Dio di aiutare i membri della propria famiglia e pregano che il favore divino si dispieghi sulla loro prole. La posizione eminente delle famiglie e dei discendenti dei profeti del passato e il parallelismo spesso osservato nel *Corano* tra la storia degli antichi profeti

20. A.L. de Prémare, *Alle origini del Corano* (2004), a cura di C. Bori, tr. it. di C. Banti, Roma, Carocci 2014 (Quality Paperbacks, 403), pp. 46-47. Sul *Corano* e la sua tradizione manoscritta più antica sono ora fondamentali anche F. Déroche, *La transmission écrite du Coran dans les débuts de l'Islam: Le codex Parisino-petropolitanus*, Leiden, Brill, 2009 (Texts and Studies on the Qur'ān, 5). Vd. anche, più in generale, *The Blackwell Companion to the Qur'ān*, ed. by A. Rippin, Malden, CA-Oxford, Blackwell, 2006. Sul *Corano* come testo sacro, vedi B. Scarcia Amoretti, *Il Corano*, Roma, Carocci, 2009 (Frecce, 82). Sullo stretto rapporto che intercorre tra le più antiche recensioni coraniche e le varie tendenze politiche dell'epoca della loro formazione, vd. M.A. Amir-Moezzi, *Le Coran silencieux et le Coran parlant*, Paris, CNRS Éditions, 2011.

21. Madelung, *The Succession to Muḥammad*, pp. 6-8.

e quella di Muḥammad lascia pensare che la concezione coranica riservi alla famiglia del Profeta dell'Islām una posizione privilegiata. I parenti di Muḥammad sono menzionati in vari contesti: a loro sono riservate porzioni speciali del bottino delle razzie compiute dai musulmani ed essi sono considerati in uno stato di particolare purità, simile a quella dei membri delle famiglie dei profeti antichi. Il concetto sunnita di califfato, per come esso si è affermato a partire dal IX secolo, è dunque quello di una successione al Profeta a tutti gli effetti, eccetto per ciò che concerne le sue doti profetiche. Secondo i sunniti, che citano in proposito il versetto 40 della sura XXXIII («Muḥammad non è padre di nessuno dei vostri uomini, egli è l'Inviato di Dio e il sigillo dei profeti. Dio conosce ogni cosa»), Muḥammad chiude il ciclo della profezia: per questo i suoi figli maschi sono morti bambini ed egli non ha scelto un successore, preferendo che quest'ultimo fosse selezionato previa una consultazione (*šūrà*) della comunità islamica.[22] Ma va sottolineato come nel *Corano* i discendenti e i parenti stretti dei profeti siano i loro eredi in regalità (*mulk*), governo (*ḥukm*), saggezza (*ḥikma*), libro e imāmato e come nel testo non vi sia alcuna traccia di *šūrà* nella successione profetica, che è sostituita dall'elezione divina. In ogni caso, almeno in via teorica, il fatto che Muḥammad fosse l'ultimo profeta non significa necessariamente che la guida della comunità non dovesse essere scelta all'interno della sua famiglia.

Tracce di una storia alternativa: il discorso di Ġadīr Ḫumm

Nella tradizione sunnita, il Profeta non si sarebbe dunque occupato della successione. La risposta alla domanda sulle motivazioni di una simile scelta, che viene comunque percepita come enigmatica, non è univoca: i giurisperiti affermano che Muḥammad non avrebbe agito poiché non ricevette una rivelazione divina sull'argomento; gli storici non musulmani, al contrario, sostengono che il Profeta esitò perché consapevole del fatto che una successione tutta interna alla famiglia avrebbe rinfocolato invidie e gelosie nella tribù dei Qurayš alla quale egli stesso apparteneva. Forse, sperava di vivere abbastanza per mettere fine alle dispute e affidare la gui-

22. Sui figli naturali e adottivi di Muḥammad è ora fondamentale D.S. Power, *Muḥammad is Not the Father of Any of Your Men. The Making of the Last Prophet*, Philadelphia, University of Pennsylvania Press, 2009.

da della comunità a uno dei suoi nipoti. Tuttavia, un episodio riferito sia da fonti sciite che da fonti sunnite fa intravedere una versione dei fatti alternativa a quella tradizionale. Di ritorno dall'ultimo pellegrinaggio a Mecca (il cosiddetto «Pellegrinaggio dell'addio»), compiuto dal Profeta nel 632, poco prima della sua morte, quest'ultimo avrebbe sostato presso il Ġadīr Ḫumm, uno stagno posto lungo il percorso tra i centri urbani di Mecca e Medina e, parafrasando il *Corano*, avrebbe domandato ai fedeli che lo circondavano se egli non fosse loro più vicino di loro stessi. Alla risposta affermativa, avrebbe aggiunto che ʿAlī era il patrono di chiunque avesse quale patrono Muḥammad. Le fonti sciite, naturalmente, insistono sulla cosa e la interpretano, con aggiunte e varianti, come una vera e propria investitura, tanto più significativa in quanto posteriore alla nomina di Abū Bakr – colui che dopo la morte del Profeta verrà preferito ad ʿAlī – quale guida del pellegrinaggio appena compiuto, nomina che i sunniti assumono a indicazione della designazione di Abū Bakr come futuro *leader* della *umma*. Secondo alcuni storici islamici medievali, ʿAlī, dopo l'elezione a califfo di Abū Bakr, lo avrebbe addirittura accolto sulla porta della sua casa con la spada in pugno e solo ʿUmar avrebbe evitato il peggio. Il cugino e genero del Profeta avrebbe riconosciuto l'avvenuto mutamento istituzionale solo tre mesi più tardi, dopo la morte di sua moglie Fāṭima, fieramente ostile ad Abū Bakr e ʿUmar, che ella accusava di aver approfittato dell'assenza di ʿAlī durante il raduno della *saqīfa*.[23]

23. Sull'episodio del Ġadīr Ḫumm e le sue interpretazioni vd. B. Scarcia Amoretti, *Sciiti nel mondo*, Roma, Jouvence, 1994 (Storia, 35), pp. 53-56. Sullo 'scontro mancato' tra ʿAlī e Abū Bakr vd. C. Lo Jacono, *Storia del mondo islamico (VII-XVI secolo)*, I. *Il Vicino Oriente*, Torino, Einaudi, 2003 (PBE, 251), pp. 41-42.

5. I «califfi ben guidati» e le grandi conquiste islamiche

Abū Bakr e la ridda

Se si prescinde dalla questione della successione, sugli eventi relativi agli anni immediatamente successivi alla morte del Profeta le fonti sono piuttosto parche di informazioni. Il breve califfato di Abū Bakr (632-634) è descritto nelle cronache come un'epoca di conflitti fra la *umma* e le tribù beduine che, con la scomparsa di Muḥammad, garante dei patti stipulati, ritenevano conclusa la loro intesa con i musulmani e desideravano recuperare la loro indipendenza. La rivolta generalizzata che ne seguì (*ridda*) fu domata con la forza da alcuni capi militari scelti da Abū Bakr, che si distinsero per il loro genio bellico anche durante le grandi conquiste islamiche degli anni successivi. Durante questo periodo il potere della tribù dei Qurayš, che non aveva alcun fondamento nel *Corano* (che anzi, nella sura CVI ammonisce severamente i suoi membri), si accrebbe notevolmente.

ʿUmar: il califfo delle conquiste

Secondo le fonti islamiche, Abū Bakr non considerava il califfato come una carica elettiva: egli infatti scelse personalmente il suo successore, senza preventiva consultazione. Il prescelto fu ʿUmar b. al-Ḫaṭṭāb, uno dei «dieci benedetti» del cui consiglio usava avvalersi lo stesso Profeta. Solo dopo aver preso la decisione, avrebbe chiesto confidenzialmente il loro parere a due dei suoi amici più stretti, ʿAbd al-Raḥmān b. ʿAwf e il futuro califfo ʿUṯmān b. ʿAffān: il primo espresse qualche riserva sulla ben nota rudezza di ʿUmar; il secondo rispose più diplomaticamente che ʿUmar era migliore dentro che fuori e che in ogni caso nessuno era come lui. Dopo l'annuncio ufficiale, ci furono molte proteste, ma Abū Bakr respinse con rabbia ogni critica e dichiarò ʿUmar «il miglior membro del popolo di Dio». La decisione 'autoritaria' di Abū Bakr si deve certamente alla situazione ancora magmatica in cui si trovava l'istituzione califfale, che aveva bisogno di essere rafforzata da determinazione e risolutezza. Il califfato di ʿUmar divenne memorabile a causa delle prime travolgenti conquiste compiute dagli eserciti islamici, che andarono a proseguire e perfezionare quanto già avviato dal suo predecessore.

Un 'miracolo arabo'?

In un'agile monografia dedicata alle conquiste dell'Islām, il celebre arabista italiano Francesco Gabrieli ha riassunto con parole estremamente chiare lo sconcerto degli studiosi davanti alla rapidità e durevolezza del fenomeno:[1]

> Le conquiste arabe nel VII-VIII secolo dell'era nostra costituiscono uno dei più appassionanti e imbarazzanti problemi della storia. La loro rapidità e durevolezza, la vastità dei territori su cui si estesero, e soprattutto la sproporzione tra i mezzi impiegati e i risultati conseguiti, han sempre provocato lo stupore e sollecitato l'ingegno degli storici nella ricerca di una spiegazione adeguata. Lo spettacolo di un'accozzaglia di nomadi, senza alcuna tradizione militare né esperienza di guerra se non scaramucce e guerriglie di rapina nel deserto, che a un dato momento si irradiano di là in tutte le direzioni, affrontano e sconfiggono eserciti regolari di grandi imperi, e in esili colonne avanzano irresistibilmente sino a migliaia di chilometri dalla loro terra d'origine, accampandovisi in stabile dominio. Questo fenomeno, tante volte raffigurato in questi termini da farli apparir triti e banali, serba tuttora qualcosa di inspiegabile e misterioso.

La tentazione è quella di considerare le conquiste arabe come una sorta di 'miracolo arabo', soprattutto se si svaluta la natura delle prime incursioni degli eserciti musulmani, spesso erroneamente ritenute dagli studiosi alla stregua di azioni brigantesche o piratesche.

1. F. Gabrieli, *Maometto e le grandi conquiste arabe*, Roma, Newton Compton 1996, p. 75.

Il paradigma della scorreria

In effetti, sia le prime spedizioni militari guidate dal Profeta sia quelle capitanate dai comandanti musulmani inviati dai califfi a occupare la Siria e l'Iraq sono in realtà, almeno nella loro fase iniziale, null'altro che delle scorrerie. In particolare, la celebre battaglia di Badr (624), che, per storici, tradizionisti e giuristi islamici, rappresenta il classico archetipo della «guerra santa» (*ğihād*), fu poco più di una razzia ai danni di una carovana meccana. Ugualmente, i primi attacchi arabi contro la Siria cominciarono già negli ultimi anni di vita di Muḥammad, su piccola scala e senza molto successo, nella forma di attacchi improvvisi a villaggi e carovane finalizzati all'acquisizione di bottino, e quelli alla regione mesopotamica ebbero inizio come scorribande e saccheggi portati a termine non per insediarsi o conquistare, ma semplicemente per affermare il diritto dei nomadi a esigere un tributo. Proprio il carattere apparentemente 'estemporaneo' delle prime conquiste islamiche ha portato alcuni studiosi contemporanei a porre l'accento sui fattori incidentali che le caratterizzano: il movimento non avrebbe avuto alcuna coerenza e non avrebbe obbedito a principî dettati da un'autorità centrale, ma sarebbe consistito essenzialmente in una serie di razzie accidentalmente coronate dal successo; l'idea di una conquista pianificata sarebbe stata dunque una sorta di mito inventato dagli storici e dai tradizionisti musulmani almeno un secolo dopo gli eventi in questione. In un suo studio fondamentale, Fred M. Donner ha evidenziato la sostanziale infondatezza di tale approccio, mostrando come la conquista sia stata organizzata ideologicamente e strategicamente dal potere centrale (cioè dai cosiddetti «califfi ben guidati») e come anche quelli che potrebbero sembrare solo piccoli *raids* tribali fossero in realtà accuratamente pianificati dall'*élite* del nuovo stato islamico secondo una ben precisa strategia.[2]

2. F.M. Donner, *The Early Islamic Conquests*, Princeton, NJ, Princeton University Pr., 1981. Cfr. anche H. Kennedy, *Le grandi conquiste arabe* (2007), tr. it. di V. Gorla, Roma, Newton Compton, 2008; Id., *Gli eserciti dei califfi* (2001), tr. it. di L. Lanza e P. Vicentini, Gorizia, Libreria editrice Goriziana, 2010, Ch.F. Robinson, *The Rise of Islam, 600-705*, in *The New Cambridge History of Islam*, I. *The Formation of the Islamic World. Sixth to Eleventh Century*, ed. by Ch.F.R., Cambridge, Cambridge University Press, 2010, pp. 173-225, e ultimamente R.G. Hoyland, *In God's Path. The Arab Conquest and the Creation of an Islamic Empire*, Oxford, Oxford University Press, 2015.

Combattere «sulla via di Dio»

Per i membri della *umma* che componevano gli eserciti inviati dai califfi in Persia, in Siria, in Egitto e in Nordafrica, la guerra costituiva una vera e propria missione esercitata per conto di Dio. Tale missione è a volte definita come *ǧihād*, un termine che compare anche nel Corano e deriva dalla radice araba *ǧahada* che ha il senso di «esercitare uno sforzo». La parola esprime un ampio spettro di significati, dalla lotta interiore condotta dal mistico per attingere una perfetta fede fino al combattimento difensivo o offensivo «sulla via di Dio» (*fī sabīl Allāh*). Il concetto di *ǧihād* è comunque indissolubilmente legato a quello di *umma*, l'insieme dei credenti nel messaggio profetico. Ciò che distingueva il *ǧihād* dalla classica solidarietà tribale vigente fra gli Arabi non era l'idea di combattere per la comunità, ma piuttosto la natura della comunità per la quale si combatteva. Ovviamente, il *ǧihād* facilitava l'espansione e forse anche la coesione della comunità islamica, ma si trattava comunque di un prodotto della nascita dell'Islām, non una causa di essa; e più precisamente, di un prodotto dell'impatto del nuovo concetto di comunità sulla vecchia idea del combattere fino alla morte per la comunità stessa. Va tuttavia rilevato che, sino alla fine dell'VIII secolo, fra gli intellettuali dei maggiori centri del mondo musulmano si registra un notevole disaccordo riguardo l'idea di *ǧihād*: se tale dissonanza concerne fondamentalmente il problema della natura del dovere stabilito dal *ǧihād* (è un dovere che spetta a tutti? Spetta a ciascun individuo?), essa, tuttavia, coinvolge anche la questione della sua essenza (guerra offensiva o solo difensiva?). Al contrario, a partire dall'inizio del IX secolo, il *ǧihād* può essere senz'altro definito come la forma assunta dalla guerra di conquista agli occhi della comunità musulmana: un'azione bellica diretta contro gli «infedeli» (e non contro altri musulmani), sentita e/o presentata dai suoi promotori e partecipanti come un combattimento «sulla via di Dio», finalizzato a estirpare l'empietà dal mondo e favorire l'espansione della comunità dei credenti, dai cui rappresentanti – che si tratti del califfo di Baghdad o del comandante di un reparto militare in una remota provincia di frontiera, più o meno autorizzato dall'autorità centrale – esso è portato avanti. Un contributo decisivo a questa evoluzione dell'idea di *ǧihād* è stato dato dai cosiddetti «studiosi guerrieri», esperti di religione che si impegnarono in prima persona nella guerra contro gli «infedeli» nelle zone di frontiera del mondo islamico fra il VII e l'VIII secolo, la cui attività militare, unita alla speculazione giuridico-religiosa, costituì un vero e proprio atto fondante del *ğihād*. A partire da questa nuova elaborazione, che ebbe un ruolo chiave nella sistematizzazione della dottrina del *ğihād* come «obbligo collettivo» (*farḍ ʿalà-'l-kifā'ya*), dall'inizio del IX secolo si procedette a una rilettura complessiva della storia islamica sotto il segno del *ğihād*. Ovviamente, ciò non significa che, prima del IX secolo, il *ğihād* non fosse un elemento centrale della prassi politica islamica (le prime conquiste arabe sono inseparabili dal tema del *ğihād*), ma è solo da questo momento in poi che esso viene storicizzato e inserito in un quadro concettuale preciso e congruente. Punto di partenza di una simile analisi furono da un lato le imprese militari del Profeta Muḥammad, considerate, da ora in poi, come veri e propri esempi prototipici di pratiche del *ğihād* da tutta la tradizione storica e giuridica islamica (sebbene mai definite come tali nelle fonti più antiche), dall'altro le grandi campagne del VII-VIII secolo, modello ineludibile di ogni futura guerra di conquista della comunità musulmana. Come è noto, l'ascesa del fondamentalismo islamico nel secondo dopoguerra ha riportato prepotentemente in auge il concetto di *ğihād*, che tuttavia è stato utilizzato nei circoli 'ğihādisti' solo ed esclusivamente nella sua dimensione militare, con una significativa sottovalutazione (e distorsione) degli aspetti mistici e spirituali a esso inerenti.[3]

3. Sul dibattito islamico più antico concernente il concetto di *ğihād* e sul conflitto tra giuristi favorevoli e contrari ad esso vd. soprattutto M. Bonner, *Some Observations Concerning the Early Development of Jihad on the Arab-Byzantine Frontier*, in «Studia islamica», 75 (1992), pp. 5-31: pp. 24-25; Id., *Jihad in Islamic History*, Princeton-Oxford, Princeton University Press, 2006, *passim*, e J. Chabbi, s.v. «Ribāṭ», in *The Encyclopaedia of Islam*², VIII (1995), pp. 510-523. Cfr. anche A. Afsaruddin, *Striving on the Path of God.* Jihād *and Martyrdom in Islamic Thought*, Oxford, Oxford University Press, 2013, *passim*; *Just Wars, Holy Wars & Jihads. Christian, Jewish, and Muslim Encounters and Exchanges*, ed. by S.H. Hashmi, Oxford, Oxford University Press, 2012, *passim*; A. Morabia, *Le Gihad dans l'Islam médiéval*, Paris, Albin Michel, 1993 (Bibl. A. Michel Histoire, s.n.), *passim*; F. Clément, *Pouvoir et légitimité en Espagne musulmane à l'époque des Taifas*, Paris, L'Harmattan, 1997, pp. 47-48, e R. Parviz Mottahedeh, R. al-Sayyid, *The Idea of the* Jihād *in Islam before the Crusades*, in *The Crusades from the Perspective of Byzantium and the Muslim World*, ed. by A. Laiou and R. Parviz Mottahedeh, Washington, DC, D.O.R.L.C., 2001, pp. 23-29. Sul problema del rapporto fra *ğihād* e *umma* vd. soprattutto F.M. Donner, *The Sources of Islamic Conceptions of War*, in *Just War and Jihad: Historical and Theoretical Perspectives on War and Peace in Western and Islamic Traditions*, ed. by J. Kelsay and J. Turner Johnson, Westport, Greenwood Press, 1991, pp. 31-70; R. Firestone, *Jihad. The Origin of Holy War in Islam*, New York-Oxford, Oxford University Press, 1999, *passim*; Bonner, *Jihad in Islamic History*, pp. 12-13, e B. Scarcia Amoretti, *Teorizzare il Jihād: percorsi interni all'Islam e letture storiografiche*, in «Studi Storici», 43 (2002), pp. 739-

La «guerra sulla via di Dio» nel Corano

Nel Corano, sparsi in varie sure, sono presenti numerosi versetti che parlano della «guerra sulla via di Dio» o incitano a essa. Il termine arabo più utilizzato nel testo coranico per rendere tale concetto è *qitāl* (*fī sabīl Allāh*), mentre la parola *ǧihād*, oggi universalmente tradotta come «guerra santa», vi appare solo in pochi casi, con il senso di «sforzo» in nome di Dio e della sua causa. Per ragioni ancora non del tutto perspicue, fu però quest'ultimo termine a venir più tardi associato a una dottrina e a un insieme di pratiche riguardanti la guerra. In ogni caso, i giurisperiti dei primi secoli dell'Islām non inclusero il *ǧihād* tra i cinque pilastri dell'Islām – la professione di fede, le preghiere giornaliere, la decima, il pellegrinaggio a Mecca e il digiuno del mese di *ramaḍān* – anche se proprio i trattati di diritto musulmano si diffondono largamente su tutti i particolari della «guerra santa»: in che modo e contro chi si debba intraprendere, se si possano o meno accettare le proposte di pace degli avversari etc. E, come sempre accade, nella letteratura giuridica il testo coranico si presta alle interpretazioni più varie.

I versetti della «guerra sulla via di Dio»

Per una migliore comprensione del concetto coranico di «guerra sulla via di Dio» riportiamo alcuni dei versetti più significativi a esso dedicati nel testo sacro islamico:

- «Combattete sulla via di Dio coloro che vi combattono ma non oltrepassate i limiti, ché Dio non ama gli eccessivi (II 190)».

- «Combatteteli dunque finché non vi sia più scandalo e il culto tutto sia reso solo a Dio. Se desistono, ebbene Dio scorge acuto quel ch'essi fanno (VIII 39)».

- «Preparate, contro di loro, tutte le forze che potrete [raccogliere] e i cavalli addestrati, per terrorizzare il nemico di Dio e il vostro e altri ancora che voi non conoscete, ma che Dio conosce. Tutto quello che spenderete per la causa di Dio vi sarà restituito e non sarete danneggiati» (VIII 60).

753: pp. 746-747. Sul carattere prototipico della battaglia di Badr vd. soprattutto Firestone, *Jihad. The Origin of Holy War in Islam*, pp. 111-114.

- «Combatteteli finché Dio li castighi per mano vostra, li copra di ignominia, vi dia la vittoria su di loro, guarisca i petti dei credenti ed espella la collera dai loro cuori. Dio accoglie il pentimento di chi Egli vuole. Dio è sapiente, saggio (IX 14-15)».

- «O voi che credete! Perché quando vi si dice: 'Lanciatevi in campo per la causa di Dio', siete come inchiodati alla terra? La vita terrena vi attira di più di quella ultima? Di fronte all'altra vita, il godimento di quella terrena è ben poca cosa. Se non vi lancerete nella lotta, vi castigherà con doloroso castigo e vi sostituirà con un altro popolo, mentre voi non potrete nuocerGli in nessun modo. Dio è onnipotente» (IX 38-39).

La conquista della Siria

Subito dopo la morte del Profeta, le truppe islamiche si riversarono sull'Iraq sasanide e sulla Siria bizantina, la cui conquista condusse gli Arabi ad affacciarsi sul Mediterraneo.

Nell'autunno del 633, ancora sotto il califfato di Abū Bakr, tre colonne di circa 3.000 uomini ognuna lasciarono l'Ḥiǧāz dirette verso il Nord. Due di esse puntarono sulla Transgiordania, mentre la terza, al comando di un *leader* militare destinato a diventare famoso ʿAmr ibn al-ʿĀṣ, seguì la via costiera per Ayla e invase da Sud la Palestina. I primi scontri con le forze bizantine si ebbero nel febbraio del 634 nella Palestina meridionale. Presso il Wādī ʿAraba, a Sud del Mar Morto, e a Gaza gli Arabi respinsero e successivamente annientarono un corpo d'armata bizantino agli ordini del patrizio Sergio, e poi presero a devastare disordinatamente la regione palestinese. L'imperatore Eraclio (610-641) inviò allora da Emesa un esercito guidato dal fratello Teodoro, ma alle sue spalle comparve improvvisamente un nuovo contingente arabo capeggiato da un geniale condottiero di nome Ḫālid ibn al-Walīd. Quest'ultimo, per tutto il mese di aprile del 634 aveva guidato le sue truppe a marce forzate nel deserto ed era giunto a Damasco il giorno di Pasqua, ricongiungendosi con le altre milizie arabe per poi contrattaccare ad Aǧnādayn, sulla via da Gaza a Gerusalemme. Qui, il 30 luglio 634 gli Arabi misero in rotta i Bizantini: il governatore di Palestina restò sul campo, mentre il fratello di Eraclio si diede ignominiosamente alla fuga. I resti delle forze bizantine si ritirarono a Damasco che, dopo un breve assedio e una rapida trattativa, cadde nelle mani dei musulmani.

Bisanzio tuttavia non poteva abbandonare la Siria e la Palestina: Eraclio riuscì a raccogliere un nuovo esercito, formato da milizie di varia nazionalità e provenienza, e nel 636 lo inviò in Siria attraverso i passi dell'Amano. Ḫālid ibn al-Walīd ripiegò con le sue truppe a Est del Lago di Galilea, lungo il corso del fiume Yarmūk, un affluente del Giordano. Lo scontro tra Arabi e Bizantini si svolse in più combattimenti: l'epilogo del dramma si ebbe in un imprecisato giorno d'estate dello stesso anno, quando i Bizantini, costretti ad arretrare sempre di più dall'incalzare dei musulmani, che erano riusciti a inserirsi come un cuneo tra la loro cavalleria e la loro fanteria, finirono trucidati o precipitarono dagli scoscesi dirupi su cui si erano arroccati. La vittoria dello Yarmūk aprì agli Arabi le porte di Gerusalemme.[4]

L'«Assicurazione di ʿUmar»: un califfo nella Città Santa

La città di Gerusalemme aveva per la nuova comunità musulmana un'enorme importanza religiosa, sia come primo centro della preghiera islamica sia come luogo da cui si diceva che Muḥammad avesse iniziato il suo viaggio ultramondano (*miʿrāǧ*) sia come spazio degli eventi relativi alla nascita di Cristo (nella versione che ne dà la III sura coranica): qui, infatti, molti commentatori e geografi arabi identificavano fra l'altro il sito della «culla di Gesù» (*mahd ʿĪsā*) nell'angolo Sud-Est della «Spianata delle Moschee» (*Ḥaram al-Šarīf*, «il Nobile Santuario»).[5] Nel 636, responsabile religioso – ma anche civile – di Gerusalemme era il patriarca Sofronio (634-638), per il quale la comparsa degli Arabi era il segno dell'ira di Dio per i peccati dei cristiani. Ma nonostante il suo disprezzo e la sua paura,

4. Per le vicende della conquista della Siria e della Palestina vd. soprattutto Donner, *The Early Islamic Conquests*, pp. 91-155, e Kennedy, *Le grandi conquiste arabe*, pp. 64-94. Cfr. anche W.E. Kaegi, *Byzantium and the Early Islamic Conquests*, Cambridge, Cambridge University Press, 1992, pp. 47-111.

5. Vd. soprattutto A. Elad, *Medieval Jerusalem and Islamic Worship. Holy Places, Ceremonies, Pilgrimage*, Leiden-New York-Köln, Brill, 1995 (Islamic History and Civilization. Studies and Texts, 8), *passim*; cfr. anche M.Y. Abu-Munshar, *Islamic Jerusalem and its Christians. A History of Tolerance and Tensions*, London-New York, I.B. Tauris, 2007, pp. 6-117. Sul passaggio dal Cristianesimo all'Islām in Palestina è ora fondamentale G. Avni, *The Byzantine-Islamic Transition in Palestine*, Oxford, Oxford University Press, 2014 (Oxford Sudies in Byzantium, s.n.).

egli dovette negoziare con loro la resa della città, che avvenne in occasione della visita del califfo ʿUmar in Palestina (637 o 638). In tale occasione, sarebbe stato firmato un accordo il cui testo, di notevole interesse, ci è pervenuto fra l'altro nell'opera di Ṭabarī, uno dei più celebri e autorevoli storici arabi (morto nel 923):[6]

> Nel nome di Dio, il Misericordioso, il Compassionevole. Questa è l'assicurazione di incolumità (*amān*) che il servo di Dio ʿUmar, l'emiro dei credenti, ha dato al popolo di Gerusalemme. Egli ha dato loro assicurazione di incolumità per se stessi, per le loro proprietà, le loro chiese, le loro croci, i malati e i sani della città e per tutti i riti che appartengono alla loro religione. Le loro chiese non saranno abitate dai musulmani e non saranno distrutte. Né loro né la terra su cui stanno, né la loro croce, né le loro proprietà saranno danneggiate. Essi non saranno convertiti a forza. Nessun Ebreo vivrà con loro a Gerusalemme. Gli abitanti di Gerusalemme dovranno pagare la tassa (*ǧizya*) come gli abitanti di altre città e dovranno espellere i Bizantini e i ladri. Coloro fra gli abitanti di Gerusalemme che vogliono partire con i Bizantini, prendere i loro beni e abbandonare le loro chiese e le loro croci saranno al sicuro fino al raggiungimento del loro rifugio. Gli abitanti dei villaggi possono rimanere nella città se lo desiderano, ma devono pagare le tasse come i cittadini. Coloro che vogliono possono andare con i Bizantini e coloro che vogliono possono ritornare alle loro famiglie. Non sarà tolto loro nulla prima che abbiano mietuto il raccolto. Se essi pagano le tasse secondo i loro impegni, allora le condizioni esposte in questa lettera rientrano nel patto di Dio, sono responsabilità del Suo Profeta, dei califfi e dei fedeli.

A questo testo, noto come «Assicurazione di ʿUmar» (*al-ʿUhda al-ʿUmariyya*) si affianca un altro documento variamente tramandato, il cosiddetto «Patto di ʿUmar» (*Šurūṭ ʿUmar*), attribuito dalla maggior parte di tradizionisti e studiosi all'iniziativa di ʿUmar b. al-Ḫaṭṭāb (mentre altri lo assegnano al califfo umayyade ʿUmar II), in cui vengono regolati i rapporti tra i musulmani e le popolazioni conquistate appartenenti a quella che il *Corano* definisce «Gente del Libro» (*Ahl al-Kitāb*), cioè i fedeli delle religioni che fanno riferimento a testi ritenuti di origine divina dallo stesso Islām (inizialmente solo cristiani ed Ebrei, poi anche mazdei, induisti e perfino buddhisti). Sul tema dell'autenticità di questi documenti molto è stato scritto, ma in ogni caso essi danno un'idea estremamente chiara delle

6. Ṭabarī, *Ta'rīḫ al-rusul wa 'l-mulūk*, ed. M.J. de Goeje, Lugduni Batavorum, I.5, 1893, pp. 2405-06.

relazioni instaurate dai musulmani nelle terre di cui essi si impadronivano. Il cardine del sistema era la «protezione» (*ḏimma*) offerta alla «Gente del Libro» dietro pagamento di un'imposta di capitazione detta *ǧizya*. Nell'«Assicurazione di ʿUmar», colpiscono in particolare le clausole contro gli Ebrei, ai quali si vieta di stabilirsi a Gerusalemme (come del resto prescriveva già la legge romana) e quelle concernenti da un lato l'espulsione degli ufficiali bizantini, dall'altro la possibilità per i contadini inurbati al momento della conquista di restare in città, qualora lo desiderassero.[7]

La tradizione storiografica islamica e quella cristiana concordano sul fatto che ʿUmar visitò personalmente Gerusalemme appena conquistata. Il patriarca Sofronio lo avrebbe accolto e gli avrebbe suggerito di pregare nella chiesa del Santo Sepolcro, ma il califfo rifiutò, sostenendo che, se l'avesse fatto, i musulmani l'avrebbero presto trasformata in moschea. ʿUmar richiese poi al patriarca un luogo per la costruzione di una moschea e Sofronio lo condusse sulla spianata dove anticamente si ergeva il Tempio di Erode: qui, secondo la tradizione, il califfo avrebbe fatto erigere un semplice luogo di culto, la «Moschea di ʿUmar», che non va confusa con la «Cupola della Roccia» costruita nella medesima area in epoca umayyade.[8] La città fu inizialmente chiamata Īlyā', traslitterazione araba del suo nome romano, Aelia Capitolina; successivamente il suo nome cambiò in Bayt al-Maqdis («la Santa Casa»), termine simile a quello con cui in ebraico si indicava il Tempio; più tardi, il nome fu ulteriormente abbreviato in al-Maqdis, e infine divenne al-Quds, «la Santa», denominazione ancora attualmente in uso nel mondo islamico.

7. Sul «Patto di ʿUmar» e altri documenti simili, e sul problema dei rapporti religiosi e giuridici fra conquistatori e conquistati fondamentali A.S. Tritton, *The Caliphs and their Non-Muslim Subjects. A Critical Study of the Covenant of ʿUmar*, London-Bombay-Calcutta-Madras, Humphrey Milford-Oxford University Press, 1930; D.R. Hill, *The Termination of Hostilities in the Early Arab Conquests. A.D. 634-656*, London, Luzac, 1971; Y. Friedmann, *Tolerance and Coercion in Islam. Interfaith Relations in the Muslim Tradition*, Cambridge, Cambridge University Press, 2003; M. al-Jamil, *Statuto personale della "Gemte del Libro" e autorità patriarcale nella città islamica*, Neamţ, Serafica, 2009 (Academia Historico-Juridico-Theologica P. Tocănel Instituti Theologici Franciscani Roman. Studia et Documenta, 17), e M. Levy-Rubin, *Non-Muslims in the Early Islamic Empire. From Surrender to Coexistence*, Cambridge, Cambridge University Press, 2011.

8. Vd. Kennedy, *Le grandi conquiste arabe*, pp. 88-90. Cfr. anche E.H. Cline, *Gerusalemme assediata. Dall'antica Canaan allo Stato d'Israele* (2014), tr. it. di S. Suigo, Torino, Bollati Boringhieri, 2017 (Saggi. Storia, s.n.), pp. 181-190. Sulla «Cupola della Roccia» vd. *infra*, pp. 132-136.

La conquista dell'Egitto

Nel 619 l'Egitto era stato conquistato dai Sasanidi, e ciò aveva creato gravi problemi all'approvvigionamento di Costantinopoli. La reazione bizantina non si fece attendere: Eraclio, dopo una notevole opera di riorganizzazione della struttura amministrativa e militare imperiale, intraprese una vigorosa controffensiva e nel 627 sconfisse e distrusse l'armata persiana presso Ninive; l'avanzata vittoriosa dei Bizantini continuò, e in breve tempo tutti i territori un tempo appartenuti all'impero – Egitto compreso – furono loro restituiti. Riconquistato l'Egitto, Eraclio tentò di risolvere anche la questione religiosa, imponendo con la forza un compromesso fra ortodossi e monofisiti – la cosiddetta *ékthesis* («esposizione») – che tuttavia non ebbe alcun successo. In Egitto, l'esecutore materiale dei progetti centralizzatori di Eraclio in campo religioso fu il governatore e patriarca Kyros, inviato dall'imperatore ad Alessandria nel 631 per ristabilirvi l'ordine; costui insediò prelati calcedonesi – definiti anche «melchiti» (dalla radice semitica *mlk*, che indica il «sovrano») in quanto seguaci della dottrina religiosa ortodossa approvata dall'imperatore – su quasi tutti i seggi episcopali egiziani, e in tal modo si inimicò la maggioranza della popolazione, di tendenze monofisite.

Appena ultimata la conquista della Siria (636-638), gli Arabi si misero sulla via dell'Egitto, agli ordini del grande condottiero ʿAmr ibn al-ʿĀṣ. La conquista iniziò con effettivi numerici che potrebbero apparire irrisori (ʿAmr si sarebbe presentato in Egitto con un corpo d'armata di appena 4.000 cavalieri, solo in seguito rafforzato con altri 5.000 uomini), e tuttavia essa fu rapida, completa e relativamente indolore. La spiegazione di questo dato di fatto è in buona parte da ricercarsi nelle condizioni interne egiziane: come si è visto, dopo la cacciata dei Persiani, il legame dell'Egitto con Costantinopoli, lungi dal rafforzarsi, si era deteriorato a causa dei contrasti religiosi e dell'oppressiva politica fiscale bizantina; in particolare, l'opera di Kyros, l'inviato di Eraclio, persecutoria nella sfera religiosa e vessatoria in quella fiscale, contribuì largamente a creare fra gli Egiziani un'atmosfera di simpatia nei confronti dei conquistatori.

L'unico scontro terrestre di una certa entità nel quale i Bizantini contrastarono gli Arabi si svolse nel luglio 640 presso la fortezza di Babylon, all'apice del Delta, non lontano dall'odierna città del Cairo: ʿAmr conseguì una vittoria indiscutibile e Kyros fu costretto a trattare con gli invasori, tentando di ottenere per sé le migliori garanzie. Presentatosi a Costantinopoli per rendere conto del suo operato, il patriarca fu sconfessato e bandito da Eraclio, ma poco dopo l'imperatore morì (641) e venne meno ogni prospettiva di un intervento diretto dell'esercito imperiale a sostegno dell'Egitto. Pochi mesi dopo la morte di Eraclio, Babylon capitolò, e ʿAmr mosse alla volta di Alessandria, che si arrese il 29 settembre del 642. Secondo alcune fonti, in tale occasione – su ordine diretto del califfo ʿUmar – sarebbe stata distrutta la celeberrima biblioteca alessandrina; ad ʿAmr ibn al-ʿĀṣ, propenso a risparmiare la biblioteca, il califfo avrebbe obiettato: «se gli scritti dei Greci sono in accordo con il libro di Dio, sono inutili e non è necessario preservarli; se invece sono in disaccordo, sono perniciosi e vanno distrutti». In realtà, questo racconto non è altro che una tarda leggenda anti-islamica.[9]

La conquista agli occhi di un contemporaneo: la Cronaca *di Giovanni di Nikiou*

Un testo fondamentale per la storia della conquista araba dell'Egitto è la *Cronaca* di Giovanni vescovo di Nikiou, città situata nella zona occidentale del Delta. Scritta probabilmente in copto (ma c'è chi propende per una sua originale redazione in lingua greca) alla fine del VII secolo d.C., di essa sopravvive purtroppo soltanto la versione etiopica, tradotta dall'arabo all'inizio del XVII secolo. L'autore, testimone oculare dell'invasione araba, non nasconde certo gli episodi di violenza verificatisi nell'ardore del conflitto, ma tende soprattutto a mettere in risalto il sostanziale accordo registratosi immediatamente dopo la conquista fra la comunità copta e gli invasori. In molti casi, i musulmani sono rappresentati da Giovanni come leali e giusti, e lo stesso autore sottolinea che essi erano appoggiati nella loro opera dai membri dell'*élite* sociale egiziana, quali ad esempio i dirigenti dei cosiddetti *demi*, le fazioni dell'ippodromo. Simili 'tradimenti' mostrano come la disaffezione nei confronti dei Bizantini fosse generalizzata: al dominio degli ortodossi non solo il popolo, ma anche l'alta società del paese mostrava di preferire quello degli «infedeli». Tale atteggiamento si chiarisce se si pensa a

9. Sulla conquista dell'Egitto vd. soprattutto Kennedy, *Le grandi conquiste arabe*, pp. 133-160. Sulla leggenda della distruzione della biblioteca di Alessandria su ordine di ʿUmar, vd. B. Lewis, *The Arab Destruction of The Library of Alexandria: Anatomy of a Myth*, in *What Happened to the Ancient Library of Alexandria?*, ed. by M. El-Abbadi, O. Fathallah and I. Serageldin, Leiden-Boston, Brill, 2008 (Library of the Written World, 3. The Manuscript World, 1), pp. 213-217.

quanto fosse vivo e presente fra i cristiani d'Egitto il ricordo delle vessazioni bizantine, e in particolare della persecuzione anti-monofisita scatenata da Eraclio solo un decennio prima dell'avvento degli Arabi.[10]

Le forme della conquista: l'Egitto come «provincia» del califfato islamico

ʿAmr non fu soltanto un grande capo militare, ma anche e soprattutto un abile diplomatico e un notevole amministratore. Egli mise mano al riordino fiscale della provincia (e a questo scopo si servì dei preesistenti funzionari bizantini, rimasti in carica anche dopo la conquista) e si incaricò della scelta della sede del governo e della principale residenza dei conquistatori. Secondo una prassi consolidata nel corso delle grandi campagne militari dirette dai primi califfi, le guarnigioni islamiche venivano insediate in cittadelle fortificate (*amṣār*, sing. *miṣr*), per separare fisicamente gli Arabi dalle popolazioni sottomesse, evitando così incidenti e abusi. Di conseguenza, ʿAmr non elesse come sua capitale Alessandria, ma trasformò in centro urbano il campo militare dal quale aveva diretto le operazioni contro Babylon. Questo accampamento venne chiamato al-Fusṭāṭ (dal termine greco-bizantino *phossáton*, «campo trincerato», o dall'arabo *al-fusṭāṭ*, «le tende», in riferimento all'accampamento dei conquistatori) e fu da allora la capitale amministrativa della «provincia» (*wilāya*) egiziana fino al momento della fondazione del Cairo ad opera dei Fāṭimidi, di cui al-Fusṭāṭ, peraltro, costituisce il nucleo più antico.

Nel 645, il nuovo califfo, ʿUṯmān, desideroso di riprendere nelle sue mani il governo delle province e inquieto per la posizione di crescente potere e prestigio di ʿAmr, lo rimosse dalla carica di governatore (*wālī*) e affidò il governo dell'Egitto ad ʿAbd Allāh ibn Saʿd ibn Abī Sarḥ, che rese sicuri i confini meridionali della provincia stipulando un trattato politico-commerciale con il regno cristiano di Nubia, pose le basi per l'espansione araba verso Occidente e creò la prima flotta musulmana, per mezzo della quale i predoni del deserto si sarebbero lanciati sulle vie dei mari.

10. Su Giovanni di Nikiou e la sua visione della conquista araba vd. A. Ducellier, *Cristiani d'Oriente e Islam nel Medioevo* (1996), tr. it. di S. Vacca, Torino, Einaudi 2001 (Biblioteca di cultura storica, s.n.), pp. 44-50, e G. Fiaccadori, s.v. «John of Nikiou», in *Christian-Muslim Relations. A Biographical History*, I. *(600-900)*, ed. by D. Thomas and B. Roggema, Leiden-Boston, 2009, pp. 211-218.

A differenza dell'Iraq e della Siria, abitati per larga parte da popolazioni di origine semitica, l'Egitto rappresentava per gli invasori una terra totalmente straniera; tuttavia, nel giro di pochi secoli vi si compì un profondo processo di assimilazione etnica e culturale, che diede come risultato un paese pienamente arabizzato e quasi totalmente islamizzato. La lingua araba si impose rapidamente e fu adottata anche dalla popolazione rimasta cristiana; il greco si mantenne in un primo tempo accanto all'arabo come lingua dell'amministrazione, ma poi finì per cedergli completamente il campo. Come nelle altre regioni conquistate, anche in Egitto l'Islām non fu introdotto con la forza, ma fu adottato per la sua forza di penetrazione religiosa e per motivi economico-sociali, il più noto dei quali è l'esenzione dal testatico (*ğizya*) di cui godevano i convertiti. I cristiani d'Egitto, detti «copti» (dall'arabo *qubṭ*, a sua volta derivante dal greco *Aigýptios*, «Egiziano»), difesero tenacemente le loro tradizioni religiose, ma non giunsero mai a connotare la loro resistenza in senso anti-arabo e anti-islamico: il loro destino fu quello di una progressiva marginalizzazione.[11]

Attacco alla Persia

Mentre ancora era in corso la conquista della Siria, una parte delle forze musulmane si volse contro l'impero persiano, precipitato nell'anarchia in seguito alla veemente reazione bizantina guidata da Eraclio. Le truppe arabe si trovarono davanti a un paese nel caos, dove, nel giro di pochi anni, si erano avvicendati sul trono un gran numero di sovrani, ivi compresa una regina. L'ultimo dei re sasanidi fu Yazdgird III, e dovette affrontare l'attacco dell'esercito islamico. Nel 636, presso Qādisiyya, nella regione centro-meridionale dell'Iraq, le milizie arabe al comando di Sa'd ibn Abī Waqqās si scontrarono per tre giorni con quelle persiane capitanate dal generale (in mediopersiano, *ispahbudhān*) Rostam Farrokhzād. La battaglia si concluse con

11. Sulla transizione fra Egitto bizantino e Egitto islamico vd. da ultimo M.S.A. Mikhail, *From Byzantine to Islamic Egypt. Religion, Identity and Politics after the Arab Conquest*, London, I.B. Tauris, 2014, e P.M. Sijpesteijn, *Shaping a Muslim State*, Oxford, Oxford University Press, 2013 (Oxford Studies in Byzantium). Sul problema delle conversioni, vd. *infra*, p. 92. Sul problema linguistico vd. ultimamente S.Kh. Samir, *L'Apocalypse de Samuel de Qalamūn et la domination des Hagaréens*, in *"Guerra santa" e conquiste islamiche nel Mediterraneo (VII-XI secolo)*, a cura di M. Di Branco e K. Wolf, Roma, Viella, 2014 (I libri di Viella, 179), pp. 17-63.

la vittoria degli Arabi: Rostam stesso rimase sul campo e il palladio-bandiera dei Sasanidi finì in mano musulmana. La via verso la capitale dell'impero, Seleucia-Ctesifonte, era aperta: fra il 637 e il 638 la città fu occupata e il re Yazdgird fuggì verso la Media. Nel 638, sul corso inferiore dell'Eufrate, nelle vicinanze di al-Ḥīra, l'antica capitale dei Laḫmidi, venne fondata al-Kūfa, la più antica delle grandi metropoli arabe, che avrà un ruolo particolarmente importante nelle vicende del conflitto fra sciiti e sunniti.

Un sanguinoso combattimento a Ǧalūlā' aprì poi agli Arabi la via per i passi dei Monti Zagros, la chiave di accesso all'altipiano iranico. La penetrazione islamica nel cuore dell'Iran si ebbe con la battaglia di Nihāwand (642), nel Nord-Ovest del paese: l'armata persiana era ormai dissolta e restavano solo sporadici ma combattivi nuclei di resistenza. In seguito a conflitti bellici o trattative diplomatiche caddero una dopo l'altra Hamadān (l'antica Ecbatana, una delle capitali dell'impero achemenide), Rayy (nucleo antico dell'attuale Tehrān), Iṣfahān, Istaḫr (presso l'antica Persepoli), l'Azerbaijan e l'Armenia. Yazdgird trovò rifugio nel Nord dell'Iran, ma i potentati locali si rifiutarono di combattere gli Arabi ai suoi ordini; così, egli raggiunse la grande oasi di Marw, nell'attuale Turkmenistan: qui, il governatore della città lo fece arrestare da un suo sottoposto di origine turca. Il re riuscì ancora a fuggire: secondo la tradizione, fu ucciso nel sonno da un mugnaio che gli aveva dato ospitalità e che, non riconoscendolo ma vedendo che possedeva molti oggetti preziosi, lo assassinò per derubarlo. In questo modo inglorioso ebbe termine una delle più splendide dinastie persiane. Era l'anno 651 o 652. Gli ultimi discendenti dei re sasanidi trovarono rifugio presso la corte cinese.[12]

Fra conflitto e integrazione

Indubbiamente l'irrompere dell'Islām interruppe bruscamente il corso di una civiltà millenaria e consolidata come quella persiana. Consi-

12. Sulla caduta dell'impero sasanide e la conquista islamica della Persia vd. soprattutto Donner, *The Early Islamic Conquests*, pp. 157-220; Kennedy, *Le grandi conquiste arabe*, pp. 94-132 e 161-190; P. Pourshariati, *Decline and Fall of the Sasanian Empire. The Sasanian-Parthian Confederacy and the Arab Conquest of Iran*, London, I.B. Tauris, 2008 (International Library of Iranian Sudies, 10), e T. Daryaee, *Sasanian Persia. The Rise and Fall of an Empire*, London, I.B. Tauris, 2009 (International Library of Iranian Studies, 8). Sulla Fondazione di Kūfa e la sua storia vd. H. Djaït, *Al-Kūfa. Naissance de la ville islamique*, Paris, Maisonneuve & Larose, 1986 (Islam d'hier et d'aujourd'hui, 29).

stente fu la riduzione in schiavitù di un buon numero di Persiani dopo la conquista e a lungo perdurò l'atteggiamento ostile delle genti di Persia verso l'Islām 'arabo', nel quale alle dottrine religiose si univano gli interessi dei nuovi conquistatori. La rarità delle conversioni di massa e l'accettazione della *ǧizya* (cioè, come si è visto, del tributo dovuto dalle comunità che si sottomettevano ai musulmani ma che volevano mantenere la propria religione) da parte di molti evidenziano la volontà di far sopravvivere la propria civiltà davanti alla nuova. L'integrazione, quando ci fu, si produsse con estrema lentezza e lasciò comunque un senso di rivalsa che non mancò di esercitare il suo influsso sugli eventi successivi. Del resto, il mondo persiano era da sempre un mondo iranocentrico e l'idea di un mondo 'aniranico' ostile a quello persiano si riverbera in molta della letteratura posteriore alla conquista musulmana, come nel celeberrimo *Shāh-Nāmeh* (*Libro dei re*) di Ferdowsī (inizi dell'XI secolo), vera e propria epopea dedicata all'antica storia della Persia con una superficiale patina islamica, in cui le varie dominazioni straniere, prima fra tutte quella di Alessandro Magno, sono concepite come vere e proprie ferite al sentimento nazionale persiano.

E tuttavia, l'integrazione fra Arabi musulmani e Persiani vi fu, e fu un fenomeno popolare, esteso ai ceti rurali e a quelli cittadini che avevano espresso il loro violento dissenso contro l'aristocrazia sasanide in varie rivolte a sfondo sociale e religioso. Essa coinvolse anche gran parte della piccola aristocrazia, che si vide costretta a venire a patti con i nuovi dominatori e che seppe trarre i vantaggi che tale integrazione poteva recare, una volta superati la frustrazione e l'astio ingenerati dalla conquista. In questo processo, la nuova fede, cioè l'Islām, giocò un ruolo di primo piano, attraendo presto gli uomini di cultura, al punto che si può senza dubbio sostenere che se oggi abbiamo importanti tracce della civiltà sasanide lo dobbiamo in gran parte all'elaborazione islamica posteriore che fu in grado di conservarle e tramandarle.[13]

13. Sull'assetto amministrativo dei territori dell'impero sasanide dopo la conquista islamica vd. M.G. Morony, *Iraq after the Muslim Conquest*, Princeton, NJ, Princeton University Press, 1984; Ch.F. Robinson, *Empires and Elites after the Muslim Conquest*, Cambridge, Cambridge University Press, 2000 (Cambridge Studies in Islamic Civilization, s.n.); *The Idea of Iran*. 4. *The Rise of Islam*, ed. by V. Sarkhosh Curtis and S. Stewart, London, I.B. Tauris, 2009, e *The Idea of Iran*. 5. *Early Islamic Iran*, ed. by E. Herzig and S. Stewart, London, I.B. Tauris, 2012. Sulle questioni concernenti l'integrazione culturale e religiosa, fondamentale S. Bowen Savant, *The New Muslims of Post-Conquest Iran. Tradi-*

Una nuova lingua

Nel processo di integrazione fra conquistatori e conquistati, estremamente importante fu il ruolo della lingua detta 'neopersiana', che venne a modellarsi dopo l'avvento degli Arabi in Iran: un idioma scritto utilizzando l'alfabeto arabo e molte parole del lessico arabo, soprattutto nel campo religioso. Tale formazione ebbe tempi lunghi: la lingua letteraria nacque già 'matura' intorno alla fine del IX secolo, evidenziando che il processo evolutivo doveva essere in atto da molto tempo. Può essere interessante notare che le prime grammatiche arabe furono compilate da studiosi persiani, e che la lingua 'neopersiana' divenne ben presto una delle lingue più prestigiose del mondo islamico: se l'Arabo è la lingua della religione e del *Corano*, il Persiano è la lingua della poesia e della grande letteratura

Un libro 'proibito': Due secoli di silenzio *di Abdolhossein Zarrinkoub*

Due secoli di silenzio (*Do qarn sokūt*) dello storico iraniano Abdolhossein Zarrinkoub è oggi, per il governo della Repubblica islamica dell'Iran, un vero e proprio 'libro nero': bandito e censurato, ma, al tempo stesso, al vertice di tutte le classifiche di vendita sulle bancarelle clandestine delle vie adiacenti l'università di Tehrān.[14] Eppure non si tratta di un *pamphlet* politico a sostegno dei radicali della 'rivoluzione verde' né di un romanzo pruriginoso né tantomeno di un'opera critica nei confronti dell'Islām. In effetti, per quanto sorprendente possa sembrare, *Due secoli di silenzio* è un serissimo libro di storia medievale, basato su un enorme numero di fonti arabe e persiane e ricchissimo di riferimenti a importanti studi occidentali, che ha come oggetto la conquista islamica della Persia e i primi due secoli di dominio arabo nella regione, caratterizzati appunto, secondo l'autore, dall'assoluto silenzio politico, culturale e sociale della popolazione locale. Zarrinkoub analizza in particolare i rapporti tra mazdei e musulmani, i problemi fiscali e le questioni legate ai neo-convertiti di origine persiana (*mawālī*, sing. *mawlà*: «clienti» dei loro protettori arabi), introducendo il

tion, Memory and Conversion, Cambridge, Cambridge University Press, 2013 (Cambridge Studies in Islamic Civilization, s.n.).

14. A. Zarrinkoub, *Do qarn sokūt*, Tehrān, Amirkabir Publ., 1957. L'opera meriterebbe senz'altro di essere tradotta e conosciuta dagli studiosi occidentali.

lettore in un mondo complesso e ricco di fascino. Ma il principale motivo di interesse del libro, pubblicato nel 1957, risiede nell'approccio dell'autore, che guarda agli eventi del VII e dell'VIII secolo da una prospettiva nazionalista filo-persiana e anti-araba. Così, nella critica alla rozzezza e alla brutalità dei conquistatori, che contrasta con la raffinatezza e la profonda cultura dei conquistati, emerge, come in filigrana, un attacco estremamente duro e circostanziato agli eccessi del processo di neo-islamizzazione della società iraniana, già ampiamente in corso, sia pure sottotraccia, negli anni in cui Zarrinkoub si trovava ad operare. Inoltre, i critici della Rivoluzione khomeinista hanno voluto vedere nella descrizione dettagliata e impietosa dell'afasia della società persiana schiacciata dal tallone degli Arabi un atto di accusa contro la mancanza di coraggio dell'*élite* intellettuale iraniana, responsabile di aver reagito con acquiescenza e silenzio alla grande offensiva islamica che, se ha avuto il merito di liberare il paese dalla dinastia feudale e corrotta dei Pahlavī, lo ha però successivamente sottoposto a una continua e inesorabile ingerenza della religione nella sua vita politica e sociale.

Califfi sul mare: il caso di Cipro

Un luogo comune spesso affiorante negli studi è quello secondo cui gli Arabi, prima del VII secolo d.C., non avrebbero avuto alcuna dimestichezza con la navigazione: in realtà, come ha mostrato Patricia Crone in un recente e importante contributo, i viaggi per mare erano parte integrante della prassi commerciale araba, e la stessa diffidenza con cui i «califfi ben guidati» (e in particolare ʿUmar) guardavano a tutto ciò che avesse a che fare con il mare ebbe breve vita.[15]

D'altra parte, uno degli aspetti caratteristici delle prime campagne militari islamiche (non di rado rappresentate, nella storiografia meno re-

15. P. Crone, *How did the Quranic Pagans make a Living?*, in «Bulletin of the School of Oriental and African Studies», 63 (2005), pp. 387-399. Sull'origine delle flotte islamiche vd. Ch. Picard, *Baḥriyyūn, émirs et califes: l'origine des équipages des flottes musulmanes en Méditerranée occidentale (VIIIᵉ-Xᵉ siècle)*, in «Medieval Encounters», 13 (2007), pp. 413-451. Sul rapporto fra il mare e i califfi, è ora fondamentale Ch. Picard, *La mer des califes. Une histoire de la Méditerranée musulmane*, Paris, Éditions du Seuil, 2015 (L'Univers Historique, s.n.).

cente, come semplici *raids*)[16] fu proprio la rapidità con cui la flotta araba riuscì a vincere la sfida contro la grande potenza navale bizantina. Secondo Balāḏūrī (morto intorno all'892), il grande storico delle conquiste musulmane, il califfo ʿUmar avrebbe proibito al governatore della Siria Muʿāwiya – il futuro fondatore della dinastia umayyade – di avventurarsi per mare, ma tale divieto sarebbe stato poi revocato dal suo successore, ʿUṯmān, che permise a Muʿāwiya di allestire una grande flotta da guerra – composta, secondo il cronista bizantino Teofane, da 1.700 navi.[17] L'obiettivo iniziale del governatore della Siria fu l'isola di Cipro, posta solo a cento chilometri dalle coste siriane: la prima spedizione ebbe luogo nel 649, e fu seguita da altri due attacchi, da collocarsi rispettivamente nel 650 e nel 653/4.[18] Tale cronologia è confermata da un documento di eccezionale importanza: un'iscrizione greca che commemora il restauro della basilica di Soloi, danneggiata durante quelle incursioni.[19] Si tratta di un caso quasi unico di

16. Sull'uso, spesso invalso nella storiografia novecentesca, di rappresentare come *raids* 'saraceni' quelle che sono in realtà spedizioni militari su media o larga scala vedi le giuste considerazioni di D.M. Metcalf, *Byzantine Cyprus 491-1191*, Nicosia, Cyprus Research Centre, 2009 (Texts and Studies in the History of Cyprus, LXII), p. 395.

17. Al-Balāḏūrī, *Kitāb futūḥ al-buldān*, a cura di M.J. de Goeje, I, Lugduni Batavorum, Brill, 1863, pp. 153-154 (cfr. Kennedy, *Le grandi conquiste arabe*, pp. 305-314); Theophanes, *Chronicon*, ed. C. de Boor, I, Lipsiae, Teubner, 1883, pp. 343-344; vd. anche la versione inglese, *The Chronicle of Theophanes Confessor. Byzantine and Near Eastern History a.d. 284-813*, ed. by C. Mango, Oxford, Oxford University Press, 1997, pp. 478-479 (cfr. Kennedy, *Le grandi conquiste arabe*, pp. 305-308).

18. Sulla cronologia degli attacchi contro Cipro e dei relativi trattati di pace vedi soprattutto A. Beihammer, *Nachrichten zum byzantinischen Urkundenwesen in arabischen Quellen (565-811)*, Bonn, R. Habelt, 2000 (Poikila Byzantina, 17), nrr. 251-252, pp. 288-289; nr. 256, pp. 294-295, e nr. 267, pp. 303-309 (tuttavia Beihammer colloca erroneamente la seconda spedizione cipriota di Muʿāwiya nel 653/4 (espungendo di conseguenza dal panorama storico dell'isola la spedizione del 650): in realtà, l'iscrizione di Soloi indica senza ambiguità che il secondo attacco avvenne nel 650: cfr. D. Feissel, in *Bulletin épigraphique*, in «Revue des Études Grecques», C (1987) pp. 380-381, nr. 532 (poi in Id., *Chroniques d'épigraphie byzantine, 1987-2004*, Paris, Collège de France/CNRS, Centre de Recherche d'Histoire et Civilisation de Byzance, 2006 [Monographies, 20], nr. 545): quella del 653/4 deve dunque essere considerata come la terza spedizione araba contro Cipro). Cfr. anche A. Cameron, *Cyprus at the Time of the Arab Conquests*, in «Cyprus Historical Review», 1 (1992), pp. 27-49: p. 32 (poi in Id., *Changing Cultures in Early Byzantium*, Aldershot-Brookfield, VE, Ashgate, 1996 [Variorum Collected Studies, 536], nr. VI); Kennedy, *Le grandi conquiste arabe*, pp. 306 -307, e D.M. Metcalf, *Byzantine Cyprus*, pp. 395-423.

19. L'iscrizione è pubblicata in *Soloi. Dix campagnes de fouilles (1964-1974)*, I, éd. par J. des Gagniers, R. Ginouvès et T. Tinh Tran, Sainte-Foy, Les Presses de l'Université Laval,

attestazione epigrafica di una campagna militare islamica del VII secolo: a quanto si legge nel testo, nel corso delle prime due incursioni, i musulmani avrebbero preso prigionieri circa 170.000 Ciprioti. Balāḏūrī afferma che il resto della popolazione di Cipro fu costretta a pagare un tributo annuale, che tale tributo era di 7.200 *dinār*, e che esso andava ad aggiungersi alla tassa del medesimo importo già imposta dai Bizantini.[20] Quest'ultima notizia è confermata da un altro famoso storico arabo, Masʿudī, che scrive: «gli abitanti di Cipro furono obbligati da un trattato di pace a non sostenere i Bizantini contro i musulmani né i musulmani contro i Bizantini, e a pagare il *ḫarāğ* (cioè la tassa fondiaria) per metà ai Bizantini e per metà ai musulmani».[21] Lo stesso Balāḏūrī fornisce ulteriori ragguagli sui termini di tale trattato (che fu stipulato nel periodo immediatamente successivo alla spedizione del 649 e venne poi riconfermato dopo l'invasione del 653/4, e successivamente durante il califfato di Muʿāwiya [661-680]): i musulmani non avrebbero offerto ai Ciprioti protezione militare contro i nemici esterni; i Ciprioti avrebbero tenuti informati i musulmani sui movimenti dei loro nemici; i Ciprioti non avrebbero dovuto offrire alcun supporto a chicchessia contro i musulmani.[22] Secondo la maggior parte degli studiosi moderni che si sono occupati della questione, il trattato avrebbe dato all'isola uno *status* del tutto particolare: anche se Balāḏūrī parla di una guarnigione araba di 12.000 uomini dedotta nell'isola da Muʿāwiya e della costruzione di alcune moschee,[23] non ci si troverebbe di fronte a un'occupazione *tout court*, ma a una sorta di coabitazione.[24] Le fonti bizantine, che sulla conquista di Cipro sono piuttosto avare di informazioni, sembrerebbero confermare questo quadro: il patriarca di Costantinopoli Nicola Mistico, in una lettera al califfo di Baghdad al-Muqtadir bi-'llāh (908-932) scritta alla

1985, pp. 116-125, ma vedi le correzioni di D. Feissel, in *Bulletin épigraphique*, pp. 380-381, nr. 532. Cfr. Cameron, *Cyprus at the Time of the Arab Conquests*, pp. 31-32, e n. 13, p. 46.

20. Al-Balāḏūrī, *Kitāb futūḥ al-buldān*, pp. 153-154.

21. Al-Masʿūdī, *Murūğ al-ḏahab*, éd. par Ch. Barbier de Meynard et A. Pavet de Courteille (rev. par Ch. Pellat), VIII, Beyrouth, I.F.A.O, 1966 (Sect. des études historiques, XI), pp. 281-282. Cfr. A.A. Vasiliev, *Byzance et les Arabes*. II/1. *La dynastie Macédonienne (867-959)*, Bruxelles, Fondation Byzantine, 1968 (Corpus Bruxellense Historiae Byzantinae, II.1), p. 43.

22. Al-Balāḏūrī, *Kitāb futūḥ al-buldān*, pp. 153-154.

23. *Ibidem*. La guarnigione fu molto probabilmente stanziata a Paphos: vd. C.P. Kyrris, *The Nature of the Arab-Byzantine Relations in Cyprus from the Middle of the 7th to the Middle of the 10th Century A.D.*, in «Graeco-Arabica», III (1984), pp. 149-175: pp. 154-156.

24. Kyrris, *The Nature of the Arab-Byzantine Relations in Cyprus*, pp. 149-175.

fine del 913 o all'inizio del 914, si sofferma a lungo sullo 'statuto speciale' dell'isola, le cui origini egli fa appunto risalire a trecento anni prima.[25] Gli studiosi, e in particolare i bizantinisti, hanno talvolta avanzato delle riserve sulla ricostruzione storica del patriarca, affermando che le pretese universalistiche dell'ideologia imperiale bizantina avrebbero reso impossibile una situazione ambigua come quella che le fonti sembrano attestare per Cipro tra VII e X secolo, ma va tenuto presente che i principî di filosofia politica bizantina validi prima dell'inizio delle conquiste arabe si modificarono notevolmente nel periodo successivo, proprio in conseguenza delle conquiste, e che anche la teoria politica islamica non esclude la possibilità di una convivenza pacifica con popolazioni non sottomesse con le armi ma disposte a pagare un tributo (i giuristi musulmani definivano questo tipo di relazione con l'espressione *dār al-ṣulḥ*).[26] D'altra parte, che Cipro, fino alla riconquista bizantina del 963/4, fosse sospesa fra Bisanzio e il mondo islamico si evince chiaramente sia dai racconti dei pellegrini cristiani sia da quelli dei geografi musulmani: così, nella relazione del viaggio in Terrasanta del sassone Willibald, che visitò l'isola nel 723, si afferma che i Ciprioti «sedebant inter Graecos et Sarracenos et inermes fuerunt, quia pax maxima fuit et conciliatio inter Sarracenos et Graecos»,[27] mentre nell'opera geografica di Ibn Ḥawqal si legge che l'isola «in seguito a un'intesa fra i suoi abitanti, era divisa in due parti: per metà apparteneva ai Rūm (cioè ai Bizantini) e per metà ai musulmani».[28]

Tuttavia, non bisogna commettere l'errore di esagerare la portata dell''anomalia' cipriota, che è tale soprattutto perché costituisce una sorta di cristallizzazione secolare di quella che doveva essere una situazio-

25. Nicholas I Patriarch of Constantinople, *Letters*, a cura di R.J.H. Jenkins, L.G. Westerink, Washington, DC, Dumbarton Oaks Center, 1973 (Corpus Fontium Historiae Byzantinae, VI), Ep. I, pp. 2-13. Cfr. M. Canard, *Deux episodes des relations diplomatiques arabo-byzantines au Xe siècle*, in «Bulletin d'études orientales», XIII (1949-1950), pp. 51-69 (poi in Id., *Byzance et les musulmans du Proche Orient*, London 1973 [CS, 18], nr. XII), in particolare pp. 62-69.

26. Vd. Kyrris, *The Nature of the Arab-Byzantine Relations in Cyprus*, pp. 153-154 e 162-163.Sulla *dār al-ṣulh* vedi M. Khadduri, *War and Peace in the Law of Islam*, Baltimore, MA, John Hopkins Press, 1955, pp. 144-145, e soprattutto Hill, *The Termination of Hostilities*, *passim*.

27. *Hodoeporicon Sancti Willibaldi*, in *Itinera Hierosolymitana et descriptiones Terrae Sanctae*, a cura di T. Tobler, A. Molinier, Genevae, J.-G. Fick, 1879, p. 260.

28. Ibn Ḥawqal, *Liber imaginis terrae*, ed. J.H. Kramers, Lugduni Batavorum, Brill, I, 1938, p. 204.

ne abbastanza comune nel periodo delle grandi conquiste arabe e che era essenzialmente dovuta al temporaneo equilibrio dei rapporti di forza fra Bisanzio e i musulmani. Ad esempio, l'uso di suddividere in parti uguali fra Bizantini e Arabi le tasse delle regioni contese fra i due imperi non è attestato solo per Cipro, ma anche per l'Iberia e per l'Armenia.[29] In effetti, lo *status quo* descritto dai testi di IX e X secolo, che sembrano presupporre una ben precisa partizione territoriale, con i Bizantini nel Nord e i musulmani nel Sud, non può essere affatto anticipato al VII-VIII secolo. La teoria di una divisione precoce e rigorosa dell'isola fra Bizantini e musulmani, recentemente riproposta da David M. Metcalf anche sulla base di una rilettura dei dati numismatici e sigillografici disponibili,[30] è stata facilmente confutata da Vivien Prigent, che ha evidenziato tutta la sua labilità.[31] Tra VII e VIII secolo, Cipro è 'città aperta', un territorio utilizzato dall'uno o dall'altro dei due imperi rivali a seconda dei loro bisogni e dell'evoluzione dei loro oggettivi rapporti di forza.[32] D'altra parte, in questo periodo l'isola è teatro di conflitti ricorrenti, che sono appunto da riconnettere al continuo mutamento della situazione strategica sulla frontiera dell'Asia Minore. Insomma, per usare un'efficace espressione del geografo arabo al-Muqaddasī, «l'isola è di chi la vuole occupare»:[33] il celebre *condominium* cipriota non è altro che una conseguenza del fatto che nessuno dei due contendenti aveva i mezzi per farlo. In tutto ciò, l'elemento eccezionale non è certo costituito dalla presenza di patti e di accordi fra i contendenti, che sono largamente presenti in tutta l'area interessata dall'espansione islamica, ma dall'inconsueta durata di tali accordi, dovuta appunto all'equilibrio delle forze in campo nello scacchiere cipriota e alla particolare collocazione dell'isola, vero e proprio crocevia geografico, strategico, politico e culturale fra Oriente e Occidente.

29. Constantine Porphyrogenitus, *De administrando imperio*, a cura di G. Moravcsik, R.J.H. Jenkins, Washington, DC, Dumbarton Oaks Center, 1967 (Corpus Fontium Historiae Byzantinae, I), XXII, p. 95. Cfr. Beihammer, *Nachrichten zum byzantinischen Urkundenwesen*, p. 350, con ulteriore bibliografia.

30. Metcalf, *Byzantine Cyprus 491-1191*, pp. 395-422.

31. V. Prigent, *Chypre entre Islam et Byzance*, in *Chypre entre Byzance et l'Occident*, éd. par J. Durand et D. Giovannoni, Paris, Musée du Louvre, Somogy éditions d'art, 2012, pp. 79-87.

32. Ivi, pp. 82-83.

33. Al-Muqaddasī, *Aḥsan al-taqāsīm fī ma'rifat al-aqālīm*, a cura di M.J. de Goeje, Lugduni Batavorum, Brill, 1877 (Bibliotheca Geographorum Arabicorum, 3), p. 35.

Gli eserciti delle conquiste

Le fonti islamiche mostrano che i califfi di Medina esercitavano un notevole controllo sugli eserciti delle conquiste e forniscono molteplici esempi dell'invio di truppe da un luogo all'altro, della destituzione di governatori autori di conquiste e della loro sostituzione con uomini di fiducia dei califfi.

Gli eserciti musulmani consistevano in modo preponderante di maschi adulti senza famiglie o greggi e mandrie; la migrazione delle tribù seguiva la conquista.

Le armi usate erano la spada e la lancia; c'erano anche arcieri e probabilmente alcuni di loro indossavano cotte di maglia ed elmi di ferro. Esistevano sia la fanteria sia la cavalleria, ma a volte i fanti venivano trasportati sul luogo della battaglia a dorso di cavallo o di cammello. I cammelli venivano ampiamente utilizzati per qualunque tipo di trasporto. Le truppe arabe erano estremamente mobili, soprattutto nelle terre semidesertiche, ed erano dunque in grado di colpire dove volevano per poi ritirarsi in luoghi sicuri.

Sin dalla fase iniziale delle conquiste, agli Arabi si unirono gruppi di combattenti non arabi, che introdussero nell'esercito islamico nuove tattiche e nuove tecniche militari.

Resta da chiedersi come definire i *leaders* militari (che nella prima fase delle conquiste appartenevano quasi senza eccezione alla grande aristocrazia qurayšita) alla guida dei vari contingenti musulmani. Ebbene, in arabo classico esiste un termine che si adatta perfettamente alla bisogna: *qā'id*, parola utilizzata per indicare un capo militare il cui rango varia tra quello di capitano a quello di generale, e che, dal punto di vista semantico, è del tutto equivalente al latino *dux*.[34]

34. Sulle caratteristiche degli eserciti islamici del VII secolo vd. Donner, *The Early Islamic Conquests*, pp. 221-230 e soprattutto Kennedy, *Gli eserciti dei califfi*.

6. *Fiṭna*: guerra civile per il califfato

La nascita dello «stato islamico»

Le grandi conquiste condussero rapidamente a un altrettanto notevole cambiamento nella struttura della *umma* islamica e a una radicale riorganizzazione amministrativa del califfato, costretto a confrontarsi con una situazione del tutto nuova. In tale processo, ʿUmar sembra avere un ruolo cruciale, anche se la tradizione tende ad attribuirgli «riforme» (*tanẓīmāt*) che in realtà si affermarono in un arco temporale lungo circa un secolo. In primo luogo, il califfo dovette affrontare le rivendicazioni dei combattenti, che chiedevano che le terre conquistate fossero considerate come «spoglie di guerra» (*ġanīma*), da dividere tra coloro che avevano partecipato alla spedizione vittoriosa e non tra tutti i musulmani. In questa loro richiesta, essi si rifacevano all'esempio del Profeta, e chiamavano in causa un versetto coranico (41) della sura VIII, la «sura del bottino», in cui si affermava che del bottino preso dai musulmani «un quinto (*ḫums*) spetta a Dio e al suo Messaggero, ai di lui parenti, agli orfani, ai poveri, ai viandanti», sottointendendo che gli altri quattro quinti dovevano essere divisi fra le truppe. Inizialmente, ʿUmar sembrò intenzionato ad aderire alle richieste dei combattenti, ma poi, spinto dalla necessità di garantire il benessere generale della comunità, decise di considerare le terre conquistate come *fay'*, cioè proprietà comune di tutti i musulmani. Così, secondo la tradizione, a coloro che gli chiedevano la divisione delle terre siriane fra i soldati, egli rispose che le avrebbe trasformate in un *waqf* («donazione perpetua») per la *umma* islamica, intendendo che i fruitori di quelle terre avrebbero dovuto pagare una tassa fondiaria (*ḫarāǧ*) i cui proventi sarebbero stati utilizzati dalla comunità dei credenti nel suo complesso; una parte di essi sarebbero comunque tornati ai combattenti sotto forma di stipendi o pensioni (*ʿaṭā'*) garantite dallo stato islamico alle truppe residenti negli *amṣār*, voce di bilancio che venne trascritta in un apposito registro (*dīwān*) istituito dallo stesso ʿUmar nel 638. Il criterio fondamentale che regolava tali stipendi era quello, già menzionato, dell'«anzianità di fede» (*sābiqa*), che andava a sostituire quello dell'appartenenza a un clan ricco e potente: se Abū Bakr aveva diviso le rendite della tassazione in parti uguali, ʿUmar sosteneva di non poter trattare allo stesso modo coloro che avevano combattuto con il Profeta e coloro che lo avevano fatto contro di lui, e dunque riservava stipendi più alti ai musulmani di più antica conversione e ai membri della famiglia di Muḥammad. Sebbene lo stesso *Corano* (III 75) mostri chiaramente che nella Penisola araba erano ben conosciute le monete bizantine (ed è noto che vi circolavano anche monete ḥimyarite, abissine e sasanidi), in questo periodo il pagamento del 'soldo' delle truppe avveniva in derrate alimentari o in altri beni di consumo; in alcuni casi particolari sembra si sia fatto ricorso anche al numerario: il *solidus* bizantino, che non a caso venne preso a modello dai califfi umayyadi quando, verso la fine del VII secolo, decisero di dotarsi di un conio autonomo.

Molte testimonianze di autori islamici riferiscono che ʿUmar, sin dal momento della sua salita al potere, si adoperò per ridurre il peso politico della grande aristocrazia meccana a favore dei più vecchi compagni del Profeta e del clan dei Banū Hāšim, che egli avrebbe voluto integrare più pienamente nella *umma.* Conseguentemente, nonostante i gravi contrasti, ʿUmar non avrebbe mai interrotto il filo del dialogo con ʿAlī e, contrariamente al suo predecessore, avrebbe ribadito in ogni occasione la sua fiducia nel principio della «consultazione» (*šūrà* o *mašwara*) come base per la successione al califfato: esso apparteneva a tutti i Qurayš e non doveva essere monopolizzato da una sola famiglia. Come vedremo, il tentativo di ʿUmar di 'islamizzare' il califfato fondato da Abū Bakr imperniandolo sui concetti coranici di «anzianità di fede» e «consultazione» fu destinato a un rapido fallimento: *sābiqa* e *šūrà* dovettero ben presto lasciare il campo al principio della successione dinastica.[1]

1. Sulla politica fiscale di ʿUmar e sulla creazione del *dīwān* vd. in particolare A. al-Aziz Duri, *Early Islamic Institutions. Administration and Taxation from the Caliphate to the Umayyads and ʿAbbāsids*, I.B. Tauris, London, 2011 (Contemporary Arab Scholarship in Social Sciences, 4), pp. 97-159 e 161-170; Gh. Kazna Katbi, *Islamic Land Tax – Al-Kharāj*, I.B. Tauris, London, 2010 (Contemporary Arab Scholarship in Social Sciences, 6), pp. 1-54.

I primi documenti del califfato

Oltre alle testimonianze dei testi letterari, tutte risalenti ad almeno due secoli dopo i fatti, le vicende del califfato in formazione si riflettono in alcuni interessantissimi documenti contemporanei: papiri, pergamene e iscrizioni. A questo proposito, va sottolineato che, poiché l'era dell'ègira fu instaurata solo nel 637, tutti i documenti che portano una data *hiǧrī* anteriore a tale anno (come ad esempio la celebre lettera del Profeta, datata all'anno 2 dell'ègira, che garantisce una serie di privilegi al Monastero di Santa Caterina del Sinai) sono apocrifi.[2] I papiri islamici più antichi pervenutici risalgono al 642/3 e sono documenti amministrativi bilingui, in greco e in arabo, che rendono conto dell'attività amministrativa e fiscale delle truppe arabe in Egitto; vanno poi ricordate le già menzionate pergamene di Ṣanʿāʾ contenenti frammenti del testo coranico, che il loro editore data alla prima metà del VII secolo.[3] Per quanto riguarda le epigrafi, le più antiche iscrizioni islamiche finora note risalgono agli anni finali del califfato di ʿUmar: la più antica in assoluto è un graffito di una tale Salama o Salima ritrovato a Muṯallaṯ, nell'attuale Arabia Saudita, datato all'anno 23 dell'ègira (19 novembre 643/6 novembre 644),[4] seguono due graffiti di un certo Zuhayr, rinvenuti nel 1999 nella località di Qāʿ al-Muʿtadil, sempre nella Penisola Araba, uno dei quali, datato 644, commemora la morte del califfo;[5] va infine menzionata una clamorosa scoperta effettuata nel 2012 da una missione franco-saudita nel sito detto al-Murakkab, a

2. Sull'adozione della data dell'ègira come data d'inizio dell'anno islamico vd. A. Schimmel, *Das islamische Jahr. Zeiten und Feste*, München, Verlag C.H. Beck, 2001, pp. 11-26. Sui documenti falsi precedenti al 637 vd. Y. Ragheb, *Les premiers documents arabes de l'ère musulmane*, in *Constructing the Seventh Century*, ed. by C. Zuckerman, Paris, Ass. des Amis du Centre d'Histoire et Civilisation de Byzance, 2013 (Travaux et mémoires, 17), pp. 679-729.

3. Sui papiri dell'epoca dei «califfi ben guidati» vd. ultimamente Ragheb, *Les premiers documents arabes*, pp. 679-685 Sulle pergamene di Ṣanʿāʾ vd. *supra*, p. 73.

4. Sul graffito di Salama o Salima vd. Ragheb, *Les premiers documents arabes*, pp. 698-704.

5. Sui graffiti di Zuhayr vd. A.I. Ghabban, *The Inscription of Zuhayr, the Oldest Islamic Inscription (24 AH/AD 644-645), the Rise of the Arabic Script and the Nature of Early Islamic State*, in «Arabian Archaeology and Epigraphy», 19 (2008), pp. 210-237; R.G. Hoyland, *New Documentary Texts and the Early Islamic State*, in «Bulletin of the School of Oriental and African Studies», 69 (2006), pp, 395-416, e Ragheb, *Les premiers documents arabes*, pp. 698-704.

circa 30 chilometri a Est di Nağrān: una cinquantina di graffiti di epoca islamica incisi sulle pareti di roccia di un circo naturale. Le iscrizioni sono tutte in caratteri cufici angolosi arcaici e si datano paleograficamente tra il VII e l'VIII secolo. Tra queste epigrafi, due hanno attirato l'attenzione degli studiosi, giacché menzionano chiaramente il nome del califfo ʿUmar. Il primo graffito è una sorta di firma, mentre il secondo è un'invocazione che dichiara la fede di ʿUmar in Dio (*ʿUmar b. al-Ḫaṭṭāb yaṯiq bi-'llāh*). Secondo l'epigrafista francese Frédéric Imbert, membro della missione, il sito era probabilmente una sorta di 'santuario' dei primi tempi dell'Islām, ed è possibile che i graffiti siano autografi del secondo califfo musulmano. In ogni caso, tre graffiti cufici antichi che citano il nome di ʿUmar sono abbastanza per dissolvere tutti i dubbi avanzati in passato sulla 'storicità' effettiva della sua figura.[6]

Assassinio nella moschea: la morte di ʿUmar e l'elezione di ʿUṯmān

Il secondo califfo dell'Islām fu il primo a morire di morte violenta, inaugurando la lunga serie di sovrani musulmani uccisi da avversari politici o da sicari mossi dalle più varie motivazioni. Secondo la tradizione, ʿUmar sarebbe stato accoltellato a morte, mentre si accingeva a pregare nella moschea di Medina, da Abū Lū'lū'a, uno schiavo persiano al servizio di Al-Muġīra ibn Šuʿba, uno dei più importanti compagni del Profeta. I motivi del gesto di Abū Lū'lū'a, che – come molti odierni 'ğihādisti' squilibrati – subito dopo il suo atto colpì tutti quelli che tentavano di fermarlo e infine si tolse la vita, sarebbero stati del tutto personali (lo schiavo avrebbe voluto punire il califfo, reo di non aver tutelato i suoi interessi in una controversia con il suo padrone), ma sia i contemporanei sia i posteri sia gli studiosi moderni non hanno mancato di avanzare molteplici ipotesi su una regia occulta, individuata di volta in volta nei fedeli alla casa reale sasanide (Abū Lū'lū'a era persiano), nei cristiani (uno dei suoi due amici, ritenuti complici e scannati sul posto prima di un qualsiasi tipo di verdetto, era cristiano), nei vecchi compagni del Profeta o negli ambienti vicini ai Banū

6. Sui graffiti 'autografi' di ʿUmar vd. F. Imbert, *Graffiti arabes de Cnide et de Kos: premières traces épigraphiques de la conquête musulmane en mer Égée*, in *Constructing the Seventh Century*, ed. by C. Zuckerman, Paris, Ass. des Amis du Centre d'Histoire et Civilisation de Byzance, 2013 (Travaux et mémoires, 17), pp. 731-758: pp. 757-758.

Umayya (gli Umayyadi, di cui Al-Muġīra ibn Šuʿba, il padrone di Abū Lū'lū'a, diventerà uno dei più stretti e fedeli collaboratori). Nell'Iran della grande dinastia sciita dei Ṣafavidi (1501-1736), l'anniversario dell'assassino di ʿUmar veniva celebrato con grandi feste popolari ed esisteva un vero e proprio culto di Abū Lū'lū'a, di cui si narrava che fosse da identificare con Pīrūz Nahāvandī, un soldato dell'esercito di Rostam Farrokhzād catturato dagli Arabi a Qādisiyya: presso la città persiana di Kashān, sorge tuttora il preteso mausoleo dell'uccisore di ʿUmar (secondo la tradizione locale, egli sarebbe stato trasportato per miracolo nella città da vivo subito dopo l'assassinio), negli ultimi anni al centro di vivaci dibattiti politico-religiosi.[7]

Anche sul letto di morte ʿUmar rifiutò di designare il suo successore, in base al modello elaborato da Abū Bakr: la tradizione afferma che il califfo avrebbe ordinato di affidare il compito della scelta a un «consiglio» (*šūrà*) composto dai più stretti collaboratori del Profeta ancora in vita: ʿUṯmān, ʿAlī, Ṭalḥa al-Zubayr, ʿAbd al-Raḥmān b. ʿAwf e Saʿd b. Abī Waqqās, cui si aggiunse, per esplicita volontà di ʿUmar, suo figlio ʿAbd Allāh, con funzioni unicamente consultive ma con la fondamentale prerogativa di far prevalere uno dei candidati in caso di divisione paritaria dei consensi. La scelta cadde pressoché unanimemente su ʿUṯmān, che fu dunque eletto terzo califfo musulmano: ancora una volta, l'aristocrazia meccana si schierava contro il cugino e genero del Profeta, ʿAlī, che fino all'ultimo aveva tentato di guadagnarsi il consenso della *šūrà*.[8]

'Golpe' a Medina: «il giorno del Palazzo» e l'assassinio di ʿUṯmān

Nella storiografia islamica, sia di matrice sunnita sia di impronta sciita, il califfato di ʿUṯmān b. ʿAffān è considerato come estremamente con-

7. Sull'assassinio di ʿUmar e le diverse ipotesi riguardo i mandanti vd. Madelung, *The Succession to Muḥammad*, pp. 68-77, e Lo Jacono, *Storia del mondo islamico*, pp. 56-57. Sul culto di Abū Luʾluʾa nell'Iran ṣafavide vd. soprattutto J. Calmard, *Shiʿi Rituals and Power*, II. *The Consolidation of Safavid Shiʿism: Folklore and Popular Religion*, in *Safavid Persia. The History and Politics of an Islamic Society*, ed. by Ch. Melville, London, I.B. Tauris, 2009 (Pembroke Persian Papers, 4), pp. 139-190: pp. 161-163. Sulle attuali controversie concernenti tale culto, vd. R. Ismail, *Saudi Clerics and Shiʿa Islam,* Oxford, Oxford University Press, 2016, pp. 92-93.

8. Vd. Madelung, *The Succession to Muḥammad*, pp. 70-77.

troverso: per i sunniti solo la sua morte violenta lo assolve dalle sue malefatte (*aḥdāṯ*), mentre per gli sciiti egli costituisce uno dei simboli negativi per eccellenza. In quanto ricco membro della tribù dei Qurayš, affiliato al potente clan dei Banū Umayya e imparentato con Muḥammad, che ne apprezzava la generosità e le doti diplomatiche, egli aveva occupato un posto speciale fra i compagni. Al momento della sua elezione, egli affermò con chiarezza che avrebbe seguito il Libro, la *sunna* del Profeta e la «prassi» (*fiʿl*) di Abū Bakr, ma i contemporanei gli rimproverarono aspramente i criteri 'nepotistici' adottati nella scelta dei governatori delle province più importanti del califfato (e la deposizione di alcuni maggiorenti [*ašrāf*, sing. *šarīf*] considerati non affidabili); la concessione (*iqṭāʿ*) delle terre appartenute ai re sasanidi e divenute proprietà comune (*fay'*) di tutti i musulmani ai più eminenti compagni del Profeta; la trasformazione di alcune di queste terre in proprietà califfale. La pubblicistica ostile agli Umayyadi gli rinfacciava anche la subalternità nei confronti del cugino Marwān b. al-Ḥakam, futuro capostipite del ramo «marwānide» della dinastia.[9] Come è stato notato, tali provvedimenti sembrano evidenziare la volontà di trasformare il califfato in una monarchia tradizionale. In questa chiave potrebbe spiegarsi anche la decisione di stabilire una versione 'definitiva' del testo coranico, al fine di porre sotto controllo del califfo la rivelazione profetica.[10]

Nonostante alcuni importanti successi in campo militare, la diffidenza e il malcontento dei veterani delle truppe islamiche nei confronti della politica di requisizioni di terre demaniali, di aumento del periodo di leva e di diminuzione degli stipendi dei soldati messa in atto da ʿUṯmān sfociarono in una serie di rivolte in Iraq (al-Kūfa e al-Baṣra) e in Egitto (al-Fusṭāṭ): alla fine, nella primavera del 656, gli insorti iracheni ed egiziani (sostenuti anche da alcuni *ašrāf* medinesi) si coalizzarono e mossero su Medina. Il comportamento ambiguo di ʿUṯmān, che prima accolse le richieste degli insorti e poi invitò surrettiziamente i governatori delle province a punirli severamente al loro ritorno (ma non è escluso che tale invito fosse in realtà un'iniziativa di Marwān, all'insaputa del califfo), provocò un fatto inaudito: la residenza califfale (*dār al-imāra*) venne assediata per 40 o addirittura 49 giorni dalle truppe ribelli. Inizialmente, si trattò di un assedio pacifico:

9. La dinastia Umayyade viene comunemente divisa in due rami: quello sufyānide, che include i primi tre califfi (Muʿāwiya, Yazīd I e Muʿāwiya II) e quello marwānide, che comprende i califfi che vanno da Marwān I a Marwān II, ultimo esponente della casata.

10. Madelung, *The Succession to Muḥammad*, pp. 79-140.

gli assedianti chiedevano a ʿUṯmān di ricompensare tutti coloro che erano stati puniti ingiustamente o di lasciare la sua carica, rendendo possibile la scelta di un altro califfo. ʿUṯmān rispose con coraggio e consapevolezza del proprio ruolo che non avrebbe mai acconsentito a niente di tutto ciò, invitando i ribelli al pentimento e affermando la sua opposizione a qualsiasi ricorso alla violenza (anche se una tradizione successiva afferma che egli avrebbe impetrato l'aiuto delle truppe siriane agli ordini di Muʿāwiya, che non sarebbero giunte in tempo per salvarlo). Tra i difensori del califfo v'erano molti componenti dell'*élite* islamica, tra cui spiccavano i membri del clan umayyade, a cui egli stesso apparteneva. Anche ʿAlī, che pure non gli aveva risparmiato critiche, si dichiarò persuaso della buona fede di ʿUṯmān, e le fonti affermano pressoché concordemente che il figlio primogenito di ʿAlī, al-Ḥasan, era schierato a difesa del califfo (secondo alcune fonti di tendenza ʿalīde, all'inizio dell'assedio anche l'altro figlio di ʿAlī, al-Ḥusayn, destinato a un ruolo fondamentale nella storia islamica, si sarebbe recato presso ʿUṯmān per offrirgli il proprio sostegno). La situazione rimase in equilibrio per circa quaranta giorni. Poi, la pace fu rotta, e la rottura venne dal Palazzo. Il 17 giugno 656, mentre i ribelli dimostravano sotto le finestre della *dār al-imāra*, un liberto (*mawlà*) di Marwān colpì con un sasso uno di essi uccidendolo all'istante. A coloro che chiedevano a gran voce la consegna dell'assassino, il califfo rispose che non sapeva chi fosse. I ribelli, oltraggiati, si riunirono in piena notte accendendo fuochi tutt'intorno alla residenza del califfo. Il giorno successivo rimase nella storia come «il giorno del Palazzo» (*yawm al-dār*). L'attacco avvenne al mattino: alcuni uomini salirono sui tetti delle case adiacenti e appiccarono il fuoco con delle torce. Il califfo ordinò ai difensori di non combattere ma di sorvegliare le proprie case. Alcuni obbedirono, ma altri, tra cui Marwān, respinsero gli attaccanti e aggredirono i ribelli fuori dal palazzo: nella mischia vari uomini caddero uccisi; Marwān fu ferito e venne portato in salvo dalla sua vecchia balia. Molti membri della tribù dei Qurayš morirono con le armi in pugno difendendo il califfo, che alla fine fu trovato da un gruppo di rivoltosi mentre leggeva il *Corano* nella sua stanza in compagnia di sua moglie. Secondo la tradizione, a uccidere ʿUṯmān sarebbero stati Muḥammad figlio di Abū Bakr, Kināna b. Bišr e Sūdān b. Ḥumrān; un altro individuo, ʿAmr b. al-Ḥamiq, colpì per nove volte il cadavere con una lama. Poi, il palazzo fu saccheggiato. La moglie di ʿUṯmān protesse il corpo del coniuge da ulteriori oltraggi, ma poté seppellirlo solo la sera seguente in gran segreto. Si narra che il *Corano* che il califfo aveva tra le mani al momento del suo assassinio e il suo abito macchiato di sangue furono portati in Siria e consegnati a Muʿāwiya. Esposti sul pulpito di una moschea damascena, essi divennero presto i macabri simboli della vendetta umayyade, legittimando e consolidando le ambizioni del governatore della Siria.[11]

L'elezione di ʿAlī e le origini della fiṭna

Gli eventi successivi all'assassinio di ʿUṯmān sono estremamente difficili da ricostruire, sia per la loro effettiva complessità sia a causa della particolare faziosità delle fonti favorevoli od ostili ad ʿAlī e al movimento sciita. Per molti giorni, la città rimase in balìa dei soldati dei campi militari, dei beduini e degli schiavi medinesi e non è affatto chiara la procedura con cui ʿAlī, dopo una lunga serie di incontri e abboccamenti, venne eletto califfo. La proclamazione avvenne nella moschea di Medina il 18 giugno 656; i suoi avversari furono costretti dalle circostanze a riconoscere la sua elezione, anche se la tradizione sunnita elenca i nomi di alcuni eminenti *anṣār* che si rifiutarono di prestare il giuramento prescritto (*bayʿa*). Tra i maggiori oppositori di ʿAlī c'era il potente clan qurayšita degli Umayyadi, secondo cui il califfato, per il tramite del defunto ʿUṯmān, era divenuto una sua «proprietà». Anche molti altri membri della tribù dei Qurayš ritenevano irregolare l'elezione del nuovo califfo, e Mecca divenne la roccaforte dell'opposizione qurayšita, capeggiata da ʿĀ'iša, figlia di Abū Bakr e vedova di Muḥammad, che aveva sostenuto invano la candidatura al califfato di Ṭalḥa b. ʿUbayd Allāh, parente di Abū Bakr, e di al-Zubayr b. ʿAwwām, cugino del padre di Muḥammad e marito della sorella di ʿĀ'iša. Quest'ultima, che pure era stata assai critica nei confronti di ʿUṯmān (qualcuno diceva che avesse addirittura sostenuto segretamente gli insorti), dopo l'elezione di ʿAlī innalzò il vessillo della vendetta, affermando che «un solo dito di ʿUṯmān era migliore di tutto ʿAlī» e accusando il cugino e genero del Profeta di non adoperarsi in maniera adeguata per assicurare alla giustizia gli assassini. D'altra parte, è noto che ʿĀ'iša covava un rancore inestinguibile nei confronti di ʿAlī, da quando, quasi trent'anni prima, quest'ultimo aveva consigliato Muḥammad di ripudiarla, in seguito a un controverso episodio di cui ella era stata pro-

11. Su tutta la vicenda, fondamentale Madelung, *The Succession to Muḥammad*, pp. 111-140.

tagonista: solo una rivelazione coranica *ad hoc* (XXIV 11) aveva salvato ʿĀʾiša dal ripudio. In effetti, ʿAlī, per opportunismo, ma anche per oggettive difficoltà, non fu in grado di procedere all'arresto degli uccisori di ʿUṯmān, e preferì procrastinare ogni sua decisione in merito. Ciò gli costò più tardi molte accuse di complicità con gli assassini e addirittura l'infamante imputazione di esserne stato il mandante. Al tempo stesso, il nuovo califfo iniziò ben presto l'opera di smantellamento del sistema 'nepotistico' di ʿUṯmān, a partire dalla metodica destituzione di quasi tutti i governatori di provincia da lui nominati. Quando però ʿAlī cercò di riportare sotto il proprio controllo la Siria, la reazione di Muʿāwiya fu quella di impedire al governatore designato dal califfo di insediarsi a Damasco. Anche Mecca, sotto la guida di ʿĀʾiša, si ribellò apertamente, rovesciando su ʿAlī l'accusa dell'assassinio di ʿUṯmān, accusa che venne immediatamente – e ipocritamente – rilanciata dall'umayyade Marwān, uno dei principali responsabili dei fatti di Medina. Un consiglio di guerra tenutosi nella casa di ʿĀʾiša prese la decisione di concentrare le forze ribelli presso al-Baṣra. Dopo una serie di scontri e di trattative con le forze lealiste agli ordini del governatore locale, gli insorti si impadronirono del «tesoro» (*bayt al-māl*) e dei magazzini delle derrate alimentari (*dār al-rizq*), assicurandosi il controllo della città, che tuttavia restava fortemente divisa sul piano politico. ʿAlī venne a conoscenza della rivolta di Mecca sin dagli esordi e seguì con attenzione i suoi sviluppi: quando seppe quello che accadeva ad al-Baṣra, radunò un esercito e marciò sulla città. Giunto nelle vicinanze, esortò i cittadini di al-Baṣra alla concordia, e ciò provocò importanti defezioni tra i ribelli, alcuni dei quali passarono dalla parte del califfo. Le due armate rivali si fronteggiarono per tre giorni, in cui forse si svolsero alcune trattative, ma gli spazi di mediazione erano minimi: ʿĀʾiša e i suoi sostenitori volevano la rimozione di ʿAlī e la convocazione di una *šūrà*; ʿAlī considerava se stesso come il califfo legittimo; ʿĀʾiša e i suoi sostenitori ritenevano ʿAlī moralmente responsabile della morte violenta di ʿUṯmān; ʿAlī respingeva tale accusa e la rovesciava su Ṭalḥa e sulla stessa ʿĀʾiša. Nessuno voleva realmente appurare cosa fosse accaduto davvero. La battaglia ebbe luogo l'8 dicembre 656, infuriò da mezzogiorno al calar del sole e fu violentissima. Ṭalḥa e suo figlio vi trovarono la morte come anche al-Zubayr, al quale fu tesa un'imboscata mentre cercava di abbandonare di nascosto il campo di battaglia. Secondo la tradizione, le sorti dello scontro si decisero quando ʿAlī diede ordine di attaccare il cammello corazzato dal quale, su un baldacchino di legno, ʿĀʾiša assisteva alla battaglia. Quando all'animale furono tagliati i garretti e ʿĀʾiša venne fatta prigioniera, la resistenza dei ribelli fu definitivamente piegata. Leggermente ferita da una freccia, la vedova del Profeta fu ricondotta a Medina da suo fratello Muḥammad, che era rimasto fedele ad ʿAlī: qui, ella venne relegata all'interno delle mura domestiche; il suo appannaggio le fu confermato e le si affidò la custodia delle tradizioni concernenti il Profeta, ma le fu impedito per sempre di tornare a occuparsi di politica. Per trovare una donna altrettanto influente e politicamente attiva nel mondo islamico si dovrà attendere l'epoca moderna. Nel sermone pronunciato alla fine della battaglia, che, dall'episodio che aveva segnato la sua conclusione, fu chiamata «Battaglia del cammello», ʿAlī rimproverò coloro che avevano rotto il giuramento di fedeltà (*bayʿa*), ma perdonò i ribelli e ammonì tutti a guardarsi dalla sedizione (*fiṭna*). Quasi tutti gli Umayyadi approfittarono della clemenza del califfo per ritirarsi in Siria, presso Muʿāwiya: la resa dei conti era solo rimandata.[12]

Il «Califfo di Dio»

Prima di addentrarci nelle vicende relative alla grande *fiṭna* fra ʿAlī e Muʿāwiya, vale la pena di riflettere su un problema estremamente interessante che concerne la titolatura dei primi califfi e, più in generale, i contenuti ideologici dell'istituzione califfale del primo secolo dell'Islām. Qual era, in effetti, la natura del primo califfato? La maggior parte degli islamisti hanno risposto a questa domanda fondamentale affermando che si trattava di un'istituzione puramente politica e che nessun califfo aveva mai avuto potere in campo religioso: in tale sfera, l'autorità era invece detenuta dai giurisperiti islamici (*ʿulamāʾ*, sing. *ʿālim*), considerati dalla tradizione sunnita i veri autorevoli interpreti delle aspirazioni religiose e sociali dell'Islām. Ma questa visione tradizionale delle cose è stata recentemente messa in discussione da uno studio importantissimo di Patricia Crone e Martin Hinds che mostra come la situazione, nel primo secolo dell'Islām, fosse in realtà molto diversa da come poi essa si andò a delineare nel periodo successivo.[13] Secondo Crone e Hinds, in origine il califfato sarebbe stato concepito secondo linee molto diverse da quelle assunte più tardi: in

12. Vd. Madelung, *The Succession to Muḥammad*, pp. 155-183.

13. P. Crone, M. Hinds, *God's Caliph. Religious Authority in the first Century of Islam*, Cambridge, Cambridge University Press, 1986 (University of Cambridge Oriental Publications, 37).

particolare, il califfo avrebbe concentrato in sé tutta l'autorità politica e religiosa. Lo studio di Crone e Hinds parte dall'analisi della titolatura califfale e dalla constatazione che, accanto al diffuso titolo di *amīr al-mu'minīn* («emiro dei credenti»), per i califfi è attestata, sia in fonti letterarie sia in fonti numismatiche, un'altra formula ufficiale, quella di *ḫalīfat Allāh*, espressione che va letteralmente tradotta come «califfo di Dio», nel senso di «vicario» della divinità sulla terra, e che è stata variamente utilizzata dal VII secolo fino all'età contemporanea da un numero notevole di sovrani musulmani, in un ambito geografico ed etnico vastissimo: dall'Arabia alla Turchia, dall'Egitto al Sudan, dall'India al Marocco. Come si è visto,[14] secondo il *Corano*, il primo *ḫalīfat Allāh* della storia è Adamo e anche David viene insignito di tale titolo. Ovviamente, si tratta di una formula che implica un forte richiamo all'autorità religiosa; inoltre, se preso alla lettera, il concetto di *ḫalīfat Allāh* non lascia spazio per un ruolo attivo degli *ʿulamā'*: se Dio manifesta la sua volontà attraverso i califfi, non c'è bisogno di ricercare la guida degli studiosi che ricordavano ciò che in passato era stato detto e fatto dal Profeta. I califfi della dinastia umayyade (661-750) aderirono con forza a questa concezione del califfato elaborata nell'epoca dei «califfi ben guidati» e si autorappresentarono come vicari di Dio nel mondo nel senso più letterale dell'espressione, come rivela la lettera-manifesto di al-Walīd II concernente la designazione del suo successore che ci è pervenuta nell'opera storica di Ṭabarī.[15] A ben vedere, questa concezione della sovranità è molto vicina a quella degli sciiti, che – come si avrà modo di constatare – sostenevano che il *leader* legittimo della *umma* ereditava dal Profeta sia il potere politico sia quello religioso. Tuttavia, nel mondo sunnita, gli *ʿulamā'* soppianteranno gradualmente il califfo e, a partire dalla metà del IX secolo, diverranno l'unica guida in materia di religione. Da quel momento, la formula *ḫalīfat Allāh*, pur non scomparendo completamente (è attestata fino al 1984, quando il presidente sudanese Ǧaʿfar Numayrī manifestò l'intenzione di trasformare il Sudan in una repubblica islamica con lui stesso come *ḫalīfat Allāh fī-'l-arḍ*, «califfo di Dio sulla terra»),[16] iniziò a trasformarsi in una sorta di reperto archeologico. Secondo gli *ʿulamā'* sunniti, il titolo originale del califfo

14. Vd. *supra*, p. 47.

15. Ṭabarī, *Ta'rīḫ al-rusul wa 'l-mulūk*, ed. M.J. de Goeje, Lugduni Batavorum, I.4, 1890, pp. 1756-58. Cfr. Crone, Hinds, *God's Caliph*, pp. 116-126.

16. Vd. Crone, Hinds, *God's Caliph*, p. 19.

sarebbe stato quello di *ḫalīfa rasūl Allāh*, da intendersi come «successore del Messaggero di Dio»; esso sarebbe stato poi alterato dagli Umayyadi, desiderosi di autolegittimazione. Crone e Hinds hanno però dimostrato che questa è certamente una falsificazione, così come lo sono anche le tradizioni concernenti alcuni 'califfi pii' (in particolare Abū Bakr, ʿUmar e l'umayyade ʿUmar II) che avrebbero rifiutato il titolo di *ḫalīfat Allāh*. Per Crone e Hinds, il primo ad adottarlo sarebbe stato ʿUṯmān, e da ciò i due studiosi giungono a dedurre che il califfato come istituzione sia nato solo con questo califfo. In realtà, uno studio recente sembra dimostrare che il titolo di *ḫalīfat Allāh* fosse già utilizzato sia da Abū Bakr sia da ʿUmar.[17] Tale dato, comunque, non fa che confermare la tesi di fondo di Crone e Hinds, secondo cui il califfato nasce inglobando politica e religione, che nel corso del suo sviluppo storico e istituzionale diventano progressivamente due sfere separate.[18]

Fiṭna*: Ṣiffīn e la nascita del movimento «ḫāriğita»*

Il conflitto (*fiṭna*: letteralmente «prova», «tribolazione», ma anche «scandalo», «corruzione», «dissenso», «litigio» e «guerra civile») fra ʿAlī, cugino e genero del Profeta, e Muʿāwiya, il potente *leader* del clan degli Umayyadi, cambiò per sempre il volto del mondo islamico, non solo perché sfociò nella costituzione della prima grande dinastia musulmana della storia, ma anche e soprattutto in quanto da esso si ingenerò un processo che condusse a un vero e proprio scisma nella *umma*, con la divisione fra sciiti e sunniti che perdura fino a oggi. In questo scontro, gli eventi assunsero ben presto un carattere prototipico, finendo per 'fondare' situazioni, attitudini, inimicizie, alleanze, istituzioni che giungono fino ai giorni nostri e che non solo sono come sono, ma 'devono' essere come sono, perché così sono diventate in quel lontano tempo in cui tutto si è deciso.

A seguito di una serie di provocazioni di Muʿāwiya, ʿAlī inviò in Siria una grande armata che si confrontò per più di due mesi con l'esercito al co-

17. A. Hakim, *ʿUmar b. al-Ḫaṭṭāb and the Title* Ḫalīfat Allāh, in «Jerusalem Studies in Arabic and Islam», 30 (2005), pp. 207-230.

18. Sull'argomento, cfr. anche I.M. Lapidus, *Storia delle società islamiche*, I. *Le origini dell'Islam* (1988), tr. it. di N. Negro, Torino, Einaudi, 1993 (Biblioteca Einaudi, 101*), pp. 129-134.

mando del governatore siriano. Lo scontro decisivo avvenne il 26 luglio 657 sull'Eufrate orientale, a Ṣiffīn, presso al-Raqqa, l'odierna capitale dello Stato Islamico. Secondo quanto riferisce pressoché concordemente la storiografia islamica, dopo un'iniziale offensiva delle truppe siriane, al-Aštar, il comandante ʿalīde, riuscì a respingere gli avversari in quella che passò alla storia come «la Notte del Clangore», ponendo le basi per la vittoria del califfo. Ma a questo punto, ʿAmr ibn al-ʿĀṣ, il conquistatore dell'Egitto, che faceva parte del comando di Muʿāwiya, suggerì al suo signore di far sollevare sulle lance dei soldati fogli del *Corano*, e di invocare una tregua e un arbitrato basato sul dettato coranico. Dopo un'iniziale riluttanza, ʿAlī, seppur fortemente sconsigliato da una parte dei suoi, accettò la proposta, dando la possibilità alle truppe di Muʿāwiya di riorganizzarsi. Di conseguenza, il campo di ʿAlī si divise in due tronconi: i suoi seguaci più stretti, la *šīʿatu ʿAlī*, cioè il «partito di ʿAlī» (quelli che appunto saranno poi chiamati sciiti), e coloro che gli rimproveravano di essere venuto meno al compito storico che gli competeva. Questi ultimi, che affermavano non esservi giudizio se non quello di Dio (*lā ḥukm illā li-'llāh*), e che per questo rifiutavano l'arbitrato, dopo aspre polemiche e violente discussioni, alla fine dell'estate del 658 si riunirono a Ḥarūrā', nelle vicinanze di al-Kūfa, respinsero i tentativi di riconciliazione messi in atto da ʿAlī e, sotto la guida di ʿAbd Allāh b. Wahb al-Rāsibī, deliberarono la secessione: al loro appello aderirono più di 12.000 effettivi. Era nata così la prima riflessione teologica ed etico-politica all'interno della *umma* islamica, perché il punto di fondo era la qualifica del musulmano: la domanda chiave era infatti se un musulmano peccatore (come un ribelle alla legittima autorità califfale) potesse a buon diritto essere considerato ancora membro della *umma* islamica o un apostata (*murtadd*). A questa domanda, i convenuti a Ḥarūrā' risposero che il peccatore doveva essere considerato decaduto dalla qualità di musulmano e, in quanto apostata, ne era lecita l'uccisione. Tanto ʿAlī quanto Muʿāwiya avevano a loro giudizio gravemente sbagliato e non potevano quindi essere più considerati appartenenti alla comunità islamica. Di conseguenza era perfettamente lecito ucciderli e di fatto quello divenne il loro obiettivo: essi, così, si trasformarono in acerrimi avversari sia degli ʿalīdi sciiti sia dei seguaci di Muʿāwiya (che più tardi furono considerati parte del ramo prevalente dell'Islām, che venne chiamato sunnita). In tal modo, il movimento si orientava a un radicalismo religioso e ideologico che lo condannerà a una progressiva marginalizzazione.

Infine, i ribelli abbandonarono Ḥarūrā', scegliendo come roccaforte una località nei pressi del ponte sul canale di irrigazione al-Nahrawān, a Oriente del Tigri. Essi assunsero la denominazione di «ḫāriğiti» (*ḫawāriğ*, sing. *ḫāriğī*, dalla radice *ḫarağa*, che esprime appunto il significato di «uscire»). Il termine sarebbe derivato dal loro avere abbandonato l'esercito ʿalīde, o anche dall'aver propugnato l'attacco contro Muʿāwiya (*ḫarağa* vuol dire infatti anche «uscire all'attacco»). Nel tempo, il ḫāriğismo si differenziò ulteriormente in una serie di frange più o meno oltranzistiche (ṣufriti, azraqiti, nağadāt, ibāḍiti). Dal preteso tradimento di ʿAlī, i ḫāriğiti trassero la lezione per cui non può darsi diritto al califfato in base a una qualunque appartenenza familiare o tribale. Tale diritto è, per loro, prerogativa del «migliore della comunità», purché lo dimostri attivamente, se necessario con le armi.

Un'altra fazione che venne a formarsi fu quella dei «murğiʿti» (*murğiʿiyya*), coloro che rifiutavano di prendere una posizione tra le diverse posizioni politico-religiose, rimandando a un tempo a venire la responsabilità di pronunciarsi allo scopo di mantenere salda quanto più possibile l'unità dei credenti. Insomma, alla vigilia dell'arbitrato decisivo, gli ʿalīdi erano più che mai divisi, mentre i seguaci di Muʿāwiya apparivano estremamente coesi.[19]

Fiṭna*: dalla strage dei «ḫārigiti» all'assassinio di ʿAlī*

Quando infine l'arbitrato si svolse, venne stabilito che l'uccisione di ʿUṯmān era stato un atto empio, che andava sanzionato secondo quanto prescritto dal *Corano* XVII 33:

> E non uccidete alcuno (ché Dio l'ha proibito) senza giusto motivo: quanto a chi è ucciso ingiustamente, Noi diamo al suo curatore potestà di vendicarlo; ma questi non ecceda nella vendetta, ché penserà Dio ad aiutarlo.

19. Su tutta la vicenda in questione, fondamentale Madelung, *The Succession to Muḥammad*, pp. 184-310. Cfr. anche H. Djaït, *La Grande Discorde*, Paris, Éditions Gallimard, 1989, *passim*, e Lo Jacono, *Storia del mondo islamico*, pp. 77-84. Sul significato del motto *lā ḥukm illā li-'llāh* vd. G.R. Hawting, *The Significance of the Slogan "lā ḥukm illā lillāh" and the References to the "Ḥudūd" in the Traditions about the Fiṭna and the Murder of ʿUthmān*, in «Bulletin of the School of Oriental and African Studies, University of London», 41 (1978), pp. 453-463. Sull'arbitrato di Ṣiffīn vd. M. Hinds, *The Ṣiffīn Arbitration Agreement*, in Id., *Studies in Early Islamic History*, ed. by J. Bacharach, L.I. Conrad and P. Crone, Princeton, NJ, Darwin Press, 1996 (Studies in Late Antiquity and Early Islam, 4), pp. 56-96. Sui ḫāriğiti vd. soprattutto L. Veccia Vaglieri, *Il conflitto ʿAlī-Muʿāwiya e la secessione khārigita riesaminata alla luce delle fonti ibāḍite*, in «AION», n.s., IV (1952), pp. 1-94.

In tal modo, l'operato di Muʿāwiya veniva legittimato, e ci fu immediatamente il tentativo di affermare l'invalidità dell'elezione di ʿAlī, tentativo che però fu respinto. L'autorità del califfo era comunque sostanzialmente minata, e ciò dovette provocare in lui una sensazione di accerchiamento che lo portò a compiere un gravissimo errore politico, oltre che un atto moralmente riprovevole: la strage dei ḫāriǧiti, che Biancamaria Scarcia Amoretti ha definito «la prima vera repressione della storia islamica».[20] Temendo di essere colpito alle spalle, il 17 luglio 658 ʿAlī ordinò alle sue truppe di eliminare più di 2.000 ḫāriǧiti, nonostante il loro esplicito impegno a non attaccare il califfo. Questa vera e propria carneficina suscitò vivacissimi dissensi e molte diserzioni all'interno del movimento ʿalīde e accese un odio inestinguibile da parte ḫāriǧita nei confronti di ʿAlī; nel frattempo, Muʿāwiya assumeva il controllo dell'Egitto e veniva acclamato califfo dai suoi seguaci a Gerusalemme (660). Ormai le trattative e i tentativi di riconciliazione, che pure vennero posti in atto, erano del tutto inutili. Nel febbraio del 661 un complotto ḫāriǧita, che, almeno nelle intenzioni dei suoi ideatori, avrebbe dovuto colpire anche Muʿāwiya, mise fine al califfato del cugino e genero del Profeta: la lama avvelenata di ʿAbd al-Raḥmān b. Mulǧam, che aveva visto perire tutta la sua famiglia nella strage dei ḫāriǧiti, colpì ʿAlī mentre entrava nella moschea di al-Kūfa per guidare la preghiera del mattino. Una tradizione sciita afferma che il califfo, prima di spirare, avrebbe nominato suo successore il suo primogenito al-Ḥasan b. ʿAlī, ma naturalmente ciò viene decisamente smentito dalle fonti sunnite. Il suo corpo fu inumato in una località segreta per evitare profanazioni da parte dei nemici.

Il mito dei «califfi ben guidati»

Nella tradizione islamica di epoca ʿabbāside (VIII-XIII secolo), i primi quattro califfi musulmani sono definiti concordemente «califfi ben guidati» (*rāšidūn*). L'epoca dei primi due – Abū Bakr e ʿUmar – è considerata un periodo trionfale, un tempo di lealtà verso la *leadership* e di grandi conquiste, mentre l'epoca di ʿUṯmān e ʿAlī è vista come contrassegnata da dissensi sociali e politici, comportamenti non appropriati da parte dei governanti e caos nel rapporto tra centro e province. Tuttavia, questa netta divisione

20. Scarcia Amoretti, *Sciiti nel mondo*, p. 58.

tra un'età perfetta e una fase di inarrestabile declino, che in qualche modo sussume in sé tutti i successivi sviluppi della storia islamica, appare più una forma di rappresentazione etico-religiosa che una ricostruzione storica basata sui fatti. Per comprendere meglio l'origine di un simile schema interpretativo e narrativo è necessario esaminare i modi in cui gli storici arabi descrivono gli eventi che vanno dalla caduta di Adamo ed Eva alla caduta di ʿU̱tmān: secondo questi autori, la *fiṭna* sarebbe stata fondamentalmente il risultato della corruzione dei costumi dovuta al contatto con le culture dei paesi conquistati; non a caso, di ʿUmar si diceva che avesse ammonito i musulmani a non intraprendere campagne militari fuori dall'Arabia. Le conquiste sono rappresentate come fonte di ineguaglianze (prima fra tutte, l'iniqua divisione del bottino) e di innovazione religiosa (*bidʿa*). Sia l'opinione personale (*ra'y*) di ʿU̱tmān, elaborata sulla base di un criterio analogico, sia il suo stile di governo sia l'eccesso di zelo (*ġuluww*) dei suoi avversari, tra cui lo stesso ʿAlī, sono ritenuti causa di distorsione del testo della legge o della pratica religiosa (*taḥrīf*). E tuttavia, le figure antinomiche di ʿU̱tmān e ʿAlī sono comunque integrate nel novero dei «califfi ben guidati» dalla tradizione ʿabbāside: anche errori e fallimenti costituiscono infatti un modello a cui guardare al fine di evitarne di nuovi.[21]

21. Sulla costruzione della narrativa dei «califfi ben guidati», fondamentale El-Hibri, *Parable and Politics in Early Islamic History*. Sulla graduale 'rivalutazione' della figura di ʿU̱tmān nella storiografia ʿabbāside vd. H.N. Keaney, *Medieval Islamic Historiography. Remembering Rebellion*, New York-London, Routledge, 2013 (Routledge Research in Medieval Studies, 5).

7. Da Medina a Damasco: il califfo nella tradizione umayyade

La fine della fiṭna *e la nascita della prima dinastia islamica*

Come è stato giustamente notato,[1] la *fiṭna* aveva alle sue radici il contrasto irrisolto tra i Qurayš e gli «ausiliari» (*anṣār*) medinesi, con i primi che avevano sostenuto ʿUṯmān e poi Muʿāwiya e i secondi che individuavano il proprio *leader* in ʿAlī. Questi ultimi, dopo la scomparsa dell'ultimo dei «califfi ben guidati», guardarono con speranza ad al-Ḥasan, il figlio primogenito di ʿAlī, che tuttavia non fu abbastanza risoluto nel prendere in mano la situazione. Secondo alcune fonti, sull'attendibilità delle quali è però lecito dubitare, egli si sarebbe addirittura accordato con Muʿāwiya, impegnandosi a riconoscerlo quale califfo in cambio della designazione come suo successore nel califfato. Quello che è certo, è che al-Ḥasan rinunciò allo scontro con il rivale e ben presto (669/70), in circostanze non chiare (le funeste conseguenze di un'indigestione o del veleno di Muʿāwiya?), sparì dalla scena.

Muʿāwiya restava l'unico *leader* credibile della *umma* islamica, e lo storico al-Balāḏūrī gli fa esprimere icasticamente le motivazioni del suo successo:[2]

> Ho trionfato su ʿAlī perché io tenevo nascosto il mio segreto mentre egli rivelava il suo; perché i Siri mi obbedivano mentre i suoi seguaci gli disobbedivano; perché io dispensavo le mie ricchezze mentre egli era avaro delle sue.

1. Lo Jacono, *Storia del mondo islamico*, pp. 85-87.

2. *Il califfo Muʿāwiya I secondo il* Kitāb ansāb al-ašrāf *(Le genealogie dei nobili) di Aḥmad Ibn Yaḥyā Balāḏurī*, ed. O. Pinto e G. Levi Della Vida, Roma, Libreria di Scienze e Lettere, 1938, p. 7.

La fedeltà delle truppe sire viene giustamente individuata come la chiave della fortuna di Muʿāwiya, fedeltà che fu ottenuta attraverso il puntuale pagamento del soldo a 60.000 individui e tramite l'arruolamento di mercenari (in maggioranza iranici).[3] La salita al potere di Muʿāwiya segna l'inizio di una nuova fase della storia islamica, quella del califfato umayyade, durante il quale la successione divenne di fatto dinastica, restando sempre all'interno della casa dei Banū Umayya. Il diritto di successione, anche sotto le dinastie più tarde, non fu comunque mai regolato da norme precise (come ad esempio la primogenitura), senza dubbio a causa delle chiare prese di posizione antimonarchiche presenti nel *Corano* e nei *ḥadīṯ*. Muʿāwiya creò un precedente, imitato più tardi da molti altri califfi, indicando quale proprio successore il figlio Yazīd. Il principio 'legale' dietro questa designazione emerge in questo efficace aneddoto riportato da uno storico arabo del IX secolo:[4]

> La gente si radunò alla presenza di Muʿāwiya e gli oratori si alzarono per proclamare Yazīd successore al califfato. Una parte della folla mostrò la propria disapprovazione, al che un uomo della tribù di ʿUḏra si alzò in piedi e, estraendo la spada di una spanna dal fodero, disse: «il comandante dei credenti è quello!» e indicò Muʿāwiya. «E se muore, allora è quell'altro!». E indicò Yazīd. «E se qualcuno ha qualcosa da ridire, allora è quest'altro!». E indicò la propria spada. Muʿāwiya gli disse: «Sei il principe degli oratori!».

Da tutto ciò non deve però concludersi che i califfi umayyadi non sentissero con urgenza il problema della loro legittimità politico-religiosa; al contrario, essi misero in atto molti sforzi tesi ad autolegittimarsi agli occhi della *umma*. In primo luogo, come i loro predecessori «ben guidati», assunsero il titolo di *ḫalīfat Allāh*, enfatizzando il carattere 'sacrale' della loro carica; inoltre, gli Umayyadi giocarono un ruolo fondamentale nel definire la forma 'standard' dei rituali islamici, come la preghiera quotidiana (*ṣalāt*), la preghiera del venerdì, la chiamata alla preghiera (*aḏān*) – che in epoca umayyade avveniva dai tetti delle moschee – e il pellegrinaggio a Mecca (*ḥaǧǧ*). La loro, come vedremo, fu un'azione a tutto campo, che toccò anche le sfere della storiografia islamica (si deve agli Umayyadi il primo tentativo di sistematizzazione delle tradizioni concernenti le origini

3. Lo Jacono, *Storia del mondo islamico*, p. 87; Kennedy, *Gli eserciti dei califfi*, pp. 38-49; Morabia, *Le Gihad dans l'Isam médiéval*, p. 92.

4. Cit. da B. Lewis, *Il Medio Oriente. Duemila anni di storia* (1995), tr. it. di M. Lunari, Milano, Arnoldo Mondadori, 1996 (La Storia, s.n.), p. 66.

dell'Islām) e dell'architettura sacra e profana (gli Umayyadi sono i creatori di una serie di tipologie basilari dell'architettura islamica, fondendo insieme – rifunzionalizzandoli – elementi architettonici bizantini e sasanidi).[5]

«Il regno arabo»?

Il califfato umayyade ebbe una durata secolare e la tradizione storiografica islamica, in gran parte risalente al periodo successivo alla sua caduta, ne traccia un quadro fortemente critico. Per gli sciiti, gli Umayyadi furono degli usurpatori e dei tiranni che sottrassero con l'inganno e la violenza il califfato ad ʿAlī e ai suoi discendenti (l'*ahl al-bayt*, «la gente della casa», cioè coloro che erano legati al Profeta da un diretto legame di sangue) e corruppero e alterarono il messaggio originale dell'Islām. Gli storici sunniti che scrissero dopo la loro caduta hanno un atteggiamento più ambiguo: da un lato, nelle cronache dell'epoca ʿabbāside, il periodo della loro egemonia è descritto come un interludio di «regalità» tra il precedente califfato dei «ben guidati» e quello dei califfi approvati dalla divinità che lo seguì; dall'altro, come ha mostrato di recente Antoine Borrut, esiste fondamentalmente un sottofondo umayyade da cui gli ʿAbbāsidi non possono separarsi del tutto per poter affermare il *continuum* del califfato: con tutti i loro errori e le loro sconfitte, gli Umayyadi, anche nella visione ʿabbāside, sono comunque i fondatori del primo impero islamico, di cui gli ʿAbbāsidi si autorappresentano come i legittimi eredi.[6]

Gli studiosi contemporanei, pur guardando con occhio meno critico al califfato umayyade, hanno spesso recepito e fatto propri alcuni giudizi negativi espressi dalle fonti antiche: così, ad esempio, una delle più impor-

5. Sugli sforzi di autolegittimazione degli Umayyadi vd. soprattutto F.M. Donner, *Umayyad Efforts at Legitimation: the Umayyads' Silent Heritage*, in *Umayyad Legacies. Medieval Memories from Syria to Spain*, ed. by A. Borrut and P.M. Cobb, Leiden-Boston, Brill, 2010 (Islamic History and Civilization. Studies and Texts, 80), pp. 187-211. Su storiografia e architettura in epoca umayyade vd. *infra*, pp. 136-139 e 149-153.

6. A. Borrut, *Entre mémoire et pouvoir. L'espace syrien sous les derniers Omeyyades et les premiers Abbassides (v. 72-193/692-809)*, Leiden-Boston, Brill, 2011 (Islamic History and Civilization. Studies and Texts, 81). Cfr. anche G. Martinez-Gros, *Le califat omeyyade selon Ibn Khaldūn. Revanche des impies ou fondation de l'empire?*, in *Umayyad Legacies*, pp. 167-183. Sul concetto di *ahl al-bayt* e sulla storia della famiglia ʿalīde vd. da ultimo T. Bernheimer, *The ʿAlids. The First Family of Islam, 750-1200*, Edinburgh, Edinburgh University Press, 2013.

tanti monografie sugli Umayyadi, redatta dal grande orientalista tedesco Julius Wellhausen, reca il titolo, più che mai eloquente, di *Das Arabische Reich und sein Sturz* («Il Regno arabo e la sua caduta»), che riecheggia in maniera evidente quanto sostenuto dagli autori arabi medievali sul carattere 'irreligioso' del califfato dei Banū Umayya.[7] Solo ultimamente, una serie di importanti studi, tra i quali i lavori di Gerald R. Hawting e del già menzionato Borrut, hanno messo in luce come il califfato umayyade abbia avuto il merito di assicurare stabilità alla *umma* dopo un'epoca di distruttive lotte intestine e di creare le basi delle strutture fondamentali dell'impero islamico.[8]

Muʿāwiya e i Sufyānidi: dall'Arabia all'impero

Una volta impadronitosi del califfato, Muʿāwiya si impegnò per portare sotto il suo controllo l'Iraq e l'Iran, dove inviò governatori fedeli e abili con il compito di riconciliarsi con la popolazione locale che aveva sostenuto gli ʿalīdi e i ḫāriǧiti. A questo proposito, è interessante notare come il cronista bizantino Teofane chiami Muʿāwiya *protosymboulos*, cioè «primo consigliere», una definizione che suggerirebbe uno stile di governo incentrato sulla persuasione più che sulla coercizione, anche se, più probabilmente, si tratta di un termine tecnico che allude alla struttura tribale dello stato islamico.[9] In realtà, Muʿāwiya seppe abilmente miscelare clemenza e repressione e imperniò il suo sistema di potere sul decentramento amministrativo, lasciando ai governatori delle province ampia autonomia decisionale e facendo estesamente riferimento alle classi dirigenti dei paesi conquistati, che furono arruolate in massa nella nuova burocrazia imperiale. Come propria capitale, il califfo scelse Damasco, sia per la posizione

7. J. Wellhausen, *Das arabische Reich und sein Sturz*, Berlin, W. de Gruyter & Co., 1960^2.

8. Borrut, *Entre mémoire et pouvoir*; G.R. Hawting, *The First Dinasty of Islam. The Umayyad Caliphate AD 661-750*, London-New York, Routledge, 2000^2; *Umayyad Legacies. Medieval Memories from Syria to Spain.*

9. Vd. R.S. Humphreys, *Muʿawiya ibn Abi Sufyan. From Arabia to Empire*, Oxford, Oneworld, 2006 (Makers of Islamic World, s.n.), p. 93. Sull'uso del termine *protosymboulos* nel lessico diplomatico bizantino vd. ora M. Vaiou, *Diplomacy in the Early Islamic World. A Thenth Century Treatise ob Arab-Byzantine Relations*, London-New York, I.B. Tauris, 2015, n. 413, pp. 201-202.

strategica della città – collocata tra la frontiera bizantina, l'Iraq, l'Egitto, l'Ḥiǧāz e i porti del Mediterraneo – sia per il suo prestigio di antico centro urbano sia per l'imprescindibile connessione dei Banū Umayya con il mondo siriano. Il trasferimento della sede califfale da Medina a Damasco non fu particolarmente traumatico per la *umma*, perché gran parte dell'*élite* islamica non viveva già più nella Penisola araba, ma si era trasferita nelle province conquistate. Certamente, gli oppositori del califfo utilizzarono il tema dell'abbandono di Medina come elemento di propaganda anti-umayyade, ma va sottolineato che lo *status* religioso di Mecca e Medina non fu minimamente intaccato dalla scelta di Muʿāwiya: esse restarono le città sante dell'Islām e la culla della fede, e la connessione degli Arabi con la loro madrepatria non fu mai messa minimamente in discussione.[10]

A Damasco, comunque, mancava una caratterizzazione pienamente islamica, ma essa fu acquisita attraverso un processo di 'sacralizzazione' dello spazio cittadino a cui dettero impulso i califfi umayyadi e che fu portato a termine in pochi anni dall'*élite* intellettuale e religiosa della corte damascena: d'improvviso, o quasi, la città si riempì di tombe e siti legati a profeti e patriarchi: un paesaggio simultaneamente segnato da rimembranze di genti pie del passato e da presagi di miracoli futuri. A questa operazione storico-religiosa si affiancò poi, soprattutto in età marwānide,[11] l'edificazione di splendidi monumenti, degni di una grande capitale islamica. Alla fine dell'epoca umayyade, Damasco era ormai divenuta una delle città sante dell'Islām.[12]

Sul fronte esterno, Muʿāwiya proseguì la politica di espansione intrapresa dai «califfi ben guidati»: eserciti islamici furono inviati in Nordafrica, dove si verificò una prodigiosa serie di conquiste, in Asia centrale, dove fu raggiunta e occupata Marw, e nella regione persiana del Ḫurāsān. Ma l'obiettivo più importante delle campagne militari intraprese da Muʿāwiya era l'impero bizantino, i cui territori egli sottopose a continui attacchi. Nel

10. Sui caratteri originali del califfato di Muʿāwiya vd. soprattutto Humphreys, *Muʿawiya ibn Abi Sufyan*, e Hawting, *The First Dinasty of Islam*, pp. 34-45. Sull'immagine di Muʿāwiya nella storiografia islamica vd. ora Kh. Keshk, *The Historians' Muʿāwiya. The Depiction of Muʿāwiya in the Early Islamic Sources*, Saarbrücken, VDM Verlag Dr. Müller, 2008.

11. Vd. *infra*, pp. 132-143.

12. Sull''islamizzazione' dello spazio urbano damasceno vd. soprattutto N. Khalek, *Damascus after the Muslim Conquest. Text and Image in Early Islam*, Oxford, Oxford University Press, 2011.

670, la flotta umayyade si impadronì della città di Cizico, che fu utilizzata come base navale contro Costantinopoli. L'azione decisiva ebbe inizio nella primavera del 674: un'imponente flotta musulmana apparve davanti alla capitale bizantina; gli scontri si protrassero per tutta l'estate e in autunno gli assedianti si ritirarono a Cizico. La medesima dinamica si ripeté negli anni successivi, fino al 678, quando i musulmani, incalzati dai Bizantini che utilizzarono per la prima volta il celebre «fuoco greco» (una miscela esplosiva di cui a Bisanzio si deteneva la formula segreta), furono costretti a ritirarsi in maniera definitiva. Contemporaneamente, la flotta araba che si trovava in Asia Minore subì anch'essa una pesante disfatta. Muʿāwiya si vide dunque costretto a siglare con Bisanzio una pace trentennale che lo impegnava a pagare annualmente all'imperatore un tributo di tremila monete d'oro, cinquanta prigionieri e cinquanta cavalli. E tuttavia, quella della conquista di Costantinopoli resterà una delle aspirazioni fondamentali degli Umayyadi che, non appena poterono, ripresero con decisione la loro politica aggressiva nei confronti dell'impero bizantino.

Se la storiografia di matrice sciita condanna Muʿāwiya in quanto nemico dell'*ahl al-bayt*, gli storici sunniti del periodo ʿabbāside gli rimproverano soprattutto il fatto di aver stabilito il principio del califfato ereditario e di aver scelto come suo successore una figura eticamente discutibile quale suo figlio Yazīd. D'altra parte, la scelta del modello imperiale operata da Muʿāwiya non gli lasciava alternative: gli stessi ʿAbbāsidi si guarderanno bene dall'applicare il criterio elettivo nella successione e utilizzeranno largamente quello ereditario. Il vero problema che minava alla base il califfato umayyade era che esso si fondava sul predominio di un'*élite* guerriera araba nei confronti di un enorme massa di sudditi non-musulmani. Su tale predominio era imperniato l'intero sistema fiscale e finanziario dello stato islamico, che per perpetuarsi non poteva permettersi nessun tipo di variazione dello *status quo*. Di conseguenza, il fenomeno delle conversioni e dell'integrazione dei neoconvertiti nella *umma* fu fortemente ostacolato e questo, alla lunga, produsse acutissime tensioni sociali che sfociarono in rivolte e sedizioni e condussero alla cosiddetta «rivoluzione ʿabbāside».

Alla morte di Muʿāwiya (680), tuttavia, la struttura del califfato umayyade era ancora ben solida: i due califfi del ramo sufyānide della dinastia (cioè gli eredi diretti di Muʿāwiya), Yazīd ibn Muʿāwiya (680-683) e Muʿāwiya ibn Yazīd o Muʿāwiya II (683) furono infatti in grado di resistere ai colpi inferti da un nuovo e drammatico scontro con gli ʿalīdi e dalla lunga guerra civile (anche nota come «seconda *fiṭna*») con l''anti-califfo'

ʿAbd Allāh Ibn Zubayr, anche se, a partire dal 683, il califfato passò nelle mani del vecchio Marwān ibn al-Ḥakam (684-685) e dei suoi discendenti.

La battaglia di Karbalā'

Alla morte di Muʿāwiya, nell'aprile del 680, Yazīd, da lui designato come suo successore, non fu riconosciuto da due importanti *leaders* politici e religiosi della *umma*, al-Ḥusayn, figlio cadetto di ʿAlī e di Fāṭima e nipote del Profeta, e Ibn Zubayr, nipote di ʿĀʾiša e imparentato con Muḥammad. Se il secondo diede vita a un vero e proprio anti-califfato, che ebbe una durata più che decennale,[13] il primo fu protagonista di un breve episodio ribellistico che ebbe però conseguenze di enorme portata nella storia dell'Islām. Alle origini della vicenda c'è l'invito rivolto ad al-Ḥusayn dagli abitanti di al-Kūfa a recarsi in Iraq, dove avrebbe trovato sostegno contro gli 'usurpatori' umayyadi. Quando l'invito giunse a Mecca, la rivolta di al-Kūfa era già stata sedata, ma al-Ḥusayn, sebbene sconsigliato, decise ugualmente di partire, accompagnato da tutta la famiglia e scortato solo da quaranta cavalieri e cento fanti. Il governatore dell'Iraq, ʿUbayd Allāh b. Ziyād, inviò contro questo sparuto drappello di ribelli ʿUmar b. Saʿd, figlio del famoso «ausiliario» Saʿd b. Abī Waqqāṣ, con un esercito di 4.000 uomini. L'incontro tra ʿUmar b. Saʿd e al-Ḥusayn ebbe luogo a Karbalā', presso l'Eufrate. Il racconto degli avvenimenti che si verificarono in questa occasione è condiviso, nelle linee generali, sia dagli storici sciiti sia da quelli sunniti, ed è tutto intessuto di motivi simbolici e agiografici. Secondo la tradizione, ʿUmar b. Saʿd, fortemente restio ad affrontare in battaglia il nipote del Profeta, avrebbe tentato di convincere al-Ḥusayn a rinunciare al suo progetto, ma quest'ultimo fu irremovibile e ʿUmar ricevette da ʿUbayd Allāh l'ordine di attaccare immediatamente e di portargli al-Ḥusayn vivo o morto. Al-Ḥusayn chiese e ottenne una tregua di un giorno, ma nel frattempo sul luogo giunse Šimr, uno dei personaggi più esecrati dagli sciiti, incaricato da ʿUbayd Allāh di sincerarsi che i suoi ordini venissero rispettati. Per evitare che al-Ḥusayn e i suoi potessero dissetarsi alle acque del vicino Eufrate, le sponde del fiume furono occupate dalle truppe umayyadi. Al figlio di ʿAlī resta solo la notte per prepararsi all'ormai certo massacro, notte che trascorre tra i pianti delle

13. Vd. *infra*, pp. 129-132.

donne e discorsi pieni di stoicismo. Al-Ḥusayn vorrebbe sciogliere i suoi dalla *bay'a*, ma tutti scelgono di restare fino all'ultimo con il loro capo. Si racconta che a questo punto un beduino offrì ad al-Ḥusayn un rifugio sicuro qualora avesse accettato di fuggire, ma egli rifiutò, e questo rifiuto nel mito diventa volontario sacrificio di redenzione. Assopitosi, viene visitato in sonno dal Profeta, che gli dice di non affliggersi, perché presto sarà con lui nel Paradiso: da questo momento, al-Ḥusayn perde ogni interesse per gli affari terreni. All'alba del venerdì, decimo giorno del mese islamico di *muḥarram* (10 ottobre 680), il giorno della festa dell''Āšūrā', egli compie la preghiera rituale e ha inizio il combattimento. Il caldo si fa soffocante e la truppa degli 'alīdi soffre terribilmente per la sete. Al-Ḥusayn vede cadere intorno a sé tutti i suoi compagni: restano solo i membri della famiglia. Il giovane figlio 'Alī è fatto a pezzi dalla folla soverchiante dei nemici, suscitando il pianto disperato del padre. Il massacro continua, con episodi raccapriccianti: il giovanissimo nipote di al-Ḥusayn, Qāsim, figlio di suo fratello al-Ḥasan, esce da solo in campo; lo zio lo implora di ritirarsi, ma egli si lancia tra i nemici e ha ben presto la testa spaccata in due; periscono poi, uno a uno, i cinque fratelli di al-Ḥusayn, gli unici uomini validi rimasti con lui. È l'ora della preghiera del pomeriggio; al-Ḥusayn, sfinito dalla sete si prostra in terra con in braccio 'Abd Allāh, il suo figlioletto di un anno, piangendo. I nemici gli si accostano, e tuttavia nessuno ha il coraggio di uccidere il nipote del Profeta. Ma una freccia nemica si conficca nell'orecchio del bambino, uccidendolo. Al-Ḥusayn esclama: «Noi siamo di Dio e a Lui ritorneremo! Signore, dammi la forza di sopportare queste sventure!». Poi, corre verso la riva dell'Eufrate e si inginocchia per bere. Šimr, allora, dà ordine di colpirlo con le frecce, e una freccia gli entra nella bocca: al-Ḥusayn se la strappa dal palato e corre a difendere la sua tenda, grondante di sangue; riesce a uccidere qualche nemico, ma è ormai ricoperto di ferite. Gli si avvicina Šimr, con sei uomini; uno dei sei, con un fendente, gli stacca di netto il braccio dalla spalla. Al-Ḥusayn cade, si rialza faticosamente, cade ancora a terra. Un uomo di nome Zur'a corre dietro di lui e lo trafigge alla schiena. Al-Ḥusayn muore, e Šimr si affretta a spiccargli la testa dal busto. Il corpo del figlio di 'Alī è poi fatto calpestare dai cavalli e abbandonato all'aperto insieme ai cadaveri di tutti i suoi seguaci. Sarà seppellito qualche tempo dopo da alcuni beduini della zona. Le donne e i bambini della famiglia di al-Ḥusayn sono inviati ad al-Kūfa. La tradizione afferma che al momento della partenza della carovana degli assassini e delle vittime si udirono voci misteriose che cantavano versi di pianto: «Come potran mai sperare, gli uomini che hanno ucciso al-Ḥusayn, nell'intercessione di suo nonno nel giorno dell'estremo giudizio? O voi, che in preda alla malvagia follia avete ucciso Ḥusayn, sappiate che subirete un terribile castigo! E certo, vi maledice David, e vi maledice Mosè, e Gesù, l'autore del Vangelo». La testa di al-Ḥusayn fu portata ad al-Kūfa dal governatore Ubayd Allāh, che la fece poi inviare a Damasco, al califfo Yazīd, insieme con le donne e i fanciulli.[14]

Karbalā' e la dimensione politica

Il racconto sopra riportato, che deriva nelle sue linee generali dallo storico Ṭabarī, è all'origine di una amplissima e ricca tradizione agiografica soprattutto (ma non esclusivamente) di marca sciita, diffusa dall'Iraq alla Persia, dalla Libia all'Egitto all'Indonesia, incentrata sul motivo dell'uccisione dell''eroe culturale' al-Ḥusayn che si sacrifica per l'umanità.

Religiosamente, l'impatto della morte di al-Ḥusayn fu molto superiore a quello dell'assassinio di ʿAlī. La tragedia viene rivissuta da tutto il movimento sciita e l'anniversario celebrato per dieci giorni (i primi dieci giorni del mese di *muḥarram*). A seconda dei paesi, si danno vere e proprie sacre rappresentazioni o processioni simili a quelle della Settimana Santa.

Al-Ḥusayn racchiude in sé i caratteri politico-religiosi del *ḫalīfat Allāh* delle origini dell'Islām. Il sacrificio di al-Ḥusayn è, infatti, anche un atto politico: il fedele ne trae la lezione che è doveroso opporsi al tiranno e all'ingiustizia, non per interesse personale, ma per il bene della comunità. La politica egualitaria che tutto l'Islām accetta come sua caratteristica precipua trova un'eco particolarmente significativa nel modello incarnato dal figlio di ʿAlī: la mai negata ipotesi della legalità della rivolta contro il sovrano ingiusto trova nella sua azione il paradigma teorico in base al quale definire – e combattere – l'ingiustizia. Di fronte all'ingiustizia del mondo, gli sciiti utilizzano la prudente «dissimulazione» (*taqiyya*), ma anche nei momenti di maggior quietismo politico, a cui il movimento sciita ha dovuto necessariamente assuefarsi per non essere oppresso e perseguitato, esso non ha mai rinunciato a questa ipotesi, che diventa plausibile e realizzabile

14. Le fonti di questo racconto sono analizzate dettagliatamente da A. Bausani, *Persia religiosa. Da Zaratustra a Bahā'u'llāh*, Milano, Il Saggiatore, 1959, pp. 412-457.

quando le circostanze siano favorevoli o talmente sconvolgenti da motivare l'azione violenta contro il potere costituito.[15]

Karbalā' e le origini della teologia sciita

Karbalā costituisce un *grand tournant* anche per ciò che concerne la trasformazione dello sciismo in un movimento che assorbirà, accanto a partigiani puramente politici, anche entusiastici portatori di idee gnostiche, messianiche e sincretistiche, estranee alla tradizione islamica ortodossa, non sempre connessi a personaggi della dinastia ʿalīde. In tal modo la *šīʿa* finisce per colorarsi di tendenze teologiche 'estreme', dividendosi in sette e sottosette che, in alcuni casi, dureranno fino ai giorni nostri. In generale, tuttavia, la teologia sciita che verrà a svilupparsi dopo Karbalā' (il più antico *corpus* di tradizioni sciite fu redatto tra l'850 e il 950) si differenzia da quella ortodossa sunnita essenzialmente per due punti chiave: il concetto di *imām* e il valore peculiare dato dallo sciismo alla sofferenza e al martirio che assumono un valore di redenzione. L'*imām* (letteralmente, «colui che precede», «guida») è il capo della comunità musulmana, e per i sunniti si identifica con il califfo. Tuttavia, gli sciiti aggiungono ai requisiti stabiliti dalla *sunna* per poter ascendere al califfato quello della discendenza da ʿAlī e negano del tutto il principio dell'elezione: l'autorita viene da Dio e il Profeta, al Ġadīr Ḫumm, aveva designato ʿAlī (che gli sciiti chiamano *walī*, «amico» di Dio; *waṣī*, «erede» del Profeta, e *amīr al-mu'minīn*, «emiro dei credenti», per antonomasia) come suo successore. Nei testi sciiti quest'ultimo, il primo autentico *imām* musulmano, è trasformato in un eroe mitologico, che compie miracoli e uccide draghi, ed è quasi superiore per dignità allo stesso Muḥammad. Egli trasmette la dignità di *imām* tramite *naṣṣ*, l'atto con il quale il padre designerà da ora in poi il figlio che deve succedergli nell'imāmato. L'*imām* è il solo conoscitore del senso nascosto del messaggio divino, comunicato direttamente dal Profeta ad ʿAlī e da questi ai suoi discendenti; egli è colui che detiene la somma autorità nell'interpretazione del *Corano* e della tradizione profetica ed è infallibile e impeccabile. Gli sciiti venerano particolarmente i cosiddetti «Cinque puri», cioè quella che potremmo definire la «Sacra famiglia» islamica:

15. Sulla dimensione politica come 'carattere originale' dello sciismo, fondamentale Scarcia Amoretti, *Sciiti nel mondo*, pp. 51-72.

Muḥammad, sua figlia Fāṭima, lo stesso ʿAlī, cugino e genero del Profeta, al-Ḥasan e al-Ḥusayn, figli di Fāṭima e ʿAlī e nipoti di Muḥammad. Come ha sottolineato con chiarezza il grande islamista Alessandro Bausani,[16]

> va qui notata l'importanza che viene ad assumere nella *pietas* sciita la venerazione per la figura femminile di Fāṭima: la nascita dei suoi figli viene descritta in modo miracoloso (Fāṭima li avrebbe generati, secondo alcune leggende, dall'ombelico, rimanendo così «vergine», *batūl*, come viene chiamata in genere dagli sciiti): così, anche l'Islām, una delle più «maschili» religioni che mai mente umana abbia concepito, viene ingentilito da questo talvolta commovente e gentile culto per Fāṭima. L'*imām* e in generale i «cinque puri» hanno nella fede sciita anche un'importante funzione: la «mediazione» presso Dio. Quello che nella religiosità sunnita è la *šafāʿa* (intercessione) del resto attribuita al solo Profeta e solo dopo lunghe discussioni dei teologi se sia lecito «limitare» così l'arbitraria onnipotenza di Dio, nella *šīʿa* è una vera e propria mediazione (*tawassul*) che, specialmente nella più emozionale interpretazione popolare, confina quasi col concetto di «redenzione».

Un altro elemento tipico della dottrina sciita, che essa ha in comune con il Cristianesimo, è quello della rivalutazione del dolore e della sofferenza, della sconfitta come valore positivo. «Lo sciismo» – afferma ancora Bausani – «i cui *imām*, salvo brevissimi periodi e casi eccezionali, non riuscirono mai a prendere quel potere, cui pure secondo i loro seguaci avrebbero avuto diritto, è una religione di sconfitti che sognano la rivincita».[17] Si spiega probabilmente così un altro dei 'pilastri' dello sciismo: la teoria della «scomparsa» o «assenza» dell'*imām* (*ġayba*): colui che non riuscì a realizzare la sua missione sulla terra è infatti 'semidivinizzato'; egli, dopo una vita lunghissima trascorsa in occultamento sulla terra, dovrà tornare alla fine dei tempi, sotto forma di *mahdī* (il «ben guidato», una sorta di messia: figura presente, con diverse caratteristiche, anche nell'escatologia sunnita) a far trionfare la giustizia.

I vari rami della *šīʿa* si distinsero per questioni relative alla linea di successione degli *imām*. La *šīʿa* «imamita» o «duodecimana» (maggioritaria nel mondo sciita) riconosceva appunto dodici *imām*, mentre gli sciiti «settimani», noti come «ismāʿiliti» (i quali, come vedremo, avranno un'importanza fondamentale nella storia del califfato islamico),[18] ne rico-

16. A. Bausani, *L'Islam*, Milano, Garzanti, 1980, p. 101.
17. Ivi, p. 102.
18. Vd. *infra*, pp. 235-245.

noscevano solo sette e non accettavano il settimo *imām* approvato dai duodecimani. La linea degli *imām* è la seguente:

1. ʿAlī (morto nel 661)
2. Al-Ḥasan (morto nel 669)
3. Al-Ḥusayn (morto nel 680)
4. ʿAlī ibn al-Ḥusayn, conosciuto anche come Zayn al-ʿĀbidīn (morto nel 712)
5. Muḥammad ibn ʿAlī ibn al-Ḥusayn, ovvero Muḥammad al-Bāqir (morto nel 731)
6. Abū ʿAbd Allāh Ǧaʿfar ibn Muḥammad ibn ʿAlī ossia Ǧaʿfar al-Ṣādiq (morto nel 765)
7. Abū Ibrāhīm Mūsà b. Ǧaʿfar b. Muḥammad al-Kāẓim cioè Mūsà al-Kāẓim (morto nel 799). Gli sciiti duodecimani riconoscono invece, come loro ultimo *imām* Ismāʿīl ibn Ǧaʿfar (premorto al padre nel 762, ma per gli Ismāʿīliti entrato in «occultamento»)
8. Abū ʾl-Ḥasan ʿAlī ibn Mūsà al-Riḍā o *imām* ʿAlī al-Riḍā (morto nell'818)
9. Muḥammad ibn ʿAlī al-Taqī al-Ǧawād (morto nell'835)
10. ʿAlī ibn Muḥammad ibn ʿAlī, detto al-Hādī o al-Naqī (morto nell'868)
11. Al-Ḥasan ibn ʿAlī al-ʿAskarī (morto nell'874)
12. Muḥammad al-Mahdī (entrato in occultamento nell'874)

Le figure degli *imām* sono tutte figure storiche, tranne forse quella del dodicesimo, che secondo la tradizione si sarebbe occultato «nel pozzo di Sāmarrāʾ». L'*imām* nascosto è detto anche «*imām* del Tempo» (*imām al-zamān*), o «Signore dell'era presente» (*ṣāḥib al-zamān*). Mentre è in occultamento, egli guida ugualmente la comunità spirituale sciita, sia attraverso alcune sue manifestazioni (i quattro cosiddetti *bāb*, le «Porte» della Conoscenza) sia per il tramite dei dotti *muǧtahid*, autorità religiose e legislative in grado esprimere interpretazioni originali della legge. Le conseguenze politiche di tale sistema dottrinale sono magistralmente riassunte, anche in questo caso, da Bausani:[19]

19. Bausani, *L'Islam*, pp. 104-105. Sulle origini e le caratteristiche del movimento sciita vd. soprattutto Bausani, *Persia religiosa*; Scarcia Amoretti, *Sciiti nel mondo*; S.H.M. Jafri, *The Origins and Early Development of Shiʿa Islam*, Karachi, Oxford University Press, 2000; M.A. Amir-Moezzi, Ch. Jambet, *Qu'est-ce que le shîʿisme?*, Paris, Librairie

Data l'occultazione dell'*imām*, la *šī'a* ha spostato alla fine del tempo l'ideale religioso della teocrazia pratica che invece l'Islām sunnita sogna come realizzabile col califfo a qualsiasi epoca: nella *šī'a* si è così venuta a creare una separazione relativamente maggiore che nel sunnismo fra «chiesa» e stato. Più precisamente, dopo la *ġayba*, il capo della comunità è il *wakīl* (luogotenente) dell'*imām*, che si crede in continua comunicazione con l'*imām* occulto: e i *wakīl*, o *bāb*, di fatto governarono, o meglio cercarono di governare, la comunità sciita spesso anche in vita degli *imām* storici precedenti. A questo periodo di reggenza dei *wakīl*, terminato con la morte dell'ultimo nel 940, si dà il nome di *ġayba* minore. Poi cessa la *ġayba* minore e comincia la maggiore: una conseguenza singolare è che, siccome solo all'*imām* spetta dichiare, come al califfo sunnita, la guerra santa, la *šī'a* – che pur mette la guerra santa come uno dei pilastri (*arkān*) dell'Islām alla pari della preghiera e del digiuno – ritiene impossibile farla, ora, in attesa del ritorno dell'*imām*, e la guerra santa è solo ammessa dagli sciiti in caso di estrema difesa contro attacchi nemici.

Ibn Zubayr, l''anticaliffo'

L'altro grande oppositore degli Umayyadi nei primi decenni della loro presa del potere fu il già menzionato 'Abd Allāh Ibn Zubayr, figlio di uno dei compagni del Profeta, al-Zubayr b. 'Awwām, morto durante la «Battaglia del Cammello», e nipote per parte di madre del califfo Abū Bakr. Egli rifiutò di prestare la *bay'a* a Yazīd e raccolse sotto le sue insegne una massa di scontenti e tutti quei notabili medinesi che consideravano inaccettabile che il califfato si allontanasse dalla «Città del Profeta». Le truppe inviate da Damasco da Yazīd ottennero una vittoria ad al-Harra, presso Medina, poi marciarono su Mecca, dove si era rifugiato Ibn Zubayr. Qui esse assediarono la città e nelle convulse vicende che seguirono si giunse al punto di appiccare incidentalmente il fuoco nel santuario della Ka'ba; tuttavia, gli assedianti dovettero ripartire precipitosamente quando si diffuse la notizia della morte di Yazīd (683). Ibn Zubayr fu allora ufficialmente proclamato dai suoi seguaci (alcuni dei quali risiedevano anche in territorio siriano)

A. Fayard, 2004; N. Haider, *The Origins of the Shī'a. Identity, Ritual, and Sacred Space in Eighth-Century Kūfa*, Cambridge, Cambridge University Press, 2011 (Cambridge Studies in Islamic Civilization, s.n.), e Id., *Shī'ī Islam. An Introduction*, Cambridge, Cambridge University Press, 2014.

amīr al-mu'minīn, un atto che costituiva una vera e propria rottura dell'unità della *umma*. Poco dopo, quando morì anche il figlio di Yazīd, Muʿāwiya II, ebbe inizio un violento conflitto (la cosiddetta «seconda *fiṭna*») tra lo stesso Ibn Zubayr e il vecchio Marwān ibn al-Ḥakam, che fu acclamato califfo dalle truppe palestinesi e transgiordane (684-685) dopo una serie di estenuanti trattative fra i membri del casato umayyade. Le due fazioni si scontrarono nell'agosto del 684 a Marǧ Rāhiṭ: gli Umayyadi ebbero la meglio e rafforzarono il loro controllo sulla Siria, ma il movimento di Ibn Zubayr non fu per questo debellato. Gli storici arabi medievali tendono a interpretare il conflitto tra Marwān e Ibn Zubayr come il risultato dello scontro fra le tribù arabe del Sud (*al-Yamāniyya*) e quelle del Nord (*al-Muḍariyya* o *al-Qaysiyya*): in realtà, la «seconda *fiṭna*» fu certamente un conflitto fra capi clan, ma non fu tanto basato su una diversa appartenenza genealogica quanto sulla volontà di mettere sotto il controllo del proprio clan l'apparato dello stato islamico. La divisione in due grandi gruppi che sostenevano rispettivamente Marwān e Ibn Zubayr è successiva allo scoppio del conflitto e non ha come principio costitutivo l'elemento etnico, anche se poi vennero confezionate delle genealogie artificiali per cementare l'unione tra i vari clan che sostenevano l'uno o l'altro *leader*. Nel 684, la maggioranza della *umma* era schierata con Ibn Zubayr, che esercitava tutte le prerogative tipiche dello *status* califfale e controllava le città dell'Ḥiǧāz, la Penisola araba, l'Iraq e le province iraniane che dipendevano da esso, e per un certo periodo anche l'Egitto, mentre Marwān e suo figlio ʿAbd al-Malik, che gli succedette nel 685, non controllavano che la sola Siria. La numismatica offre una testimonianza particolarmente preziosa sulla natura del potere di Ibn Zubayr. Gran parte delle monete emesse in questo periodo lo fu in suo nome o in nome dei suoi governatori. A partire dal 685, una serie di pezzi d'argento riprende il modello delle dracme sasanidi e reca in lingua mediopersiana (*pahlavī*) il nome e il titolo del sovrano: *Apdula-i Zupiran amir viruishnikan bismillāh*, cioè «ʿAbd Allāh Ibn Zubayr, emiro dei credenti nel nome di Dio». Altre due coniazioni in argento sono state battute rispettivamente nel 685/6 e nel 686/7 a Bishāpūr nella regione del Fārs a nome di ʿAbd al-Malik ibn ʿAbd Allāh, governatore di questa regione dell'Iran meridionale e parente del califfo, in quanto sposato a sua sorella Hind. Sotto l'immagine del sovrano, che riproduce il tipico modello sasanide, è aggiunta un'iscrizione araba: *Bi-'sm Allāh Muḥammad rasūl Allāh*, cioè «In nome di Dio, Muḥammad inviato di Dio». Si tratta della prima attestazione ufficiale del nome di Muḥammad e della professione di fede islamica su una moneta: ovviamente essa era funzionale a legittimare Ibn Zubayr dal punto di vista religioso, in opposizione al suo rivale umayyade. Tuttavia, l'area controllata da Ibn Zubayr era ben lungi dall'essere pacificata: in Iran e in Arabia orientale, alcuni gruppi ḫāriğiti avevano creato dei principati autonomi, mentre al-Kūfa, dal 685, era nelle mani di al-Muḫtār b. Abī ʿUbayd al-Ṯaqafī, che, coinvolgendo le masse popolari al grido di *Yā li-ṯaʾrāṯ al-Ḥusayn* («Vendetta per al-Ḥusayn!»), si era fatto acclamare *wālī* di Muḥammad b. al-Ḥanafiyya, figlio di ʿAlī e di una sua concubina, tenuto sotto stretta sorveglianza a Mecca da Ibn Zubayr, che ne temeva – non a torto – il potenziale 'rivoluzionario'. Al-Muḫtār, infatti, aveva proclamato Muḥammad b. al-Ḥanafiyya *mahdī*, il «ben diretto da Dio», affermando che quegli avrebbe ristabilito nel mondo la giustizia e la retta fede. Era la prima volta che il concetto di *mahdī*, elaborato dalla dottrina sciita, giocava un chiaro e definito ruolo politico. Raccontano gli storici che, durante il pellegrinaggio del 688, quattro gruppi, preceduti dai rispettivi stendardi, si schierarono sul Monte ʿArafāt, la collina che sovrasta la piana omonima dove deve aver luogo il *wuqūf* («sosta», «stazione») dei pellegrini, senza il quale il pellegrinaggio canonico non è valido: il primo gruppo, posizionato nel luogo riservato all'*imām*, era quello di Ibn Zubayr; il secondo, era quello che innalzava la bandiera di Muḥammad b. al-Ḥanafiyya; il terzo era quello di Nağda, il *leader* ḫāriğita che controllava la regione dellaYamāma, nell'Arabia centrale; il quarto era quello degli Umayyadi. La *umma* non era mai stata così divisa, anche se l'aneddoto dell'incontro sul Monte ʿArafāt mostra che, in territorio meccano, l'autorità di Ibn Zubayr non era pubblicamente contestata. Questa situazione, che dava a Ibn Zubayr un'indubbia posizione di forza dal punto di vista della legittimità politico-religiosa, indusse ʿAbd al-Malik a intervenire: tuttavia, per eliminare definitivamente il suo rivale, egli dovette attendere fino al 692, quando, approfittando anche delle divisioni tra i figli e i sostenitori di Ibn Zubayr (il quale ultimo, nel frattempo, si era sbarazzato di al-Muḫtār e aveva inflitto un duro colpo ai ḫāriğiti), un corpo di spedizione umayyade guidato dal giovane comandante al-Ḥağğāğ b.Yūsuf marciò su Mecca e la mise sotto assedio. Dopo sei mesi di 'bombardamenti' con catapulte e mangani, nell'ottobre 692 si ebbe lo scontro finale, nel quale Ibn Zubayr fu sconfitto e ucciso. Aveva così inizio il califfato di ʿAbd al-Malik, che completò la sua azione restauratrice affidando allo stesso al-Ḥağğāğ l'amministrazione dell'irrequieto Iraq (695). Per fiaccare il nerbo delle città ribelli al-Kūfa e al-Baṣra, considerate inaffidabili, al-Ḥağğāğ fondò una nuovo centro urbano, a metà strada tra i due *amṣār*, al-Wāsiṭ (letteralmente, «la Mediana»), che divenne in breve tempo il principale snodo amministrativo, militare e commerciale della regione, dal quale egli governò la provincia usando il pugno di ferro.[20]

ʿAbd al-Malik e la «Cupola della Roccia»

Alla morte di Marwān, gran parte dei clan musulmani stanziati in Siria prestarono il giuramento di fedeltà a suo figlio ʿAbd al-Malik, che il padre aveva designato califfo tradendo degli accordi precedenti, in base ai quali il suo erede avrebbe dovuto essere Ḫālid b. Yazīd, uno dei figli di Yazīd I. Tuttavia, inizialmente, ʿAbd al-Malik controllava in maniera completa solo la Siria e la Palestina. Il centro del suo potere politico e militare era naturalmente Damasco, ma egli, che non era in grado di esercitare alcuna autorità su Mecca e Medina (i 'luoghi santi' dell'Islām), operò per consolidare l'importanza di Gerusalemme, che manteneva saldamente nelle proprie mani, come città santa di tutti i musulmani. In tale programma di valorizzazione religiosa, giocava un ruolo fondamentale la cosiddetta «Cupola della Roccia» (*Qubbat al-ṣaḫra*). Mirabilmente situata nella zona orientale di Gerusalemme, all'interno di *al-Ḥaram al-šarīf*, il «Nobile Santuario» (anche noto come «Spianata delle Moschee», dove, secondo la tradizione, sarebbe sorto in origine il Tempio di Salomone e dove sorge tuttora l'antica moschea al-Aqṣā), la «Cupola della Roccia» – una struttura cupolata consistente di due ambulacri ottagonali intorno a un centro circolare – è certamente uno dei più celebri e importanti monumenti della prima epoca islamica, visitato ancora oggi da migliaia di pellegrini. Come sottolinea lo storico dell'arte islamica Oleg Grabar,[21] non si tratta solo del più antico monumento islamico che sia giunto fino a noi nella sua forma originaria, ma con ogni probabilità del primo monumento islamico che aspirasse a

20. Sulla «seconda *fiṭna*» vd. Hawting, *The First Dinasty of Islam*, pp. 46-57; Lo Jacono, *Storia del mondo islamico*, pp. 99-110; Micheau, *Les débuts de l'Islam*, pp. 168-178; Ch.F. Robinson, *ʿAbd al-Malik*, Oxford, Oneworld, 2005 (Makers of the Muslim World, s.n.), pp. 31-48. Sulla fazione marwānide vd. P. Crone, *Slaves on Horses. The Evolution of the Islamic Polity*, Cambridge, Cambridge University Press, 1980, pp. 34-45. Sulle origini del 'mahdīsmo' politico, fondamentale W.F. Tucker, *Mahdis and Millenarians. Shīʿite Extremists in Early Muslim Iraq*, Cambridge, Cambridge University Press, 2008.

21. Grabar, *Arte islamica*, pp. 67-69.

costituire un grande e raffinato prodotto estetico. La storia della sua costruzione ce la racconta sinteticamente lo stesso monumento: più precisamente essa è narrata da una grande iscrizione lunga 240 m che corre lungo la fronte esterna dell'arcata ottagonale:[22]

> Nel nome di Dio, Clemente, Misericordioso. Non c'è altro dio che il Dio Unico, Egli non ha uguale. Di': «Egli, Dio, è uno, l'Eterno; non ha generato, non è generato e nessuno gli è pari (*Corano* CXII). Muḥammad è l'inviato di Dio, che Dio lo benedica. Nel nome di Dio, Celemente, Misericordioso. Non c'è altro dio che il Dio Unico, Egli non ha uguale. Muḥammad è l'inviato di Dio. In verità, Dio e i Suoi angeli benedicono il Profeta. Oh voi che credete, beneditelo e auguurategli pace (*Corano* XXXIII 56). Nel nome di Dio, Clemente, Misericordioso. Non c'è altro dio che il Dio Unico. Sia lode a Dio che non si è preso un figlio, che non ha compagno nel regno, che non ha aiutante che proviene dalla sfera mondana. Così magnifica la sua grandezza (*Corano* XVII 111). Muḥammad è l'inviato di Dio; che Dio, i suoi angeli e i suoi inviati lo benedicano. Su di lui la pace e le benedizioni di Dio. Nel nome di Dio, Celemente, Misericordioso. Non c'è altro dio che il Dio Unico. Egli non ha uguale. La sovranità gli appartiene e la gloria gli appartiene. Egli dà la vita, Egli toglie la vita, è onnipotente (*Corano* XLII 4; XLIV 8). Muḥammad è l'inviato di Dio, che Dio lo benedica e accetti la sua intercessione il giorno della risurrezione a favore della sua *umma*. Nel nome di Dio, Clemente, Misericordioso. Non c'è altro dio che il Dio Unico. Egli non ha uguale. Muḥammad è l'inviato di Dio, che Dio lo benedica. Il servo di Dio ʿAbd Allāh *al-imām* al-Maʾmūn, *amīr al-mu'minīn*, costruì questa cupola nell'anno 72; che Dio la accetti da lui e ne sia soddisfatto. Amen, Signore dei mondi, la gloria è di Dio.

Secondo quanto afferma l'epigrafe, la «Cupola della Roccia» sarebbe stata dunque costruita dal califfo ʿabbāside al-Maʾmūn nell'anno 72 dell'ègira, corrispondente al 691/2 d.C., ma questo è chiaramente impossibile, poiché quest'ultimo regnò dall'813 all'833. In effetti, circa novanta anni fa, un grande studioso, Max van Berchem, analizzando con attenzione

22. L'edizione di riferimento di questa iscrizione della «Cupola della Roccia» è quella di Ch. Kessler, *ʿAbd Al-Malik's Inscription in the Dome of the Rock: A Reconsideration*, in «The Journal of the Royal Asiatic Society of Great Britain and Ireland», 1 (1970), pp. 2-14. Sulle iscrizioni di epoca umayyade è ora fondamentale M. Milwright, *The Dome of the Rock and its Umayyad Mosaic Inscriptions*, Edinburgh, Edinburgh University Press, 2016 (Edinburgh Studies in Islamic Art, s.n.). Cfr. anche J. van Ess, *ʿAbd al-Malik and the Dome of the Rock: An Analysis of Some Texts*, in *Bayt Al-Maqdis: ʿAbd al-Malik's Jerusalem*, I., ed. by J. Raby and J. Johns, Oxford, Oxford University Press, 1992, pp. 89-104.

la superficie del mosaico, comprese che il nome di al-Maʾmūn era stato aggiunto in un momento successivo: nell'iscrizione originale, il nome del califfo costruttore della cupola era quello di ʿAbd al-Malik.[23] Dunque, la «Cupola della Roccia» fu fatta erigere dal califfo umayyade, mentre al-Maʾmūn si limitò a restaurare il monumento e a far sostituire il proprio nome a quello del suo predecessore. Secondo lo storico musulmano al-Yaʿqūbī (morto prima del 905) e lo storico cristiano alessandrino Eutichio (morto nel 940), che scrivevano in epoca ʿabbāside, ʿAbd al-Malik avrebbe innalzato la «Cupola della Roccia» per creare un nuovo centro di pellegrinaggio sostitutivo di quello di Mecca, allora nelle mani di Ibn Zubayr e fare di Gerusalemme il centro religioso dell'Islām.[24] Egli infatti temeva che le genti di Siria, recandosi a Mecca, fossero influenzate dalla propaganda del suo rivale. Questa spiegazione è estremamente seducente, ed è stata condivisa da vari studiosi contemporanei (che sono giunti a sostenere che la pianta del monumento, con due ambulacri attorno alla roccia stessa, trovasse origine nelle esigenze liturgiche della circumdeambulazione, uno dei momenti culminanti del pellegrinaggio musulmano). Tuttavia, le affermazioni di al-Yaʿqūbī ed Eutichio non trovano riscontro negli annali della prima storiografia islamica, e anzi da alcuni testi si evince chiaramente che le forze siriane che operavano contro Mecca continuavano a considerarla il centro indiscutibile del pellegrinaggio. Inoltre l'anno 72/691-2 è l'anno stesso della sconfitta di Ibn Zubayr, cosa che renderebbe inutile un pellegrinaggio 'sostitutivo'. Peraltro, la ricca epigrafia coranica presente nel monumento non accenna minimamente al cosiddetto «Viaggio Notturno» di Muḥammad (*isrāʾ*) e alla sua successiva ascesa al Cielo (*miʿrāǧ*), che secondo alcuni autori musulmani medievali (tra cui lo stesso al-Yaʿqūbī) sarebbe cominciata proprio dalla roccia di *al-Ḥaram al-šarīf*, e ciò mostra che anche la tesi, tuttora generalmente accolta dai musulmani, secondo cui la «Cupola della Roccia» sarebbe stata in origine una sorta di *martyrium* legato a un episodio specifico della biografia del Profeta non ha alcun fondamento documentario. Sembra invece probabile che ʿAbd al-Malik abbia voluto innalzare un monumento che celebrasse il trionfo dell'Islām su Cristianesimo ed Ebraismo: la «Cupola della Roccia», come notano anche

23. M. van Berchem, *Matériaux pour un Corpus Inscriptionum Arabicarum. 2. Syrie du Sud, Jérusalem*, Le Caire, Imprimerie de l'Institut français d'archéologie orientale, 1927, nr. 215, pp. 228-246.

24. Vd. Grabar, *Arte islamica*, pp. 69-70.

gli autori medievali, si installa sul luogo in cui sorgeva il primo Tempio e imita e sfida l'altra grande cupola gerosolimitana, quella del Santo Sepolcro. Questa rivalità 'mimetica' costituisce anche una spiegazione della particolare pianta del monumento, modellata su quella della «Rotonda dell'*Anastasis*» costantiniana.[25]

Islām e Cristianesimo nelle iscrizioni della «Cupola della Roccia»

Se la decorazione esterna del monumento è stata pesantemente alterata in epoca moderna, l'interno, nonostante i molti restauri di epoca ʿabbāside, ayyubide, mamelucca e ottomana (testimoniati anche da interessanti iscrizioni commemorative),[26] mantiene ancora molti elementi originali. Nella convincente lettura di Oleg Grabar, i motivi iconografici rappresentati nel mosaico – elementi vegetali inframmezzati da vasi, cornucopie, diademi con pendenti e pietre preziose incastonate, pettorali, spille, orecchini tipici dell'arte bizantina e sasanide – sono simboli di vittoria che alludono al trionfo dell'Islām su Bisanzio e sulla Persia. Inoltre, il ricco apparato epigrafico realizzato in tessere d'oro e posizionato sia sulla faccia esterna

25. Sulla «Cupola della Roccia» vd. soprattutto Grabar, *Arte islamica*, pp. 67-84; Id., *The Shape of the Holy. Early Islamic Jerusalem*, Princeton, NJ, Princeton University Press, 1996, pp. 52-116; Id., *The Dome of the Rock*, Cambridge, MA-London, The Belknap Press of Harvard University Press, 2006; M. Rosen-Ayalon, *Art et archéologie islamiques en Palestine*, Paris, PUF, 2002 (Islamiques, s.n.), pp. 26-29; Robinson, *ʿAbd al-Malik*, pp. 1-9; L. Nees, *Perspective on Early Islamic Art in Jerusalem*, Leiden, Boston-Köln, Brill, 2015 (Arts and Archaeology of the Islamic World, 5). Sul rapporto 'mimetico' tra la «Cupola della Roccia» e il Santo Sepolcro vd. da ultimo V. Shalev-Hurvitz, *Holy Sites Encircled. The Early Byzantine Concentric Churches of Jerusalem*, Oxford, Oxford University Press, 2015 (Oxford Studies in Byzantium, s.n.), pp. 43-77 e 297-329. Sulle reazioni cristiane all'erezione della «Cupola della Roccia» vd. G.J. Reinink, *Early Christian Reactions to the Building of the Dome of the Rock in Jerusalem*, in «Xristianskij Vostok», 2 (8) (2001), pp. 227-241: p. 241 (poi in Id., *Syriac Christianity under Late Sasanian and Early Islamic Rule*, Burlington, VT-London, Variorum Reprints, 2005, nr. XII). Cfr. Anche B. Flusin, *Démons et Sarrasins*, in «Travaux & Mémoires», 11 (1991), pp. 381-409: pp. 408-409. Sull'importanza di un dialogo serrato fra storia e archeologia islamica vd. le importanti osservazioni di J. Johns, *Archaeology and the History of Early Islam: The First Seventy Years*, in «Journal of the Economic and Social History of the Orient», 46 (2003), pp. 411-436.

26. Sulle iscrizioni relative ai restauri vd. soprattutto G. Necipoğlu, *The Dome of The Rock as Palimpsest: ʿAbd Al-Malik's Grand Narrative and Sultan Süleyman's Glosses*, in «Muqarnas», 25 (2008), pp. 17-105.

sia su quella interna dell'arcata ottagonale, veicola un messaggio estremamente chiaro: esso riporta una delle più antiche attestazioni epigrafiche della *basmala*, la formula *Bi-'sm Allāh al-Raḥmān al-Raḥīm* («In nome di Dio, Clemente, Misericordioso») con cui si aprono tutte le sure del *Corano* (salvo la *sura* IX), e della *šahāda*, la «testimonianza» con cui il fedele musulmano dichiara di credere in un Dio solo e unico e nella missione profetica di Muḥammad; inoltre, come si è visto, contiene anche dei lunghi versetti coranici che affermano l'unicità di Dio e respingono il dogma cristiano della divinità di Gesù. La formula, più volte ripresa, della sura CXII, «Egli, Dio, è uno, l'Eterno; non ha generato, non è generato e nessuno gli è pari», deve intendersi come una risposta polemica al simbolo niceno-calcedonese, secondo cui Cristo è «unigenito figlio di Dio [...] generato, non creato, della stessa sostanza del Padre».

Le iscrizioni della «Cupola della Roccia» rivestono un notevole significato storico, politico e religioso: da un lato, testimoniano con chiarezza, contro ogni posizione ipercritica, che la figura di Muḥammad e il messaggio coranico risultano già ben attestati alla fine del VII secolo; dall'altro, esse evidenziano il ruolo del califfo, che è il protagonista di quanto proclama l'iscrizione. L'Islām emerge qui quale religione 'imperiale', come il Cristianesimo a Bisanzio e il Mazdeismo in Persia: fondamento e giustificazione del potere politico.

'Abd al-Malik, Muḥammad e il Corano

L'epoca di 'Abd al-Malik è un periodo di fondamentale redifinizione dell'identità politico-religiosa della comunità dei credenti, al punto che alcuni studiosi hanno voluto vedere in questo sovrano il primo vero califfo musulmano. E in effetti, è dalla sua epoca in poi che comincia ad emergere in maniera chiara nei documenti l'identificazione di Muḥammad come fondatore della religione islamica.[27] Nella loro attenzione per la figura del Profeta, i membri della dinastia marwānide erano motivati dal desiderio di rafforzare le proprie credenziali islamiche. Un ottimo esempio dell'uso ideologico di Muḥammad da parte umayyade è una lunga lettera del califfo al-Walīd II alle città-guarnigione (*amṣār*) riguardo la designazione dei suoi successori: in questa epistola, Muḥammad rappresenta non solo il culmine

27. Vd. Crone, Hinds, *God's Caliph*, pp. 26-28.

della profezia e la guida del popolo verso la verità e la salvezza, ma anche una fonte di legittimazione politica e religiosa per il califfato umayyade.[28] È il medesimo bisogno di legittimazione che spinge gli Umayyadi a studiare la biografia del Profeta. Come afferma giustamente Donner,

> Scrivere la storia [...] è un'attività profondamente legittimizzante [...]. La storia è il nostro modo di dare a ciò che siamo e a ciò che crediamo nel presente un significato che resterà nel futuro, collegando il futuro a ciò che è accaduto nel passato. O, per essere più precisi: scrivere storia è scrivere di eventi passati al fine di dare a questi eventi un significato che li rende degni di essere ricordati nel futuro [...]. La creazione di racconti storici è sempre, in definitiva, un esercizio di legittimazione.[29]

Secondo la tradizione islamica, il primo a classificare il materiale biografico riguardante il Profeta fu ʿUrwa b. al-Zubayr (morto nel 723): benché non vi sia un libro specifico sull'argomento a lui attribuito, egli sembra aver tenuto una corrispondenza con ʿAbd al-Malik su questioni concernenti la vita di Muḥammad. La sua importanza come pioniere di questo genere di letteratura è confermata dalla frequenza con cui egli è citato dai più tardi biografi del Profeta, come Ibn Isḥāq e al-Wāqidī.[30] Uno snodo fondamentale nello sviluppo di tale letteratura è rappresentato dallo studioso medinese Ibn Šihāb Muḥammad bin Muslim al-Zuhrī (morto nel 741/2), al quale ʿAbd al-Malik affidò molti incarichi di rilievo, tra cui quello di consulente in questioni storiche e in problematiche legali. Per quasi cinque decadi, Zuhrī fu una figura centrale della politica culturale della dinastia umayyade: in particolare, egli si interessò alle tradizioni riguardanti le spedizioni militari guidate da Muḥammad, e i suoi studi costituirono la base dei testi che trattavano i fatti bellici del Profeta (*maġāzī*).[31] Ma i dotti

28. Su questa lettera, vd. Crone, Hinds, *God's Caliph*, pp. 26-28 e 116-126.

29. Donner, *Narratives of Islamic Origins*, p. 114.

30. Su ʿUrwa bin al-Zubayr vd. Jones, *The* Maghāzī *Literature*, pp. 344-345; Donner, *Narratives of Islamic Origins*, pp. 147-154, Khalidi, *Arabic Historical Thought*, pp. 30-39; Robinson, *Islamic Historiography*, pp. 23-25; A.-L. De Prémare, *Les fondations de l'Islam*, Paris, Éditions du Seuil, 2002, pp. 14-16; 387-389; Cheddadi, *Les Arabes et l'appropriation*, pp. 250-252; Borrut, *Entre mémoire et pouvoir*, pp. 42-44; S.C. Judd, *Religious Scholars and the Umayyads*, London-New York, Routledge, 2014, pp. 52-54, e A. al-Azmeh, *The Arabs and Islam in Late Antiquity*, Berlin, Gerlach Press, 2014, pp. 34-36.

31. Su Ibn Šihāb Muḥammad bin Muslim al-Zuhrī vd. Jones, *The* Maghāzī *Literature*, pp. 345-347; Donner, *Narratives of Islamic Origins*, pp. 148-150; Khalidi, *Arabic Historical Thought*, pp. 30-39; M. Lecker, *Bibliographical Notes on Ibn Shihāb al-Zuhrī*, in «Journal

dell'epoca marwānide erano interessati anche alla storia profana:[32] il libraio di Baghdad Ibn al-Nadīm, nel suo famoso catalogo di testi arabi completato intorno al 987/8, scrive infatti che Sālim, soprannominato Abū 'l-ʿAlā', segretario del califfo umayyade Hišām ibn ʿAbd al-Malik (724-743), «era un maestro di stile letterario e di eloquenza; costui fece una traduzione delle epistole di Aristotele ad Alessandro, oppure esse furono tradotte per lui ed egli corresse la traduzione; la sua raccolta di lettere comprende circa cento fogli (*Kitāb al-fihrist*, III 2)». La notizia di Ibn al-Nadīm sulla traduzione di Sālim Abū 'l-ʿAlā' è indicativa del precoce interesse del mondo arabo-islamico per la storia di Alessandro. Dopo le iniziali conquiste in Siria, Palestina ed Egitto, il trasferimento dei dominatori arabi e dei membri delle tribù in territori di lingua greca aveva reso inevitabili le traduzioni dal greco in arabo, tanto negli ambienti di governo quanto nella vita di tutti i giorni, e ciò per tutto il corso dell'epoca umayyade. La necessità prescrisse che, per ragioni di continuità, i primi Umayyadi assumessero nella loro corte di Damasco funzionari di lingua greca e adottassero questa stessa lingua. Altrettanto legate alle necessità dell'*élite* al governo furono le traduzioni in arabo di testi greci. La gran parte del materiale greco che fu tradotto in età umayyade (documenti amministrativi, burocratici, politici e mercantili) lo fu per ragioni squisitamente pratiche. Anche i materiali che possono essere considerati 'culturali', come appunto le presunte lettere di Aristotele ad Alessandro tradotte da (o per) Sālim Abū 'l-ʿAlā' avevano uno scopo eminentemente tecnico: quello di fornire ai califfi di Damasco, sovrani di un nuovo grande impero universale, uno *speculum principis*, un modello regale cui uniformarsi.

of Semitic Studies», 41 (1996), pp. 26-63; Robinson, *Islamic Historiography*, pp. 23-25; De Prémare, *Les fondations de l'Islam*, pp. 321-323; Cheddadi, *Les Arabes et l'appropriation*, pp. 250-252; Borrut, *Entre mémoire et pouvoir*, pp. 45-58; Judd, *Religious Scholars*, pp. 52-61, e al-Azmeh, *The Arabs and Islam in Late Antiquity*, pp. 32-36 e 75-76.

32. Vd. soprattutto M. Grignaschi, *Les "Rasā'il 'Arisṭāṭālīsa ilā 'l-Iskandar" de Sālim Abū 'l-ʿAlā' et l'activité culturelle à l'époque omayyade*, in «Bulletin d'Études Orientales de Damas», XIX (1965-66), pp. 7-83; F. Rosenthal, *The Classical Heritage in Islam* (1965), transl. by E. and J. Marmorstein, London-New York, Routledge-K. Paul, 1975, pp. 116-118; M. Maróth, *The Correspondence between Aristotle and Alexander the Great. An Anonymous Greek Novel in Letters in Arabic Translation*, in «Acta Antiqua», XLV (2005), pp. 231-315; Id., *The Correspondence between Aristotle and Alexander the Great. An Anonymous Greek Novel in Letters in Arabic Translation*, Piliscsaba, The Avicenna Institute of Middle Eastern Studies, 2006, e M. Di Branco, *Alessandro Magno. Eroe arabo del Medioevo*, Roma, Salerno Editrice, 2009 (Piccolo saggi, 49), pp. 37-42.

L'interesse degli Umayyadi per la figura di Alessandro è confermato da un testo all'incirca contemporaneo: la traduzione, attribuita a Ibn al-Muqaffaʿ (morto nel 756) – al quale si deve in larga parte la trasmissione dell'epica, della storia e delle istituzioni dell'Iran alla cultura arabo-islamica[33] – della cosiddetta *Lettera di Tansar* (o *Tōsar*), un'opera composta originariamente in pahlavī nel VI secolo d.C., oggi nota solo attraverso una versione neopersiana eseguita sull'asserita traduzione di Ibn al-Muqaffaʿ dallo storico Ibn Isfandyār (morto nel 1205/6),[34] che l'ha inclusa nella sua storia del Ṭabaristān.[35] Nell'epistola, Tansar, ministro del re persiano Ardašīr, elogia le istituzioni dello stato sasanide, facendo riferimento alla sua organizzazione, al suo ordine sociale, al diritto pubblico e privato, alla religione e alla storia della Persia. In tale contesto filo-persiano, sono collocate delle lettere nelle quali Aristotele condanna il massacro dei principi persiani meditato da Alessandro come contrario alla legge religiosa. Non sappiamo se qui Ibn al-Muqaffaʿ attingesse alla traduzione di Sālim Abū 'l-ʿAlā' o se utilizzasse una fonte indipendente, ma è ancora una volta evidente come i supposti scambi epistolari fra Alessandro e Aristotele su temi politici legati alla conquista della Persia dovessero suscitare un notevole interesse fra i membri dell'*élite* umayyade, alle prese con il riassetto dei territori dell'ex-impero sasanide. Allo stato attuale della documentazione disponibile, le lettere in questione – che sembrano da riconnettersi alle opere storiche mediopersiane (come ad esempio il celebre *Ḫwadāy Nāmag*, il *Libro dei signori*, tradotto in arabo da Ibn al-Muqaffaʿ), per le quali Alessandro è un despota feroce e crudele – costituiscono l'unico nucleo di conoscenze concernenti le imprese di Alessandro saldamente attestato nel mondo arabo-islamico fra l'epoca umayyade e la prima età ʿabbāside.

33. Su Ibn al-Muqaffaʿ quale principale 'cinghia di trasmissione' fra il mondo iranico e la cultura arabo-islamica vd. soprattutto F. Gabrieli, *L'opera di Ibn al-Muqaffaʿ*, in «Rivista degli Studi Orientali», XIII (1932), pp. 197-247.

34. Vd. E. Yar-Shater, s.v. «Ibn Isfandyār», in *The Encyclopaedia of Islam*², III (1971), pp. 833-834, e ultimam. C.G. Cereti, *La letteratura pahlavi. Introduzione ai testi con riferimenti alla storia degli studi e alla tradizione manoscritta*, Milano, Mimesis, 2001 (Sīmorγ, s.n.), pp. 189-190.

35. Il testo persiano di questo estratto è stato pubblicato da J. Darmesteter, *La lettre de Tansar au roi de Tabaristan*, in «Journal Asiatique», s. IX, III (1894), pp. 185-250 (introduzione e testo persiano) e 502-555 (trad. francese e note). Una trad. inglese è *The Letter of Tansar*, ed. by M. Boyce, Roma, Is.M.E.O., 1968.

Rinnovare lo stato islamico

La tradizione attribuisce ad ʿAbd al-Malik una serie di importanti riforme, tra cui spiccano la 'professionalizzazione' dell'esercito; la riorganizzazione del sistema fiscale e l'omogeneizzazione dei pesi e delle misure all'interno dei territori sotto il controllo della *umma* islamica; la costituzione del *barīd*, cioè di un servizio di posta che era anche un vero e proprio sistema di controllo delle province e di raccolta di informazioni utili a garantire la sicurezza. Ma le riforme più importanti e durevoli furono il progressivo abbandono della lingua greca nell'amministrazione, con l'obbligo per i funzionari greci, persiani e copti di lasciare da parte le rispettive lingue e di utilizzare l'arabo nella redazione dei documenti del *dīwān*, e la riforma monetaria, che rappresenta anche una straordinaria chiave di lettura per comprendere meglio l'ideologia marwānide. A partire dal 694/5, infatti, ʿAbd al-Malik pose mano a una radicale riorganizzazione della numismatica dell'impero islamico. Fino a quel momento, le monete coniate dai califfi utilizzavano, con qualche minima modifica, i tipi bizantini e sasanidi, con le loro raffigurazioni di sovrani e di insegne religiose (la croce e il tempio del fuoco). In prima istanza, ʿAbd al-Malik fece emettere dalla zecca di Damasco una moneta 'transizionale' che raffigurava sul *recto* una figura stante, che brandisce una spada o un bastone, interpretata da alcuni come il califfo e da altri come il Profeta, sul *verso* una croce priva del legno trasversale posta su una scalinata, a imitazione del modello bizantino che celebrava la vittoria cristiana sui sasanidi mazdei, ma con la croce che non è più una croce. L'iscrizione del *recto* reca la formula della *šahāda*: «Nel nome di Dio, non c'è dio al di fuori di Dio unico, Muḥammad è l'inviato di Dio»; sul *verso* si legge invece: «Nel nome di Dio, questo *dinār* è stato coniato nell'anno 75 (694/5)». A partire dal 696/7, la monetazione fu invece totalmente rinnovata: da questo momento in poi, le monete umayyadi presentano solo iscrizioni (*šahāda* e versetti coranici, spesso anti-trinitari) e sono prive di qualsiasi tipo di immagine; inoltre, il loro valore venne uniformato in tutte le province dell'impero, anche al fine di agevolare i commerci e di creare maggiore coesione socio-economica dopo le guerre civili. Su alcune emissioni monetali di ʿAbd al-Malik compare per la prima volta in ambito numismatico il titolo di *ḫalīfat Allāh*: ciò ha condotto Donner a ipotizzare che esso sia in realtà una creazione di questo califfo; tuttavia, non sembra corretto ignorare la gran massa di testimonianze letterarie che ne attestano l'uso anche da parte dei «califfi ben guidati». In ogni caso, le monete di ʿAbd al-Malik costituiscono la prima attestazione ‘archeologica’ del termine *ḫalīfa*.[36]

Al-Walīd e la Grande Moschea di Damasco

Nel 705 ʿAbd al-Malik morì e gli succedette suo figlio al-Walīd b. ʿAbd al-Malik, che portò a compimento molte delle riforme intraprese dal padre e confermò l’adozione della lingua araba come lingua ufficiale dell’amministrazione califfale. Fra le più celebri iniziative di al-Walīd v’è senz’altro la costruzione della Grande Moschea di Damasco, un luogo di culto degno della nuova capitale dell’impero islamico, a proposito del quale vale la pena di riportare quanto riferisce il geografo al-Qazwīnī:[37]

> Una delle meraviglie di Damasco fu la sua moschea. Un Damasceno la descrive così: «È una meraviglia perfetta nella sua bellezza, per cui la si può chiamare la moschea delle Meraviglie. Il suolo è pavimentato con marmi in modo estremamente ordinato. Le pietre sono perfettamente incastrate e l’insieme è armonioso. Le immagini di animali e piante, dai cui rami lo sguardo può raccogliere i frutti, sono un vero e proprio piacere; gli alberi non si spogliano mai delle foglie e i frutti durano sempre, in tutte le stagioni; non soffrono la sete per mancanza di pioggia né avvizziscono al cambio di stagione». Fu costruita da al-Walīd ibn ʿAbd al-Malik, il quale si interessò molto alla costruzione di edifici e moschee; per questa opera fu speso il ricavato delle imposte di sette anni. I registri delle spese dovettero essere trasportati su diciotto cammelli, ma egli neanche li guardò e disse: «Ciò che è speso per Dio non mi appartiene». Qualcuno ha affermato: «Una delle meraviglie della moschea di Damasco è che, se qualcuno potesse vivere cento anni e la guardasse tutti i giorni, troverebbe sempre qualcosa di straordinario nella sua struttura e nella sua decorazione».

Secondo la tradizione, la Grande Moschea fu costruita tra il 705 e il 715. Tra la conquista islamica e la sua erezione, il primo luogo di culto musulmano della città era posizionato nei pressi della chiesa di San Giovanni,

36. Sulle riforme di ʿAbd al-Malik vd. Hawting, *The First Dinasty of Islam*, pp. 58-71; Lo Jacono, *Storia del mondo islamico*, pp. 111-113; Donner, *Maometto e le origini dell’Islam*, pp. 214-222; Robinson, *ʿAbd al-Malik*, pp. 66-80.

37. *Zakarija Ben Mohammad Ben Mahmud el-Cazwini’s Kosmographie*. 2. *Die Denkmäler der Länder*, ed. F. Wüstenfeld, Göttingen, Verlag der Dieterichschen Buchhandlung, 1849, p. 191.

una struttura tardoantica edificata all'interno del recinto sacro (*temenos*) del tempio di Giove Damasceno. Nonostante il trattato fra i conquistatori e i Damasceni lasciasse a questi ultimi libertà di culto e garantisse loro il possesso degli edifici adibiti al culto cristiano, sia la chiesa di San Giovanni sia la moschea primitiva furono distrutte per far posto alla Grande Moschea. La chiesa principale di Damasco divenne probabilmente quella di San Tommaso, situata nei pressi dell'omonima porta della città. La costruzione della moschea di al-Walīd segna anche fisicamente il passaggio da una fase in cui musulmani e cristiani condividono le stesse aree sacre e, in alcuni casi, venerano insieme, sia pure in modi e a livelli diversi, figure dell'Antico e del Nuovo Testamento, a una fase in cui la contiguità cultuale fra i due ambiti viene sempre più limitata e circoscritta, anche per l'emergere di una sempre più marcata differenziazione teologica e religiosa fra Cristianesimo e Islām delle origini.

Dal punto di vista strutturale, la Grande Moschea di Damasco è un rettangolo di 157 x 100 m, con torri quadrate agli angoli (utilizzate come minareti), la cui conformazione è legata alle strutture romane preesistenti. L'edificio ha tre entrate principali, a Nord, Est e Ovest. All'interno, lo spazio disponibile comprende un'area aperta (*ṣaḥn*) di 122 x 50 m, circondata su tre lati da un portico di pilastri alternati a coppie di colonne. Nell'angolo Nord-Ovest della corte si trova un edificio ottagonale cupolato su colonne che è stato identificato come l'antica tesoreria della moschea (*bayt al-ma'l*), dove erano custoditi i fondi della comunità islamica. Sul quarto lato, il lato Sud, tre navate lunghe ed eguali scandite da colonne sono tagliate da una navata assiale più alta, al centro della quale vi è una cupola, la cui esistenza è documentata solo dal XII secolo. La navata assiale conduce a una grande nicchia in fondo all'edificio: si tratta di un *miḥrāb*, una sorta di abside orientata in direzione di Mecca (*qibla*), verso cui i musulmani si rivolgono al momento della preghiera, che probabilmente aveva in origine una funzione onorifica in relazione a coloro che fungevano da guida della preghiera (il Profeta, i califfi o gli *imām*). La moschea era abbondantemente decorata: la parte inferiore delle pareti era rivestita di lastre di marmo, mentre le zone superiori, i pennacchi degli archi e la maggior parte della facciata della corte, erano ricoperte da mosaici che rappresentano ritmicamente in primo piano grandi alberi e vegetazione e sullo sfondo imponenti composizioni architettoniche. Gli studiosi hanno interpretato tali raffigurazioni ora come immagine delle terre su cui dominava il califfato umayyade all'inizio dell'VIII secolo ora come una visione del paradiso promesso ai credenti musulmani. Se il tipo di impianto della Grande Moschea di Damasco, che espande, monumentalizzandolo, il modello della sala ipostila in cui si svolgeva la preghiera nella casa del Profeta a Medina, diventerà a sua volta un modello per molte altre mosche congregazionali erette nelle più importanti città dell'impero islamico, non così accadrà per il suo apparato decorativo. Come ha notato lo storico dell'arte islamica Mattia Guidetti,[38]

> per quanto non isolata (la moschea di Medina infatti doveva avere un programma decorativo simile), l'iconografia del mosaico della Grande Moschea di Damasco non avrà fortuna. Se l'architettura della moschea si ergerà ad *exemplum* in quanto 'edificio delle origini' lungo tutto il Medioevo arabo-musulmano, il suo programma decorativo non sarà ripreso con tanta solerzia. Le stesse pallide imitazioni d'epoca medievale che appaiono per esempio nella cornice del mausoleo di Baybars a Damasco intendono probabilmente richiamare, in un edificio strutturalmente diverso, la Grande Moschea della città in quanto monumento tipico della storia dell'Islām piuttosto che riprenderne il discorso iconografico. Non è il solo esempio, quello damasceno, se consideriamo l'arte umayyade nel suo complesso, per cui una realizzazione artistica dell'VIII secolo risulta senza futuro; basti pensare ad alcuni dei principali soggetti dei programmi decorativi dei palazzi costruiti dalla stessa dinastia: spiccano i loro legami con l'eredità tardoantica da un lato e la loro assenza nelle produzioni artistiche successive così come nelle descrizioni dei geografi di epoca medievale dall'altro.

Il califfato sotto i Marwānidi: la conquista della Spagna

«Mio Dio, ti chiamo a testimone che se vi fosse un passaggio, sarei passato ancor oltre».[39] Così ʿUqba Ibn Nafiʿ – il grande conquistatore dell'Africa del Nord – al termine della sua epica e fulminea spedizione che da al-

38. M. Guidetti, *Il* Kitāb waṣf al-firdaws *di ʿAbd al-Malik b. Ḥabīb e i mosaici d'epoca umayyade della Grande Moschea di Damasco*, in «Phoenix», I (2008), pp. 271-298: pp. 293-294. Sul rapporto tra chiese e moschee nei territori conquistati vd. Id., *The Contiguity between Churches and Mosques in Early Islamic Bilād al-Shām*, in «Bulletin of the School of Oriental and African Studies», 76 (2013), pp. 229-258, e soprattutto Id., *In the Shadow of the Church: The Building of Mosques in Early Medieval Syria*, Leiden-Boston, Brill, 2016 (Arts and Archaeology of the Islamic World, 8). Sugli aspetti storici, architettonici e srtorico-artistici relative alla Grande Moschea di Damasco è ora fondamentale F.B. Flood, *The Great Mosque of Damascus. Studies on the Making of an Umayyad Visual Culture*, Leiden, Boston-Köln, Brill, 2001 (Islamic History and Civilization. Studies and Texts, 33).

39. Gabrieli, *Maometto e le grandi conquiste arabe*, p. 121.

Qayrawān raggiunse il Rīf e Tangeri per poi varcare l'Atlante e sboccare sull'Oceano (circa 680), espresse il suo rammarico per non poter proseguire il viaggio. Meno di trent'anni dopo, il sogno di ʿUqba si realizzava per merito di due personaggi d'eccezione: l'arabo Abū ʿAbd al-Raḥmān Mūsà ibn Nuṣayr, governatore della provincia di Ifrīqiya per conto degli Umayyadi, e un suo «cliente» (*mawlà*), il capo berbero Ṭāriq ibn Ziyād al-Layṯī. Essi infatti, in primo luogo consolidarono le conquiste di ʿUqba nel Nordafrica, domando i numerosi focolai di rivolta che vi si erano accesi; quindi si impadronirono di Tangeri, dalla quale si poteva osservare quella costa iberica la cui visione aveva già suscitato le brame del loro predecessore; successivamente, cominciarono a elaborare una strategia espansionistica. Secondo la tradizione, la spinta decisiva all'attacco alla Spagna sarebbe stata data da un'oscura vicenda con tratti romanzeschi, che ha il suo centro nel tradimento del «conte Giuliano» (un Bizantino, o forse un Visigoto), il quale da Ceuta offrì assistenza alle truppe musulmane per vendicarsi nei confronti del re visigoto Roderich, che aveva disonorato sua figlia. Nella primavera del 711, Ṭāriq, alla testa di un contingente di settemila uomini, varcò il breve tratto di mare che in suo onore prese il nome di «stretto del Ǧabal Ṭāriq» (Gibilterra, lo stretto «del monte di Ṭāriq») e approdò sui lidi spagnoli, per poi espandersi rapidamente verso l'interno. Roderich, il cui regno era già notevolmente indebolito da violenti conflitti dinastici, tentò una disperata resistenza, ma il 19 luglio 711, presso le sponde del Río Barbate, l'esercito islamico annientò i Visigoti, dando inizio a una lunga serie di conquiste.[40]

L'ira del califfo

Come ha scritto Francesco Gabrieli, «la conquista araba della Spagna, così feconda per la storia della civiltà, si sviluppò da quella dell'Africa del

40. Sulla conquista islamica del Nordafrica e la spedizione di ʿUqba vd. ora W.E. Kaegi, *Muslim Expansion and Byzantine Collapse in North Africa*, Cambridge, Cambridge University Press, 2010; Sul *topos* del tradimento nei racconti della conquista della Spagna, fondamentale N. Clarke, *The Muslim Conquest of Iberia. Medieval Arabic Narratives*, London-New York, 2012 (Culture and Civilizations in the Middle East, 30), pp. 102-117; Sulle vicende della conquista della Spagna vd. É. Lévi-Provençal, *Histoire de l'Espagne musulmane*, I. *La conquête et l'Émirat hispano-umaiyade*, Paris, Maisonneuve & Larose, 1999[3]; R. Collins, *The Arab Conquest of Spain. 710-797*, Oxford-Malden, MA, Blackwell, 1989; H. Kennedy, *Muslim Spain and Portugal. A Political History of al-Andalus*, Harlow, Longman, 1996, pp. 1-29.

Nord in modo del tutto accidentale, imprevisto e incontrollato dagli stessi suoi protagonisti».[41] La vittoria del Río Barbate aprì a Ṭāriq la strada per Toledo, che si arrese senza opporre resistenza; dall'Africa giunse in Spagna, con diciottomila uomini, anche Mūsà ibn Nuṣayr, che occupò Medina Sidonia, Carmona, Siviglia e Mérida e – dopo essersi incontrato con il suo luogotenente e averlo aspramente rimproverato per aver conseguito troppe vittorie in sua assenza – si insediò a Toledo battendovi moneta. Ma il califfato umayyade guardava a queste nuove imprese con una certa preoccupazione, giudicando che Mūsà si stesse muovendo con troppa ambizione e autonomia: così, nel 714 al-Walīd ordinò a Mūsà e Ṭāriq di rientrare in Siria e presentarsi al suo cospetto. I due si imbarcarono a Siviglia per il Nordafrica nel settembre del 714 portando con loro un'enorme quantità di bottino, doni e prigionieri. Giunto a Damasco, Mūsà tentò di conferire con al-Walīd, che giaceva ammalato, ma quello non volle riceverlo, colmo d'ira e di rancore contro il generale che a suo avviso, durante la conquista della Spagna, si era spinto troppo oltre nella propria politica personalistica e aveva tardato a obbedire agli ordini. Poco dopo l'arrivo di Mūsà il califfo morì e il suo posto fu preso dal fratello Sulaymān b. ʿAbd al-Malik (715-717), da cui fu avviato contro Mūsà un processo in piena regola, in seguito al quale il comandante dovette pagare un'ingente multa e tutti i suoi parenti furono rimossi dagli incarichi che avevano in Spagna.

Al-Andalus: un nome misterioso

Come è noto, gli Arabi chiamarono la Spagna con il nome misterioso di «al-Andalus» – che si è tentato erroneamente di mettere in rapporto con quello dei Vandali (in arabo «al-Andališ»), i quali avrebbero denominato «Vandalicia» la Spagna Betica quando attraversarono la penisola iberica prima di invadere l'Africa del Nord. Tale appellativo appare per la prima volta nel 716 su un *dinār* bilingue arabo-latino, dove la legenda latina dà come corrispondente il termine «Spania». Quest'ultimo toponimo, più spesso nella forma corretta di «Hispania», è utilizzato nelle cronache latine medievali per designare la Penisola iberica nel suo insieme, cioè la Spagna cristiana e la Spagna musulmana; al contrario, gli autori arabi riferiscono il termine «al-Andalus» solo alla Spagna musulmana, al di là della sua effettiva esten-

41. Gabrieli, *Maometto e le grandi conquiste arabe*, p. 126.

sione territoriale, via via riducentesi sotto i colpi della *Reconquista*. Il termine (nella forma «Andalucía») si è poi trasmesso all'uso moderno. Come ha ben chiarito Heinz Halm, «al-Andalus», lungi dal derivare da una designazione vandala (il passaggio dei Vandali in Spagna alla volta del Nordafrica fu rapidissimo e non lasciò tracce di alcun tipo), è invece l'arabizzazione di un termine visigotico che definiva la Spagna. In effetti, dalle fonti latine sappiamo che il regno visigotico spagnolo era chiamato tra l'altro *Gothica Sors*, alludendo al fatto che l'aristocrazia visgotica era solita ripartire le terre conquistate tirandole a sorte. Halm ipotizza che l'equivalente in lingua gotica dell'espressione *Gothica Sors* fosse **landahlauts* («sorteggio di terre»), composta da *land-* «terra» et *hlauts* «sorte». Questa parola sarebbe stata traslitterata in arabo in *Andalus*: premettendo ad essa l'articolo determinativo *al-* si sarebbe appunto dato luogo alla dizione *al-Andalus*.[42]

Rivolte e conflitti

I primi 'coloni', cioè gli invasori arabi che misero fine al regno visigoto prendendo possesso dei territori conquistati da Mūsà, si consideravano gli unici padroni del paese (in arabo, *balad*) e vennero perciò chiamati «al-Baladiyyūn». Essi non si distribuirono seguendo dei piani preordinati, ma si impossessarono delle terre con la violenza, e il principale criterio di divisione fu la forza delle armi.

Dal momento della partenza di Mūsà per Damasco, e fino al 756, nei territori spagnoli appena conquistati il potere venne esercitato per conto del califfo e del governatore del Nordafrica da ventun governatori (*wālī*). Per quasi trent'anni i primi coloni, cioè i soldati arabi al seguito di Mūsà godettero di un'assoluta supremazia, ma il loro dominio fu spezzato dalla grande rivolta dei Berberi (739/40), che dall'Africa si estese alla Spagna. I Berberi (gli abitanti autoctoni del Nordafrica sottomessi dagli Arabi e convertiti all'Islām), come i primi 'coloni', si erano anch'essi stabiliti nei territori conquistati da Mūsà, e in particolare nelle zone montuose della Spagna, più simili ai loro luoghi di origine. Presenti in folte schiere nell'esercito musulmano, costoro si ritenevano i veri conquistatori di al-Andalus; in effetti, il loro numero soverchiava ampiamente quello degli stessi Arabi,

42. Vd. H. Halm, Al-Andalus *und* Gothica Sors, in «Der Islam», 66 (1989), pp. 252-263.

tanto più che, dopo aver saputo delle vittorie del berbero Ṭāriq, un gran numero di genti berbere si era riversato nel paese. Costoro, che inizialmente avevano ottenuto una sostanziale parità con gli Arabi nella gestione dei territori conquistati, furono via via sottoposti a vessazioni sempre più insopportabili da parte dei governatori nordafricani, che provocarono un crescente malcontento fra le tribù e infine la ribellione aperta. Alla rivolta, che presto si ammantò anche di motivazioni religiose (i Berberi aderivano infatti per la maggior parte alla dottrina ibāḍita, considerata eretica dai sunniti) presero parte anche alcuni clienti di origine bizantina. Con la sua scia di stragi e devastazioni, essa mise a dura prova le strutture del potere arabo in Africa e in Spagna. Il califfo decise allora di affidare il compito di mantenere l'unità dell'impero alle truppe siriane e inviò in Nordafrica un poderoso esercito. Dopo alterne vicende, i Siriani sbarcarono in Andalusia e riuscirono a sconfiggere un forte contingente berbero, ponendo sotto assedio Toledo (742); questa sconfitta segnò la fine della rivolta spagnola – rivolta che invece proseguì ancora per qualche tempo in Africa – ma aprì un lungo periodo di conflitti fra i primi coloni e i nuovi venuti siriani, attratti dalla prosperità di al-Andalus e dalle ricchezze dei suoi abitanti, che si concluse solo molto più tardi con la creazione dell'emirato umayyade.[43]

Il califfato sotto i Marwānidi

Dopo la morte di al-Walīd si succedettero tre califfati relativamente brevi: quello di suo fratello Sulaymān (715-717), quello del cugino di quest'ultimo, ʿUmar b. ʿAbd al-Azīz (anche detto ʿUmar II: 717-720) e quello di un altro figlio di ʿAbd al-Malik, Yazīd II (720-724); l'ultimo dei figli di ʿAbd al-Malik a diventare califfo fu Hišām (724-743). Tutti costoro furono designati califfi dal rispettivo predecessore, secondo la prassi consolidata sotto gli Umayyadi.

Sulaymān, nel corso del suo califfato, proseguì la politica paterna, aggressiva nei confronti di Bisanzio, ma senza ottenere risultati durevoli. L'azione di ʿUmar II fu invece caratterizzata dal tentativo di risolvere

43. Sul ruolo dei Berberi nella conquista della Spagna, sulle problematiche relative alla convivenza con gli Arabi e sulle rivolte vd. M. Brett, E. Fentress, *The Berbers*, Malden, MA-Oxford, Blackwell, 1996 (The Peoples of Africa, s.n.), pp. 80-153, con ulteriori indicazioni bibliografiche.

il problema berbero, attraverso la dichiarazione dell'illegittimità del loro asservimento; dalla ricerca di pacificazione con il movimento sciita e con i cristiani espropriati da ʿUmar b. al-Ḫaṭṭāb e da al-Walīd, e soprattutto dalla messa in cantiere di una grande riforma della tassazione che prevedeva un forte aumento della pressione fiscale e il licenziamento dei funzionari non musulmani dalla burocrazia califfale. Se a cristiani, Ebrei e mazdei furono imposte alcune misure vessatorie soprattutto dal punto di vista simbolico, ai clienti (*mawālī*) neomusulmani fu invece finalmente riconosciuto il pieno statuto di credenti, con i diritti e i doveri che ne derivavano. Tuttavia, il tentativo riformistico di ʿUmar II, che passò alla storia come un sovrano pio e ascetico, riuscì solo parzialmente e il deficit di bilancio, sotto il suo califfato, assunse una dimensione tanto notevole da condizionare le politiche economiche dei successori, il primo dei quali, Yazīd II, non fu minimamente in grado di affrontare la situazione.

Anche il quasi ventennale califfato di Hišām, durante il quale egli risiedette a lungo nella città siriana di al-Ruṣāfa, l'antica Sergiopolis, che egli preferiva di gran lunga a Damasco,[44] fu caratterizzato dall'impossibilità di risolvere i gravi problemi economici e sociali che affliggevano la *umma*, tanto più che a essi si affiancarono rivolte politico-religiose (tra cui quella di un nipote di ʿAlī, Zayd b. ʿAlī, repressa nel sangue, e una nuova e pericolosissima ribellione dei Berberi del Nordafrica) e rovesci militari sia ai confini orientali sia a quelli occidentali. Alla morte di Hišām, il 6 febbraio 743, un'ampia zona del Nordafrica occidentale era ormai definitivamente perduta per l'impero islamico e lo stesso centro del potere fu scosso da una crisi dinastica senza precedenti: Hišām, infatti, aveva tentato di alterare l'ordine di successione stabilito da Yazīd II, che prevedeva che dopo la morte di Hišām gli subentrasse il figlio di Yazīd II, al-Walīd (il futuro al-Walīd II), favorendo invece i suoi propri figli Muʿāwiya e Maslama. Scomparso Hišām, al-Walīd II si impadronì del califfato (743-744) e incrudelì contro i figli dello zio; a lui la tradizione attribuisce una serie di atti e di comportamenti totalmente al di fuori della norma islamica e l'appellativo di al-Fāsiq, «l'Empio», ma questo è certamente il frutto della propaganda dei suoi avversari, guidati da un figlio di al-Walīd I di nome Yazīd, alla ricerca di un appiglio etico, giuridico

44. Sull'identificazione del sito di al-Ruṣāfa e sulle motivazioni della predilezione di Hišām per questa città vd. E. Key Fowden, *The Barbarian Plain. Saint Sergius between Rome and Iran*, Berkeley, Los Angeles-London, University of California Press, 1999 (The Transformation of the Classical Heritage, XXVIII), pp. 175-183; Borrut, *Entre mémoire et pouvoir*, pp. 427-437

e religioso che sostenesse le proprie rivendicazioni politiche. Alla fine, essi ricorsero al tipico argomento ḫāriǧita secondo cui la dissolutezza del califfo lo rendeva inadatto a governare e anzi reo di morte. Poco meno di un anno dopo la sua presa del potere, i cospiratori occuparono la Grande Moschea di Damasco e gli uffici governativi e dichiararono il califfo decaduto. Al-Walīd II si rifugiò nel palazzo di al-Baḫrā', presso Palmyra, e qui fu sopraffatto dalle forze dei congiurati. Yazīd III divenne dunque califfo (744), ma per un tempo molto breve: tra le sue iniziative politiche più importanti vanno annoverati provvedimenti in favore dei militari (regolari pagamenti degli stipendi, abbreviazione del tempo di soggiorno in località ostili e lontane dalla terra natia) e l'adesione alle dottrine qadarite (*al-qadariyya*, da *al-qadar*, la «volontà divina»), che affermavano il libero arbitrio dell'uomo, la fede in un premio o in un castigo divino e l'assoggettamento a tale principio anche del califfo, essere umano fallibile e non esente da difetti. Tuttavia, durante il suo califfato, la tensione fra le tribù arabe del Sud e quelle del Nord raggiunse il suo apice e gli odî all'interno del clan umayyade divennero sempre più feroci. Yazīd III morì il 25 settembre del 744 e suo fratello Ibrāhīm dovette cedere il passo al potente cugino Marwān b. Muḥammad b. Marwān (Marwān II), che mise fine ai disordini che le fonti definiscono come la «terza *fiṭna*» e stabilì la sua capitale ad Ḥarrān, dove dominavano gli Arabi del Nord, suoi nuovi alleati. Egli, però, fu l'ultimo califfo della dinastia (744-750).[45]

Lo spazio del califfo: città e palazzi dell'epoca umayyade, da Damasco ai «castelli del deserto»

L'epoca umayyade è un'età decisiva nella formazione dell'urbanistica, dell'architettura e dell'arte musulmane, un periodo in cui si strutturano

45. Per il quadro degli eventi vd. Hawting, *The First Dinasty of Islam*, pp. 72-103; Lo Jacono, *Storia del mondo islamico*, pp. 117-136. Sul califfato di Hišām vd. in particolare Kh.Y. Blankinship, *The End of the Jihād State. The Reign of Hišām Ibn ʿAbd al-Malik and the Collapse of the Umayyads*, Albany, NY, State University of New York Press, 1994 (SUNY Series in Medieval Middle East History, s.n.). Sull'adesione di Yazīd III alle dottrine qadarite e sui suoi risvolti politici vd. H. Laoust, *Gli scismi nell'Islam. Un percorso nella pluralità del mondo musulmano* (1965), tr. it. di V. Colombo, Genova, ECIG, 2002[2] (Nuova Atlantide, s.n.), pp. 61-62, e J. Van Ess, *Les Qadarites et la Ġailānīya de Yazīd III*, in «Studia Islamica», 31 (1970), pp. 269-286. Su Ḥarrān come nuova capitale califfale vd. Borrut, *Entre mémoire et pouvoir*, pp. 77; 130; 226; 335; 348; 394; 442 e 456.

i caratteri originali che segneranno per secoli il paesaggio della città islamica. In primo luogo, gli Umayyadi dettero impulso a quello che è stata definita la transizione dall'antica *polis* alla *madīna* medievale. La città tardoantica e bizantina aveva già conosciuto un certo numero di trasformazioni e adattamenti rispondenti alle nuove condizioni sociali e religiose, come ad esempio la cristianizzazione dello spazio urbano, con la chiusura dei templi pagani e la costruzione di chiese e monasteri; l'abbandono dei teatri; la chiusura dei bagni monumentali e la costruzione di terme su scala ridotta; l'invasione degli spazi pubblici e la rottura della simmetria degli assi urbani tipica degli impianti 'ippodamei' delle città greco-romane. Quando i musulmani, a partire dalla seconda metà del VII secolo, si insediarono in questi centri di antica origine, proseguirono nella tendenza all'occupazione degli spazi pubblici con strutture private quali abitazioni, botteghe, laboratori. Così, a Palmyra, la grande via colonnata a Nord-Ovest del celebre *tetrapylon* (sorta di arco quadrifronte di forma cubica, con una porta su ognuna delle quattro facce laterali) fu bordata da una lunga linea di quarantacinque botteghe, le più antiche delle quali risalgono alla fine del VII secolo, che si estendevano per 180 m e formavano un mercato lineare e coperto, morfologicamente molto vicino al concetto urbanistico del *sūq* arabo-islamico, che costituiva il nucleo centrale della nuova organizzazione dello spazio urbano. Un altro esempio interessante di tali dinamiche è quello di Gerasa, nell'odierna Giordania, dove gli scavi recentemente condotti con una particolare attenzione per la stratigrafia e per le fasi di rioccupazione degli edifici antichi hanno messo in evidenza la vitalità economica della città nella prima metà dell'VIII secolo, quando fu costruita una grande moschea; il teatro Nord, il tempio di Artemide e il tempio di Zeus furono trasformati in una serie di laboratori artigianali, l'ippodromo venne occupato da *ateliers* di tintori e gli antichi mercati furono trasformati e ampliati. Alla prosperità di quello che era ormai un importante centro di produzione artigianale mise fine il violento terremoto del 749. La *madīna* islamica di Damasco si sviluppa intorno all'area della Grande Moschea, originariamente occupata dal santuario di Giove Damasceno. Nell'area immediatamente retrostante alla moschea sorgeva il grande palazzo califfale denominato *Ḫaḍrā'*, di cui nulla è rimasto e che, a partire dal nome, costituisce per molti versi un enigma. Il nucleo di questo insieme di edifici, a cui si aggiungevano una zecca, una prigione, una caserma e le stalle reali, doveva essere probabilmente il palazzo del governatore bizantino di Damasco: le descrizioni che ci sono pervenute fanno ipotizzare che si trattasse di un armonioso insieme di costruzioni e giardini abbelliti da fontane e canali. Il palazzo prendeva nome dalla sua famosa cupola (*qubbat al-Ḫaḍrā'*), che alludeva alla volta celeste e al paradiso: il termine *Ḫaḍrā'* non era riferito solo alla struttura cupolata che fungeva da aula di ricevimento, ma anche a tutta una serie di edifici con varie funzioni amministrative: la *dār al-ʿadl* (il «Palazzo di giustizia»), la *dār al-saʿāda* (il «Palazzo della Felicità», cioè la sede del governo) e la *dār al-ḫayal* (il «Palazzo degli Ambasciatori»). L'insieme era stato probabilmente concepito sul modello del Grande Palazzo di Costantinopoli: secondo gli autori arabi, nella sua struttura e nella sua decorazione esso imitava i palazzi bizantini e quelli dei re sasanidi.

I membri dell'aristocrazia umayyade occupavano in gran parte le residenze confiscate ai nobili bizantini all'interno della cittadella, dove, per le necessità del loro approvvigionamento, si provvide alla costruzione di nuovi mercati e di una *qayṣariyya*, il mercato chiuso e coperto per le merci pregiate.

Se i palazzi damasceni sono tutti irrimediabilmente scomparsi, è invece sopravvissuto un mirabile complesso palatino di epoca umayyade sulla cittadella di ʿAmmān, la capitale dell'odierna Giordania, che fungeva da residenza del governatore della provincia e da centro amministrativo. Il nucleo del palazzo, a cui si accedeva da un monumentale vestibolo (la parte meglio conservata di tutto il complesso), è un vasto ambiente a pianta cruciforme, di chiara ascendenza sasanide, che aveva la funzione di sala del trono (*dār al-imāra*) ed era forse originariamente coronato da una cupola lignea. Di qui si accedeva alla zona privata del complesso, dotata di bagni e latrine. Nella zona del palazzo esposta a Sud si trovavano inoltre diverse abitazioni di servizio, alcuni magazzini, una grande cisterna e una moschea.

Di notevole interesse sono anche alcune città umayyadi di nuova fondazione, tra le quali la meglio conservata è senza dubbio ʿAnǧar, nella valle di al-Biqāʿ, nell'attuale Libano. Fondata da al-Walīd fra il 714 e il 715, essa aveva forma rettangolare e si estendeva in una fertile pianura agricola. La città era circondata da mura scandite da quaranta torri circolari e la sua pianta ortogonale, articolata in *cardines* e *decumani* fiancheggiati da colonnati, era analoga a quella degli insediamenti militari romani. Nelle tecniche costruttive presenti ad ʿAnǧar si notano influenze romane e bizantine, rafforzate dal reimpiego di elementi architettonici e scultorei di spoglio provenienti dal sito di Baʿlabakk. Nel settore Sud-Est della città sorgeva la moschea e accanto a essa si trovava il palazzo califfale, articolato intorno a una corte quadrangolare circondata da portici. La precisa funzione di ʿAnǧar non è ancora stata chiarita del tutto: si è pensato a una base militare permenente o a un grande mercato. Sembra però più probabile che si trattasse di una città palatina adibita allo sfruttamento agricolo intensivo del territorio circostante e al commercio delle derrate alimentari prodotte localmente.

Infine, non possono non menzionarsi i cosiddetti «castelli del deserto», resi celebri dalle descrizioni di Lawrence d'Arabia, che sorgono ancora oggi nella vasta area desertica che si estende dalla Giordania (Qaṣr al-Mšattā, Qaṣr al-Ṭūba, Quṣayr ʿAmra, al-Qasṭal, Qaṣr al-Ḫarrāna) all'area palestinese di Gerico (Ḫirbat al-Mafǧar), fino alla Siria (Qaṣr al-Ḥayr al-Šarqī, Qaṣr al-Ḥayr al-Ġarbī). In realtà, all'epoca della loro costruzione, questi complessi erano situati in un contesto geografico e paesaggistico molto diverso: l'intera regione era allora estremamente fertile, anche grazie al complesso sistema di canalizzazione e irrigazione messo in opera dalle popolazioni locali. Secondo alcuni studiosi, i «castelli del deserto» sarebbero soprattutto luoghi di svago e di vita sociale: i palazzi della «dolce vita» dei califfi, dove questi ultimi si dedicavano alle feste, alla caccia, alla musica. Altri autori hanno messo in rilievo il ruolo logistico e amministrativo svolto da queste strutture, e la loro funzione di rappresentanza diplomatica. L'impianto di questi complessi è generalmente il medesimo: la principale unità residenziale e ufficiale è un edificio quadrato che, dall'esterno, appariva come una fortezza con massicce torri angolari, un mumero variabile di semitorri su ogni lato e un unico ingresso. Questo aspetto marziale era però solo apparente: le torri servivano da latrine e nulla all'interno del complesso lascia pensare a una qualche funzione militare. L'interno era strutturato in una corte centrale cinta da un portico e in una serie di locali che si aprivano lungo le pareti, disposti in unità autonome formate da una sala principale fiancheggiata da stanze secondarie (*bayt*); quasi sempre c'erano due piani. Come ha evidenziato Grabar, il prototipo formale va individuato nell'architettura delle fortezze tardoantiche e protobizantine erette ovunque in Siria e in Transgiordania, rifunzionalizzata in chiave residenziale. Un'importante eccezione a questo schema è costituita dal palazzo denominato Qaṣr al-Mšattā, nei pressi di ʿAmmān: qui l'area fortificata è suddivisa in unità più piccole, apparentemente autonome, e la zona centrale resta un'unità primariamente ufficiale, mentre i terzi di due lati ospitavano piccole unità abitative. Un simile impianto non ha riscontro nell'architettura bizantina, ed è invece tipico dell'ambito iranico (un esempio classico è il palazzo di Fīrūzābād, non lontano da Persepoli). Questa circostanza rivela ancora una volta come alle radici della nuova architettura umayyade vi siano le due grandi tradizioni architettoniche degli imperi rivali della *umma* islamica: Bisanzio e la Persia sasanide. La decorazione di tali complessi è una delle componenti più straordinarie e conosciute: vi sono rappresentate le tecniche del mosaico, della pittura e della scultura. Gli esempi più notevoli di mosaici pavimentali si trovano nel palazzo di Ḫirbat al-Mafǧar, presso Gerico, la cui tecnica non differisce in nulla da quella greco-romana; la tecnica pittorica, rappresentata in quasi tutti i monumenti umayyadi, con Quṣayr ʿAmra e Qaṣr al-Ḥayr al-Ġarbī come esempi meglio conservati, è altrettanto comune; più problematica, per quanto riguarda le sue origini, è la scultura, che comprende il bassorilievo, l'altorilievo e il tutto tondo, è presente in tutti i siti ed è eseguita quasi totalmente in stucco. Quanto ai soggetti, va rilevata la presenza di un gran numero di rappresentazioni iconiche (ritratti, cicli della vita signorile, bestiari, temi astronomici, scene di vita quotidiana), la qual cosa può costituire una sorpresa solo per chi è erroneamente avvezzo a considerare l'arte islamica come un'arte priva di immagini ed essenzialmente astratta. Vale la pena, dunque, di soffermarsi più da vicino su questa problematica di notevole interesse.[46]

46. Sul passaggio dalla *polis* classica alla *madīna* islamica, vd. soprattutto H. Kennedy, *From* Polis *to* Madīna. *Urban Changes in Late Antique and Early Islamic Syria*, in «Past & Present», 106 (1985), pp. 3-27 (poi in Id., *The Byzantine and Early Islamic Near East*, Aldershot-Burlington, VT, Ashgate, 2006 [Variorum Collected Studies, 860], nr. I); C. Foss, *Syria in Transition, AD 550-750: An Archaeological Approach*, in «Dumbarton Oaks Papers», 51 (1997), pp. 189-269; A. Walmsley, *The 'Islamic City': the Archaeological Experience in Jordan*, in «Mediterranean Archaeology», 13 (2000), pp. 1-9. Su Damasco in epoca umayyade vd. Khalek, *Damascus after the Muslim Conquest*; R. Burns, *Damascus. A History*, London-New York, Routledge, 2005, pp. 108-126; P. Cuneo, *Storia dell'urbanistica. Il mondo islamico*, Roma-Bari, Laterza, 1986, pp. 113-118. Su ʿAnǧar vd. ivi, pp. 124-128. Sulla cittadella di ʿAmmān, vd. A. Northedge, *Studies on Roman and Islamic ʿAmmān: the Excavation of Mrs C.M. Bennet and Other Investigations*, I. *History, Site and architecture*, Oxford, Oxford University Press, 1992 (British Academy Monographs in Archaeology, 3). Sui «castelli del deserto» vd. Grabar, *Arte islamica*, pp. 172-206; R.W. Hamilton, *Khirbat al-Mafjar: An Arabian Mansion in the Jordan Valley*, Oxford, Clarendon Press, 1959; O. Grabar, R. Holod, J. Knustad, W. Trousdale, *City in the Desert. Qasr al-Hayr East*, I-II, Cambridge, MA, Harvard University Press, 1978 (Harvard Middle Eastern Monographs, XIII/XXIV); G. Fowden, *Quṣayr ʿAmra. Art and the Umayyad Elite in Late Antique Syria*, Berkeley-Los Angeles: University of California Press, 2004 (The Transformation of the Classical Heritage, XXXVI); D. Genequand, *Les établissements des élites omeyyades en Palmyrène at au Proche-Orient*, Beyrouth, Presses de l'Ifpo, 2012 (Bibliothèque archéologiques et historiques, 200).

Immagini e Islām

Si ritiene comunemente che il divieto delle immagini nella cultura islamica sia connesso con un preteso 'spirito semitico', senza considerare che questo stesso 'spirito' si è espresso nella creazione di grandi correnti artistiche ricche di rappresentazioni di esseri animati: si pensi all'arte assiro-babilonese, all'arte palmyrena e a quella dei Nabatei di Petra. L'avversione per le immagini iconiche non è dunque una caratteristica dei popoli semitici: lo fu, tutt'al più, di una loro piccola parte, gli Ebrei, e, anche in questo caso, per un periodo limitato della loro storia. Un punto fondamentale è invece quale sia stata l'attitudine dell'Islām più antico, e soprattutto, per quanto sia possibile appurarlo, quella del Profeta, rispetto ai monumenti figurati. In effetti, Muḥammad non sembra essere stato quel feroce iconoclasta dipinto da una parte della tradizione, e nel *Corano* non troviamo una chiara ed esplicita condanna delle immagini. Solo un passo del libro sacro dell'Islām suscita qualche dubbio: «astenetevi dalla contaminazione degli idoli (*awṯān*), astenetevi dal discorso mendace!» (XXII 30). Qui infatti non è del tutto chiaro se si debba intendere il termine *awṯān* come «immagini» o «idoli». In ogni caso, sarebbe inutile cercare nel *Corano* la precisa interdizione delle immagini che troviamo invece nell'Antico Testamento (*Deuteronomio* V 8): «Non ti farai idolo né immagine alcuna di ciò che è lassù in cielo né di ciò che è quaggiù sulla terra, né di ciò che è nelle acque sotto la terra. Non ti prostrerai davanti a quelle cose e non le servirai».[47]

I colori di Quṣayr ʿAmra

Nel *Corano*, inoltre, non v'è traccia di divieti nei riguardi delle rappresentazioni profane, e infatti nell'Islām più antico abbondano oggetti e ornamentazioni figurate: la tradizione ci parla di pittori che decoravano le case di Medina e, come si è visto, nell'epoca del califfato umayyade grandi

47. Sul rapporto tra religione islamica e immagini vd. per esempio J. Goody, *L'ambivalenza della rappresentazione. Cultura, ideologia, religione* (1997), tr. it. di M. Gregorio, Milano, Feltrinelli, 2000 (Società, s.n.); S. Naef, *La questione dell'immagine nell'Islam* (2004), tr. it. di G. Prucca, Milano, O barra O edizioni, 2011; M. Bettetini, *Contro le immagini. Le radici dell'iconoclastia*, Roma-Bari, Laterza, 2006 (Universale Laterza, 869); Ead., *Distruggere il passato. L'iconoclastia dall'Islam all'Isis*, Milano, R. Cortina Editore, 2016 (Minima, 136); J.J. Elias, *Aisha's Cushion. Religious Art, Prception, and Practice in Islam*, Cambridge, MA-London, Harvard University Press, 2012.

cicli pittorici ornavano le sontuose residenze dei sovrani. Ancora oggi, nella steppa che circonda ʿAmmān (una regione detta al-Balqāʾ), è possibile visitare Quṣayr ʿAmra, un piccolo palazzo risalente all'epoca umayyade, in cui è conservato uno splendido ciclo di dipinti, oggi sotto la protezione dell'UNESCO, che è stato recentemente al centro di un importante restauro da parte di una missione italiana diretta da Giovanna De Palma.

Uno dei primi occidentali a darne una sintetica descrizione è Thomas E. Lawrence, che vi sostò in un pomeriggio del 1918:[48]

> Stanchi, nel pomeriggio, giungemmo a Kuseir el Amra, il palazzo di caccia di Harith, il Re Pastore e patrono dei poeti. Si stagliava meraviglioso contro lo sfondo di un bosco frusciante. Buxton organizzò il suo quartier generale nella fresca ombra della sua sala, mentre noi ci fermammo a decifrare gli affreschi sbiaditi dei muri ridendo, piuttosto che sforzandoci di capire. Alcuni uomini si ritirarono in altre stanze, ma la maggior parte, con i cammelli, si sdraiarono vicino agli alberi, per trascorrere il pomeriggio e la sera sonnecchiando. Gli aeroplani non ci avevano scovati né ci avrebbero trovati in questo posto.

Il complesso fu scoperto casualmente dall'archeologo moravo Alois Musil (cugino del grande scrittore Robert Musil) nel giugno del 1898 e da allora non ha mai mancato di stimolare l'acume e la fantasia degli studiosi. Vi spiccano scene di vita di corte e di vita quotidiana, rappresentazioni di re e di profeti, immagini di musicanti e di ballerine discinte. Alle difficoltà implicite nei caratteri del monumento – quasi privo di riscontri nella storia dell'arte islamica – si sono presto uniti gravi problemi di conservazione dei dipinti, in parte causati anche da improvvidi tentativi dello scopritore, di rimuoverne alcune parti: i restauri spagnoli dell'*équipe* di Martín Almagro, condotti negli anni '70 del secolo scorso, sono infatti valsi ad arrestare l'incalzante degrado della pellicola pittorica, non certo a riportarla alle condizioni in cui si trovava al momento della scoperta, alterando anzi il dato iconografico con integrazioni non sempre pertinenti; al contrario, il recente intervento italiano ha permesso il recupero di alcune scene e di molti dettagli già visibili al tempo di Musil e ha messo in luce un gran numero di elementi nuovi.[49]

48. T.E. Lawrence, *I sette pilastri della saggezza* (1926), tr. it. di P. Pieroni e W. Mauro, Roma, Newton Compton, 1995, p. 478.

49. *Ed. princeps* del complesso monumentale e del ciclo pittorico: A. Musil, *Ḳuṣejr ʿAmra*, I-II, Wien, K. Akademie der Wissenschaften, 1907. Sui restauri spagnoli, vd. M. Almagro, L. Caballero, J. Zozaya, A. Almagro, *Quṣayr ʿAmra. Residencia y baños Omeyas en el desierto de Jordania*, Granada, Fundación El Legado Andalusí, 2003[2]. Per ulteriore bibliografia vd. G. Fowden, *Quṣayr ʿAmra*. Cfr. da ultimo anche Di Branco, *Storie arabe di*

Ritratti 'profetici'

In questi stessi palazzi gli archeologi hanno anche rinvenuto delle statue in stucco, che ritraevano i califfi o i personaggi della storia islamica più antica, tra cui, probabilmente, anche il Profeta. D'altra parte, nei primi secoli dell'Islām esistevano numerosi racconti relativi alla diffusione delle immagini di Muḥammad. In uno scritto sui «segni della profezia» dell'erudito musulmano Abū Bakr Aḥmad bin al-Ḥusayn al-Bayhaqī – attivo nella prima metà dell'XI secolo – al capitolo intitolato «Ciò che è noto riguardo all'immagine (*ṣūra*) del Profeta Muḥammad e a proposito delle immagini dei profeti che lo hanno preceduto in Siria» l'autore narra ad esempio di un mercante meccano contemporaneo del Profeta che in un monastero di Bosra avrebbe avuto modo di vedere le immagini dipinte di Muḥammad e di Abū Bakr, il primo califfo; e di un altro commerciante di Mecca, il quale, durante un viaggio in Siria, sarebbe stato condotto in una casa decorata da pitture, e avrebbe identificato fra esse l'immagine del Profeta. Narrazioni come queste, se pure appartengono a quel particolare tipo di letteratura il cui scopo principale era di fornire ogni sorta di prove della missione profetica di Muḥammad, sono comunque di notevole antichità e rivelano un mondo saturo di immagini a carattere religioso, facendo balenare la possibilità che raffigurazioni del Profeta – ben attestate, in epoche più recenti, in molte regioni del mondo islamico – fossero presenti, in contesti di tipo privato, anche nel periodo iniziale dell'Islām.[50]

Iconoclastia islamica

Tuttavia, già nei primi decenni dell'VIII secolo si era verificato un importante episodio di iconoclastia islamica, provocato da un decreto del califfo Yazīd ibn ʿAbd al-Malik: dovette trattarsi di un provvedimento territo-

Greci e di Romani, pp. 231-254, e M. Guidetti, *The Long Tradition of the Cycle of Paintings of Qusayr ʿAmra*, in A mari usque ad marem. *Cultura visuale e materiale dall'Adriatico all'India. Scritti in memoria di G. Macchiarella*, a cura di M. Guidetti e S. Mondini, Venezia, Edizioni Ca' Foscari, 2016 (Eurasiatica. Quaderni di studi su Balcani, Anatolia, Iran, Caucaso e Asia Centrale, 4), pp. 185-200.

50. Sul testo di al-Bayhaqī vd. O. Grabar, M. Natif, *The Story of Portraits of the Prophet Muhammad*, in «Studia Islamica», 96 (2003), pp. 19-37. Sulle rappresentazioni del Profeta nella cultura visuale islamica vd. anche F. Boespflug, *Le Prophète de l'Islam en images. Un sujet tabou?*, Montrouge, Bayard, 2013.

rialmente limitato ed esplicitamente anti-cristiano, inquadrabile nel più vasto contesto delle teorie iconoclastiche elaborate in àmbito ebraico e bizantino. La vera svolta nell'atteggiamento islamico nei confronti dell'immagine si ha però con l'avvento della nuova dinastia che alla metà dell'VIII secolo sostituisce gli Umayyadi alla guida dei musulmani: gli ʿAbbāsidi. Costoro spostano la capitale dell'impero da Damasco alla Mesopotamia, dove fondano Baghdad, e rompono sia dal punto di vista politico-amministrativo sia dal punto di vista artistico con la tradizione ellenistico-romana, guardando piuttosto all'eredità persiana. In questo periodo prende forma quella grande opera di raccolta di tradizioni riguardanti Muḥammad che costituiscono, insieme allo stesso *Corano* e al consenso della comunità, le fonti della teologia e della legge islamica. In tali tradizioni l'atteggiamento nei confronti delle immagini è fortemente negativo: secondo al-Buḫārī, curatore, nel IX secolo, di una monumentale silloge di 'detti e fatti del Profeta dell'Islām', Muḥammad avrebbe espresso una ferma condanna della pittura, affermando che nel Giorno del Giudizio gli artisti sarebbero stati puniti da Dio nel modo più severo, in quanto usurpatori della funzione creativa spettante appunto solo ed esclusivamente al Creatore. Il passo successivo è la formalizzazione del divieto assoluto di produrre o utilizzare immagini, perché «gli angeli non entreranno in una casa dove c'è un dipinto», e perché coloro che le creano «mentono contro Dio e sono suoi nemici». Questo divieto tradizionale non fu comunque sempre rispettato e i giuristi stessi escogitarono degli accomodamenti: in molte regioni del mondo musulmano sovrani e ministri amanti delle arti promossero la creazione di opere pittoriche di notevolissimo livello, un'eco delle quali si ritrova nelle splendide miniature che, soprattutto a partire dal X secolo, illustrano i manoscritti islamici in lingua araba, turca e persiana, in cui ampio spazio è dato al racconto visivo delle vicende biografiche del Profeta e della sua famiglia.[51]

Polemiche e distorsioni

Come è evidente anche da questa breve sintesi, le vicende relative al rapporto dell'Islām con la sfera delle immagini sono dunque assai complesse e in larga misura non riconducibili alle categorie del pensiero artistico

51. Su Islām e attitudine iconoclasta vd. Goody, *L'ambivalenza della rappresentazione*; Naef, *La questione dell'immagine nell'Islam*; Bettetini, *Contro le immagini*; Elias, *Aisha's Cushion*.

occidentale. Nei mezzi di comunicazione di massa italiani ed europei, che si sono ampiamente occupati del problema in occasione del tragico *affaire* delle vignette rappresentanti il Profeta, con tutto il suo corollario di sangue e di morte, si è invece imposta una lettura semplicistica e fuorviante, tutta imperniata su un'astratta – e del tutto incongrua – polarizzazione tra Islām 'massimalista' e 'progressista'. Secondo alcuni intellettuali, anche musulmani, operanti in Occidente, nella controversia sulle immagini una parte del mondo musulmano avrebbe fatto prevalere un'interpretazione 'massimalista', vietando anche la raffigurazione iconica del Profeta, e indirettamente ponendo un blocco su tutta la creazione artistica islamica. Nei periodi di ripiegamento dell'Islām o di irrigidimento delle società musulmane, tale approccio si rifletterebbe anche sulla sfera politica. Questa ricostruzione, oltre a essere palesemente errata dal punto di vista storico (basti ricordare che l'ostilità nei confronti delle immagini si afferma in uno dei periodi di maggior fioritura culturale dell'Islām, e che se a tale ostilità si è talvolta derogato nella pratica, nessun musulmano, per quanto 'progressista', ha mai esplicitamente teorizzato la liceità delle immagini in campo religioso), è del tutto priva di fondamento anche per ciò che concerne la storia dell'arte: lungi dal costituire un blocco su tutta la creazione artistica, il particolare rapporto della dottrina islamica con l'iconografia ha invece rappresentato uno stimolo straordinario alla nascita di forme artistiche originali quali la calligrafia o l'arabesco, nel quadro di una contrapposizione fra spazio religioso, rigorosamente non figurativo, e spazio privato, nel quale le immagini possono invece dispiegarsi liberamente. Nel tentativo di autoaccreditarsi come critici di ogni fondamentalismo, i commentatori 'progressisti' tendono così a ingabbiare la millenaria vicenda islamica in schemi rozzi e prevedibili che poco hanno a che fare con l'autentica ricerca storica, e si avvicinano pericolosamente alla propaganda.

L'immagine del califfo

Tra le sculture islamiche di epoca umayyade giunte fino a noi, le più importanti sono quelle di Ḫirbat al-Mafǧar e Qaṣr al-Ḥayr al-Ġarbī. A esse ha dedicato un importante studio lo storico dell'arte Vincenzo Strika che ha identificato tali raffigurazioni come ritratti dei califfi regnanti. Strika si sofferma ad esempio sulla statua proveniente dal timpano sopra l'entrata del palazzo di Qaṣr al-Ḥayr al-Ġarbī: si tratta di una figura maschile, in posizione seduta e rigidamente frontale, che indossa una tunica decorata da perle e dei pantaloni di foggia palmyrena, mentre il capo era cinto da una corona di tipo sasanide, di cui restano alcuni frammenti. Come nota Strika, questa immagine è di chiara derivazione orientale, e più specificatamente iranica e riprende l'iconografia dei principi partici e sasanidi rappresentati in scultura a tutto tondo, su bassorilievi rupestri e in opere di glittica e argenteria. Un'altra scultura importante è quella rinvenuta a Ḫirbat al-Mafǧar, tra le rovine della facciata del portico della sala adiacente a un bagno, nel quale occupava il posto centrale. Qui, il personaggio è rappresentato in piedi, in posizione meno rigida della statua precedente; egli indossa larghi pantaloni e una tunica stretta alla cintura; i piedi, calzavano stivali; la mano sinistra impugna la spada. La statua era collocata su un piedistallo sul lato frontale del quale erano raffigurati due leoni accovacciati ai lati di un grande fiore. Il viso e gli abiti conservano tracce dei colori originari. La parte più espressiva della scultura sono gli occhi, molto grandi, le cui pupille, forate al centro, sono racchiuse da palpebre gonfie sopra le quali sono folte sopracciglia. La barba, notevolmente sviluppata, è composta da una serie di linee ondulate su cui si innestano i baffi, piegati verso l'alto alle estremità, mentre i capelli sono rappresentanti con un'ondulazione inversa rispetto alla barba. Anche in questo caso, il modello dell'iconografia è iranico, pur mostrando maggiore originalità nella rielaborazione arabo-islamica.

Questo tipo di rappresentazioni mostrano come l'arte umayyade, inizialmente influenzata dall'arte di Bisanzio, fu poi soprattutto ispirata da modelli sasanidi. Nel caso delle immagini dei califfi (comprese quelle sulle monete della 'fase transizionale' di cui si è detto in precedenza) l'influenza persiana diviene determinante e sostituisce completamente quella bizantina.[52]

52. V. Strika, *La formazione dell'iconografia del Califfo nell'arte ommiade*, in *Scritti in onore di L. Veccia Vaglieri*, II, in «AION», 24, n.s., XIV (1964), pp. 727-757.

1. Carta della Penisola araba.

2. Muḥammad e il monaco Baḥīrā, miniatura dal Jāmiʿ al-tawārikh di Rashīd al-dīn, Tabriz, Iran, XIV sec. (Edinburgh University Library, Or. Ms. 20, f. 43v)
3. Mecca, al-Masǧid al-Ḥarām.

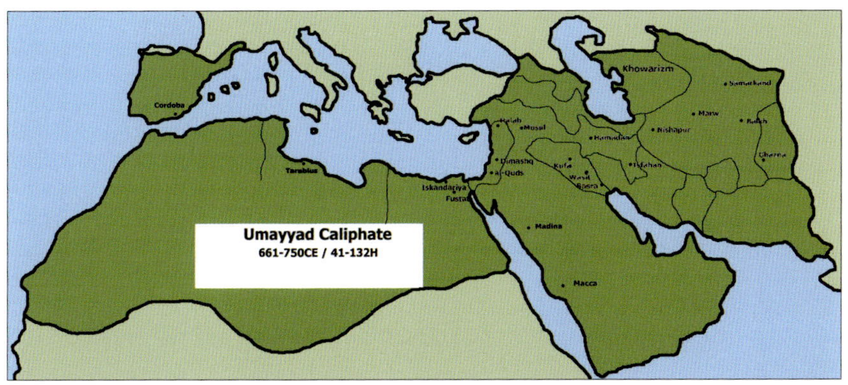

4. Carta dell'impero umayyade.
5. Berlin, Pergamon Museum, fregio di Qaṣr al-Mšattā.

6. Quṣayr ʿAmra, pannello dei “re”.
7. Qaṣr al-Ḥayr al-Šarqī, facciata.

8. Scultura di ‘califfo’ a imitazione di un modello sasanide da Ḫirbat al-Mafǧar.

9. Gerusalemme, al-Ḥarām al-šarīf.

10. Gerusalemme, la «Cupola della Roccia».
11. *Dinār* del califfo ʿAbd al-Malik (694/5 d.C.).

12. La Grande moschea di Damasco.

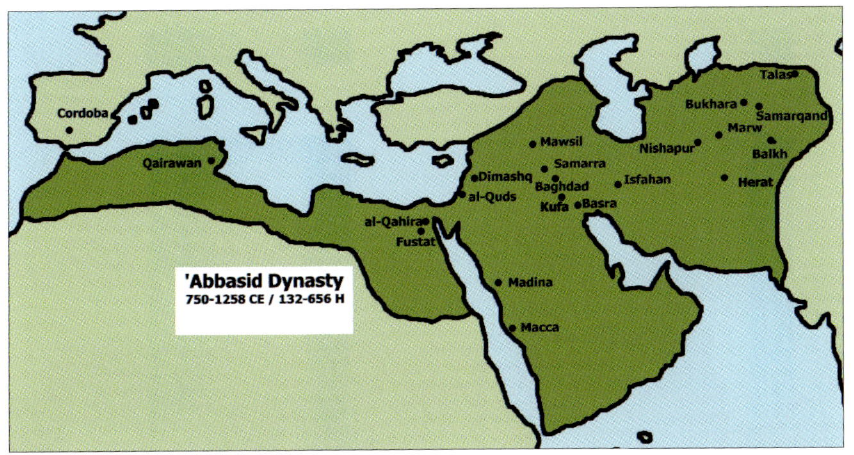

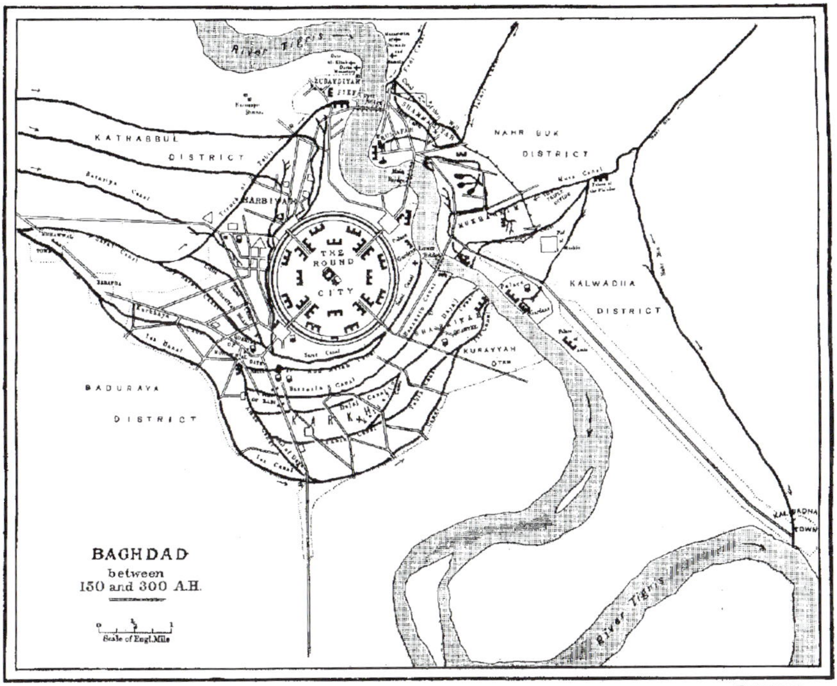

BAGHDAD
between
150 and 300 A.H.

Scale of Engl. Mile

13. Carta dell'impero ʿabbāside.
14. Baghdad.

15. Il minareto della grande moschea di Sāmarrāʾ.
16. Dipinto dal palazzo al-Ǧawsaq al-Ḫāqānī di Sāmarrāʾ.

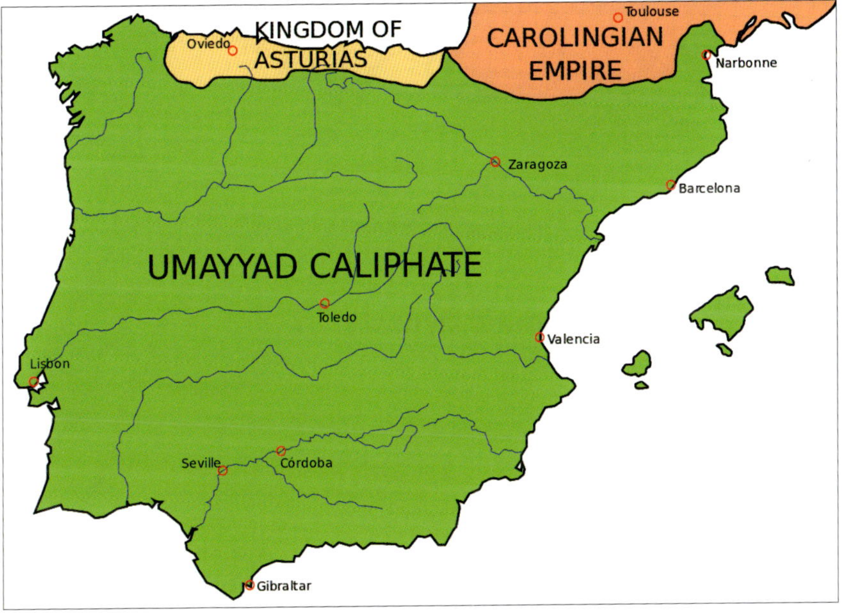

17. La Porta di Baghdad ad al-Raqqa.
18. Carta di al-Andalus.

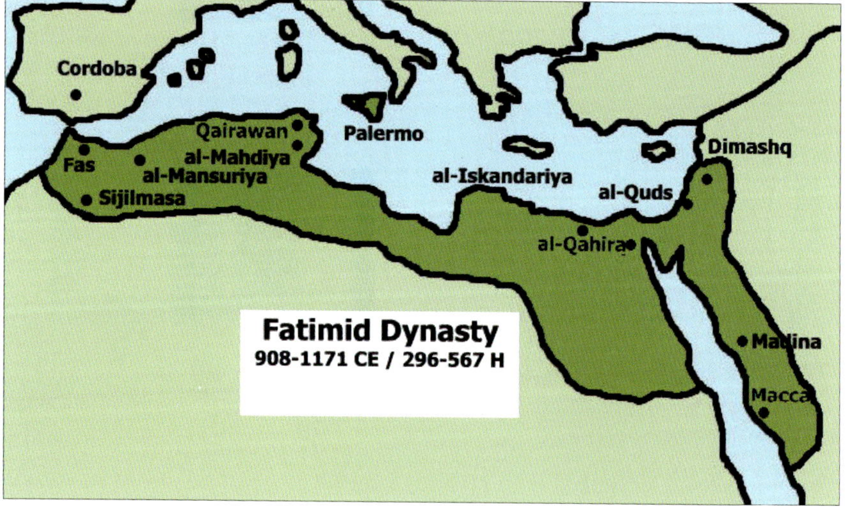

19. La grande moschea di Cordova.
20. Carta dell'impero fāṭimida.

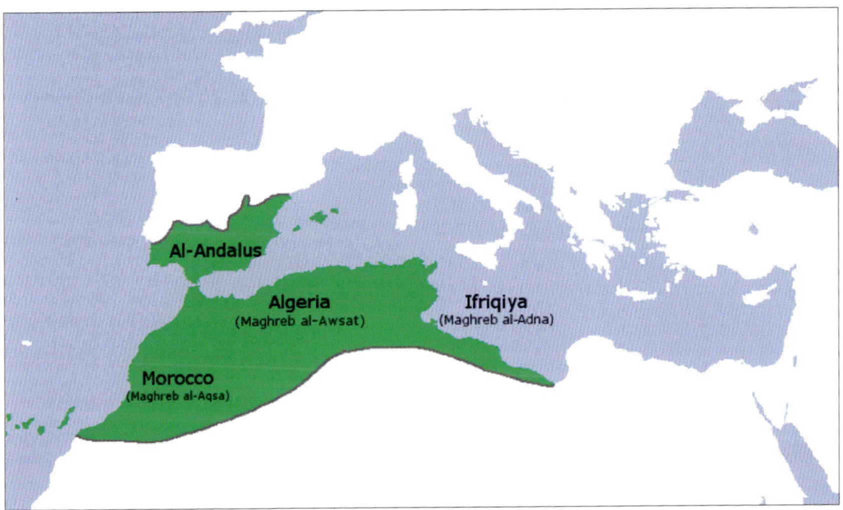

21. La moschea di al-Ḥākim al Cairo.
22. Carta dell'impero almohade.

23. Il minareto almohade di Siviglia (la Giralda).

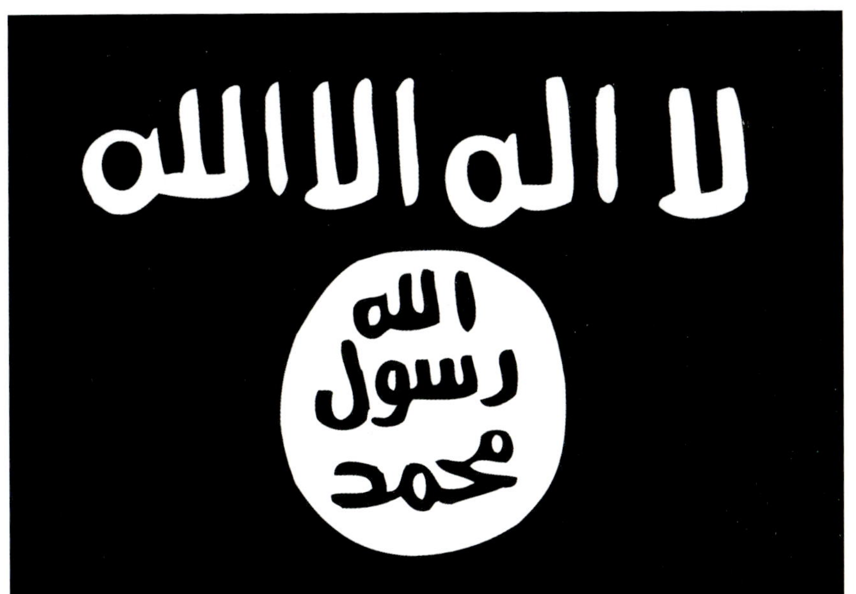

24. Bandiera dello Stato Islamico.
25. Il califfo Abū Bakr al-Ḥusaynī al-Qurašī al-Baġdādī.

26. Miliziani dello Stato Islamico.
27. Nimrud, militante dello Stato Islamico distrugge un rilievo assiro.

8. Bandiere nere dall'Oriente: nascita, apogeo e caduta del califfato ʿabbāside

Rivoluzione nel cuore dell'Islām

«'Rivoluzione' è concetto per noi familiare, a indicar la distruzione o rovina di una società o forma politica invecchiata, e la sostituzione di una nuova. In questo caso, è concetto 'plurivalente' e moderno: non mai classico».[1] Sono parole del grande storico dell'età romana Santo Mazzarino, il quale sostiene che il mondo antico e quello medievale non hanno mai conosciuto ideologie compiutamente 'rivoluzionarie'. Come è ovvio, questo non significa che nel corso dell'Antichità e del Medioevo non si siano verificate ribellioni o insurrezioni, ma solo che tali fenomeni sono stati più il risultato di improvvisi e sporadici scoppi di violenza popolare che non il frutto di una precisa e strutturata elaborazione ideologica. Se questo è in gran parte vero per l'Occidente, più problematico è estendere tali conclusioni al mondo del Vicino Oriente: ad esempio, a Bisanzio la cosiddetta «Rivolta degli Zeloti», scoppiata a Tessalonica nel 1342, è stata spesso considerata dagli studiosi come diversa dalle esplosioni ribellistiche pre-moderne, perché apparentemente dotata di un'organizzazione efficiente e di un vero e proprio programma di riforme.[2] Analogamente, ma in maniera assai più accentuata, la storiografia contemporanea sull'Islām medievale non ha remore nel chiamare in causa il concetto di «rivoluzione» per definire il turbolento passaggio di consegne alla guida della *umma* tra la dinastia umayyade e quella ʿabbāside.

1. S. Mazzarino, *L'impero romano*, I, Roma-Bari, Laterza, 1986, p. 154.

2. Sulla «Rivolta degli Zeloti» vd. da ultimo M. Di Branco, *Breve storia di Bisanzio*, Roma, Carocci, 2016 (Quality Paperbacks, s.n.), pp. 157-170.

Il primo motore rivoluzionario è stato a lungo considerato il conflitto tra Arabi e Persiani: nel suo già menzionato *Das arabische Reich und sein Sturz*, Julius Wellhausen caratterizzava l'impero umayyade come un impero diretto da un'aristocrazia araba che esercitava il potere e beneficiava dei proventi delle conquiste: un'aristocrazia che aveva rifiutato di dare spazio ai *mawālī*, cioè ai non-Arabi convertiti all'Islām, contraddicendo in maniera palese il messaggio egualitario del Profeta. Nella rivolta, guidata da un *mawlà* di origini oscure, che scoppiò inizialmente in Ḫurāsān nel 747, Wellhausen vedeva la prova del fatto che l'insurrezione era di fatto guidata da un'*élite* persiana islamizzata che rivendicava parità di trattamento con gli Arabi. Il trionfo degli ʿAbbāsidi significava per lui quello dell'elemento persiano. Questo tipo di interpretazione, che enfatizza gli aspetti etnici e si fonda sull'opposizione Arabo/Persiano, è del tutto assente dalle fonti e la maggior parte degli storici contemporanei la respinge. Essa, comunque, pone la questione, ancora non del tutto chiara, del ruolo dei *mawālī* nel movimento insurrezionale: in effetti, manca a tutt'oggi un approccio sociale al problema, che vada oltre il quadro limitato dell'appartenenza tribale ed etnica; esso sarebbe invece necessario per comprendere meglio le cause dei diversi fenomeni ribellistici che sfociarono in una vero e proprio moto rivoluzionario.

Nel solco della storiografia anglosassone, che individua una delle cause prime della rivolta nelle rivalità tra clan e tribù arabe, analizzate come espressioni di conflitti di interesse e di contrapposizioni socioeconomiche (*factionalism*), Khalid Y. Blankinship ha proposto un'interpretazione radicalmente diversa, attribuendo la caduta degli Umayyadi al blocco della loro macchina militare. Secondo l'autore, le fortune dell'impero umayyade si sarebbero basate sull'espansione territoriale tramite la guerra (di qui il concetto di *Jihād State*, uno stato basato sul *ǧihād*), ma il sistema riuscì a funzionare solo fino al momento in cui tale espansione non raggiunse il suo limite, all'epoca di Hišām ibn ʿAbd al-Malik. Da allora in poi, una serie di insuccessi militari generò una grave crisi finanziaria (a causa della diminuzione del bottino e degli alti costi necessari al mantenimento dell'armata): le misure fiscali prese per ovviarvi (aumento vertiginoso delle imposte) causarono proteste e rivolte. Blankinship, senza negare l'esistenza dei conflitti tribali, rifiuta di considerarli come l'elemento strutturale che avrebbe condotto il sistema umayyade al collasso: prima di Hišām, i califfi disponevano infatti dei mezzi per controllare e disinnescare tali conflitti, ma, dopo il suo disastroso califfato, i suoi successori non avrebbero avuto più modo di regolarli e reprimerli, perché l'armata siriana era ormai dispersa e distrutta.[3]

Propaganda e rivoluzione

La battaglia decisiva che segnò la caduta degli Umayyadi e il sorgere degli ʿAbbāsidi fu combattuta sulle rive del fiume Zāb, a Sud di Mossul, nell'attuale Iraq, nel febbraio del 750. Da un lato, c'era il califfo umayyade Marwān II, dall'altro, truppe provenienti dal Ḫurāsān e guidate da un certo ʿAbd Allāh, zio di colui che, poco prima, era stato proclamato califfo nella città di al-Kūfa: Abū 'l-ʿAbbās, un esponente di primo piano del clan dei Banū ʿAbbās – discendente da ʿAbbās ibn ʿAbd al-Muṭṭalib, uno zio del Profeta – il cui soprannome (*laqab*) era «al-Ṣaffāḥ», nella sua duplice accezione di «Generoso», ma anche di «Sanguinario».[4] Un passo dello storico al-Masʿūdī e due iscrizioni attestano che Abū 'l-ʿAbbās assunse anche il *laqab* di «al-Mahdī», che implica la rivendicazione di un ruolo messianico.

Usando una tattica tipicamente siriana, le truppe ʿabbāsidi formarono un muro inginocchiandosi con le punte delle lance rivolte verso il nemico; la cavalleria umayyade caricò, ma il muro resse: Marwān e i suoi dovettero ritirarsi disordinatamente e molti affogarono nel fiume, ingrossato dalle piogge invernali. L'ultimo califfo umayyade fuggì in Siria attraverso l'Iraq

3. Sul problema delle cause della caduta degli Umayyadi vd. Wellhausen, *Das arabische Reich und sein Sturz*; P. Crone, *Arabs, Persians and the Advent of Abbasids Reconsidered*, in «Journal of the American Oriental Society», 117 (1993), pp. 542-548. A. Elad, *The Ethnic Composition of the ʿAbbāsid Revolution*, in «Jerusalem Studies in Arabic and Islam», 24 (2000), pp. 246-326; S. Said Agha, *The Revolution which Toppled the Umayyads.* Neither Arab nor ʿAbbāsid, Leiden, Boston, Brill, 2003 (Islamic History and Civilization, 50); Blankinship, *The End of the Jihād State*; Micheau, *Les débuts de l'Islam. Jalons pour une nouvelle histoire*, pp. 172-182. Sulle spiegazioni medievali relative alla caduta della dinastia: S.C. Judd, *Medieval Explanations for the Fall of the Umayyads*, in *Umayyad Legacies. Medieval Memories from Syria to Spain*, ed. by A. Borrut and P.M. Cobb, Leiden-Boston, Brill, 2010 (Islamic History and Civilization. Studies and Texts, 80), pp. 89-104. Sul fenomeno del *factionalism* vd. soprattutto Crone, *Slaves on Horses*. Per il quadro evenemenziale vd. H. Kennedy, *Storia della più grande dinastia islamica. Ascesa e declino della corte dei califfi* (2004), tr. it. di C. Carmenati, Roma, Newton Compton, 2005 (I volti della storia, 184), e Lo Jacono, *Storia del mondo islamico*, pp. 136-152.

4. Sul significato dei soprannomi di Abū 'l-ʿAbbās vd. Lo Jacono, *Storia del mondo islamico*, pp. 138-139, n. 31, e Borrut, *Entre mémoire et pouvoir*, pp. 368-373.

settentrionale, e di qui raggiunse l'Egitto. Nel mese di agosto fu raggiunto da un contingente ʿabbāside nei pressi della cittadina di Būṣīr, nell'Alto Egitto, dove fu ucciso nel corso di uno scontro tanto breve quanto violento. L'epoca umayyade era finita.

Ma come si era giunti a questo ultimo atto?

La nascita del potere ʿabbāside è un fondamentale punto di svolta nella storia islamica. Molti furono i tentativi falliti di abbattere gli Umayyadi: il movimento che infine ne causò il crollo fu rivoluzionario in senso politico, culturale e sociale. Il significato storico più profondo del cambio di dinastia provocato da una ribellione armata preparata attraverso una raffinata e ramificata opera di propaganda non è tanto nell'azione in sé e nei suoi risultati immediati, quanto nella lunga durata delle sue acquisizioni. Con l'avvento degli ʿAbbāsidi, il volto del mondo islamico cambiò radicalmente. La dinastia regnò sul Vicino Oriente per cinquecento anni, e in questo lungo arco cronologico l'Islām raggiunse risultati importanti in ogni campo e consolidò le fondamenta ideologiche, teologiche e materiali delle sue istituzioni religiose e amministrative, creando una società eterogenea aperta al contributo creativo dei non-Arabi. Come si è detto, gli studiosi, per descrivere l'avvento degli ʿAbbāsidi, usano spesso il termine «rivoluzione». Al di là di impropri paragoni con fenomeni moderni, va ancora una volta rimarcato che il movimento ʿabbāside possedeva due degli elementi essenziali di un''autentica' rivoluzione: una fase di preparazione clandestina, portata avanti secondo ben precisi principî ideologici, e la rivolta armata vera e propria, coronata da successo. Le due fasi della rivolta sono definite nelle fonti con due termini specifici: *daʿwa*, a indicare la propaganda clandestina, e *dawla*, a significare la fase del mutamento di governo. L'idea che sta dietro questi due concetti è che il movimento aveva il fine di riportare l'Islām alla sua purezza originaria: quella del Profeta. Sin dai primi tempi della rivelazione islamica, il termine *daʿwa* era strettamente associato con Muḥammad e veniva comunemente usato per descrivere la sua missione e la sua chiamata all'Islām. Nel *Corano* (XLVI 31-32), il Profeta è chiamato *dāʿī 'llāh*, e i commentatori spiegano che egli esortava la *umma* a credere nell'unità di Dio e a obbedirGli. In un altro luogo coranico (XIII 14) è usata l'espressione *daʿwa 'l-ḥaqq*, in riferimento alla giusta e appropriata preghiera che dovrebbe essere diretta solo da Dio. La parola *daʿwa* sembra combinare le due nozioni di «vera preghiera» e di «richiamo alla preghiera» (*aḏān*). Essa allude al vero Islām, alla vera religione che viene annunciata dai *riǧāl al-daʿwa* o *duʿāt* (singolare *dāʿī*), i «missionari», il primo dei quali è appunto Muḥammad: questo uso dei *du'āt*, tipicamente 'abbāside, fu successivamente fatto proprio dagli sciiti ismā'īliti, che appunto si servirono di missionari per propagandare le loro dottrine.

Uno dei contenuti ideologici più importanti veicolati dalla *da'wa* 'abbāside è l'idea secondo cui il continuo stato di conflitto (*fiṭna*) della comunità islamica sarebbe stato il risultato dell'abbandono dell'autentico insegnamento del Profeta. Anche il governo illegale e malvagio degli Umayyadi è considerato un portato di questo stato di cose. La *da'wa* 'abbāside promette una *dawla*, o piuttosto 'la' *dawla*: una «rivoluzione» nel pieno senso della parola, che ha in sé il significato di «ritorno alla fonte» (la radice araba *d-w-l* esprime l'atto di volgersi, avvicendarsi), esprime il movimento ciclico della ruota della fortuna e fu usato per la prima volta in un contesto politico proprio in connessione con gli 'Abbāsidi. Per questi ultimi, la loro *dawla* è l'unica e l'ultima *dawla* possibile ed essi ne enfatizzano il carattere messianico e divino: essa è l'esatta replica della *dawla* del Profeta, così come la *da'wa* è una replica della chiamata di Muḥammad all'Islām. Successivamente, il termine, svuotato dei suoi significati religiosi, passò a indicare la dinastia 'abbāside, poi ad esprimere il concetto di «dinastia» in generale e infine, in epoca moderna, quello di «stato».[5]

Abū Muslim

Il più abile capo della *da'wa* 'abbāside fu 'Abd al-Raḥmān b. Muslim al-Ḫurāsānī, meglio noto con la *kunya* (soprannome onorifico derivato dal nome di un figlio, per lo più il primogenito) di Abū Muslim. Personaggio dall'ascendenza misteriosa, forse araba, forse iranica; partigiano senza esitazioni, fedele fino a perdere se stesso, su di lui si è presto formata una leggenda eroica estremamente ricca e diffusa. Egli fu il primo artefice del successo degli 'Abbāsidi, per i quali condusse una grande opera propagandistica partendo dal Ḫurāsān (regione storica dell'Asia, corrispondente alla

5. Su *da'wa*, *dawla*, i contenuti della probaganda 'abbāside, l'organizzazione e gli aspetti sociali e militari della rivolta, fondamentale M. Sharon, *Black Banners from the East*. 1, *The Establishment of the Abbasid State: Incubation of a Revolt*, Jerusalem-Leiden, The Magnes Press-Brill, 1983 (The Max Schloessinger Memorial Series, Monographs, II), e Id., *Black Banners from the East* 2. *Revolt: The Social and Military Aspects of the Abbasid Revolution,* Jerusalem, The Max Schloessinger Memorial Fund-The Hebrew University, 1990 (The Max Schloessinger Memorial Series, Monographs, V).

provincia più orientale dell'Impero persiano, oggi divisa tra Iran, Tajikistan, Uzbekistan, Turkmenistan e Afghanistan) e appoggiandosi alle truppe stanziate nella regione e ai 'coloni' arabi al loro seguito. Come scrive Biancamaria Scarcia Amoretti,[6]

> La propaganda di Abū Muslim viene abilmente impostata su un equivoco. Egli proclama il diritto della Famiglia del Profeta al califfato, ma non esplicita il nome di colui che, in caso di vittoria, otterrà il potere. I termini ideologici della stessa propaganda ripercorrono i luoghi comuni dello sciismo dell'epoca: la necessità di aderenza dell'operato del califfo al testo rivelato, l'usurpazione da parte umayyade della carica califfale, i meritati privilegi di ʿAlī e dei suoi sul resto della comunità, la pertinenza di certa esegesi coranica di fronte a interpretazioni troppo letteraliste [...]. Quando, una volta sicuro dell'esito, Abū Muslim dichiara che l'uomo per cui ha condotto la battaglia è Abū 'l-ʿAbbās, un non ʿalīde, la situazione è ormai irreversibile. Le rivolte sciite riprenderanno, ma a livello di massa non si avrà mobilitazione e, ogni volta che ci sarà un eccesso di tensione, si daranno piuttosto attese messianiche che non veri coinvolgimenti nella causa ʿalīde [...].

In effetti la propaganda ʿabbāside utilizzava il concetto di *hāšimiyya*, sottolineando la comune discendenza degli ʿAbbāsidi e degli ʿalīdi da Hāšim, bisavolo del Profeta. Inoltre, i *duʿāt* di Abū Muslim affermavano che il figlio dell'ʿalīde Muḥammad b. al-Ḥanafiyya sarebbe stato ospite degli ʿAbbāsidi nella loro roccaforte di Ḥumayma (in un'area montagnosa dell'odierna Giordania) e che qui, sul letto di morte, egli avrebbe formalmente trasmesso al cugino e discepolo Muḥammad b. ʿAlī b. al-ʿAbbās, padre del futuro califfo Abū 'l-ʿAbbās al-Ṣaffāḥ, il suo diritto di rappresentanza della Famiglia del Profeta derivatogli dal padre.

Nel 748, Abū Muslim entrava trionfalmente a Marw, che divenne il quartier generale della rivolta. Questa città, al centro di una vasta oasi lungo il basso corso del fiume Murġāb, era stata fondata nel III secolo a.C. con il nome di Antiochia Margiana dal seleucide Antioco I (250-261 a.C.) e aveva conosciuto un periodo di grande prosperità in epoca partica e sasanide. Gli Arabi la conquistarono e ne fecero una sede organizzativa per ulteriori conquiste e un importante nodo di traffici commerciali. Per breve tempo, dall'813 all'817, la città fu anche capitale del califfato. Abū Muslim vi promosse la costruzione di una serie di importanti opere pubbliche, fra le quali una nuova moschea, una grande piazza, il palazzo del governo e la prigione.

6. Scarcia Amoretti, *Sciiti nel mondo*, pp. 70-72.

Da Marw, i rivoltosi conquistarono le regioni settentrionali della Persia e infine penetrarono in Iraq, dove nel 749 si impadronirono di al-Kūfa. Qui, il 26 novembre, in quella stessa moschea nella quale era caduto assassinato il quarto califfo musulmano ʿAlī b. Abī Ṭālib – nel cui nome si era organizzato il fronte anti-umayyade – fu proclamato califfo Abū 'l-ʿAbbās al-Ṣaffāḥ, il primo dei califfi ʿabbāsidi (749/50-754). Tra i suoi più grandi successi, la cui portata fu pienamente compresa solo dopo qualche tempo, v'è l'arresto dell'espansione cinese in Asia Centrale, grazie alla battaglia combattuta presso il fiume Talas (nell'odierno Kazakistan) nel 751. Qui infatti il comandante arabo Ziyād ibn Ṣāliḥ al-Khuzāʿī, uno dei fedelissimi di Abū Muslim, inflisse al generale cinese Gao Xianzhi una dura sconfitta. L'evoluzione successiva della situazione cinese fece di questo evento un vero e proprio spartiacque fra due epoche: da allora in poi, il processo di islamizzazione dell'Asia Centrale non avrebbe più incontrato ostacoli. L'aneddoto secondo cui, in tale occasione, alcuni fabbricanti di carta cinesi fatti prigionieri al Talas avrebbero introdotto gli Arabi all'uso della carta è molto probabilmente un'invenzione: tuttavia, è vero che fu in Asia Centrale e in Ḫurāsān che i musulmani entrarono per la prima volta in contatto con questo economico prodotto di origine cinese che divenne presto di uso comune nell'impero islamico. Il risultato è, anche in questo caso, epocale: un'efflorescenza di libri e di cultura scritta incomparabilmente più massiccia di quanta ne conobbe l'Europa prima dell'invenzione della stampa a caratteri mobili, nel XV secolo.[7]

Bandiere nere dall'Oriente

Le fonti che descrivono i trionfi degli eserciti rivoluzionari ʿabbāsidi si soffermano costantemente su un particolare: gli stendardi neri che essi

7. Sulla figura di Abū Muslim è ora fondamentale Sharon, *Black Banners from the East*, 1, pp. 201-226, con ulteriore bibliografia. Sulla sua leggenda, imprescindibile I. Mélikoff, *Abū Muslim, le «porte-hache» du Khorassan dans la tradition épique turco-iranienne*, Paris, A. Maisonneuve, 1962; vd. anche K. Babayan, *Mystics, Monarchs, and Messiahs. Cultural Lanscapes of Early Modern Iran*, Cambridge, MA-London, Harvard University Press, 2002 (Harvard Middle Eastern Monographs, XXXV), pp. 121-160. Sulla battaglia del Talas e sulla diffusione della carta nel mondo islamico vd. Ch.I. Beckwith, *Empires of the Silk Road: A History of Central Eurasia from the Bronze Age to the Present*, Princeton, 2009, Princeton University Press, pp. 143-146, e J.M. Bloom, *Paper before Print. The History and Impact of Paper in the Islamic World*, New Haven-London, Yale University Press, 2001, pp. 42-45.

innalzano verso il cielo. Il nero era il colore della *daʿwa* e inizialmente alludeva alla rivolta (*taswīd*) contro gli Umayyadi, i cui sostenitori indossavano vesti bianche e portavano bianchi vessilli (*tabyīd*). I seguaci degli ʿAbbāsidi erano chiamati *musawwida*, i «vestiti di nero», definizione che veniva utilizzata sia dai favorevoli sia dai contrari al movimento. La tradizione filo-ʿabbāside ricollega le bandiere nere che giungono dall'Oriente a una profezia di Muḥammad, che avrebbe preconizzato l'avvento di una nuova dinastia contraddistinta da tali stendardi: ciò, al fine di dissipare la fitta cortina di critiche provenienti dagli ambiti religiosi nei confronti di ogni tipo di ribellione o dissenso interno. Nello stesso spirito, il nero delle vesti e dei vessilli è presentato come denso di un forte potere simbolico. Le spiegazioni delle origini della scelta di questo colore sono varie e si adattano ai vari ambienti che le produssero o ai quali erano rivolte. Sappiamo comunque che gli ʿAbbāsidi non furono i soli ad innalzare bandiere nere contro gli Umayyadi: anche gli stendardi di un altro famoso ribelle, Ḥāriṯ b. Surayǧ, erano dello stesso colore. Una delle motivazioni più diffuse in ambito ʿabbāside dell'uso di vesti nere è quella dell'imitazione della *sunna* del Profeta, che le avrebbe indossate in occasione della conquista di Mecca. Anche le bandiere di Muḥammad e di ʿAlī sarebbero state nere. Il primo le avrebbe adottate dopo la sconfitta di Uḥud, in segno di lutto e di vendetta. Come è evidente, è a questa stessa tradizione che si rifanno le vesti nere del califfo al-Baġdādī e gli stendardi neri dell'IS, recanti su di essi la professione di fede: «Non c'è dio al di fuori di Dio, Muḥammad è l'inviato di Dio»[8]

La 'rivoluzione tradita' e i «profeti nativisti»

Come altri che, prima e dopo di loro, hanno ottenuto il potere grazie a un movimento rivoluzionario, gli ʿAbbāsidi furono presto costretti a scegliere tra la rivoluzione permanente e le necessità del governo e dell'impero. Essi scelsero queste ultime, e dovettero dunque affrontare il rabbioso risentimento dei loro seguaci più consequenziari e intransigenti. A regolare i conti con fredezza e spietatezza fu il secondo califfo ʿabbāside, fratello di Abū 'l-ʿAbbās, Abū Ǧaʿfar ʿAbd Allāh ibn Muḥammad al-Manṣūr («il Vittorioso», 754-775). Lo stesso Abū Muslim, il grande stratega dei trionfi

8. Su tutta la questione vd. Sharon, *Black Banners from the East*, 2, pp. 51-93.

ʿabbāsidi, ritenuto troppo pericoloso, fu convocato alla corte califfale di stanza ad al-Madāʾin, presso l'antica Ctesifonte e fatto uccidere sul posto dalle guardie (755): il suo cadavere fu gettato nel Tigri. L'azione di al-Manṣūr ebbe come conseguenza la rivolta di Sunbāḏ, il primo di quelli che Patricia Crone ha efficacemente definito «profeti nativisti», figure carismatiche portatrici di valori 'iranici' endemici (come ad esempio credenze e usanze mazdee) che, grazie alla loro opera, in taluni casi divengono epidemici, provocando rivolte rurali e sovvertimenti sociali che costituiscono una sorta di risposta 'nazionale' persiana alla penetrazione musulmana nel paese. La predicazione di Sunbāḏ, in cui a motivi islamici si univano elementi mazdei, aveva appunto al centro il motivo della 'vendetta di Abū Muslim'. Massacrato il governatore di Rayy e impadronitosi degli abbondanti tesori del grande *dāʿī*, egli si proclamò pubblicamente vendicatore di Abū Muslim e si fece passare per il suo profeta (*rasūl*), affermando che quest'ultimo non sarebbe morto, ma, avendo invocato il «nome segreto di Dio», si sarebbe trasformato in una colomba e sarebbe volato via, per raggiungere il *mahdī* e Mazdak (un celebre 'rivoluzionario' dell'epoca sasanide) in un castello di rame, dal quale i tre avrebbero presto fatto ritorno sulla terra. La rivolta, alla quale parteciparono soprattutto montanari del Daylām (circoscrizione dell'attuale regione iraniana del Gīlān) dalla scarsissima islamizzazione, si sviluppò nell'area tra Rayy e Hamadān e fu domata con grande fatica dalle forze ʿabbāsidi (circa 755). Negli stessi anni si verificarono varie sollevazioni con le stesse caratteristiche: la più importante fu quella di al-Muqannaʿ («il Velato») che si svolse intorno al 779, sotto il califfato del figlio e successore di al-Manṣūr, Abū ʿAbd Allāh Muḥammad ibn ʿAbd Allāh al-Manṣūr, detto «al-Mahdī» (775-785): uomo di umili origini (inizialmente avrebbe fatto il lavandaio, ma poi le fonti si contraddicono affermando che sarebbe stato il figlio di uno dei comandanti al servizio del governatore del Ḫurāsān), si diede allo studio delle scienze, della magia e dell'alchimia e successivamente si proclamò dio e profeta, inaugurando una propria *daʿwa* personale e chiamando a sé i Sogdiani e i Turchi dei villaggi della Transoxiana. Del movimento di al-Muqannaʿ, facevano parte individui dei ceti bassi della società persiana, ma anche magnati impoveriti (i cosiddetti *dihqān*) ed ex-militari sradicati. La rivolta che ne seguì fu domata dagli ʿAbbāsidi, ma le sue cause non vennero intaccate, ed infatti pochi anni dopo essa si ripropose, in un teatro diverso, l'attuale Azerbaijan (alla periferia nordoccidentale del territorio iranico), e con un diverso *leader*, Pāpak, imbevuto di dottrine improntate a un sincretismo islamico-mazdaico, ma con i medesimi protagonisti: grandi masse di individui appartenenti agli strati più bassi della società iranica. L'attività sovversiva del movimento di Pāpak si protrasse per circa vent'anni (dall'816 all'838), poi anche questa rivolta fu soffocata nel sangue. Ma, ancora una volta, il problema sociale che era alla sua base non era certo risolto e ulteriori fenomeni ribellistici costituiranno una costante della regione per tutta la durata del califfato ʿabbāside, riemergendo in forme sempre diverse, l'ultima e la più significativa delle quali è costituita dall'attività sovversiva degli ismāʿīliti di Alamūt.[9]

Infine, gli ʿAbbāsidi dovettero affrontare anche una rivolta degli ʿalīdi, prima illusi e infine delusi nelle loro aspettative rivoluzionarie. Alla guida del movimento sciita si posero Muḥammad detto «Nafs al-Zakiyya» («Anima pura») e suo fratello Ibrāhīm, nipoti di al-Ḥasan b. ʿAlī. Il primo occupò Medina, la città-simbolo del Profeta, e vi si asserragliò, ma, dopo una breve resistenza, dovette cedere a un contingente ʿabbāside guidato dal nipote del califfo al-Manṣūr (dicembre 762), al quale fu portata la testa di Muḥammad, che si era rifiutato di arrendersi ed era morto con la spada in pugno; il secondo, che aveva fomentato una rivolta ad al-Baṣra, affrontò in campo aperto l'armata califfale e dovette soccombere. Di notevole interesse appare il fatto che due tra i più prestigiosi giuristi musulmani si schierarono più o meno apertamente con i ribelli: Abū Ḥanīfa al-Nuʿmān ibn Ṯābit, il fondatore della scuola ḥanafita,[10] pagò con il carcere e con la morte il suo sostegno dichiarato nei confronti di Nafs al-Zakiyya, mentre Mālik ibn Anas, fondatore della scuola mālikita, che pure aveva inizialmente mantenuto una posizione di neutralità, fu condannato alla fustigazione per aver emanato un pronunciamento legale (*fatwà*) che considerava il giuramento prestato al califfo al-Manṣūr come non vincolante, in quanto estorto con la forza, aprendo così le porte alla ribellione. Sia l'atteggiamento di Abū Ḥanīfa sia la *fatwà* di Mālik ibn Anas sono indicativi di un rapporto conflittuale fra il califfo e il ceto degli *ʿulamā'*, i cui sviluppi, che avremo modo di seguire tra breve, sono particolarmente interessanti.[11]

9. Sulle rivolte sociali dei «profeti nativisti» sempre illuminante Bausani, *Persia religiosa*, pp. 147-172; vd.anche P. Crone, *The Nativist Prophets of Early Islamic Iran. Rural Revolt and Local Zoroastrianism*, Cambridge, Cambridge University Press, 2012.

10. Sulle scuole giuridiche islamiche vd. *infra*, pp. 192-193.

11. Sulla rivolta di Nafs al-Zakiyya vd. A. Elad, *The Rebellion of Muḥammad al-Nafs al-Zakiyya in 145/762.* Ṭālibīs *and Early ʿAbbāsīs in Conflict*, Leiden-Boston, Brill, 2015 (Islamic History and Civilization, 118). Sull'atteggiamento dei giuristi vd. ad es. Lo

Da Damasco a Baghdad: i nuovi spazi del potere dei califfi

Con la nascita del nuovo impero ʿabbāside si pone il problema di individuare un nuovo nucleo amministrativo degno della grande struttura di potere in formazione. Il processo di trasferimento a Est del baricentro politico della *umma* islamica non fu certo né indolore né privo di problemi: in Siria, gli ʿAbbāsidi dovettero affrontare la lunga resistenza della fazione filo-umayyade che, in forme diverse, si protrasse fino alla fine del IX secolo. Se le fonti pongono l'accento sulla radicalità della transizione del centro gravitazionale del califfato dall'Eufrate al Tigri, studi recenti hanno evidenziato come questo passaggio sia stato in realtà assai più sfumato di quanto non si pensi: l'Eufrate, in effetti, continua a esercitare una forte attrazione anche in epoca ʿabbāside, come provano i progetti urbanistici e architettonici di al-Rāfiqa e al-Raqqa.[12]

Secondo Plinio il Vecchio, la città poi chiamata al-Raqqa sarebbe stata fondata da Alessandro Magno (su un insediamento preesistente forse da indentificare con il centro babilonese di Tuttul), mentre per lo storico Appiano di Alessandria il suo fondatore sarebbe stato Seleuco I. Nota inizialmente come Nicephorium, fu poi chiamata anche con il nome di Callinicum, forse in onore del sovrano ellenistico Seleuco II Callinico (246-226 a.C.) o di un omonimo sofista dell'epoca dell'imperatore Gallieno. Con l'avanzata romana verso Oriente, iniziata dai Flavi e portata alla sua massima espansione da Traiano, Nicephorium/Callinicum entrò a far parte dell'impero di Roma, ospitando probabilmente unità scelte di *limitanei*, truppe armate alla leggera il cui compito era quello di sorvegliare i confini, mentre alcuni km più a Ovest, a Sura, si trovava il campo della legione XVI Flavia Firma, posta a guardia dell'Eufrate. Tra il III e il VI secolo d.C., la città fu al centro di una continua contesa fra i Persiani e i Romani prima e i Bizantini poi. Dopo un periodo di declino, Nicephorium/Callinicum fu ricostruita da Leone I (457-474 d.C.), che la dotò di imponenti fortificazioni, tanto che,

Jacono, *Storia del mondo islamico*, pp. 155-156, e R. Tottoli, *Introduzione*, in Mālik ibn Anas, *Al-Muwaṭṭaʾ. Manuale di legge islamica*, a cura di R. Tottoli, Torino, Einaudi, 2011 (I millenni, s.n.), pp. VII-LXXVI: p. XXXVI. Cfr. anche *infra*, pp. 192-193.

12. Sulla situazione della Siria nel periodo di transizione tra umayyadi e ʿabbāsidi vd. soprattutto P.M. Cobb, *White Banners. Contention in ʿAbbāsid Syria, 750-880*, Albany, NY, State University of New York Press, 2001 (SUNY, s.n.), e Borrut, *Entre mémoire et pouvoir*, pp. 383-466.

in suo onore, la città fu per un breve periodo ribattezzata Leontopoli. Altre fortificazioni vi aggiunse poi Giustiniano.

Le truppe musulmane lanciate alla conquista della Siria e dell'Iraq conquistarono Nicephorium/Callinicum nel 639/40, sotto la guida del generale ʿIyāḍ b. Ġanm, che divenne il primo governatore della regione denominata al-Ǧazīra (nel Nord-Est della Siria attuale). Da allora in poi, la città, che si trasformò rapidamente in un centro urbano islamico, dotato di una grande moschea congregazionale, fu chiamata al-Raqqa. Per tutto il periodo del califfato umayyade essa mantenne il suo ruolo di guarnigione militare, ma l'epoca della sua maggiore fioritura ha inizio appunto con la fondazione del califfato ʿabbāside, quando accanto ad al-Raqqa, su iniziativa di al-Manṣūr, viene costruita una città totalmente nuova chiamata al-Rāfiqa, cioè «la Compagna» (di al-Raqqa), protetta da una cinta muraria di 5.000 metri con 132 torri, un fossato e un vallo esterno. Originariamente, si accedeva alla città, dalla pianta a ferro di cavallo, da tre grandi porte metalliche disposte in asse con le principali vie di comunicazione, la cui imponenza e bellezza furono celebrate da molti autori arabi. Uno dei monumenti più importanti di al-Rāfiqa era la grande moschea costruita in mattoni crudi, rivestita in mattoni cotti, circondata da una serie di torri rotonde e con il tetto sostenuto da arcate poggianti su pilastri: una tipologia architettonica del tutto nuova che servì da modello per le più tarde moschee del venerdì di Baghdad e di Sāmarrā'.

Al-Raqqa/al-Rāfiqa capitale del califfato

L'insieme costituito dalle due città 'compagne' di al-Raqqa e al-Rāfiqa formava il più grande agglomerato urbano della Siria e della Mesopotamia settentrionale. Fu dunque assolutamente logica la scelta di Hārūn al-Rašīd (786-809), che nel 796 decise di spostare la sua residenza ad al-Raqqa (nel frattempo, era già stata fondata Baghdad), rimanendovi fino all'808. Durante il periodo della sua permanenza in città, il califfo rafforzò le mura e fece costruire un grande quartiere palatino a Nord di al-Raqqa e al-Rāfiqa. Questa magnifica residenza, che si estendeva su un'area di quasi 10 km^2, includeva edifici riservati alla famiglia di Hārūn (Qaṣr al-Salām, «Palazzo della Pace»), dove vivevano sua moglie Zubayda e i suoi figli al-Amīn, al-Ma'mūn e al-Qāsim, e un'area riservata a una guarnigione. Per portare acqua al palazzo, furono costruiti due canali che attingevano rispettivamente al vicino Eufrate e alle lontane montagne del Nord dell'Anatolia. In questo periodo, il complesso urbano di al-Raqqa/al-Rāfiqa divenne l'autentico centro politico e militare del califfato ʿabbāside: di qui si lanciavano campagne contro l'impero bizantino; di qui partivano verso Mecca le grandi carovane del pellegrinaggio. Presso la città sorgono ancora oggi le imponenti rovine di un monumento che celebrava le vittorie del califfo, probabilmente costruito con le spoglie delle chiese della regione, distrutte per ordine di Hārūn nell'806/7 e che, per la sua morte improvvisa, avvenuta nell'808, rimase incompiuto. Fuori dalla città si trovavano anche molti laboratori artigianali, che producevano una caratteristica ceramica e vetri pregiati, decorati a rilievo o con la tecnica del lustro.

Anatomia di un declino

Hārūn al-Rašīd, figlio del califfo Muḥammad ibn ʿAbd Allāh, detto «al-Mahdī», fu uno dei più celebri sovrani islamici. Il suo regno fu prospero sia nel campo culturale sia in quello politico e diplomatico. La sua figura e la sua corte sono al centro di molti aneddoti: la famosa silloge favolistica delle *Mille e una Notte* contiene numerose storie ispirate al mito della 'dolce vita' di Hārūn. Tra gli episodi più celebri del suo califfato va senz'altro annoverato quello delle missioni diplomatiche che egli, tra il 797 e l'807, scambiò con Carlo Magno, missioni che misero in contatto due civiltà, l'occidentale cristiana e l'orientale musulmana, che entreranno in conflitto circa tre secoli più tardi con la prima Crociata. È però proprio a partire dal califfato di Hārūn al-Rašīd che è possibile rintracciare i primi segni del declino del califfato ʿabbāside, il più evidente dei quali fu il rapido collasso, sotto i suoi successori, dell'autorità che il califfo riusciva a esercitare sulle province. A Occidente, la Spagna e il Nordafrica divennero praticamente indipendenti sotto i rispettivi emiri, che tributavano agli ʿAbbāsidi un riconoscimento meramente formale; nell'868, fu la volta dell'Egitto: il governatore del paese, il turco Aḥmad Ibn Ṭūlūn, non solo si rese autonomo dal califfato, ma riuscì a estendere la propria autorità alla Siria; da allora in poi, salvo per brevissimi periodi, l'Egitto non fu mai più sottoposto all'autorità di Baghdad.

La morte di Hārūn al-Rašīd (809) fu un durissimo colpo per la sua nuova capitale: a meno di un anno dalla scomparsa del califfo, sua moglie Zubayda organizzò il trasferimento del grande tesoro degli ʿAbbāsidi a

Baghdad, dove suo figlio al-Amīn fu proclamato califfo (809-813). Quando quest'ultimo entrò in conflitto con suo fratello al-Maʾmūn, che conquistò Baghdad nell'813, ad al-Raqqa/al-Rāfiqa scoppiò una rivolta che causò la distruzione del grande mercato collocato nell'area di confine fra le due città gemelle. Per controllare la situazione, al-Maʾmūn, che nel frattempo aveva assunto il potere, inviò ad al-Raqqa il generale Ṭāhir b. al-Ḥusayn in qualità di governatore della regione di al-Ǧazīra, carica che fu trasmessa anche ai suoi discendenti. In questo periodo, ha inizio un rapidissimo declino delle strutture cittadine, che fu interrotto solo da una breve ripresa in connessione con l'ultima grande spedizione militare partita da al-Raqqa contro l'impero bizantino, che condurrà, nell'838, alla conquista della famosa cittadella di Amorio, importantissimo snodo strategico e commerciale. Sotto il califfo Abū Isḥāq Muḥammad ibn Hārūn al-Rašhīd, detto «al-Muʿtaṣim» (833-842), si procedette infatti alla costruzione di nuove strutture nel suburbio che divideva le due città e la grande moschea di al-Rāfiqa fu arricchita di nuove decorazioni in stucco. Tuttavia, il numero di abitanti diminuì radicalmente e l'area urbana effettivamente occupata si ridusse in maniera drastica. Da allora, come riferiscono gli storici arabi, al-Raqqa/al-Rāfiqa divenne una sede privilegiata per sovrani caduti in disgrazia o esiliati.

Saladino e il revival *di al-Raqqa*

Il declino della città si accentuò moltissimo tra il X e l'XI secolo, quando l'impero ʿabbāside entrò in una crisi irreversibile, ma nel 1135 al-Raqqa fu conquistata da ʿImād al-dīn Zanǧī, fondatore di una grande dinastia di governatori (*atabeg*) che ebbe come capitali prima Mossul e poi Damasco. Suo figlio, il celebre Nūr al-dīn (che le fonti medievali occidentali chiamano «Norandino»), si impegnò a fondo per riportare la città alla sua passata grandezza, ricostruendo alcuni palazzi, restaurando la grande moschea, che venne dotata di un grande minareto cilindrico, e facendo edificare *ex-novo* un ospedale e alcune madrase. Tuttavia, ora la città occupava solo la metà orientale del centro urbano ʿabbāside. A essa si accedeva attraverso la Porta di Baghdad, ornata da una tanto semplice quanto splendida decorazione di mattoni.

Dopo aver accolto tra le sue mura Alessandro Magno e Hārūn al-Rašīd, nel 1182, al-Raqqa ricevette la visita di un altro celebre sovrano, Ṣalāḥ al-dīn Yūsuf ibn Ayyūb, meglio noto come Saladino (sultano d'Egitto e di Siria dal 1174 al 1193). In quest'anno, infatti, la città passò sotto il controllo degli Ayyūbidi. Anche in questo caso, fu il fratello di Saladino, Al-Malik al-ʿĀdil Sayf al-dīn (1200-1218), a dotare la città di nuovi edifici: le fonti ricordano in particolare la costruzione di palazzi, bagni e giardini. Sotto la dinastia fondata da Saladino, quella degli Ayyūbidi, al-Raqqa divenne famosa per la sua produzione di ceramica invetriata, di straordinaria perfezione tecnica e artistica, che fu esportata in tutto il mondo islamico e anche fuori dai suoi confini. Le officine degli artigiani, che sono state ritrovate dagli archeologi negli anni Venti del XX secolo, erano poste nelle immediate vicinanze della città, a Sud della grande moschea e presso il tratto orientale delle mura.

Alla ricerca della città perduta

Dopo la caduta degli Ayyūbidi, avvenuta alla metà del XIII secolo, al-Raqqa, nel 1259, fu investita dall'invasione mongola, in seguito alla quale venne totalmente abbandonata, per essere riportata in vita, come avamposto militare, solo all'inizio dell'epoca ottomana. Il sito tornò ad essere popolato alla fine del XIX secolo, quando il governo turco vi insediò un gruppo di Circassi per controllare la regione. Da allora, anche grazie all'intenso sfruttamento agricolo dell'area, l'insediamento non ha mai cessato di ampliarsi e svilupparsi, divenendo capitale di provincia e attivissimo centro agricolo e industriale. Ma la sua antica e favolosa storia di capitale imperiale, come testimoniano anche le recenti vicende, non è mai stata dimenticata. I primi scavi archeologici nel centro urbano medievale risalgono al 1944. Successivamente, sono state condotte varie campagne da parte della Direzione Generale delle Antichità e dei Musei della Siria e dell'Istituto Archeologico Germanico di Damasco, che si sono soprattutto concentrate su quattro grandi palazzi (A, B, C e D) di epoca ʿabbāside. Recentemente, si è cercato di ricostruire un largo tratto della cinta muraria semicircolare in mattoni crudi e cotti della città ʿabbāside, conservata per circa due terzi. Le mura avevano originariamente un doppio spessore ed erano rinforzate ogni 35 metri da torri rotonde. All'angolo Sud-Est della fortificazione si eleva la Porta di Baghdad, che secondo gli studiosi risalirebbe alla metà del XII secolo, decorata da un fregio di mattoni in stile tipicamente mesopotamico. Al centro dell'area racchiusa dalle mura sorgeva la grande moschea, di cui oggi resta solo l'alto minareto e una parte del colonnato della corte centrale. C'è solo da sperare che i fantomatici *leaders* dell'IS rispettino questo straordinario complesso archeologico, anche se la distruzione della moschea di Giona di Mossul e di altri edifici religiosi considerati 'eretici' da parte di milizie dello «Stato Islamico» mostra che anche i monumenti della gloriosa tradizione musulmana non possono considerarsi del tutto al sicuro.[13]

Al-Raqqa capitale dello «Stato Islamico»

Se ci si si è soffermati così a lungo sulla storia di al-Raqqa è anche per un motivo di stretta attualità: essa, infatti, come è noto, è stata scelta dalla dirigenza dell'IS quale capitale del nuovo «Stato Islamico», facendo certamente riferimento anche alla sua storia gloriosa di città califfale. Una recente inchiesta del quotidiano britannico *The Independent* ha messo in luce da un lato la brutalità dell'occupazione, con il taglio delle comunicazioni fra al-Raqqa e il resto del mondo, l'applicazione della legge islamica, la proibizione assoluta degli alcolici, la chiusura obbligata dei negozi negli orari della preghiera e la cacciata, il rapimento o l'uccisione dei dissidenti e degli 'infedeli' (nella zona di al-Raqqa, nel luglio 2013, sarebbe stato rapito il gesuita Paolo Dall'Oglio, noto per aver rifondato in Siria la comunità di Mār Mūsà, erede di un'antica tradizione monastica); dall'altro la capacità dei membri dell'IS di guadagnarsi il consenso della popolazione locale attraverso il ripristino dei servizi di prima necessità, un reddito di sussistenza garantito alle famiglie più bisognose e un rigido controllo sui costi dei beni primari. Ma uno degli elementi più interessanti che emergono dall'inchiesta è il richiamo in città di funzionari, politici ed economisti di fede musulmana provenienti da tutto il mondo islamico, allo scopo di riorganizzare in senso fondamentalista l'assetto della regione. È questa una consuetudine che si rifà esplicitamente alla tradizione in uso nelle grandi compagini islamiche del passato: dalla Baghdad degli ʿAbbāsidi alla Sa-

13. Su storia e archeologia di al-Raqqa/al-Rafīqa vd. *Raqqa* II. *Die islamische Stadt*, hrsg. von S. Heidemann, A. Becker, Mainz, Ph. von Zabern, 2003, con ulteriore bibliografia. Sulla figura storica di Hārūn al-Rašīd e sul suo mito vd. da ultimo T. El-Hibri, *Reinterpreting Islamic Historiography. Hārūn al-Rašīd and the Narrative of the ʿAbbāsid Caliphate*, Cambridge, Cambridge University Press, 1999 (Cambridge Studies in Islamic Civilization, s.n.), pp. 17-58.

marcanda di Tamerlano, era ben radicato l'uso di convocare a corte i migliori intellettuali della comunità musulmana, invitati a mettere le proprie competenze al servizio dei sovrani.[14]

Baghdad: la «Città della Pace»

La predilezione degli ʿAbbāsidi per la Mesopotamia si concretizzò in un preciso atto politico e ideologico: la fondazione *ex-novo* della loro nuova capitale, Madīnat al-Salām, la «Città della Pace», voluta dal califfo al-Manṣūr nel 762 (il trasferimento ufficiale della corte in città avvenne un anno dopo). Dopo un breve periodo in cui la capitale ʿabbāside fu praticamente itinerante, spostandosi, a seconda delle circostanze, in vari siti della regione di al-Kūfa – da al-Hašimiyya ad al-Anbār – e dopo un'accurata esplorazione delle aree considerate più praticabili, la scelta definitiva cadde su una zona particolarmente fertile del corso del Tigri, distante dall'Eufrate solo 50 km, che costituiva un nodo strategico per le comunicazioni via terra e via fiume (anche attraverso una fitta rete di di canali navigabili). Si trattava, non certo a caso, della stessa regione in cui erano sorte Babilonia, Seleucia e Ctesifonte. La grande innovazione di al-Manṣūr fu l'adozione della forma planimetrica circolare (di antica derivazione iranica). La città di Madīnat al-Salām, che divenne presto meglio nota con il nome persiano di Baġdād (quello del piccolo villaggio che sorgeva nelle vicinanze del sito scelto per la nuova capitale ʿabbāside e che deriva forse dal persiano *Bagh dādh*, «fondata da Dio»), era infatti strutturata come una grande corona, del diametro di circa 2.000 m, il cui anello esterno comprendeva una doppia cerchia di mura turrite, separate da un fossato, che racchiudevano nella prima fascia i quartieri residenziali, divisi in base all'etnia dei loro abitanti. Quest'area era attraversata da quattro passaggi cui si accedeva da porte, poste fra coppie di torri, che, in base alla direzione verso la quale si aprivano, avevano i nomi di Porta Damasco, Porta al-Kūfa, Porta al-Baṣra e Porta Ḫurāsān. Al centro della grande spianata circolare delimitata dai vari quartieri, sorgeva il palazzo, di forma quadrata, con il trono del sovrano al centro, addossato al muro *qiblī* della Grande Moschea. Ovviamente, questo schema spaziale ha una precisa valenza ideologica e simbolica e

14. http://www.independent.co.uk/news/world/middle-east/life-under-isis-for-residents-of-raqqa-is-this-really-a-caliphate-worse-than-death-9715799.html.

conferisce una posizione di assoluta preminenza politico-religiosa alla figura del califfo. Baghdad viene a configurarsi come la terra dell'Eden, una sorta di paradiso terrestre che costituiva un'alternativa alla centralità del santuario meccano. Come ha scritto Oleg Grabar, «Baghdad divenne nota quale ombelico dell'universo e i geografi medievali vedevano nell'Iraq la più importante e la più favorita terra del mondo. E nel mezzo della città circolare, al centro del cosmo, sedeva il califfo sotto la sua doppia cupola. L'anello dei quartieri di abitazione non era che una sorta di simbolo dell'universo che attorniava il suo sovrano».[15] Il significato cosmologico associato alla città dagli autori musulmani è ben evidente in un suo splendido elogio composto dal geografo al-Qazwīnī:[16]

> Madre del mondo, signora delle contrade, paradiso terrestre, città della pace, cupola dell'Islām, plesso dei due affluenti, miniera di leggiadrie, fucina d'alti ingegni. Qui l'aria è più mite che ovunque, l'acqua più dolce che mai, la terra migliore che si possa, e lo zefiro, il più delicato che esista. La edificò il califfo al-Manṣūr che, volendo costruire una città, inviò alla cerca d'un sito un esploratore che gli riferì: «Principe dei credenti, io credo che tu edificherai sulla sponda del Tigri; colà, dalla terra e dal mare, converranno derrate e prodotti. Dal Tigri e dall'Eufrate verranno le materie, e vi saranno addotte leggiadrie d'India e di Cina, le derrate d'Armenia, d'Azerbaijan, del Dyārbakr e di Rabīʿa colà converranno, e nessun altro luogo al pari di quello sopporterà milizia abbondante». Meravigliato dalle sue parole, al-Manṣūr ordinò agli astrologi, tra i quali v'era Nawbaḫt, di scegliere il momento propizio alla costruzione. Scelsero il momento in cui il Sagittario si trovava in congiunzione con il Sole, ritenendolo indizio di costruzione abbondante che a lungo sarebbe durata, e nella quale le genti si sarebbero raccolte ben al sicuro dai nemici. Al-Manṣūr approvò tutto ciò. Poi, Nawbaḫt aggiunse: «E v'è ancora un'altra virtù, Principe dei credenti». - «Quale?» – «Non sarà concesso che in essa trovi morte un califfo». Al-Manṣūr sorrise. – «Per questo», disse, «sia lodato Dio». E fu proprio così.

La città circolare di al-Manṣūr, formata dal complesso palaziale (*Dār al-ḫilāfa*) e da strutture amministrative e militari ed edificata in un tempo estremamente breve, è solo il primo nucleo di un insediamento più vasto e complesso di cui fanno parte il sobborgo di al-Karḫ, che ne divenne il

15. Grabar, *Arte islamica*, p. 88.

16. Cit. da A. Arioli, *Le città mirabili. Labirinto arabo medievale*, Bologna, Mimesis, 2003 (Sīmorγ, s.n.), p. 45 s.

centro commerciale e quello di al-Ruṣāfa, sulla riva opposta del Tigri, destinato ad ospitare carovane, truppe e mercati.[17]

I palazzi del califfo

Malgrado la sua grande fama, a Baghdad oggi non resta praticamente alcuna traccia delle glorie del passato. La città ha subito innumerevoli vicissitudini storiche e calamità naturali che hanno provocato la totale scomparsa dei monumenti della sua epoca d'oro. I pochi edifici ʿabbāsidi giunti fino a noi appartengono infatti al periodo della decadenza, quando, dopo la conquista mongola del 1258, Baghdad fu relegata a un ruolo di secondo piano tra le grandi città islamiche emergenti (come il Cairo, Istanbul e Iṣfahān), e per giunta sono stati largamente restaurati. L'unico modo per ricostruire l'aspetto della capitale ʿabbāside è quello di affidarsi alle descrizioni degli autori medievali. Una delle più suggestive descrizioni del palazzo dei califfi ʿabbāsidi è ad esempio contenuta in una pagina della *Storia di Baghdad* di al-Ḫaṭīb al-Baġdādī (morto nel 1071), dove si narra della visita di una legazione bizantina al califfo al-Muqtadir (908-932). Vale senz'altro la pena di leggerla:[18]

> Famosi furono i giorni che videro, nell'anno 305 (917 d.C.), la visita dell'ambasceria del re dei Rūm ad al-Muqtadir bi-'llāh per chiedere il riscatto di alcuni prigionieri e negoziare una tregua. A quei tempi era *wazīr* per la terza volta Abū 'l-Ḥasan ʿAlī ibn Muḥammad ibn al-Firāt. I due ambasciatori si misero in cammino da Costantinopoli e si diressero verso la Città della Pace attraverso l'Eufrate, portando con loro ricchi doni; si fermarono per un po' di

17. Su Baghdad, la sua storia e la sua struttura urbana si vedano almeno G. Le Strange, *Baghdad during the ʿabbāsid Caliphate: from Contemporary Arabic and Persian Sources*, Oxford-London, Oxford University Press-H. Milford, 1924; Cuneo, *Storia dell'urbanistica. Il mondo islamico*, pp. 130-134; V. Strika, J. Khalīl, *The Islamic Architecture of Baghdād. The Results of a Joint Italian-Iraqi Survey*, Napoli, Istituto Universitario Orientale, 1987; Grabar, *Arte islamica*, pp. 84-88; F. Micheau, *Bagdad*, in *Grandes villes méditerranéennes du monde musulman médiéval*, éd. par J.-C. Garcin, Roma, École française de Rome, 2000 (Collection de l'École française de Rome, 269), pp. 89-112; J. Teixidor, *Hommage à* Bagdad, Paris, CNRS Éditions, 2007; J. Marozzi, *Baghdad. City of Peace, City of Blood*, London, Allen Lane, 2014.

18. Cit. da M.J. Rubiera y Mata, *L'immaginario e l'architettura nella letteratura araba medievale* (1988), tr. it. di E. Concina, Genova, Marietti, 1990 (Biblioteca araba e islamica, 3), pp. 45-49.

tempo alle sue porte aspettando che fosse loro concesso il permesso di entrare e, quando lo ottennero, vi entrarono e furono alloggiati nella Casa di Ṣāʿīd: il *wazīr* ibn al-Firāt si era interessato affinché l'arredassero e preparassero tutto il necessario, comprese le pulizie quotidiane, in modo di non dare adito a lamentele, come in effetti avvenne. Gli ambasciatori chiesero di essere ricevuti da al-Muqtadir per adempiere alla missione che era stata loro affidata: venne riferito loro che si trattava di un compito arduo e difficile perché innanzitutto dovevano ottenere un colloquio con il *wazīr* e persuaderlo ad accordare loro il permesso di vedere il califfo, e in seguito discutere con quest'ultimo delle questioni di cui erano incaricati. Abū ʿUmayr ʿAdī ibn ʿAbd al-Bāqī, l'interprete che li aveva accompagnati fin dalla frontiera, pergò Ibn al-Firāt di riceverli e fu fissato un incontro per un certo giorno. Quindi, fu ordinato ai soldati di disporsi di fronte alla strada che dalla Casa di Ṣāʿīd portava al palazzo in cui viveva ibn al-Firāt; inoltre si prescrisse ai paggi, ai soldati e ai ciambellani di svolgere le loro mansioni alla porta del palazzo. Per riceverli, fu preparato un grande salone con i soffitti d'oro soprannominato «la Casa del Giardino», che si trovava all'interno del palazzo e che, in quell'occasione, fu arredato sontuosamente. Vi si appesero arazzi meravigliosi e per questi arazzi e per vari tipi di tappeti si spesero più di trentamila denari, e non si trascurò nulla per decorare e abbellire. Ibn al-Firāt si sedette su un alto scranno con un cuscino sotto i piedi e con i suoi servitori alle sue spalle, alla sua sinistra e alla sua destra. I nobili gremivano il resto del salone. I due ambasciatori furono introdotti [...]. Entrarono, poi, impressionati dal gran numero di soldati che avevano incontrato sul loro cammino. All'entrata del palazzo il ciambellano li fece accomodare sotto un baldacchino; furono accompagnati quindi attraverso un lungo corridoio preceduti da un corteo di uomini che riempiva completamente la casa. Poi furono condotti nel salone in cui sedeva il *wazīr* e notarono la bellezza della stanza, che offriva uno spettacolo meraviglioso. Era con loro l'interprete Abū ʿUmayr ʿAdī ibn ʿAbd al-Bāqī. Presero posto davanti al *wazīr*, mantenendo una certa distanza, e l'interprete tradusse quanto dissero e le risposte date loro. Gli ambasciatori chiesero una tregua, il rilascio dei prigionieri e un'udienza presso al-Muqtadir. Fu risposto loro che sarebbe stato fatto un tentativo di parlare di ciò con il califfo e che si sarebbe fissato un giorno di ricevimento [...]. Il *wazīr* parlò con al-Muqtadir e lo consigliò sulle risposte da dare. Si stabilì che i capi e i generali dell'esercito si riunissero la mattina successiva fuori dal palazzo di Muqtadir con le armi e le uniformi più belle. Furono piantonati anche i cortili, gli atri e i corridoi, e i palazzi vennero adornati e arredati. Il *wazīr* se ne occupò personalmente finché non fu tutto sistemato. Furono appesi 38.000 arazzi, sotto la responsabilità dell'incaricato del magazzino degli arazzi; tra questi, alcuni erano di seta con disegni dorati raffiguranti calici, cavalli, cammelli, elefanti e rapaci.

Gli arazzi ricamati con lettere d'oro erano 12.500 e i grandi arazzi cinesi, armeni, di Wāsiṭ e di Dābiq 25.500. Vi erano ricamati i nomi dei califfi al-Ma'mūn, al-Muʿtaṣim, al-Wāṯiq, al-Mutawakkil e al-Muktafī e in tutto erano 8.000. Il resto recava altri nomi. Si contavano 22.000 tappeti, grandi e piccoli e di diversa lavorazione, che furono stesi non solo dove sarebbero passati gli ambasciatori con il loro seguito, ma anche in tutte le stanze e in tutti i saloni. Furono anche sistemati letti su ripiani ricoperti di pesante broccato e ovunque scorreva l'acqua dei canali. Furono portati anche preziosi forzieri d'oro, d'argento e di pietre preziose, vasi, mobili in legno pregiato e oggetti rari. Gli ambasciatori furono introdotti dalla Grande Porta Pubblica in un ambiente conosciuto come «il Cortile dei Cavalli», il luogo in cui era il maggior numero di portici sostenuti da colonne di marmo: sul lato destro stavano 500 cavalli con sedie d'oro e d'argento; a sinistra, altri 500 cavalli con gualdrappe di seta e lunghi veli. Di fronte a ogni animale c'era uno staffiere sontuosamente abbigliato. Di qui furono accompagnati attraverso i corridoi e gli atri contigui al parco delle fiere, in cui si trovavano vari generi di animali selvaggi a branchi che si avvicinavano ai visitatori, li annusavano e mangiavano direttamente dalle loro mani. Poi furono portati in un altro recinto in cui stavano quattro elefanti ornati con broccati di seta sui quali stavano otto persone. C'erano anche due giraffe che spaventarono gli ambasciatori. In un altro recinto erano rinchiusi cento animali da preda, 50 a destra e 50 a sinistra, ognuno tenuto a bada da un custode con catene di ferro. Poi li portarono nel Palazzo Nuovo, un complesso cintato tra giardini, al cui centro si trovava una vasca di stagno più bello dell'argento lucidato; la vasca era alta 30 cubiti e larga 20 e sopra c'erano 4 bellissime imbarcazioni con sedili d'oro coperti da tessuti ricamati e con vele di tela dorata. Attorno al bacino crescevano 400 palme da dattero, ognuna alta 8 cubiti e rivestita, dalla radice alla cima, di veli dipinti appesi ad anelli che parevano d'oro; tutte davano datteri meravigliosi. Attorno al giardino c'erano alberi che davano cedri. In seguito, furono fatti passare nella Cinta dell'Albero, dove si trovava un albero al centro di una grande vasca piena d'acqua trasparente. Aveva 18 rami con piattaforme sulle quali si potevano vedere uccelli e volatili d'oro e d'argento; anche la maggior parte dei rami era d'argento e alcuni d'oro e ondeggiavano leggermente, mentre le foglie colorate si muovevano come le foglie degli alberi agitate dal vento; sui rami gli uccelli fischiavano e tubavano. Alla destra della vasca stavano quindi figure di cavalieri vestiti di seta e armati di lancia sul punto di attaccare. Esse giravano, muovendosi in avanti e all'indietro, come se ognuna si stesse avvicinando al proprio compagno. Sulla sinistra c'erano altrettante figure nella stessa posizione, In seguito, entrarono nel Palazzo detto «il Paradiso», nel quale si trovavano mobili e tessuti dagli innumerevoli colori di cui non era possibile valutare il prezzo. All'entrata si vedevano 5.000 corazze d'oro, appese alle pareti. Furono poi fatti passare attraverso un corridoio lungo 300 cubiti, sulle cui pareti erano disposti 10.000 scudi, tuniche, lance, armature, tenaglie, faretre decorate e archi. A destra e a sinistra si ordinava una fila di 2.000 servi negri. Dopo aver attraversato 13 palazzi e oltrepassato il cortile «dei Novanta», furono condotti nel palazzo in cui si trovavano i paggi reali abbigliati di mazza e d'ascia. Passarono attraverso una lunghissima fila di soldati e ciambellani, poi furono introdotti nella Casa della Pace, dove pure v'era un gran numero di soldati e schiavi. Durante il percorso attraverso i palazzi, erano stati offerti loro acqua ghiacciata, sorbetti e rinfreschi di frutta, e fin dal momento in cui erano entrati, erano stati accompagnati da servi che trasportavano bevande ghiacciate. Si sedettero sette volte, riposarono e bevvero. Dopo aver visitato tutti i cortili, i corridoi, i saloni e i magazzini, si sedettero sfiniti; ovunque, avevano visto soldati equipaggiati di tutto punto e l'interprete li aveva accompagnati dappertutto. Quando si avvicinarono ai luoghi in cui si trovava il califfo, furono condotti attraverso un corridoio che portava a un cortile; poi per un altro corridoio che dava in un altro cortile, più vasto del precedente, e continuando per altri corridoi e per altre corti fino a che ne furono stanchi.

Infine furono condotti in un salone affacciato su Tigri chiamato «la Corona», in cui si trovava al-Muqtadir. Il califfo indossava abiti di broccato ricamato d'oro, era assiso su un trono ricoperto di stoffe dello stesso genere ed era acconciato con un copricapo allungato. Alla destra del trono erano appese nove collane con le pietre uguali come rosari; sulla sinistra, erano altre 9 collane di grosse pietre preziose, più brillanti della luce del sole e del giorno. I nobili sedevano su panche ricoperte di tappeti e il *wazīr* Ibn al-Firāt stava in piedi, vicino al califfo. Gli ambasciatori, entrando, baciarono il suolo, resero omaggio e si alzarono a un cenno del ciambellano. Quindi il califfo dette l'ordine di aprire la cupola e di mettere in funzione un albero che uscì dal pavimento con una serie di movimenti fino a occupare l'intera cupola. Cominciarono a funzionare fontane che spruzzavano acqua di rose e muschio, mentre le figure di uccelli cantavano sull'albero. I messi si trovavano a circa 100 cubiti di distanza dal califfo e l'interprete traduceva ciò che essi dicevano al *wazīr* e quest'ultimo lo comunicava ad al-Muqtadir. Spiegarono che la loro missione era ottenere il rilascio dei prigionieri. Il califfo rispose che avrebbe acconsentito per misericordia di quei musulmani che desideravano riscattare i propri prigionieri, in onore di Dio e per confortare i suoi sudditi; aggiunse quindi che gradiva la loro presenza. Consegnarono la lettera che portavano con sé e che fu letta ad al-Muqtadir, il quale a sua volta ne scrisse una all'imperatore dei Rūm che era assai voluminosa. Gli ambasciatori la presero e la baciarono in segno di rispetto. Poi uscirono dalla Porta Privata, dirigendosi verso la Casa della Riva verso il Tigri e furono nuovamente condotti alla Casa

di Ṣā'īd, dove si tolsero i pesanti abiti, i mantelli, le cappe di seta dorata e i turbanti di seta. Furono loro consegnate due borse di monete che poi diventarono 50 e che contenevano ognuna 5.000 monete d'argento.
Si racconta che lasciarono Baghdad a mezzogiorno. L'esercito gremì la strada di elefanti, giraffe, tigri, leopardi e animali rari.

In questo lungo racconto, che ci offre uno squarcio di vita quotidiana nella Baghdad dei califfi, emerge con chiarezza la struttura del palazzo, che comprendeva cortili, corridoi, giardini e ballatoi che univano e separavano i vari padiglioni, generalmente formati da una serie di stanze articolate intorno a un'ambiente centrale cupolato. All'esterno, il palazzo aveva alcune dipendenze, tra cui i bagni, le cucine e i magazzini, menzionati anche nel testo, destinati alla conservazione di arazzi, abiti, armi, etc.

Molto interessante è anche la descrizione del cerimoniale califfale 'abbāside, un magnifico rituale teatrale, nel quale elementi sasanidi e bizantini si fondono a creare un'atmosfera fantastica che ha lo scopo di glorificare il califfo, vera e propria 'stella' dello spettacolo politico messo in scena dalla sua corte a beneficio dei diplomatici stranieri.[19]

Dei palazzi della Baghdad di al-Manṣūr, purtroppo, sul piano archeologico non resta nulla. E tuttavia, gran parte di un palazzo 'abbāside della stessa epoca esiste ancora oggi a 8 km a Sud di al-Kūfa. Si tratta del palazzo di al-Uḫayḍir, una grandiosa struttura isolata in una pianura rocciosa e arida. La grande archeologa e viaggiatrice Gertrude Bell visitò il sito nel 1909 e lo descrisse in questi termini:[20]

Di tutte le meravigliose esperienze che ho vissuto, la più memorabile è la prima visione di al-Uḫayḍir. Le sue grandi mura si ergono fuori dalla sabbia, quasi non toccate dal tempo, rompendo le lunghe linee del deserto con le loro enormi torri, incrollabili ed enormi, come se fossero (questa è stata la mia prima impressione) opera della natura e non dell'uomo.

Il palazzo è circondato da mura rettangolari (175 x 169 m) alte circa 17 m e difese da numerose torri. Entrando da una delle porte (che originariamente dovevano essere di legno o di ferro), si procedeva all'interno

19. Sul cerimoniale di corte 'abbāside N.M. El Cheikh, *The Institutionalisation of 'Abbāsid Ceremonial*, in *Diverging Paths? The Shapes of Power and Institutions in Medieval Christendom and Islam*, ed. by J. Hudson and A. Rodriguez, Leiden-Boston, Brill, 2014 (The Medieval Mediterranean. Peoples, Economies and Cultures, 400-1500, 101), pp. 351-370.

20. Cit. da Kennedy, *Storia della più grande dinastia islamica*, p. 136.

di un oscuro passaggio lungo un ingresso coperto da archi di mattoni con stanze per la servitù su ambo i lati, fino a raggiungere un vasto cortile circondato da logge cieche di archi acuti supportati da pilastri. Dal lato opposto del cortile vi era un grande *iwān* dal quale si accedeva alla sala delle udienze. Il principale materiale da costruzione del palazzo di al-Uḫayḍir, che per quanto riguarda la struttura interna è molto simile al palazzo di Qaṣr al-Mšattā, è la pietra, mentre per le volte sono stati utilizzati mattoni cotti; i pilastri sono di mattoni e ghiaia; i muri, che oggi appaiono poveri e spogli, dovevano essere ricoperti di splendidi stucchi dipinti.[21]

Baghdad: la vita urbana

Per la sua natura eccezionale, a Baghdad si verificarono alcuni fenomeni epocali che solo successivamente si diffonderanno in altre realtà urbane islamiche: in primo luogo, la detribalizzazione della società, connessa con la sedentarizzazione e l'inurbamento di masse fino ad allora nomadi: la vita cittadina, infatti, dissolve progressivamente i legami tribali e determina la nascita di nuove strutture sociali, modificando i legami familiari e clientelari, che assumono forme del tutto nuove. Alla detribalizzazione è in parte legato anche il processo di demilitarizzazione dell'*élite* araba, in virtù del quale l'elemento non-arabo, ormai maggioritario, viene assorbito nelle dinamiche della struttura imperiale. Un'importante conseguenza di tale processo è il fatto che il nerbo dell'esercito califfale cessa di essere arabo: i califfi, infatti, si circondano di eserciti personali di origine turco-iranica, e vedremo come ciò implichi conseguenze molto importanti sull'assetto stesso dello stato islamico in formazione. Un altro effetto è quello della progressiva professionalizzazione dei mestieri, che conduce alla nascita di associazioni proto-corporative definite sulla base dell'appartenenza a un gruppo sulla base del lavoro. L'urbanizzazione quasi 'improvvisa' di un'enorme massa di individui (si calcola che a Baghdad, a seconda del periodo, dovevano abitare tra 500.000 e 1.000.000 di individui) ha come riflesso negativo il problema della povertà, che viene a investire ampli strati della popolazione, provocando tanto fulminee quanto violente rivolte sociali. Non di rado, alle rivendicazioni di tipo economico si saldano

21. Sul palazzo di al-Uḫayḍir vd. R. Pagliero, G. Viale, *La fortezza islamica di al-Uḫayḍir*, in «Castellum», VII (1968), pp. 13-36.

elementi politici e religiosi. Generalmente, la protesta popolare, che può coinvolgere anche membri dei ceti medi (come ad esempio i commercianti) è diretta verso i capi della polizia, i funzionari fiscali o il governatore, considerati i veri responsabili delle sofferenze dei poveri e degli oppressi, mentre il il califfo viene ritenuto all'oscuro di soprusi e ingiustizie. Come si è visto accadere anche in tempi recentissimi, la maggior parte della manifestazioni di dissenso ha inizio nelle moschee, il venerdì. Le moschee sono infatti il luogo di raduno della popolazione e la preghiera del venerdì dava a tutti la possibilità di un contatto diretto con i rappresentanti del potere, come anche l'occasione di esprimere la propria protesta e la propria insubordinazione. In effetti, il significato politico della preghiera del venerdì è espresso dalla *ḫuṭba*: il fatto di impedire la *ḫuṭba* non è un atto diretto contro la religione, ma esprime il dissenso del popolo nei confronti delle politiche messe in atto dai suoi governanti, dissenso che può portare anche alla distruzione e al saccheggio delle loro residenze e ad attacchi alle prigioni finalizzate alla liberazione dei detenuti. Va comunque ribadito che dietro questi scoppi di violenza popolare urbana e queste forme primitive di rivolta sociale (che il grande storico Eric J. Hobsbawm definisce i «*mobs* cittadini», cioè i movimenti di tutte le classi proletarie al fine di ottenere, mediante un'azione diretta, riforme di natura economica o politica)[22] non v'è una particolare organizzazione o ideologia: si tratta infatti di movimenti prepolitici e 'primitivi', quasi sempre causati da bisogni elementari, come ad esempio la carenza di pane. In alcuni casi, le rivolte potevano presentarsi in una veste religiosa, opponendo la minoranza sciita alla maggioranza sunnita, ma anche in queste occasione le reali motivazioni erano legate a problemi economici e sociali. D'altra parte, gli ʿAbbāsidi, alla morte del sesto *imām* sciita Ǧaʿfar al-Ṣādiq (morto nel 765), obbligarono i suoi successori a risiedere a Baghdad per essere meglio controllati dal potere costituito: questa imposizione fu considerata un sopruso dalla comunità sciita, ma costituì anche un forte impulso espansivo per lo sciismo, che così ebbe modo di penetrare in importanti ambienti della capitale ʿabbāside.

Baghdad, come altre città islamiche di Siria, Mesopotamia e Persia conosce anche le associazioni giovanili, i cui appartenenti sono definiti alternativamente dalle fonti *aḥdāṯ*, *fityān* e *ʿayyārūn*. In passato gli studiosi tendevano a considerare le associazioni degli *aḥdāṯ*, degli *ʿayyārūn* e dei

22. E.J. Hobsbawm, *I ribelli. Forme primitive di rivolta sociale* (1959), tr. it. di B. Foà, Torino, Einaudi, 1966 (Piccola Biblioteca Einaudi, 225), pp. 138-160.

fityān molto simili le une alle altre in termini di funzioni e organizzazione: più di recente si è cercato di distinguere fra *ʿayyārūn* e *fityān*, che avrebbero coltivato gli ideali di quella che in epoca più tarda sarebbe divenuta la celeberrima «cavalleria spirituale» islamica (*futuwwa*), e *aḥdāṯ*, ai quali tali ideali sarebbero rimasti estranei. In realtà, questa distinzione risulta piuttosto artificiosa e sembra derivare da un lato da un'eccessiva schematizzazione, dall'altro da una proiezione sul passato di elementi caratteristici di un'epoca più recente (in effetti, l'istituzione della *futuwwa*, con i suoi ideali legati al grande tema della lotta dell'uomo contro le proprie passioni e tendenze individuali, si formalizza solo nel pieno medioevo islamico). Un riesame delle fonti – condotto anche alla luce della similare documentazione bizantina – evidenzia che, così come le associazioni giovanili tardoantiche, anche *aḥdāṯ*, *ʿayyārūn* e *fityān* mostrano tendenze contraddittorie: i membri di questi gruppi si caratterizzano infatti indistintamente sia quali truppe scelte contro gli attacchi stranieri sia quali difensori delle popolazioni locali dall'arroganza del governo centrale, e la loro irrequietezza è spesso causa di contrasti e di scontri all'interno del corpo sociale cittadino.

Gli *aḥdāṯ* appaiono per la prima volta a Damasco, all'epoca della conquista della Siria centrale; con il passare del tempo, la loro influenza sulla vita della capitale umayyade si accresce sempre di più e resta fondamentale anche quando la sede del califfato si trasferisce a Baghdad: una prova della loro importanza si ha nel 659, quando Damasco è occupata da truppe maghrebine e gli *aḥdāṯ* difendono i Damasceni contro gli invasori, costringendo questi ultimi ad abbandonare la città e diventandone i veri e propri padroni. Gli *aḥdāṯ* giocheranno un ruolo primario nella vita delle città siriane fino a tutto il XII secolo, e la potenza di questa associazione si accrescerà soprattutto nei momenti di vuoto di potere, sostituendosi alle strutture politiche tradizionali. Gli *ʿayyārūn* sono noti soprattutto a Baghdad, ma la loro presenza è attestata anche per il resto dell'Iraq e per l'Iran. Nella capitale ʿabbāside gli *ʿayyārūn* costituiscono spesso i corpi ausiliari che appoggiano l'uno o l'altro dei vari pretendenti al califfato, e anche in questo caso la loro influenza è più profonda nei periodi di crisi, in particolare durante la prima metà del X secolo; le fonti ne danno una rappresentazione ambivalente: da un lato complici di ladri e di briganti, dall'altro pronti a intervenire per assicurare quell'ordine che la forza pubblica non è più in grado di garantire.

Per quanto riguarda i *fityān*, va rilevato che ancora una volta la documentazione offre due tipi di ritratti fortemente divergenti: un certo gruppo di testi, consistenti soprattutto in tardi trattati mistici o in racconti biografici, descrive i *fityān* come individui pacifici e profondamente permeati di ideali religiosi che vivono insieme in piccole comunità, nelle quali vige una forte solidarietà reciproca (*ʿaṣabiyya*), nelle regioni della Mesopotamia e soprattutto del Ḫurāsān, mentre le cronache in molti casi definiscono ugualmente *fityān* i giovani fautori di disordini e i banditi.

Da questa breve disamina risulta evidente come i tentativi di individuare origini e funzioni diverse all'interno delle associazioni giovanili del mondo islamico dei primi secoli sia destinato al fallimento: *aḥdāṯ*, *ʿayyārūn* e *fityān* sembrano essere nomi diversi per uno stesso concetto, e l'unica variante significativa sembra essere quella geografica. L'atteggiamento ambivalente delle fonti nei riguardi di queste realtà è facilmente comprensibile alla luce della costante antropologica rappresentata dalla condizione giovanile all'interno delle società organizzate: una condizione liminale che è effettivamente il momento dei tentativi senza futuro, delle vocazioni ardenti ma mutevoli, della ricerca e degli apprendistati incerti, sempre segnati da un'altalena di successi e di insuccessi. È proprio l'ambiguità tipica della giovinezza che ha condotto le autorità cittadine a cercare di identificare i giovani, di istituzionalizzarli attribuendo loro definizioni precisamente delimitate dall'età e dal diritto. Nel mondo islamico medievale tale processo si è inverato nella formalizzazione del paradigma della *futuwwa*. Se infatti, sul piano spirituale, la *futuwwa* costituisce una sorta di sublimazione della condizione giovanile, che vede il giovane cavaliere impegnato nella guerra santa contro i nemici che egli racchiude dentro di sé, sul piano politico essa ha lo scopo di regolamentare le associazioni e di porre un freno allo strapotere dei giovani all'interno dei contesti urbani. Non sembra un caso che questa istituzione raggiunga il suo apogeo nel momento in cui i Turchi Selgiuchidi, alla metà dell'XI secolo, vengono a occupare il vuoto politico, militare e amministrativo lasciato dal califfato ʿabbāside in decadenza: una simile opera di controllo sociale poteva infatti essere intrapresa solo da un'autorità forte e ben radicata come quella selgiuchide.

A questa operazione politico-religiosa si affianca poi un'offensiva ideologica che consiste nel tentativo di cancellare dalla storia islamica dei primi secoli le pericolose figure degli *aḥdāṯ*, degli *ʿayyārūn* e dei *fityān*, riconducendo queste irrequiete associazioni giovanili islamiche alla mistica, pacifica e più tarda *futuwwa*, creando quelle confusioni terminologiche che ancora oggi affliggono gli studiosi.

Il quadro che viene dunque a delinearsi mostra anche come sia arbitrario voler a tutti costi individuare nelle associazioni bizantine le dirette antecedenti di quelle islamiche. Altrettanto fuorvianti risultano quelle letture critiche che tendono a far derivare in maniera univoca ed esclusiva *futuwwa* e *ʿayyārūn* dal sistema sociale tardosasanide: questo tipo di prospettiva sembra infatti rappresentare uno dei frutti 'orientalisti' di quella corrente storiografica – affermatasi nell'ultimo trentennio soprattutto grazie ai lavori di Peter Brown e dei suoi epigoni – che tende a normalizzare sotto il segno della continuità i caratteri di un drammatico processo storico, insistendo sulla «continuity of cultural forms» fra tardoantico e mondo islamico dei primi secoli.

Un'altra forma di reazione alle difficoltà e alle contraddizioni della vita urbana è il fenomeno del sufismo, la via mistica dell'Islām, che ricercava nella salvezza individuale o di piccoli gruppi il modo per sfuggire ai mali e alle miserie dell'epoca. Le costrizioni e i vincoli imposti all'uomo dalla società, dalle istituzioni statali e dalla cultura erano considerati dai mistici sufi come la più grave delle calamità; venivano invece da essi invocati il ritorno alla natura, l'ascesi e il completo adeguamento ai ritmi della vita universale. Per i sufi, l'unica chiave per penetrare il mistero divino è l'amore, mentre la legge non è altro che il simbolo di una verità più profonda. Questa diversa attitudine nei confronti delle dottrine islamiche e dell'assetto sociale dato non poteva non attirare sospetti: così, ad esempio, il celebre mistico al-Ḥallāǧ, che predicava la perdita di sé e l'unità in Dio, rivendicando un'autorità religiosa maggiore di quella dei califfi e degli *ʿulamāʾ*, fu processato per eresia e giustiziato (923).[23]

23. Sulla professionalizzazione dei mestieri e sull'organizzazione sociale del lavoro in epoca ʿabbāside vd. M. Shatzmiller, *Labour in the Medieval Islamic World*, Leiden-Boston, Brill, 1994 (Islamic History and Civilization, 4). Sulle rivolte urbane a Baghdad vd. ad es. S. Sabari, *Mouvements populaires à Bagdad à l'époque abbasside IXᵉ-XIᵉ siècle*, Paris, A. Maisonneuve, 1981 (Série Étude de civilisation et d'histoire islamique. Centre «Shiloa» des études du Moyen-Orient et de l'Afrique, s.n.). Su *Futuwwa* e *ʿAyyār* vd. ad es. B. Lewis, *The Islamic Guilds*, in «The Economic History Review», 8 (1937), pp. 20-37; F. Taeschner, *Futuwwa, eine gemeinschaftsbildende Idee im mittelalterlichen Orient und ihre verschiedenen Erscheinungsformen*, in «Schweiz. Archiv für Volkskunde», LII (1956), pp. 124-34; C. Cahen, *Mouvements populaires et autonomisme urbain dans l'Asie musulmane du Moyen Âge*, I-III, in «Arabica», 5 (1958), pp. 225-250, e 6 (1959), pp. 25-56 e 233-265; ultimamente D.G. Tor, *Violent Order: Religious Warfare, Chivalry, and the* ʿAyyār *Phenomenon in the Medieval Islamic World*, Istanbul-Würzburg, Ergon Verlag, 2007 (Istanbuler Texte und Studien, 11). Sul rapporto tra gruppi giovanili di ambito sasanide e analoghe isti-

La rivolta degli Zanğ

Baghdad e l'Iraq del IX secolo conobbero anche un altro tipo di rivolgimento a sfondo sociale: quello degli schiavi africani, conosciuto come «Rivolta degli *Zanğ*» (forse dal mediopersiano *zangīk*, «nero»). Il numero di questi schiavi, che i mercanti acquistavano generalmente sul mercato dell'isola di Zanzibar, era molto grande, ed essi lavoravano soprattutto nell'agricoltura, liberando dai depositi salini vaste zone delle terre statali rimaste incolte nell'area di al-Baṣra. Alla rivolta, che durò ben quindici anni (dall'869 all'883), presero parte non solo gli *Zanğ*, ma anche molti contadini e beduini capeggiati da ʿAlī ibn Muḥammad b. ʿAbd al-Raḥīm un uomo energico e istruito di origine araba e proveniente da un *milieu* ḫāriğita.

Il sollevamento, che assunse ben presto caratteri millenaristici, riscontrò in breve tempo un enorme consenso: i ribelli vinsero sorprendentemente una serie di battaglie contro le forze califfali e conquistarono numerose città importanti, fondando la loro capitale, al-Muḫtāra («la Prescelta»), tra gli innumerevoli canali che caratterizzavano la regione palustre di Baṣra. Fra l'872 e l'879 gli *Zanğ* penetrarono nel Ḫūzistān e si impadronirono della città principale della regione, al-Ahwāz. Occupate quelle fertilissime terre, i capi degli insorti si trasformarono in proprietari di tipo feudale. ʿAlī ibn Muḥammad b. ʿAbd al-Raḥīm venne venerato come *mahdī*, mentre non è chiaro se prese anche il titolo di *amīr al-mu'minīn*: in ogni caso, i contadini dovettero continuare a pagare il tributo; la schiavitù non venne abolita e solo gli schiavi che avevano preso parte alla rivolta furono liberati. Tutto ciò provocò l'allontanamento di molti membri delle classi inferiori dal movimento, che si indebolì notevolmente. Così, dopo aver

tuzioni islamiche vd. soprattutto M. Zakeri, *Sāsānid Soldier sin Early Muslim Society*, Wiesbaden, O. Harrassowitz, 1995. Sulle incongruenze dell'interpretazione 'continuista' della Tarda antichità vd. A. Giardina, *Esplosione di tardoantico*, in «Studi Storici», 4 (1999), pp. 157-180; per un esempio che racchiude in sé tutti i maggiori difetti di questa visione vd. G. Bowersock, *L'Ellenismo nel mondo tardoantico* (1990), tr. it. di P. Rosafio, Roma-Bari, Laterza, 1992 (Quadrante Laterza, 55). Per un'introduzione al sufismo vd. ad es. W.C. Chittick, *Il sufismo* (2000), a cura di F.A. Leccese, Torino, Einaudi, 2009 (Piccola Biblioteca Einaudi, Mappe. Scienze religiose e antropologiche, 10). Su al-Ḥallāğ, fondamentale L. Massignon, *La passion de Ḥusayn ibn Manṣūr Ḥallāj: martyr mystique de l'Islam, exécuté à Bagdad le 26 mars 922: étude d'histoire religieuse (nouvelle édition)*, I-IV, Paris, Gallimard, 2010 (Collection Tel, s.n.).

subito svariati rovesci, l'esercito ʿabbāside, grazie a cospicui rinforzi di forze egiziane, riuscì a domare la rivolta: le truppe degli *Zanǧ* furono definitivamente annientate nell'883 e ʿAlī b. Muhammad venne ucciso e la sua testa fu portata a Baghdad.[24]

Strutturare l'impero: burocrazia, terre, fisco

Il califfato di al-Manṣūr conobbe il rapido sviluppo di un forte apparato burocratico, fondamentale per la gestione del nuovo impero. Esso era costituito da una rete di impiegati professionisti (*kuttāb*) che tenevano i registri delle entrate e delle uscite e l'elenco di coloro che prestavano servizio nell'esercito (con i relativi stipendi). L'ufficio in cui essi lavoravano era chiamato *dīwān*, parola che nelle lingue europee ha dato origine al termine «dogana», ma anche al sostantivo «divano», con riferimento alla panca su cui sedevano gli addetti ai registri. Tali impiegati erano tutti uomini di legge e formavano un gruppo separato da quello degli studiosi religiosi (*ʿulamāʾ*). A loro si affiancavano i segretari dei califfi, che si occupavano della stesura dei documenti ufficiali, seguendo formule stabilite già alla fine dell'VIII secolo. Gli affari finanziari venivano seguiti dal *dīwān al-azimma* («ufficio del controllore»), che originariamente fu distaccato presso ogni *dīwān* e che in seguito si sviluppò come ufficio indipendente di bilancio; la corrispondenza passava per il *dīwān al-tawqīʿ* per essere controfirmata, e doveva infine essere approvata dal guardasigilli; il *barīd*, servizio ufficiale preposto alla trasmissione dei messaggi e delle informazioni, sorvegliava tutto il governo.

Accanto al personale burocratico, i califfi nominavano anche i giudici (*qāḍī*), scelti fra i più importanti studiosi di diritto islamico.

Una delle figure più importanti della corte era quella del *wazīr*, consigliere principale del califfo e capo del servizio civile. La nascita del visirato coincise con l'avvento della dinastia ʿabbāside. Sotto gli Umayyadi si parla solo di un *kātib* con funzione di «segretario» di stato. Il primo *wazīr* fu Abū Salama Ḥafṣ b. Sulaymān al-Ḫallāl, sotto il califfato di al-Ṣaffāḥ; tuttavia, fino all'epoca di al-Manṣūr, tale carica non aveva una grande autorità, e i califfi tendevano a limitarne le funzioni. Fu sotto il figlio di al-

24. Sulla rivolta degli *Zanǧ* vd. A. Popovic, *The Revolt of African Slaves in Iraq in the 3rd/9th Century*, Princeton, NJ, M. Wiener, 1999 (Princeton Series on the Middle East, s.n.).

Manṣūr, al-Mahdī (775-785), che il ruolo del *wazīr* cominciò a divenire sempre più significativo, fino a occupare uno spazio decisivo nella prassi politica ʿabbāside.

L'apparato burocratico ʿabbāside rappresentava il nerbo dell'impero e lo strumento principe di collegamento con le province. Tra queste ultime, quelle controllate direttamente dal governo centrale erano l'Iraq, la Mesopotamia, l'Egitto, la Siria e la Persia occidentale. Qui, i governatori nominati rimanevano in carica per un tempo estremamente breve – onde evitare che fossero in grado di crearsi un seguito locale che potesse essere utilizzato contro il governo centrale – e le loro carriere erano decise dai califfi, che pretendevano massima obbedienza e la pronta rimessa dei tributi. Solitamente, il governatore era anche il comandante militare, mentre un altro funzionario, nominato dalla tesoreria centrale, era incaricato degli affari finanziari; l'apparato giudiziario era invece affidato a un magistrato *ad hoc*. La separazione delle cariche, tutte sottoposte alla supervisione del *barīd*, era una garanzia di divisione del potere, ma non sempre il governo centrale era in grado di controllare che essa fosse realmente messa in atto e si verificavano spesso abusi e prevaricazioni da parte di personaggi particolarmente influenti. Oltre alle province amministrate direttamente, c'erano regioni affiliate, sottoposte a controllo scarso o nullo, come quelle degli altipiani caspici, dell'Asia interna e della maggior parte del Nordafrica. In alcuni casi, i califfi vi nominavano un governatore militare con poteri di supervisione e vi stanziavano una guarnigione che sovrintendeva all'esazione del tributo; in altri casi, il califfato si limitava a proclamare governatore un membro di una dinastia locale. L'amministrazione era comunque organizzata per controllare i processi fiscali: nei villaggi si svolgevano inchieste per accertare la quantità di terra coltivata, i tipi di colture, le rese previste, e si passavano le informazioni al governo centrale, che provvedeva a stimare le imposte da applicare alle intere regioni e a ripartire il totale tra i vari distretti; nella fase successiva, il governo locale incassava il tributo, deduceva le spese e passava il saldo ai livelli superiori della gerarchia, finché il sovrappiù perveniva a Baghdad.

Questo sistema non riguardava però tutte le terre coltivate: le 'terre della corona', che comprendevano i patrimoni degli imperi conquistati dai musulmani, le proprietà della Chiesa, le aree incolte bonificate e le terre acquistate o confiscate dal califfato, e altre terre, denominate *iqṭāʿ*, non rientravano nella normale amministrazione provinciale: i loro assegnatari, che in genere erano cortigiani, funzionari e ufficiali militari d'alto rango, godevano infatti di vari privilegi, come una maggiore tolleranza per il pagamento dei debiti o sostanziosi sconti fiscali a lungo termine.[25]

Strutturare l'impero: le scuole giuridiche e il rapporto con il califfato

La prima epoca ʿabbāside vide anche il fiorire delle grandi scuole (*maḏhab*, plurale *maḏāhib*) di diritto islamico, che ebbero origine da gruppi di studiosi accomunati da una medesima interpretazione della dottrina giuridica e dallo stesso metodo di analisi del diritto. Nel IX secolo, tali scuole erano già dei corpi ben consolidati di maestri e discepoli, saldamente connessi all'apparato dell'amministrazione della giustizia. Dai loro luoghi d'origine, Medina, al-Baṣra, Baghdad e al-Fusṭāṭ, esse si propagarono in tutto l'impero, raggiungendo le sue province più remote e furono conosciute con i nomi dei loro capostipiti: la scuola ḥanafita (da Abū Ḥanīfa al-Nuʿmān ibn Ṯābit, morto nel 767) nacque in Iraq e si affermò ben presto in Persia e in Transoxiana; la scuola ḥanbalita (da Aḥmad ibn Ḥanbal, morto nell'855), originaria di Baghdad, si diffuse nell'Iraq settentrionale e in Siria e fece proseliti anche in importanti città persiane; la scuola šāfiʿita (da Abū ʿAbd Allāh Muḥammad ibn Idrīs al-Šāfiʿī, morto nell'820) si sviluppò inizialmente in Egitto, ma già nel X secolo si era impiantata in Siria, a Baghdad e in molte città importanti della Persia e della Transoxiana; la scuola malikita (da Mālik ibn Anas, morto nel 796) era diffusa soprattutto in Egitto e in Nordafrica. Le scuole erano collegate fra loro da studenti itineranti che vi affluivano per studiare con i maestri più celebri e ottenere certificati di conoscenza dei testi appresi; gli studenti più promettenti finivano con l'inserirsi stabilmente nella cerchia di un maestro, divenendone i successori: ciò garantiva l'identità e la continuità delle scuole principali.

Nel corso del X e dell'XI secolo, le scuole giuridiche si organizzarono nel sistema della *madrasa* (letteralmente, «luogo di studio»), centro di studi dotato di una biblioteca e utilizzato per l'attività didattica e come residenza di insegnanti e studenti. Le varie *madrasa* erano generalmen-

25. Per un inquadramento sulle problematiche legate a burocrazia, fisco e assetto della proprietà terriera in epoca abbaside vd. soprattutto Lapidus, *Storia delle società islamiche*, I. *Le origini dell'Islam*, pp. 77-89; Kennedy, *Storia della più grande dinastia islamica*, pp. 50-63; al-Aziz Duri, *Early Islamic Institutions*, *passim*; Kazna Katbi, *Islamic Land Tax – Al-Kharāj*, *passim*; C. Cahen, *L'évolution de l'iqṭāʿ du IXe au XIIIe siécle*, in «Annales, économies-sociétés-civilisation», 8 (1953), pp. 25–52.

te fornite di redditi provenienti da terre o proprietà urbane assegnate in perpetuo per il loro sostentamento mediante donazione (*waqf*): con questi proventi, si pagavano gli stipendi dei docenti e si sovvenzionavano gli studenti meno abbienti; costituendo il proprio patrimonio in *waqf*, il donatore poteva preservarlo dalla frammentazione provocata dalle leggi di successione, nominando amministratori i propri eredi: in tal modo, gli *ʿulamāʾ* si trasformarono gradatamente in una vera e propria classe di *rentiers*. Questo sistema, inoltre, rese possibile lo studio professionale a tempo pieno del diritto islamico e la formazione di quadri preposti al suo insegnamento e all'amministrazione della giustizia, divenendo lo strumento per eccellenza dell'organizzazione dell'istruzione religiosa e giuridica nel mondo sunnita.[26]

Strutturare l'impero: la «Casa della Sapienza»

A Baghdad, all'inizio del IX secolo venne fondato anche il *Bayt al-ḥikma* («Casa della Sapienza»), che è divenuto quasi il simbolo del cosiddetto «movimento di traduzione» dal greco all'arabo, a cui diede un enorme impulso il califfo al-Ma'mūn (813-833), figlio di Hārūn al-Rašīd. Inizialmente biblioteca di palazzo privata – a differenza della più tarda *Dār al-ʿilm* fāṭimide («Dimora della Scienza»), che fu invece istituzione aperta al pubblico degli studiosi – durante il califfato di al-Ma'mūn il *Bayt al-ḥikma* divenne un centro di sapere enciclopedico e fu collegato allo svolgimento di osservazioni astronomiche e ricerche matematiche.

Si parla di «movimento di traduzione» al fine di sottolineare che l'acquisizione del patrimonio delle scienze non coraniche – matematica, astronomia, fisica, alchimia, medicina e filosofia – non prese avvio soltanto

26. Sulle origini e sul ruolo delle scuole giuridiche islamiche vd. in particolare J. Schacht, *The Origins of Muhammadan Jurisprudence*, Oxford, Clarendon Press, 1959; Lapidus, *Storia delle società islamiche*, I. *Le origini dell'Islam*, pp. 174-180; G. Endress, *Introduzione alla storia del mondo musulmano* (1982), tr. it. di G. Vercellin, Venezia, Marsilio, 1994 (Supertascabili, s.n.), pp. 82-104; M. Qasim Zaman, *Religion & Politics under the Early ʿabbāsids. The Emergence of the Proto-Sunnī Elite*, Leiden, New York-Köln, 1997 (Islamic History and Civilization. Studies and Texts, 16); L. Capezzone, *La trasmissione del sapere nell'Islam medievale*, Roma, Jouvence, 1998, e ultimamente A. El Shamsy, *The Canonization of Islamic Law: A Social and Intellectual History*, Cambridge, Cambridge University Press, 2013 (Cambridge Studies in Islamic Civilization, s.n.).

dall'interesse di singoli scienziati desiderosi di attingere a un sapere straniero per le proprie necessità intellettuali, ma fu anche, e forse soprattutto, l'esito di un coinvolgimento diretto del califfo e della sua corte. Intenzionato a rivendicare con forza al califfato la guida sia politica che religiosa della comunità islamica, al-Ma'mūn proclamò dottrina di stato la tesi muʿtazilita del «Corano creato». I muʿtaziliti (lett. «secessionisti») designarono se stessi con l'espressione «la gente della giustizia e dell'unicità divina» (*ahl al-ʿadl wa 'l-tawḥīd*), sostennero la trascendenza assoluta di Dio e affermarono che il *Corano* non era Parola divina increata (come si riteneva fino ad allora), ma che era stato creato da Dio e doveva di conseguenza essere interpretato dagli uomini. Dichiararono inoltre che l'uomo è autore e responsabile delle proprie azioni, negando di conseguenza la predestinazione e affermando che Dio è necessariamente giusto. Arbitro illuminato e assoluto dell'interpretazione della Parola di Dio, il califfo si circondò di dotti per giudicare ciò che fosse meglio per la comunità dei credenti: la supremazia culturale di un califfato che promuove le scienze doveva riunificare la comunità dei credenti sotto una teocrazia responsabile della conformità individuale e sociale rispetto alla verità e alla sapienza (*ḥikma*) di Dio, che il califfo conosceva meglio di ogni altro. Questa concezione dell'Islām favorì la diffusione del patrimonio scientifico e filosofico greco; non bisogna tuttavia attribuirle anacronisticamente una valenza tollerante e liberale *ante litteram*. Essa comportò infatti anche la promulgazione della *miḥna*, l'inquisizione di stato contro le autorità religiose, fedeli talvolta sino alla morte alla tradizionale visione del *Corano* come Parola increata di Dio. Contrapponendosi così violentemente a un elemento costitutivo della religiosità islamica, ossia la fede nella Discesa del *Corano* promulgato da Dio «in arabo chiaro» (*Cor.* XII 2 e XVI 103), la teologia muʿtazilita perse presto il predominio. In effetti, il califfato rinunciò ufficialmente alla dottrina del *Corano* creato (sotto il califfato di al-Mutawakkil, 847-861); al tempo stesso, al-Ašʿarī (morto nel 935), un teologo che vi aveva a lungo aderito, sconfessò clamorosamente il muʿtazilismo; da allora in poi, la teologia della scuola ašʿarita, destinata a divenire molto influente nell'Islām sunnita, proclama che la trascendenza e l'unicità di Dio possono essere conosciute solo a partire dalla Rivelazione e che l'Islām consiste appunto nell'accettazione dell'insondabile volontà e onnipotenza di Dio. La filosofia arabo-islamica, nata da quella greca, intrattenne una costante dialettica con queste concezioni teologiche e con le altre due scienze tradizionali dell'Islām: il diritto e la grammatica.

Le prime traduzioni

Il *Kitāb al-Fihrist* («Libro del catalogo»), composto a Baghdad entro la fine del X secolo dal figlio di un libraio della capitale, Abū 'l-Farağ Muḥammad ibn Isḥāq ibn Abī Yaʿqūb Isḥāq al-Warrāq, più noto come Ibn al-Nadīm, ci informa sul patrimonio filosofico e scientifico a disposizione degli intellettuali musulmani dell'epoca. Questo *Catalogo* – il più antico di una serie di opere bio-bibliografiche che giungono fino al XVII secolo – elenca i filosofi greci da Pitagora a Giovanni Filopono, citando spesso l'esistenza di una traduzione in siriaco o in arabo delle loro opere. Dapprima gli orientalisti europei e in seguito studiosi di madrelingua araba hanno scoperto e pubblicato i manoscritti che conservano queste traduzioni. Anche se molte opere rimangono ancora sconosciute o inedite, ciò che possediamo – le traduzioni stesse, i resoconti bio-bibliografici relativi agli scienziati e ai filosofi greci, e inoltre gli scritti dei filosofi arabo-musulmani – ci danno un'immagine molto ricca del rapporto fra il pensiero arabo e la filosofia greca. La filosofia greca, e in particolare la logica aristotelica, era stata resa accessibile in siriaco ben prima della conquista araba di Damasco e della Siria (636): nella prima metà del VI secolo, cioè all'incirca nello stesso periodo in cui Boezio avviava in Occidente il progetto di traduzione delle opere di Aristotele e di Platone, in Siria Sergio di Reshʿayna (morto nel 536) traduceva l'*Organon*, scritti di Galeno e il *corpus* neoplatonico cristiano dello pseudo-Dionigi Areopagita. Sergio aveva studiato ad Alessandria alla scuola di Ammonio, un commentatore neoplatonico di Aristotele del quale fu discepolo anche Giovanni Filopono. La cultura dei cristiani di Siria passò da un iniziale antagonismo nei confronti della filosofia greca (IV secolo) a una sempre più completa assimilazione (VII secolo); nel IX secolo, incontriamo numerosi cristiani di Siria al centro del movimento di traduzione. Benché le traduzioni in siriaco siano iniziate assai prima dell'avvento dell'Islām, non si deve pensare che esse rappresentino una fase più antica, soppiantata da una successiva fase di traduzioni in arabo. A partire dal momento in cui si cominciò a tradurre in arabo, le traduzioni in siriaco e in arabo coesistettero: durante il IX secolo, a Baghdad, alcuni dei più celebri traduttori, come i cristiani Ḥunayn ibn Isḥāq e suo figlio Isḥāq ibn Ḥunayn, tradussero sia in arabo che in siriaco.

Le traduzioni in arabo di opere greche erano iniziate già durante il califfato umayyade: come si è visto, Sālim Abū 'l-ʿAlā', segretario del califfo Hišām ibn ʿAbd al-Malik (724-743), aveva fatto tradurre un *corpus* di presunte lettere di Aristotele ad Alessandro Magno, destinate a formare il nucleo del *Secretum secretorum*, il più famoso fra gli 'specchi dei principi', noto anche nel mondo latino e nella prima età moderna. Ma le vere e proprie traduzioni scientifiche e filosofiche iniziarono e si svilupparono sotto gli ʿAbbāsidi. Delle prime traduzioni di opere logiche e della *Fisica* aristotelica effettuate sotto al-Manṣūr (754-775) e i suoi successori al-Mahdī (775-785) e Hārūn al-Rašīd (786-809) è rimasto ben poco, ma molte delle traduzioni prodotte all'epoca di al-Ma'mūn e dopo di lui sono giunte sino a noi.

Il circolo di al-Kindī

Per la formazione e lo sviluppo della *falsafa* (filosofia arabo-musulmana) fu determinante il fatto che il primo filosofo arabo, Abū Yūsuf ibn Isḥāq al-Kindī (morto nell'860 circa) fosse anche l'ispiratore di un vero e proprio circolo di traduttori. Precettore del figlio del califfo al-Muʿtasim (833-842), al-Kindī commissionò la traduzione della *Metafisica* di Aristotele e intervenne direttamente su quella delle *Enneadi* IV-VI di Plotino. Oltre a queste due opere, che segnarono l'agenda della cosmologia, della metafisica e della teologia razionale di buona parte della filosofia araba posteriore, il «circolo di al-Kindī» mise a disposizione degli intellettuali di lingua araba il *Timeo* platonico (traduzione perduta), il *De Caelo*, i *Meteorologica*, il *De generatione animalium* e il *De partibus animalium* di Aristotele, alcuni brevi scritti di Alessandro di Afrodisia, l'*Introduzione aritmetica* di Nicomaco di Gerasa, gli *Elementi di Teologia* di Proclo, parti del *De aeternitate mundi contra Proclum* di Giovanni Filopono e una parafrasi neoplatonica del *De Anima* di Aristotele (traduzioni esistenti, in tutto o in parte). Nell'ambito del circolo di al-Kindī, e forse per opera di al-Kindī stesso, le *Enneadi* IV-VI di Plotino, con la loro descrizione dei tre principî sovrasensibili, Uno, Intelletto e Anima, si trasformarono nella *Teologia di Aristotele*, mentre gli *Elementi di Teologia* di Proclo si trasformarono nel *Libro di Aristotele sull'esposizione del Bene Puro*, il *Liber de Causis* delle università latine. La cosmologia e la metafisica di Aristotele furono così coronate dalla dottrina neoplatonica dell'Uno, e direttamente ad Aristotele fu attribuita non solo la gerarchia dei principî Uno, Intelletto e Anima del cosmo, ma anche il più tipico rimaneggiamento subito dagli scritti di Plotino e Proclo nel corso della versione in arabo: la trasformazione della causalità dell'Uno nella creazione dell'universo dal nulla.

Una famiglia di traduttori

A un periodo di poco posteriore appartengono le traduzioni di Ḥunayn ibn Isḥāq (morto nell'873), di suo figlio Isḥāq ibn Ḥunayn (morto nel 911) e dei loro collaboratori. Medico e scienziato, grande traduttore di opere scientifiche e soprattutto di Galeno, Ḥunayn tradusse anche le *Leggi* e il *Timeo* platonici (ma queste traduzioni sono perdute) e praticamente l'intero *corpus* aristotelico: alcune opere di Aristotele, come si è visto, erano già state tradotte; altre lo furono per la prima volta, di alcune Ḥunayn fece una traduzione siriaca e il figlio Isḥāq una traduzione araba; l'attribuzione di altre è stata discussa, ed è impossibile riassumere questo complesso quadro in poche righe; ma è importante sottolineare che grazie all'opera di Ḥunayn e dei suoi collaboratori entro il primo quarto del X secolo il *corpus* del «Maestro Primo» (così Aristotele venne designato dai filosofi arabi), accompagnato dalle opere dei commentatori (Alessandro di Afrodisia, Temistio, Filopono) era ora disponibile per gli scienziati e gli intellettuali arabi.

Alle origini della filosofia islamica

Verso la metà del secolo X, una nuova serie di traduzioni di Aristotele, Alessandro di Afrodisia e Temistio fu prodotta da Abū Bišr Mattā b. Yūnus al-Qunnā'ī, un cristiano di Siria che ebbe tra i suoi allievi anche il grande filosofo islamico al-Farābī. Abū Bišr Mattā b. Yūnus non traduceva dal greco, ma volgeva in arabo traduzioni siriache più antiche. In una celebre disputa con il grammatico al-Sirāfī, che gli contestava l'insensatezza di questa impresa, difese la possibilità di accedere a una sorta di logica universale dello spirito umano, anteriore a ogni linguaggio naturale. Questa convinzione ricompare nelle opere del suo maggiore allievo, al-Farābī, ed è condivisa da tutti i filosofi arabo-musulmani, sia in Oriente, con la grande opera sistematica di Avicenna, che nell'Occidente musulmano, con la vasta impresa di commento del *corpus* aristotelico di Averroè. Nel corso dei secoli durante i quali la *falsafa* è fiorita (IX-XII) o si è perpetuata (XIII-XVII), le risposte alle questioni formulate dalla filosofia greca sul Primo Principio, sul cosmo e sull'uomo sono state anche profondamente diverse fra loro; ma la fisionomia essenziale di questo pensiero è stata tracciata nel periodo, a cavallo fra la metà dei secoli IX e X, in cui si addensa anche la maggior parte delle traduzioni.

Fantasmi sasanidi

Secondo Dimitri Gutas, autore di un celebre libro sul «movimento di traduzione»,[27] il *Bayt al-ḥikma* non sarebbe stato altro che un'istituzione dell'apparato statale amministrativo e burocratico dell'impero sasanide di Persia fatta propria dai primi califfi ʿabbāsidi, senza alcun rapporto con il movimento di traduzione dal greco all'arabo. La sua reale funzione sarebbe stata invece quella di trascrivere e conservare i testi della storia nazionale iraniana. Si sarebbe dunque trattato di un ufficio creato quando la prima amministrazione ʿabbāside stava prendendo fisicamente forma sulla base dei modelli sasanidi e sotto la direzione di burocrati impregnati di cultura persiana. In effetti, nella documentazione sasanide sono attestate due entità piuttosto interessanti: la «Fortezza delle scritture», e il «Tesoro satrapale» o «Tesoro reale». Si tratta però di istituti menzionati unicamente in relazione alla trasmissione dell'*Avestā*, la grande raccolta delle sacre scritture iraniche: in realtà, del «Tesoro satrapale» e della «Fortezza delle Scritture» non sappiamo praticamente nulla. Inoltre, la presenza di biblioteche palatine non è certo esclusiva del mondo persiano, e anzi costituisce sin dalle epoche più remote un elemento tipico del rapporto fra potere e scrittura. Non si vede dunque quali siano gli indizi reali della derivazione del *Bayt al-ḥikma* ʿabbāside da un modello sasanide, del quale peraltro si hanno – come si è appena visto – conoscenze estremamente limitate. Sembra più plausibile pensare che il *Bayt al-ḥikma* sia semplicemente la forma assunta dalla biblioteca palatina in ambito islamico, esattamente come il califfato e il sultanato sono le tipiche forme della regalità musulmana.

Una missione a Bisanzio

Due testimonianze del *Fihrist* (Ibn al-Nadīm, *Fihrist*, ed. Fügel, p. 243 e 305) sembrano peraltro attestare un ruolo di primo piano del *Bayt al-ḥikma* nel «movimento di traduzione». Ibn al-Nadīm, infatti, scrive che il califfo al-Ma'mūn avrebbe inviato nei terrtori bizantini alla ricerca di manoscritti greci un'*équipe* di cui faceva parte il il direttore del *Bayt al-ḥikma* (*ṣāḥīb Bayt al-ḥikma*), e che la stessa *équipe* avrebbe poi curato la traduzione dei testi reperiti.

27. D. Gutas, *Pensiero greco e cultura araba* (1998), tr. it. di C. Martini, Einaudi, Torino 2002.

Questa 'missione culturale' ʿabbāside nei territori bizantini può essere agevolmente inserita nella cornice delle numerose trattative diplomatiche che impegnarono varie delegazioni dei due imperi tra la fine dell'VIII e l'inizio del IX secolo e che non di rado comportarono pagamenti di tributi (da parte bizantina) e scambi di doni. Ma è soprattutto interessante soffermarsi sui membri di tale spedizione menzionati da Ibn al-Nadīm: al-Ḥaǧǧāǧ ibn Maṭar, Ibn al-Baṭrīq e Salmān. Il primo è noto per aver lavorato per Hārūn al-Rašīd e al-Ma'mūn, per i quali tradusse l'*Almagesto* e gli *Elementi* di Euclide; il secondo, era un traduttore di testi greci alla corte di Baghdad (tra l'altro, elaborò una parafrasi araba del *Timeo* platonico); il terzo studioso chiamato in causa è, in questa sede, il personaggio più importante (e probabilmente lo era anche all'interno della spedizione): si tratta infatti del *ṣāḥīb Bayt al-ḥikma*, cioè del direttore della biblioteca califfale, che è quindi coinvolto in prima persona in una missione finalizzata al reperimento di antichi testi scientifici greci e successivamente nella loro traduzione, affiancato da due dei maggiori specialisti nel campo delle traduzioni greco-arabe. Com'è ovvio, ciò costituisce una prima evidente smentita delle affermazioni di Gutas circa la mancanza di legami fra l'attività di traduzione in arabo di testi greci e l'istituzione del *Bayt al-ḥikma*.

Un simbolo irrinunciabile

Salmān, dunque, operava anche in ambito greco, sia procurando manoscritti sia occupandosi della loro traduzione. Un altro passo del *Fihrist* (Ibn al-Nadīm, *Fihrist*, ed. Fügel, p. 267) sembra fugare ogni dubbio in proposito, informandoci del fatto che egli avrebbe anche preso parte all'opera di coordinamento della traduzione di uno dei più importanti testi scientifici greci, l'*Almagesto* di Tolomeo di Tolemaide, opera alla quale partecipò tra gli altri anche al-Ḥaǧǧāǧ ibn Maṭar, che aveva accompagnato lo stesso Salmān nella spedizione effettuata nei territori bizantini. Quest'ultimo si rivela dunque una figura straordinariamente eclettica, in grado di operare in ben tre ambiti linguistici: quello mediopersiano, quello greco e quello arabo. A tal proposito, sembra da valorizzarsi la notizia secondo cui il *ṣāḥīb Bayt al-ḥikma* sarebbe stato originario di Ḥarrān, l'antica Carrhae, uno dei classici luoghi di incontro – e di scontro – fra mondo greco-romano e mondo persiano. In ogni caso, la partecipazione del direttore del *Bayt al-ḥikma* ad attività di raccolta e volgarizzamento di manoscritti greci mostra chiaramente che l'istituzione era senz'altro coinvolta nel movimento di traduzione. D'altra parte, la raccolta, la copiatura ed eventualmente la traduzione di opere ritenute utili è sempre stata una delle caratteristiche fondamentali delle biblioteche. Insomma, la «Casa della Sapienza» è un emblema troppo efficace del «movimento di traduzione» per rinunciarvi. Tanto più che non è affatto necessario farlo.[28]

Strutturare l'impero: la geografia come scienza califfale

Baghdad fu anche la culla della scienza geografica islamica, che vide la luce nel IX secolo nel momento stesso in cui venivano redatte le prime cronache ʿabbāsidi a noi note. Di fatto, scritture geografiche e cronografiche sono inseparabili, perché procedono ambedue dalla volontà di dimostrare la legittimità universale dell'Islām. La tradizione araba considera al-Ma'mūn come fondatore della scienza geografica. Lo storico al-Masʿūdī afferma di aver visto nelle biblioteche un'opera geografica (*ǧuġrāfiyā)* senza testo ma che conteneva i «climi» *(iqlīm)*, sotto forma di tavole, e una carta che portava il suo nome, *al-ṣūrat al-ma'mūnīya*: quest'ultima rappresentava «il mondo con le sue sfere, le sue stelle, la terra e i mari, le regioni abitate e desertiche, le città».

La geografia araba costituì dunque una delle numerose materie coltivate a Baghdad, nell'effervescenza dello sviluppo degli studi enciclopedici, utili a valorizzare l'immagine dell'Islām, secondo i desideri dei califfi. La geografia araba, prima di essere una scienza che ha per oggetto la descrizione del Terra, aveva quale obiettivo principale quello di rappresentare l'Islām al centro dell'ecumene e di raffigurare sui mappamondi la potenza e la legittimità del califfato. Gli astrolabi e le sfere astronomiche

28. Sul *Bayt al-ḥikma*, oltre alla già menzionata monografia di Gutas, è fondamentale lo studio di C. D'Ancona, *La Casa della Sapienza*, Milano, Guerini & Associati, 1996, con bibliografia. Vd. anche G. Endress, *Athen - Alexandria - Bagdad - Samarkand. Übersetzung, Überlieferung und Integration der griechischen Philosophie im Islam*, in *Von Athen nach Bagdad. Zur Rezeption griechischer Philosophie von der Spätantike bis zum Islam*, hrsg. von P. Bruns, Bonn 2003, pp. 42-62; C. Martini Bonadeo, *Le biblioteche arabe e i centri di cultura fra IX e X secolo,* in *Storia della filosofia nell'Islam medievale*, a cura di C. D'Ancona, Einaudi, Torino 2005, pp. 261-281. Sulla *miḥna* vd. J.P. Turner, *Inquisition in Early Islam: The Competition for Political and Religious Authority in the Abbasid Empire*, London, I.B. Tauris, 2013.

furono i primi oggetti da collezione dei sovrani e dell'alta società della capitale. Nello stesso tempo, le carte dell'antichità greca, quelle di Tolomeo in particolare, fecero da modello per i primi mappamondi, divisi in quarti o «climi» (*iqlīm*), e varie opere geografiche greche furono tradotte in arabo.

La geografia araba, cartografica e descrittiva, fu essenzialmente uno strumento di cultura e di propaganda della sovranità islamica e califfale. In effetti, i burocrati dell'amministrazione ʿabbāside scelsero di intitolare le loro descrizioni «cammini» o «itinerari», terrestri e marittimi (*masālik*), che permettevano di unire le varie città e altri luoghi abitati all'interno dello spazio controllato dal sovrano (*mamālik*); e tuttavia, questa geografia pratica fu soprattutto utilizzata per rispondere a un altro intento: quello di rappresentare lo spazio dell'autorità del sovrano, al fine di educare in maniera stimolante le future *élites* del califfato, dando origine così a una geografia di tipo enciclopedico, concepita come genere letterario al servizio della promozione dell'immagine dello spazio imperiale e dell'Islām come il solo universalismo possibile per lo spazio umano.[29]

Al servizio del califfo: i Barmecidi

La storia dell'amministrazione della prima età ʿabbāside è dominata da una grande e potente famiglia, quella dei Barmecidi (Banū Barmak), il cui nome fu immortalato anche nelle *Mille e una notte*, dove Ǧaʿfar al-Barmakī appare come il fedele compagno di avventure del califfo Hārūn al-Rašīd. La storia di questa famiglia di funzionari si snoda attraverso i primi cinquant'anni del califfato ʿabbāside, e ha il suo culmine durante il regno di Hārūn al-Rašīd. I Barmecidi (dal sanscrito *Pramukha*, «superiore di un tempio», da cui l'arabo *Barmak*) erano originari della Battriana, e precisamente di Balkh, e aderivano al Buddhismo, esercitando funzioni sacerdotali. La loro ascesa cominciò come *mawālī* degli Umayyadi, dai quali ricevettero prebende e incarichi prestigiosi; ben presto, però, i Barmecidi si misero a disposizione degli ʿAbbāsidi e parteciparono alla loro attività clandestina di propaganda. Durante la rivoluzione, un esponente della famiglia, Ḫālid b. Barmak, fu incaricato della ripartizione del bottino

29. Sulle scienze geografiche in epoca ʿabbāside vd. A. Miquel, *La géographie humaine du monde musulman jusqu'au milieu du 11ᵉ siècle*, I-IV, Paris, Mouton, 1967-88 (Civilisations et Sociétés, s.n.); Picard, *La mer des califes*, pp. 107-122.

nell'esercito, della riscossione dell'imposta fondiaria e di tutti i servizi amministrativi; successivamente, lo stesso personaggio fu nominato governatore del Ṭabaristān, ma in seguito cadde in disgrazia e venne condannato al pagamento di una forte ammenda, per poi essere graziato e ricevere nuovi importanti incarichi. Già nella carriera di Ḫālid b. Barmak si evidenzia il tema chiave dell'instabilità del favore del sovrano, nonostante i forti legami di familiarità, ma esso diventa ancora più esplicito nella vicenda di Yaḥyà b. Ḫālid, il grande e indiscusso protagonista dell'ascesa dei Barmecidi. Quest'ultimo divenne infatti tutore di Hārūn al-Rašīd, al quale il califfo delegò la gestione del potere, attribuendogli il titolo di *wazīr* e cooptando in importanti funzioni governative i suoi due figli, al-Faḍl e Ǧaʿfar. Secondo le fonti, Yaḥyà b. Ḫālid esercitò con abilità e saggezza tutte le cariche che gli erano state conferite, anche attraverso una raffinatissima strategia di alleanze all'interno della corte, presso la famiglia del califfo e fra le alte gerarchie dell'amministrazione. E tuttavia, la sua abilità e le sue capacità diplomatiche non evitarono un epilogo drammatico, che giunse improvvisamente a concludere la vicenda dei Barmecidi: all'inizio dell'803, al ritorno dal pellegrinaggio a Mecca, Hārūn al-Rašīd ordinò infatti l'uccisione di Ǧaʿfar, l'arresto di al-Faḍl e di Yaḥyà e la confisca di tutti i loro averi. Le colpe a loro attribuite vanno dall'abuso di potere, all'empietà, all'adesione alla fazione ʿalīde alla violazione dell'*harem* del califfo, ma tutto l'*affaire* resta largamente oscuro: come è stato giustamente evidenziato, infatti, «la lettura 'etica' ha avuto tale dilatazione da mettere in ombra quella 'politica'; è plausibile che questo non sia stato casuale. Nella misura in cui tematiche quali l'insondabilità del destino dell'uomo, la fugacità di ogni bene terreno ma anche l'arbitrio dei potenti e le nefaste conseguenze dello scatenarsi delle passioni hanno trovato spazio nella vicenda, questa è diventata un *topos* nella produzione storiografica come nella letteratura [...]. Nel nostro caso, la lettura della vicenda in chiave di esempio, ammonimento (*ʿibra*) sembra essere il velo adottato per celare quanto non si poteva o non si voleva dire e che ci si limita a suggerire attraverso il ricorso a motivi simbolici e strategie narrative che vanno decifrati».[30] La storia dei Barmecidi si trasforma così in un grande apologo sulla natura del potere

30. M.G. Stasolla, *Come legge la storia un letterato del X secolo. Al-Ǧahšiyārī e i Barmecidi*, Roma, Aracne, 2007 (AIO, 311), p. 16. Sulla vicenda dei Barmecidi e sulla sua lettura da parte delle fonti arabe medievali vd. anche El-Hibri, *Reinterpreting Islamic Historiography*, *passim*.

che ne evidenzia le ipocrisie e le grandezze, enfatizza il carattere assoluto dell'autorità califfale e pone infine l'accento sull'ineluttabilità del destino. Questa trasformazione è particolarmente evidente nel *Libro dei* wazīr *e dei segretari* (*Kitāb al-wuzarā' wa 'l-kuttāb*) di Abū ʿAbd Allāh Muḥammad ibn ʿAbdūs al-Ǧahšiyārī (morto nel 942), di cui vale la pena di riportare alcuni brevi ma significativi aneddoti:[31]

> Dopo aver gettato in disgrazia i Barmecidi, al-Rašīd disse: «Voglio assumere al mio servizio gente che non sia dei loro». Gli fu detto: «Non trovi nessuno che non sia stato al loro servizio». Allora scelse quelli che erano, a suo giudizio, preferibili tra i migliori dei loro amici [...].
> Poi al-Rašīd si pentì delle sue azioni nei confronti dei Barmecidi e si rammaricò per il suo accanimento contro di loro. Si rivolse alllora ad alcuni dei suoi intimi, dicendo che, se fosse stato sicuro della loro lealtà, li avrebbe fatti rientrare nel loro rango [...].
> Quando i Barmecidi furono portati ad al-Raqqa, il segretario al-Ḥasan b. ʿIsà incontrò Yaḥyà b. Ḫālid che camminava a piedi. Al-Ḥasan, che aveva simpatia per loro, disse: «Quando ho visto che Yaḥyà mi guardava ammirato mi son detto: 'Non vorrei che Dio mi vedesse fare una cosa che non facevo prima'. Sono sceso da cavallo e Yaḥyà mi ha gridato: 'Mai, mai!'. Non ho dato importanza al suo grido, mi sono avvicinato a lui e l'ho salutato. Mi ha detto: 'Ascolta e capisci! Se il potere fosse rimasto nelle mani dei nostri predecessori, non sarebbe arrivato a noi, e se rimanesse nelle nostre mani, non arriverebbe mai ai nostri successori! Non c'è dubbio che le cose devono cambiare ed evolversi: noi fino a oggi eravamo una medicina e ora siamo diventati una malattia'».

Vedremo come, progressivamente, i rapporti di forza tra califfo e *wazīr* tenderanno a rovesciarsi: se la vicenda dei Barmecidi ci mostra il pieno dominio del sovrano sui suoi ministri, l'era ʿabbāside si chiuderà con il califfo ormai ridotto all'ombra di se stesso; a una debole marionetta in balìa dei veri detentori del potere: i capi militari o i loro onnipotenti *wazīr*.

*La riconciliazione mancata: al-Ma'mūn e l'*imām *ʿAlī al-Riḍā*

Dopo la morte di Hārūn al-Rašīd, le tensioni interne alla corte evidenziatesi nell'*affaire* dei Barmecidi divamparono in una guerra civile fra i

31. Cit. da Stasolla, *Come legge la storia un letterato del X secolo*, pp. 133-134.

due suoi figli, al-Amīn e al-Ma'mūn. Poiché Baghdad e la regione irachena si schierarono per lo più con al-Amīn, mentre la Persia si pose a fianco di al-Ma'mūn, tal conflitto viene spesso interpretato come uno scontro 'etnico' tra Arabi e Persiani conclusosi con il trionfo di questi ultimi. Più realisticamente, esso fu un proseguimento delle lotte sociali del periodo precedente. Al-Ma'mūn, che si appoggiava alla fazione 'orientale', prese per un breve periodo in considerazione l'idea di trasferire la capitale dell'impero a Marw, ma poi, anche per la decisa opposizione della popolazione di Baghdad e dell'Iraq, abbandonò il proposito. Da allora in poi, le ambizioni iraniane trovarono espressione in dinastie locali nominalmente fedeli al califfo ma di fatto indipendenti. Nel suo cammino verso il potere assoluto, al-Ma'mūn tentò poi una mossa di grande effetto: la riconciliazione con la famiglia ʿalīde. Nell'817, egli infatti designò come suo erede l'ottavo *imām* sciita, ʿAlī al-Riḍā, che conduceva una vita ritirata a Medina. Le fonti concordano sul fatto che al-Riḍā, estremamente riluttante, accettò la nomina sotto la grande pressione del califfo e del suo *entourage*, come anche dei suoi stessi sostenitori. Egli, allora, si mise in viaggio verso Marw, dove al-Ma'mūn si era installato, mentre in tutto l'impero scoppiavano rivolte e manifestazioni di violenza urbana e a Baghdad veniva nominato un anti-califfo: in molte regioni dell'impero (perfino nel cuore della Persia) si era addirittura sviluppato un vero e proprio culto del califfo umayyade Muʿāwiya, una sorta di 'neo-umayyadismo artificiale' che, come è stato evidenziato, aveva alle sue radici la forte ostilità di una parte della comunità sunnita nei confronti della figura di ʿAlī e anche il crescente malcontento verso le politiche della casa regnante degli ʿAbbāsidi.

A questo punto, membri influenti della corte di Baghdad informarono al-Ma'mūn che sarebbero stati pronti a sostenerlo a patto che egli avesse abbandonato la sua politica pro-ʿalīde; dopo qualche esitazione, al-Ma'mūn partì alla volta dell'Iraq e, durante il viaggio, il suo *wazīr* pro-ʿalīde venne assassinato (818); qualche mese più tardi, al-Riḍā, che nel frattempo era giunto nei pressi della città di Ṭūs, nel Nord-Est dell'attuale Iran, morì in circostanze misteriose: il luogo della sua morte, prese più tardi il nome di Mašhad (*Mašhad al-Riḍā*, cioè «il luogo del martirio di al-Riḍā») e divenne il più importante luogo di pellegrinaggio dello sciismo persiano. Di queste due morti, estremamente opportune per la carriera di al-Ma'mūn, il califfo fu considerato responsabile sia da parte sciita sia da molti ambienti sunniti, e questo nonostante al-Ma'mūn mantenesse sincere simpatie sciite per tutto il corso della sua vita. Dopo la tragica conclusione della vicenda concernente al-Riḍā, al-Ma'mūn continuò comunque a fare leva sulle aspettative messianiche delle folle musulmane, utilizzandole in chiave di autolegittimazione politica e religiosa. Inoltre, egli tornò a utilizzare il titolo di *ḫalīfat Allāh*, ponendo enfasi sul rapporto diretto ed esclusivo del califfo con la divinità. Una vera svolta anti-sciita si ebbe invece con il califfo al-Mutawakkil, che, per ingraziarsi gli *ʿulamāʾ* sunniti e rendere più solido il suo potere, ripudiò l'attitudine filo-ʿalīde di al-Ma'mūn e giunse a ordinare la distruzione del mausoleo di al-Ḥusayn a Karbalāʾ.[32]

I califfi a Sāmarrāʾ

Con la morte di al-Ma'mūn (833) ha fine il periodo di massima fioritura del califfato ʿabbāside e si apre un'epoca in cui hanno un ruolo sempre maggiore le truppe 'turche' di condizione servile (*ġulām*, *mamālik*) acquistate in Transoxiana per il tramite della dinastia locale dei Samanidi e composte in realtà non solo da Turchi (*Atrāk*) ma anche da Cazari, Corasmi, Sogdiani, Eftaliti, Armeni e da altre popolazioni dell'Asia centrale. Queste truppe, legate ai califfi da un patto di fedeltà di tipo personale, furono sottoposte a un accurato addestramento e in poco tempo finirono per divenire il nerbo dell'esercito ʿabbāside, soppiantando le milizie regolari arabe e iraniche. L'*élite* era costituita da effettivi turchi e da genti provenienti dalla valle del Ferghana (nell'odierno Uzbekistan). Ben presto, tuttavia, tra i 'Turchi', gli Arabi e la popolazione di Baghdad si verificarono attriti e contrasti; per questo motivo, nell'835, il califfo al-Muʿtaṣim (833-842) decise di trasferire la propria capitale a Sāmarrāʾ, dove sorgeva sin dalle epoche più remote un villaggio chiamato in greco «Souma», in latino «Sumere», in siriaco «Šumara», e in arabo, appunto, Sāmarrāʾ (versione araba del toponimo preislamico): qui al-Muʿtaṣim fece costruire la città califfale, che chiamò «Surra man ra'ā», «Chi la

32. Sul rapporto tra al-Ma'mūn e gli ʿalīdi vd. ad es. Scarcia Amoretti, *Sciiti nel mondo*, pp. 140-144, e Moezzi, Jambet, *Qu'est-ce que le shîʿisme*?, pp. 70-71. Sul culto di Muʿāwiya in epoca abbaside, fondamentale Ch. Pellat, *Le culte de Muʿāwiya au III*e *siècle de l'hégire*, in «Studia Islamica», VI (1956), pp. 53-66 (poi in Id., *Études sur l'histoire socio-culturelle de l'Islam (VII*e*-XV*e *siècle)*, London, Variorum Reprints, 1976 [Collected Studies, 43], nr. x). Su messianismo e politica nell'epoca di al-Ma'mūn, fondamentale H. Yücesoy, *Messianic Beliefs & Imperial Politics in Medieval Islam. The ʿAbbāsid Caliphate in the Early Ninth Century*, Columbia, sc, University of South Carolina Press, 2009.

vede ne è deliziato», una forma di nome verbale del tutto inusuale in arabo ma che richiama antiche pratiche sumeriche e accadiche. Secondo la tradizione, la scelta del sito avvenne durante una battuta di caccia, e in effetti l'area di Sāmarrā' era famosa per la sua cacciagione anche prima della fondazione della nuova capitale. La costruzione della città coinvolse migliaia di artigiani e i costi delle strutture palaziali e degli ornamenti esterni raggiunsero, secondo il geografo al-Yāqūt, circa 204 milioni di *dīnār*: una cifra sbalorditiva anche per le ricche casse dell'impero ʿabbāside. Il califfo fu direttamente responsabile della pianta della città e probabilmente sovraintese alla costruzione del palazzo denominato Dār al-ʿĀmma, dei mercati e della moschea congregazionale, mentre tre palazzi minori (al-Ǧawsaq al-Ḫāqānī, al-ʿUmarī e al-Wazīrī) vennero assegnati a vari luogotenenti. La decorazione architettonica dei palazzi, riservata alla zona interna, ci è pervenuta solo in minima parte: splendidi pannelli in stucco ornavano gli spazi pubblici, mentre pitture figurate (di cui si conservano alcuni frammenti al Museo islamico di Istanbul) e sculture (menzionate nelle fonti, ma di cui non resta traccia) erano riservate agli ambienti privati. La città si sviluppava da Nord, dov'erano i palazzi (Dār al-Ḫilāfa) e i mercati, verso Sud, dove si trovavano i vari quartieri abitativi; gli alloggiamenti dei militari 'turchi' erano collocati in una zona isolata, onde evitare il contatto fra la popolazione araba e i non-arabi; lungo la riva occidentale del Tigri furono creati degli splendidi giardini.

Sāmarrā' conobbe poi due fasi di grande espansione: la prima sotto il califfo al-Wāṯiq (842-847) e la seconda sotto al-Mutawakkil (847-861). In effetti, secondo le fonti, durante tutto il califfato di al-Muʿtaṣim la città fu unanimemente considerata solo come un campo militare (*ʿaskar al-Muʿtaṣim*) a rischio di abbandono alla morte del califfo; solo quando al-Wāṯiq mostrò di voler continuare a viverci, essa fu considerata a tutti gli effetti come una vera capitale. Fu comunque al-Mutawakkil a promuovere la sua trasformazione in una vera megalopoli, estendendola verso Sud, facendo aprire sette grandi viali paralleli intorno ai quali si articolavano vari nuovi quartieri, come quello di Balkuwārā a Sud e quello di al-Mutawakkiliyya a Nord. Poiché la vecchia moschea congregazionale, fondata da al-Muʿtaṣim nell'area dei mercati, era diventata troppo piccola, al-Mutawakkil decise di demolirla, e di costruire, al limite orientale della città, una nuova, grande moschea, che, iniziata nell'848/9 fu completata nell'851/2 e costò più di 300.000 *dīnār*. Essa era costituita da un rettangolo di 239 x 156 m con 17 navate nella sala di preghiera e un triplo portico (*riwāq*) intorno al cortile; il *miḥrāb* era decorato a mosaico di cui restano solo piccoli frammenti. Ma l'elemento più straordinario della moschea era certamente l'impressionante minareto elicoidale, alto 52 m, sul quale, secondo la tradizione, al-Mutawakkil era solito salire a dorso d'asino. Per l'approvvigionamento idrico dell'enorme area urbana, fu progettato un grande canale che vi convogliasse l'acqua del Tigri, che tuttavia non venne mai portato a termine. Sāmarrāʾ rimase a lungo capitale califfale, anche se al-Mutawakkil, nell'858, tentò di spostare il centro dell'impero a Damasco e, di fronte alle rimostranze dei 'Turchi', che non volevano assolutamente abbandonare le terre che erano state loro affidate dai califfi succedutisi al potere, si accontentò di fondare, a 18 km da Sāmarrāʾ, un nuovo grande palazzo, al-Māḥūza, dove si trasferì nell'861. Nello stesso anno, al-Mutawakkil fu eliminato in un complotto ordito da alcuni militari 'turchi', che acclamarono califfo suo figlio al-Muntaṣir (861-862). Ha così inizio il periodo noto come «anarchia turca», durante il quale le leve del potere furono nelle mani delle milizie 'turche', che sceglievano di appoggiare l'uno o l'altro dei pretendenti al trono califfale; dopo al-Muntaṣir divennero califfi al-Mustaʿīn (862-866), al-Muʿtazz (866-869), al-Muhtadī (869-870) e al-Muʿtamid (870-892). Il successore di quest'ultimo, al-Muʿtaḍid (892-902), tentò di riaffermare la centralità del potere califfale e, anche al fine di affrancarsi dalla tutela militare, decise di lasciare Sāmarrāʾ e di riportare la capitale a Baghdad.

Sāmarrāʾ venne dunque abbandonata, e in seguito, devastata dai Mongoli, perse gran parte dei suoi abitanti; ma il suo prestigio sopravvisse grazie ai pellegrini sciiti. Essa, infatti, durante il califfato di al-Mutawakkil, era stata il luogo di 'soggiorno obbligato' degli ultimi tre *imām* sciiti duodecimani: ʿAlī ibn Muḥammad ibn ʿAlī, detto al-Hādī, suo figlio al-Ḥasan ibn ʿAlī ibn Muḥammad e il figlio di quest'ultimo, Muḥammad b. al-Ḥasan al-Mahdī. La casa che avrebbe ospitato i tre *imām* si trovava, secondo la tradizione, presso il lato settentrionale della moschea congregazionale. Dopo la loro morte i primi due furono sepolti nella casa, mentre l'ultimo *imām*, Muḥammad b. al-Ḥasan, identificato con il *mahdī*, sarebbe entrato in «occultamento» all'interno del pozzo scavato presso la piccola moschea che sorgeva accanto alla dimora. Sul sito, nel 944 venne in seguito costruito un grande santuario che racchiude le tombe e la cisterna e che divenne nel tempo uno dei principali luoghi di culto degli sciiti duodecimani. La cupola principale del santuario, ricoperta da 62 lastre d'oro, è stata gravemente danneggiata da un attentato il 22 febbraio 2006, mentre due minareti sono crollati in seguito a un nuovo attentato compiuto nel giugno del 2007.[33]

Il califfato sotto tutela: dai Kuttāb *ai Būyidi*

Come è evidente da quanto sopra esposto, tra la fine dell'VIII e l'inizio del X secolo, nella struttura politica e amministrativa del califfato si registra una sorta di alternanza tra predominio del ceto burocratico (di cui gli esponenti di punta erano i Barmecidi) ed elemento militare (i 'Turchi' di Sāmarrā'). Con il califfato di al-Muʿtaḍid sembrò raggiungersi un punto di equilibrio, che tuttavia si ruppe con la salita al potere di suo figlio al-Muktafī bi-'llāh (902-908), il cui potente *wazīr*, appartenente alla burocrazia dei *kuttāb* («segretari»), fece assassinare alcuni dei più importanti capi militari fedeli al vecchio califfo. L'accaduto distrusse i già fragili rapporti fra militari e burocrazia e indebolì non poco l'esercito califfale, che rimase a lungo senza guida, per poi essere affidato a un comandante in capo proveniente dai ranghi dell'apparato burocratico. Alla morte di al-Muktafī, la successione fu gestita dall'*amīr* Mu'nis al-Muẓaffar, che difese da un complotto il neoeletto al-Muqtadir (908-932), fratello tredicenne di al-Muktafī, e divenne per più di venti anni il reale detentore del potere nella corte ʿabbāside. In questo periodo, secondo le fonti, si verificarono sprechi e abusi, al punto che sarebbe stato addirittura istituito una sorta di «ufficio delle tangenti» (*dīwān al-marāfiq*), allo scopo di recuperare quanto era stato sottratto alle casse statali dagli alti funzionari.

Nel marzo del 929, Mu'nis decise di sostituire al-Muqtadir con suo fratello Muḥammad, soprannominato al-Qāhir bi-'llāh, ma l'intervento della guardia personale del califfo (*šurṭa*) riuscì a sventare il complotto, e nel 931 Mu'nis venne esiliato da Baghdad. L'anno successivo quest'ultimo si ripresentò alle porte della capitale alla testa di un'armata che si scontrò con l'esercito califfale: la vittoria arrise all'emiro, e al-Muqtadir trovò la morte nel corso della battaglia. Il 31 ottobre 932 al-Qāhir fu eletto califfo

33. Sulla storia e l'archeologia di Sāmarrā'è fondamentale A. Northedge, *The Historical Topography of Samarra*, London, British School of Archaeology in Iraq-Fondation M. van Berchem, 2005 (Samarra Studies, 1). Sugli eserciti di Sāmarrā' vd. Kennedy, *Gli eserciti dei califfi*, pp. 189-228, e M.S. Gordon, *The Breaking of a Thousand Swords: A History of the Turkish Military of Samarra (AH 200-275/815-889 CE)*, Albany, NY, State University of New York Press, 2001 (SUNY series in Middle Eastern History, s.n.).

(932-934), ma egli volle presto liberarsi dalla tutela di Mu'nis, ormai novantenne, e nell'agosto del 933 lo fece sgozzare insieme a un buon numero di suoi sostenitori. Un anno dopo, una nuova congiura, orchestrata da un *wazīr*, depose e incarcerò il califfo e collocò sul trono il figlio di al-Muqtadir, Muḥammad, con il soprannome di al-Rāḍī bi-'llāh (934-940).

In questo clima, la situazione politica ed economica del califfato rischiava di deteriorarsi, soprattutto perché il potere centrale, sempre più indebolito, non era in grado di mantenere l'ordine nelle province, nelle quali si diffondevano pulsioni autonomistiche, e tantomeno di riscuotere il tributo. L'avanzata dei Bizantini in Siria, ad esempio, fu fermata solo dalla coraggiosa resistenza della locale dinastia degli Ḥamdānidi: all'emiro di Aleppo Abū l-Ḥasan ʿAlī b. ʿAbd Allāh (945-967) fu per questo conferito il titolo di Sayf al-Dawla («Spada della dinastia»).

Fu così che, nel 936, al-Rāḍī decise di affidare al cazaro Muḥammad Ibn Rā'iq la guida del governo, nominandolo *amīr al-umarāʾ*, cioè «emiro degli emiri», una carica mai utilizzata prima di allora, che divenne per un lungo periodo il fulcro dell'azione politica ʿabbāside, ma che restava legata ai rapporti di forza tra i vari capi militari e alla capacità di questi ultimi di ottenere la fiducia dei califfi. Al-Rāḍī è considerato dalle fonti l'ultimo califfo ʿabbāside a esercitare in maniera completa le prerogative della sua carica: egli, fra l'altro, fu l'ultimo a guidare la preghiera del venerdì e a pronunciare la tradizionale *ḫuṭba* e l'ultimo a tenere assemblee (*maǧālis*, singolare *maǧlis*) per discutere con i filosofi e i teologi su importanti questioni etiche e religiose.

Nei decenni successivi, il califfato fu posto sotto tutela da una famiglia di militari iranici ʿalīdi della regione montagnosa del Daylām, a Sud del Caspio. Costoro – detti Būyidi o Buwahidi dal nome di Būya, il capostipite della famiglia – si erano posti inizialmente al servizio della dinastia Samanide, che controllava il Ḫurāsān e la Transoxiana. Resisisi indipendenti, avanzarono verso Occidente e conquistarono gran parte della Persia. Uno di essi, Aḥmad Ibn Būya, giunse ad assediare Baghdad: nel 944 egli fece il suo ingresso vittorioso in città, dove ottenne dal califfo al-Mustakfī bi-'llāh (944-946) i titoli di *amīr al-umarāʾ* e di Muʿizz al-Dawla, «Sostegno della Dinastia», mentre i suoi fratelli furono insigniti del rango di governatori delle regioni che avevano conquistato. Per più di cinqant'anni, i Būyidi ebbero nelle mani tutte le leve del governo ʿabbāside e giunsero a esercitare un potere pressoché assoluto, pilotando anche le nomine di alcuni califfi: i loro nomi comparvero addirittura, accanto a quelli dei califfi stessi, sulle legende delle monete coniate dalla zecca imperiale ed essi ripristinarono per loro stessi l'antico titolo persiano di «re dei re» (*Shāhanshāh*). Il più importante esponente della dinastia būyide fu Aḍud al-Dawla («Braccio della Dinastia»), morto nel 983, che riuscì a unificare sotto la sua autorità tutto l'Iraq e tutta la Persia. Mecenate e costruttore, favorì la fioritura di architettura arte e letteratura: tra i pochi monumenti conservati di quest'epoca spiccano lo splendido portale della Moschea Ğurğir a Iṣfahān, nel quale la raffinatissima decorazione è costituita unicamente da stucchi e mattoni; alcune sezioni della Moschea congregazionale della stessa città e il cosiddetto Mausoleo dei dodici *imām* di Yazd, dove si risolve brillantemente il problema dell'innesto della cupola su un corpo quadrangolare.

Dal punto di vista religioso, Aḍud al-Dawla, pur essendo un fervente sciita, evitò le provocazioni nei confronti dei sunniti e mise in atto una politica di mediazione finalizzata a rendere possibile la coesistenza pacifica fra le due comunità. I suoi successori non ebbero altrettanto acume politico e diplomatico: essi diedero anzi inizio a una serie di conflitti tra i membri della famiglia ed entrarono in rotta di collisione con i militari di origine turca e con gli stessi Daylāmiti, minando alla base la coesione dell'esercito, sulla quale, in ultima analisi, si basava il loro potere. Su questo sfondo, si innesta l'estremo tentativo dei califfi ʿabbāsidi di riprendere in mano il proprio destino, sottraendosi al ruolo di marionette manovrate dai loro emiri. Tra i più attivi in tal senso si rivelò il califfo al-Qādir bi-'llāh (991-1031), il quale, pur essendo stato posto sul trono dai Būyidi, riuscì gradualmente a emanciparsi dal loro controllo e a ritagliarsi notevoli spazi di autonomia politica e militare. D'altra parte, anche agli occhi dei capi militari più violenti e rozzi e dei ministri più astuti e raffinati, il califfato manteneva un prestigio e una forza simbolica che affascinava e seduceva, e tutti gareggiavano per ottenere dal califfo legittimità e titoli onorifici. La realtà era che la sola forza militare non bastava per esercitare un ruolo politico degno di questo nome e il califfato, pur indebolito, costituiva in questo senso una straordinaria fonte di legittimità politica e religiosa. Al-Qādir fu estremamente consapevole di questo dato di fatto e lavorò per proteggere le prerogative califfali, come quelle di nominare ufficiali e riconoscere governatori o di revocare i magistrati che non rispettavano i decreti del califfo. Non è un caso se fu proprio in quest'epoca che si esposero per la prima volta in maniera dettagliata ed esplicita le basi giuridiche, etiche e religiose della dottrina islamica del califfato, come a voler tirare le somme di un'esperienza ormai giunta al suo culmine.[34] Perfino l'avvento dei Selgiuchidi, che provocò un enorme sconvolgimento nella struttura del califfato, non ne provocò la scomparsa e non ne diminuì il prestigio.

L'ascesa dei Selgiuchidi

Protagonisti indiscussi dell'ascesa dei Selgiuchidi nel mondo islamico orientale furono Toghrïl Beg e Chaghrï Beg, figli di Arslan Mikāʾīl, secondogenito di Saljūq, mitico capostipite della dinastia, proveniente dall'Asia Centrale. I primi tre nomi, che significano rispettivamente «Falcone», «Sparviero» e «Leone» – cui si unisce l'appellativo turco di «Beg», «Signore» – evidenziano la loro profonda adesione al totemismo delle origini, appena scalfito da un'islamizzazione ancora superficiale. Costoro, dopo aver servito per un periodo il sovrano di Bukhara e Samarcanda e altri dinasti della Transoxiana, seppero accrescere la loro forza sfruttando abilmente il potenziale anarcoide delle masse nomadi turcomanne non integrate nella civiltà urbana iranica, finendo per impensierire seriamente un'altra dinastia di origine turca, quella dei Ghaznavidi, padrona incontrastata della regione che si estendeva tra il Ḫurāsān, l'Afghanistan e il Panjāb. Questi ultimi, fallito il tentativo di ingraziarsi i capi selgiuchidi con un'alleanza matrimoniale, non riuscirono a fermarli neppure sul campo di battaglia: il grande esercito ghaznavide, celebre per i suoi temibili elefanti e le straordinarie macchine belliche, dovette infatti soccombere davanti alle truppe dei nipoti di Saljūq, inferiori di numero ma molto più agili. Nel 1038 alcune importanti città del Ḫurāsān aprirono le porte ai Selgiuchidi e nello stesso anno Toghrïl Beg si impadronì della gloriosa e ricca città di Nīšāpūr, dando inizio a un cambiamento davvero epocale nella storia della regione.

34. Vd. H. Kennedy, *The Prophet and the Age of the Caliphate. The Islamic Near East from the Sixth to the Eleventh Century*, Harlow, Pearson Longman, 2004², pp. 156-247; J.J. Donohue, *The Buwayhid Dynasty in Iraq 334 H./945 to 403 H./1012: Shaping Institutions for the Future*, Leiden-Boston, 2003 (Islamic History and Civilization, 44); M. van Berkel, N. El Cheikh, H. Kennedy, L. Osti, *Crisis and Continuity at the Abbasid Court. Formal and Informal Politics in the Caliphate of al-Muqtadir (295-320/908-32)*, Boston-Köln, 2013 (Islamic History and Civilization, 102); E.J. Hanne, *Putting the Caliph in His Place. Power, Authority, and the Late Abbasid Caliphate*, Madison-Teaneck, NJ, Fairleigh Dickinson University Press, 2007.

Dal paganesimo all'Islām

La persistenza di elementi pagani nella società selgiuchide, islamizzata – almeno inizialmente – per motivi squisitamente politici (ma non mancano esempi di conversioni sincere e di interessanti correnti mistiche popolari, al limite dell'ortodossia islamica), si rivela assai bene nella saga di *Dede Korkut*, un'opera molto importante per la massa di informazioni storiche, religiose, antropologiche e sociologiche che fornisce. Quasi ogni pagina di questo libro fa emergere i segni dell'antico paganesimo turco: preghiere a una triade divina formata dalla montagna, dall'acqua e dall'albero; allusioni alle attività di dèi e spiriti-guida; cenni al culto dei morti e delle tombe, etc. Comunque, a partire dalla fine dell'XI secolo, l'influenza delle antiche tradizioni religiose pagane si fece via via meno forte, per divenire, dopo una breve reviviscenza nell'epoca delle invasioni mongole, del tutto marginale. E tuttavia, le indagini etnografiche dimostrano che, dopo dieci secoli di islamizzazione, le popolazioni rurali dell'Anatolia conservano ancora numerose credenze connesse al paganesimo delle origini.

La formazione di un impero

A Nīšāpūr, Toghrïl Beg assunse il titolo di «al-Sultān al-Muʿaẓẓam» («Sovrano sommo») e si preparò ad affrontare la reazione dei Ghaznavidi, che non si fece attendere; essi infatti gli inviarono contro una grande armata, con tanto di elefanti e macchine da guerra; lo scontro avvenne il 22 maggio 1040 a Dandaqan, presso Marw, dove i cavalieri nomadi di Toghrïl annientarono il poderoso esercito nemico: i Ghaznavidi fuggirono in India e tutto il Ḫurāsān fu abbandonato ai Selgiuchidi. La parte occidentale dell'impero ghaznavide cessò di esistere e fu sostituita da un sultanato, governato da Toghrïl e da suo fratello Chaghrï. Se quest'ultimo si dedicò alla definitiva sottomissione del Ḫurāsān e delle regioni circostanti, Toghrïl partì invece alla conquista dell'Iran, in quel tempo frammentato in un nugolo di piccoli regni locali: fra il 1040 e il 1044 furono occupate Rayy, Tabrīz e Hamadān e la campagna si concluse nel 1059 con la presa di Iṣfahān, che divenne una delle capitali dell'impero selgiuchide in formazione. Qualche anno prima, nel 1055, si era inoltre verificato un ulteriore evento epocale: le truppe di Toghrïl provenienti dai territori iraniani si erano infatti impadronite di Baghdad, dove il califfo al-Qā'im bi-amr Allāh (1031-1075), il successore di al-Qādir, era sempre più insofferente nei confronti della tutela būyide. Riconoscente per la cacciata dei Būyidi, il califfo conferì a Toghrïl il titolo di «sultano» (*sulṭān*) e di «re d'Oriente e d'Occidente», assegnandogli il compito di riportare all'obbedienza tutto il mondo islamico. Il sovrano selgiuchide prese molto sul serio l'incarico affidatogli e lo trasmise idealmente ai suoi successori, che si eressero sempre a protettori del califfato e del sunnismo contro qualsiasi deviazione dall'ortodossia musulmana. Quando – nel 1063 – Toghrïl morì nella città di Rayy, l'impero che lasciava in eredità ai suoi successori confinava a Occidente con le terre dominate dai cristiani e a Oriente si estendeva a perdita d'occhio per le immense pianure dell'Asia centrale.

«Guerra santa» in Asia Minore

Nello stesso anno – non senza contrasti – fu eletto il nuovo sultano. La scelta cadde su Alp Arslān («Eroico Leone»), figlio di Chaghrï Beg e nipote di Toghrïl: un grande guerriero, che seppe tuttavia affidare le chiavi del suo regno a un uomo di pace, il *wazīr* Abū ʿAlī al-Ḥasan, meglio noto come Niẓām al-Mulk («L'ordinamento del regno», morto nel 1092). Grazie al suo aiuto, Alp Arslān (1063-1072) divenne presto il sovrano di un regno prospero e unito. La chiave di volta del successo del nuovo capo dei Selgiuchidi fu la sua capacità di incanalare la turbolenza delle truppe turcomanne in un'impresa ambiziosa e audace: la *ġazwa* («razzia») contro le regioni dell'Armenia e dell'Anatolia, alle frontiere occidentali dell'impero appena formato. Nel 1064 venne conquistata Ani, la capitale dell'Armenia, e sulla sua splendida cattedrale fu eretta una mezzaluna, simbolo destinato a divenire l'emblema dell'impero ottomano e di tutto il mondo islamico. Poi, Alp Arslān si volse verso la Cilicia, mettendola a ferro e fuoco, e infine, dopo aver espugnato Cesarea, fece irruzione sugli altipiani dell'Anatolia. A difesa delle sue terre accorse, alla testa di un grande esercito composto soprattutto da mercenari, lo stesso imperatore bizantino Romano IV Diogene: nel mese di agosto 1071, presso la città armena di Manzikert, non lontano dal lago di Van, le truppe selgiuchidi annientarono i Bizantini. Romano IV venne fatto prigioniero e concluse con Alp Arslān un trattato nel quale, in cambio della libertà, si impegnava a pagare una cauzione e un tributo annuo ai suoi avversari. Ma il trattato venne sconfessato dall'*élite* al potere a Costantinopoli, che scatenò contro l'imperatore di ritorno dalla prigionia turca una vera e propria guerra civile. Fu la catastrofe: nel 1072 Romano morì, il trattato perse ogni validità e i Selgiuchidi si sentirono autorizzati a una lotta senza quartiere contro i Bizantini, che per giunta commisero l'errore di sottovalutare il nemico. L'imperatore Alessio Comneno, salito al trono nel 1081, credette di risolvere il problema selgiuchide invitando un numeroso contingente turco guidato da Sulaymān, un capo militare ostile al sultano, a stabilirsi nei territori bizantini, offrendogli come capitale la città di Nicea (in turco İznik). Dopo aver conquistato la città di Iconium (Konya) la Cilicia e la Siria del nord, nel 1084 Sulaymān prese Antiochia e trasformò la sua cattedrale in moschea, suscitando un'immensa emozione nel mondo cristiano; poi il ribelle marciò su Aleppo, ma qui fu sconfitto e ucciso dalle truppe del sultano.

La battaglia di Manzikert

La grande battaglia di Manzikert, il primo vero scontro fra l'esercito bizantino e le truppe regolari selgiuchidi, lasciò un segno profondo anche nelle fonti. Secondo gli storici musulmani l'armata di Romano IV sarebbe stata composta da circa trecentomila effettivi, fra i quali numerosi mercenari (Franchi, Russi, Peceneghi, Uzi e Caucasici), mentre il contingente di Alp Arslān non avrebbe raggiunto le ventimila unità. Questi numeri non sono ovviamente accettati dagli autori bizantini, e sembra più plausibile pensare che Romano non avesse ai suoi ordini più di sessantamila uomini. In ogni caso, l'imperatore non valutò adeguatamente la forza del nemico: egli infatti divise le sue truppe e lasciò che una parte di esse non partecipassero al combattimento. Nella prima fase della battaglia ci fu l'attacco della cavalleria bizantina: i Turchi dapprima si ritirarono, poi, improvvisamente, si volsero contro il nemico e gli inflissero gravi perdite; ma poco dopo il nucleo principale dell'esercito bizantino attaccò i Selgiuchidi e li costrinse a ripiegare. Il giorno successivo, Alp Arslān propose una tregua, ma Romano richiese condizioni inaccettabili: dunque, lo scontro riprese. Mentre l'armata dei Bizantini era sul punto di sfondare al centro dello schieramento rivale, fra loro si diffuse la voce (suscitata ad arte dai rivali politici dell'imperatore) che Romano era stato colpito, e ciò provocò una ritirata generale sotto una vera e propria pioggia di frecce, lanciate dagli abilissimi arcieri turchi a cavallo. Il sovrano fu circondato e, dopo una fuga disperata, venne fatto prigioniero. Tuttavia, dal punto di vista militare, la battaglia di Manzikert non ebbe per i Bizantini quegli esiti catastrofici che si tende ad attribuirle. La vera tragedia furono invece gli eventi successivi, e in particolare il lungo periodo di instabilità politica all'interno dell'impero che permise ai Selgiuchidi di occupare rapidamente gran parte dell'Asia Minore.

Malikshāh, il «Re imperatore»

Il successore di Alp Arslān sul trono dei «Grandi Selgiuchidi» (il ramo più importante della dinastia fondata da Saljūq) assunse il nome di Malikshāh – «il re» (*malik*) in arabo, «l'imperatore» (*shāh*), in persiano – e confermò Niẓām al-Mulk nel ruolo di *wazīr*. Il nuovo sultano concentrò gli sforzi sulle regioni orientali del suo impero: penetrò molto a fondo in Asia centrale; ottenne dal califfo la tutela delle città sante d'Arabia, Mecca e Medina; in alta Mesopotamia si impadronì di Amida (oggi Diyarbakır), una delle più importanti piazzeforti di tutto l'Oriente; infine, intervenne in Siria, ponendo sotto il suo controllo Damasco, Aleppo e Antiochia. L'impero selgiuchide sembrava aver raggiunto il suo apogeo, ma alla morte di Malikshāh, avvenuta nel 1092, le rivalità fra i suoi quattro figli provocarono la parcellizzazione della ragguardevole eredità territoriale lasciata dal sultano. A peggiorare la situazione, si aggiunse l'affermazione del ramo orientale della celebre setta sciita degli ismāʿīliti (meglio noti con l'epiteto infamante di «Assassini»), che finì per costituire una sorta di 'contropotere' fortemente ostile al sultanato turco. Organizzati secondo un rigido schema gerarchico, gli ismāʿīliti operavano da lungo tempo in territorio persiano e siriano, ed erano riusciti a penetrare all'interno delle istituzioni, facendo opera di proselitismo e lavorando per la distruzione dell'impero di Malikshāh e dei suoi successori; dall'alto delle loro imprendibili cittadelle fortificate, i loro *leaders* seppero elaborare una strategia che univa audaci imprese militari – i famigerati e spettacolari assassinii degli avversari politici – ad abili trattative diplomatiche, e che condusse la setta ad affermarsi come un vero e proprio stato nello stato selgiuchide.[35]

35. Sulle origini e la storia degli Ismāʿīliti vd. anche *infra*, pp. 235-240.

L'Anatolia: terra di contese

La situazione politica e militare e gli interessi e i progetti di Malikshāh lo condussero a trascurare completamente l'Anatolia. Qui, il ramo selgiuchide guidato dai successori di Sulaymān, dovette fare i conti con i crociati (che prima di dirigersi in Terrasanta tolsero Nicea ai Selgiuchidi, riconsegnandola all'imperatore bizantino, e conquistarono Antiochia ed Edessa) e poi con i Dānishmendidi, un'altra tribù turcomanna che aveva fatto irruzione nella regione alla fine dell'XI secolo e aveva eletto come sua capitale Sebasteia (Sivas), nel cuore dell'altipiano anatolico. I rapporti fra le due dinastie turche furono inizialmente buoni (per un certo periodo Dānishmendidi e Selgiuchidi combatterono insieme contro i crociati), ma in seguito esse si scontrarono duramente: i Dānishmendidi si allearono addirittura con i Bizantini, ma dopo circa un settantennnio di conflitti furono completamente annientati dalle truppe del selgiuchide Qïlïch Arslān II, che a sua volta si era accordato niente di meno che con i sovrani crociati di Antiochia e di Edessa e con Federico Barbarossa. Solo a questo punto l'imperatore bizantino Manuele I Comneno – dopo aver tentato inutilmente di raggiungere un accordo anche con Qïlïch Arslān – decise di rompere gli indugi e avanzò con un grande esercito contro Iconium (Konya), la nuova capitale della casa selgiuchide d'Anatolia: ma il 17 settembre 1176, sui passi della Frigia, nella stretta gola di Myriokephalon, l'armata bizantina venne accerchiata e massacrata dai Turchi. Lo stesso Manuele paragonò questa sconfitta a quella subìta centocinque anni prima presso Manzikert. Essa segnò la rinuncia definitiva dei Bizantini a riappropiarsi dei territori anatolici e nello stesso tempo sancì la trasformazione dei «Piccoli Selgiuchidi» d'Anatolia in una grande realtà politico-militare, il cosiddetto Sultanato di «Rūm».

Lingue e imperi

Le tribù turche che a partire dal VI secolo d.C. apparvero prepotentemente sulla scena della storia parlavano una molteplicità di dialetti riconducibili al ceppo denominato «altaico», da cui deriva anche la lingua moderna dell'odierna Turchia. Per scrivere, si utilizzavano numerosi alfabeti, tra i quali il «runico» e il «sogdiano» (a sua volta derivante dall'aramaico): intorno al IX secolo quest'ultimo si impose come una sorta di 'alfabeto nazionale' della quasi totalità delle genti turche, ma in seguito l'avvento dell'Islām ebbe fra i suoi effetti l'affermazione definitiva dell'alfabeto arabo, che divenne l'alfabeto ufficiale dell'impero ottomano. Tuttavia, nei territori dominati dai Turchi, almeno fino al XV secolo, la lingua della cultura e dell'amministrazione fu il persiano, perché il turco era considerato inadatto a esprimere concetti elevati: gli stessi Ottomani – sebbene turcofoni – utilizzavano una struttura linguistica e un vocabolario ampiamente condizionati dall'arabo (la lingua della religione) e, appunto, dal persiano.

La missione del sultano

A capo della struttura politica selgiuchide troviamo il «sultano», parola del linguaggio colloquiale indicante un capo militare, che successivamente assunse il significato di «sovrano».

Come nota il grande orientalista Bernard Lewis,[36]

> *Sulṭān* è un sostantivo astratto arabo con il significato di 'autorità' e di 'governo'. In origine si usava solo come concetto e mai per una persona; più tardi, pur comunemente usato per persone, continuiamo a trovarlo, occasionalmente, in senso astratto. Sembra si sia cominciato ad applicarlo, alquanto informalmente, a ministri, governatori o altri personaggi importanti: esempio di una tendenza generale del linguaggio politico per la quale parole denotanti concetti diventano titoli personali di sovranità. Si dice che il titolo di *sulṭān* sia stato attribuito per la prima volta da Hārūn al-Rašīd al suo *wazīr*: cosa dubbia, ma non implausibile. Lo troviamo occasionalmente adoperato per i califfi sia ʿabbāsidi sia fāṭimidi; nel X secolo era già designazione comune, benché solo informale, di governanti indipendenti e potentati, usata per distinguerli da coloro che erano ancora soggetti all'autorità effettiva del potere centrale. Vi sono molti riferimenti letterari a questo uso in poesie, lettere, resoconti storici, ma non vi sono monete e iscrizioni in cui *sulṭān* compaia come titolo personale, e ci si rende conto che esso non era ufficialmente riconosciuto prima di diventarlo, nell'XI secolo, con la dinastia dei Grandi Selgiuchidi, che la adottò quale suo titolo principale. Nell'uso selgiuchide, *sulṭān* prese un nuovo senso e incarnò una nuova rivendicazione, niente meno che quella dell'impero universale. Per i Selgiuchidi c'era un solo sultano come c'era un solo califfo, e il sultano era il supremo capo politico e militare dell'Islām [...]. Se comunque il sultano selgiuchide riponeva su basi religiose la sua

36. Lewis, *Il linguaggio politico dell'Islam*, pp. 60-62.

> autorità di capo dell'Islām, egli limitò tale pretesa alle funzioni militari e politiche, lasciando l'autorità religiosa ai califfi. È da quest'epoca in poi che vediamo svilupparsi la teoria, oltre che la pratica, di una dicotomia califfato-sultanato quali le due supreme autorità [...]. Assai presto, il titolo di *sulṭān* fu adoperato informalmente da una serie di governanti regionali [...]. Con la decadenza del Grande sultanato selgiuchide, il titolo subì il solito processo di svalutazione e di declino e fu concepito non più come titolo esclusivo di governanti, ma anche di prìncipi e persino di principesse [...]. Nel periodo post-selgiuchide, *sulṭān* divenne il titolo islamico abituale a esprimere sovranità, cioè fu il titolo classico di un monarca che pretendeva di essere capo di stato e che non riconosceva altro sovrano e superiore. Come tale venne usato alla fine del Medioevo dai sultani mamelucchi in Egitto, dai sultani ottomani in Turchia e da molti altri, e come tale è sopravvissuto fino all'epoca moderna, quando è stato soppiantato da un titolo nuovo, in un certo senso molto antico ma, in un altro, mero risultato di un'evidente influenza occidentale: il titolo di 're' (*malik*).

Nella figura del sultano selgiuchide vengono a confluire il concetto di regalità iranico e quello più squisitamente islamico, che insiste sull'altissima missione della quale è investito il monarca al cospetto di Dio. Come scrive il *wazīr* Niẓām al-Mulk, «in ogni epoca l'Altissimo sceglie un uomo tra gli uomini e, fattogli dono delle arti regali, lo rende illustre, affidando a lui gli affari del mondo e la tranquillità dei suoi servi; a lui il compito di sedare disordini, discordie e ribellioni. E tanto è il timore e il rispetto per lui negli occhi e nel cuore degli uomini, che essi vivono la loro vita sotto il suo giusto governo mantenendosi tranquilli e augurandogli ancora un lungo regno».[37]

Il libro della politica *e il wazīr* Niẓām al-Mulk

«Nessun re o sovrano può sottrarsi alla necessità di possedere e conoscere questo libro [...], perché più lo si leggerà più sarà illuminata la condotta delle faccende civili e religiose nel mondo; più ampia si aprirà la capacità di conoscere amici e nemici».[38] Così affermava con orgoglio Niẓām al-Mulk – potentissimo primo ministro di ben due sultani selgiuchidi – a

37. Nizām al-Mulk, *L'arte della politica*, tr. it. di M. Pistoso, Milano, Luni Editrice, 1999, p. 56.

38. Ivi, p. 52.

proposito del trattato da lui composto, *Il libro della politica* (*Syāsatnāma*), scritto in splendida prosa persiana e dedicato all'arte del buon governo. Nato intorno al 1017 in un villaggio presso Ṭūs, nella parte nord-orientale dell'Iran, Abū ʿAlī al-Ḥasan (questo il nome del futuro uomo di stato) all'età di vent'anni entrò al servizio di Alp Arslān, e al suo fianco – e a quello del successore Malikshāh – giunse a ricoprire le più importante cariche politiche dello stato selgiuchide, dedicandosi a consolidarne le basi con una rigorosa riforma religiosa (fu lui che promosse la diffusione capillare dell'istituto della *madrasa*, letteralmente «scuola», ma in realtà vera e propria università teologica e filosofica) e attraverso la creazione di una potente classe di funzionari e burocrati di lingua persiana (che in epoca selgiuchide restò sempre la lingua ufficiale dell'amministrazione e della cultura). Il suo carisma e la sua autorità furono enormi, anche perché egli seppe abilmente collocare gli amici e i numerosi figli in tutti i posti-chiave dell'amministrazione; ciò finì per suscitare l'invidia e il risentimento degli altri notabili selgiuchidi, che lo accusarono di favoritismi e di nepotismo e presero a tramare contro di lui. La partita si risolse nel 1092 con l'assassinio di Niẓām al-Mulk per mano di un ismāʿīlita e con l'avvelenamento del sultano Malikshāh durante una battuta di caccia

Un'epoca prospera

Secondo gli storici bizantini e occidentali le invasioni turche dell'XI secolo avrebbero completamente devastato l'Asia Minore, ma ciò non collima con il dato della straordinaria prosperità della regione all'inizio del XIII secolo. È evidente che la 'distruttività' dei Selgiuchidi va radicalmente ridimensionata, ed è anzi assai probabile che essi rispettarono in larga misura le strutture economiche esistenti: la densità della popolazione non cambiò; molti di coloro che erano fuggiti, fecero ritorno; molti di più di quanti non si creda restarono; i cristiani di tutte le nazionalità preferivano le tasse turche alle imposte bizantine; la forza un po' brutale dei sultani alla debolezza del *basileus*; l'ordine all'anarchia. Nelle campagne, la terra era coltivata; nelle città, le botteghe artigianali erano attive; la produzione soddisfaceva tutti i bisogni e lasciava una notevole eccedenza che una rete commerciale perfettamente funzionante permetteva di esportare.

In effetti, i Selgiuchidi misero a punto uno straordinario sistema di caravanserragli (in turco *khān*) su tutti gli assi carovanieri dell'Anatolia, favorirono gli scambi con l'Europa accordandosi con Venezia, Pisa e Genova, e cominciarono a battere moneta, imitando i tipi bizantini. Per quanto riguarda l'agricoltura, i Turchi, da buoni nomadi delle steppe, ebbero sempre una certa diffidenza nei confronti della proprietà privata della terra, considerandola come appannaggio esclusivo e indiviso dello stato o del sovrano: eccezioni a tale consuetudine erano rappresentate da appezzamenti di terreno (i già menzionati *iqṭā'*) assegnati a singoli, sui quali tuttavia lo stato manteneva uno stretto controllo amministrativo, e dai latifondi di origine pre-selgiuchide, laddove i proprietari erano riusciti a conservarli integri. In ogni caso, il sistema mostrò una notevole funzionalità, e l'epoca selgiuchide si caratterizzò per l'abbondanza e la varietà della produzione agricola, anche grazie alla massiccia diffusione di ritrovati tecnici quali i mulini a vento e le norie. Un'intensa attività estrattiva (soprattutto di allume, ferro, argento e lapislazzuli) e un artigianato estremamente sviluppato completano il quadro dell'eccezionale vivacità economica e commerciale selgiuchide.

La vita cittadina

Precedentemente all'avvento dei Selgiuchidi, il primato su tutte le città della Mesopotamia era mantenuto da Baghdad, anche se all'epoca del dominio dei Būyidi avevano cominciato ad affermarsi anche altre realtà urbane. Questa sorta di decentramento proseguì, e anzi si accentuò, con l'occupazione turca, durante la quale l'importanza politica di Baghdad diminuì alquanto (i sultani solo raramente abitarono a Baghdad: Alp Arslān non la visitò neppure, e il solo che se ne occupò seriamente e vi fece realizzare grandi costruzioni fu Malikshāh).

Per ciò che concerne l'Anatolia, a dispetto dell'innegabile cesura rappresentata dall'invasione selgiuchide, negli insediamenti urbani si evidenzia una notevole continuità: le città selgiuchidi sono infatti le stesse città bizantine, alle quali si dà un nome turco che non di rado si limita a 'traslitterare' il nome precedente (così ad esempio Cesarea diventa Kayseri; Melitene, Malatya; Sebasteia, Sivas e Ancyra, Ankara). Nei centri urbani conquistati continuano a vivere le une accanto alle altre – come avveniva in passato – popolazioni di origini e religioni diverse: Greci, Ebrei, Turchi, Armeni etc.

Per i Selgiuchidi, la città era il luogo prìncipe dell'amministrazione e della cultura: qui risiedeva il governatore con la sua guarnigione; qui si trovava la moschea; qui avevano la loro sede il *qāḍī* («giudice»), che amministrava la giustizia, e il *muḥtasib* («ispettore»), che si occupava dell'organizzazione dei commerci e delle comunità non musulmane. L''aria della città' aveva spesso l'effetto di attenuare il tendenziale egualitarismo turcomanno, producendo differenziazioni e gerarchie. Un'affermazione attribuita al grande mistico Ǧalāl al-dīn Rūmī (1207-1273) rende icasticamente l'idea della stratificazione sociale presente in un grande centro urbano selgiuchide: «A Konya i generali, i dignitari e i notabili hanno migliaia di case, castelli e palazzi. Le case dei mercanti e dell'aristocrazia urbana sono più elevate di quelle degli artigiani; i palazzi degli emiri sono più elevati di quelli dei mercanti; le cupole e i palazzi dei sultani sono ancora più alti di tutti gli altri».

La fine dei Selgiuchidi

Nei primi decenni del XII secolo dei nuovi protagonisti fecero la loro comparsa in Asia centrale: i Mongoli. Alla fine degli anni '30, guerrieri della stirpe protomongola dei Qarā Khitay irruppero nei territori dei «Grandi Selgiuchidi», e il 9 settembre 1141, nella steppa di Qatwan, a Nord di Samarcanda, inflissero al sultano Sanjar (1118-1153) una terribile sconfitta militare (trentamila Turchi caddero in battaglia e i sopravvisuti si diedero a una precipitosa fuga), che aprì alle nuove orde le porte della Transoxiana. La disfatta dei «Grandi Selgiuchidi» suscitò una vivissima impressione e fu in effetti un colpo terribile per il sultanato, che da questo momento in poi conobbe un rapido e inarrestabile declino. Nel 1194, cinquant'anni dopo il disastro di Qatwan, una tribù rivale dei Selgiuchidi – quella dei Kwārazmshāh – sconfisse nei pressi di Rayy l'ultimo «Grande Selgiuchide», Toghrïl III, ponendo fine al suo dominio sull'Iran: la stessa dinastia scomparve per sempre.

In Anatolia, l'ultimo sultano selgiuchide di Rūm morì senza eredi nel 1308. Mentre i Selgiuchidi scomparivano dalla storia, nel paese che essi avevano dominato per più di duecento anni muoveva i primi passi una piccola tribù: i suoi membri, dal nome del capostipite – ʿO̱smān beg – si facevano chiamare Ottomani.[39]

39. Sugli aspetti trattati nei paragrafi riguardanti i Selgiuchiudi vd. soprattutto C. Cahen, *La Turquie Pré-Ottomane*, Istanbul-Paris, IFEA, 1988; H. Stierlin, *Turchia. Dai*

La caduta di Baghdād

Con la caduta dei Selgiuchidi, il califfato di Baghdad si trovò senza protezione davanti alla calata dei Mongoli. In effetti, intorno al 1253, il Gran *qa'an* Möngke, nipote di Chinggis, aveva infatti assegnato al fratello Hülegü il compito di formare un proprio stato a lui subordinato nelle province iranico-mesopotamiche. Dopo aver risolto una serie di problemi legati alla presenza in territorio persiano della setta ismāʿīlita, Hülegü, inviò una formale richiesta di sottomissione al califfo al-Mustaʿṣim (1242-1258). Allo sdegnato rifiuto di quest'ultimo, il sovrano mongolo, nell'aprile del 1257, si volse verso Baghdad e sbaragliò l'armata inviatagli contro dal califfo, che tentò senza successo di placare l'ira di Hülegü offrendogli un tributo. Giunto sotto le mura di Baghdad, l'esercito mongolo si accampò in un'area a Est della città e nel gennaio del 1258 ebbe inizio l'assedio della capitale ʿabbāside, che Hülegü aveva fatto interamente circondare da una palizzata. Le operazioni si prolungarono per più di un mese: poi, un grande assalto venne lanciato contro il Bastione Persiano, nella zona orientale della città, e il califfo cadde nelle mani dei Mongoli. Hülegü si stabilì nel quartiere detto al-Ma'mūniyya e ordinò il saccheggio, che durò quaranta giorni. Le fonti affermano che Baghdad fu messa letteralmente a ferro e fuoco: le truppe mongole si abbandonarono a stragi e devastazioni, che non rispamiarono moschee, santuari, mausolei e perfino abitazioni private; al-Mustaʿṣim e i suoi figli vennero messi a morte. Secondo la tradizione, il califfo sarebbe stato ucciso a bastonate avvolto in un tappeto, perché per i Mongoli non era lecito versare sangue nelle esecuzioni dei nobili. Il suo cadavere fu poi gettato nel Tigri. Lo stato di distruzione in cui Baghdad fu ridotta dopo il sacco è ben testimoniato, circa mezzo secolo più tardi, da un anonimo testo geografico che fornisce una breve ma raggelante descrizione della città:[40]

Selgiuchidi agli Ottomani, Köln-London-Madrid-Paris-New York-Tokyo, Taschen, 1999; J.-P. Roux, *Histoire des Turcs*, Paris, Fayard, 2000²; M. Bernardini, *Storia del mondo islamico (VII-XVI secolo),* II. *Il mondo iranico e turco*, Torino, Einaudi, 2003 (Piccola Biblioteca Einaudi, 252); D. Korobeinikov, *Byzantium and the Turks in the Thirteenth Century*, Oxford, Oxford University Press, 2014 (Oxford Studies in Byzantium, s.n.); A.C.S. Peacok, *The Great Seljuk Empire*, Edinburgh, Edinburgh University Press, 2015 (The Edinburgh History of the Islamic Empire).

40. Cit. da Le Strange, *Baghdad during the ʿabbāsid Caliphate*, pp. 344-345.

> Dunque nulla ora rimane della zona occidentale di Baghdad, se si eccettuano pochi isolati quartieri, dei quali quello maggiormente abitato è al-Karḫ, mentre la zona orientale era in rovina già da tempo [...]. Quando vennero i Tatari, distrussero tutto e uccisero tutti gli abitanti, rendendo impossibile ricordare l'eccellenza del passato della città. Successivamente, avendo visto che la cittadinanza era perita, si stabilì a Baghdad la gente della campagna, cosicché oggi la città è del tutto diversa da prima, e i suoi abitanti sono completamente cambiati. Ma questo è stato ordinato da Dio: sia gloria a Lui.

La storia successiva di Baghdad, dalla data dell'invasione mongola al XIX secolo, è quella di una città priva di qualsiasi importanza. D'altra parte, la caduta della sua capitale, segna anche la fine del califfato ʿabbāside: per l'istituto califfale ha inizio una vicenda nuova, che lo vedrà definitivamente depauperato dei sui contenuti politici, portando a termine il processo di depoliticizzazione iniziato nell'epoca di al-Rāḍī bi-'llāh (934-940) e proseguito in età būyide.[41]

Le tombe dei califfi

Secondo le fonti, tra i vari monumenti di Baghdad distrutti dai Mongoli vi furono anche le tombe dei califfi della necropoli di al-Ruṣāfa, sulla riva orientale del Tigri. La dottrina islamica, influenzata dall'egualitarismo tipico della società beduina, prescrive per l'ufficio funebre alcune semplici operazioni: l'abluzione del cadavere; l'avvolgimento del morto nei lenzuoli; la preghiera del seppellimento; il seppellimento propriamente detto; la ripetizione della professione di fede. Quanto alla tomba, essa deve essere una semplice cavità, scavata preferibilmente nella parete laterale della fossa sepolcrale. Il cadavere va posto sul lato destro, col viso rivolto verso Mecca; prima che il sepolcro sia colmato, la fossa deve essere chiusa con una grossa pietra, affinché la terra che vi è gettata sopra non tocchi il corpo del defunto. Tuttavia, ben presto, esigenze politiche e cultuali condussero a clamorose violazioni dell'egualitarismo 'funerario' indicato come norma a tutti i musulmani: la più importante e la più antica fu la ricostruzione in

41. Sulle vicende legate alla caduta di Baghdad vd. ad es. Le Strange, *Baghdad during the ʿabbāsid Caliphate*, pp. 340-356; Marozzi, *Baghdad. City of Peace, City of Blood*, pp. 135-161, e M. Bernardini, D. Guida, *I Mongoli. Espansione, imperi, eredità*, Torino, Einaudi, 2015 (Piccola Biblioteca Einaudi, Mappe, 38), pp. 87-89, con alcune inesattezze.

forme monumentali del sepolcro di Muḥammad a Medina, che fu inglobato nella grande moschea fatta costruire dal califfo al-Walīd nel 707, ricostruzione che provocò controversie e proteste. A partire dall'epoca ʿabbāside, la monumentalizzazione della tomba (in genere, un mausoleo quadrangolare coronato da una cupola), divenne poi un elemento tipico della prassi funeraria di califfi, emiri e sultani, e coinvolse anche personalità religiose quali *imām* sciiti, asceti e sufi. Uno dei primi mausolei islamici a noi noti, sia pure solo per via letteraria, è quello del califfo al-Muntaṣir (861-862), un edificio ottagonale cupolato fatto erigere sulla sua tomba dalla moglie, che era di origine bizantina. Sembra comunque che, per i califfi ʿabbāsidi, un grande incentivo alla costruzione di mausolei sia stata la monumentalizzazione delle tombe ʿalīdi da parte degli sciiti: l'erezione di edifici imponenti e sfavillanti di decorazioni era infatti un modo per attestare la superiorità dei califfi sugli *imām* sciiti e per riaffermare la pretesa del clan ʿabbāside di discendere da Muḥammad.

A Baghdad, nulla è rimasto delle tombe monumentali dei califfi, ma è possibile farsi un'idea del loro aspetto grazie alle fonti letterarie che le descrivono. Si trattava di mausolei coronati da cupola (che le fonti chiamano indifferentemente *qubba* o *turba*) al cui interno erano sepolti uno o più califfi. Il mausoleo più grande racchiudeva le tombe di nove sovrani ʿabbāsidi. Oltre che nell'area funeraria di al-Ruṣāfa, che esisteva già prima della fondazione di Baghdad ed era divenuta celebre per la presenza della tomba del grande giurista Abū Ḥanīfa (morto nel 767), i mausolei califfali sorgevano anche presso la Dār al-Ṭāhir, un palazzo sulla riva occidentale del Tigri. Non tutti i califfi ʿabbāsidi erano sepolti nei cimiteri di Baghdad: per alcuni di essi, morti durante viaggi o campagne militari, furono edificate delle tombe nel luogo del loro trapasso (è il caso, ad esempio, di Hārūn al-Rašīd e al-Ma'mūn, seppelliti rispettivamente a Ṭūs e a Tarso), altri vennero inumati all'interno dei loro palazzi (come il primo califfo ʿabbāside al-Saffāḥ e al-Muʿtaṣim, il fondatore di Sāmarrā').[42]

42. Sulla tomba del Profeta e il problema delle sepoture monumentali nell'Islām vd. soprattutto L. Halevi, *Muhammad's Grave. Death Rites and the Making of Islamic Society*, New York, Columbia University Press, 2007. Sulle tombe dei califfi ʿabbāsidi a Baghdad vd. T. Allen, *The Tombs of the ʿAbbāsid Caliphs in Baghdād*, in «Bulletin of the School of Oriental and African Studies», 46 (1983), pp. 421-431.

Il dibattito sul califfato: al-Māwardī, al-Ġazālī, Ǧuwaynī, Ibn Taymiyya

Un celebre detto che sembra risalire agli inizi dell'Islām definisce i califfi come «i picchetti della nostra fede», gli unici in grado di sostenere il grande edificio della legge islamica. Ma questa idea del califfato come istituzione letteralmente fondamentale per i musulmani, che pure non fu il prodotto di uno sviluppo dottrinario ma di uno scontro politico concreto, non corrispondeva alla realtà del declino del potere califfale nella tarda età ʿabbāside. Molti filosofi e politologi di questo periodo si chiedevano dunque come riformare questa istituzione, per farla tornare in grado di ottemperare ai bisogni della *umma*. Le riflessioni più interessanti in merito sono certamente quelle espresse da quattro grandi intellettuali musulmani: al-Māwardī, al-Ġazālī, al-Ǧuwaynī e Ibn Taymiyya.

ʿAlī ibn Muḥammad al-Māwardī (morto nel 1058) è considerato il teorico principe di una compiuta dottrina sunnita del califfato, che egli dispiegò nella sua opera classica intitolata *I principî del potere e l'amministrazione delle questioni religiose* (*al-Aḥkām al-sulṭāniyya wa l-wilāyat al-dīniyya*).[43] Come si è visto, infatti, nel *Corano* mancano totalmente indicazioni esplicite concernenti l'argomento, e non v'è alcuna affermazione in merito alla necessità dell'istituzione califfale. Prima di al-Māwardī, i dotti islamici che avevano affrontato il problema della natura del potere avevano insistito sulla responsabilità di cui Dio investe i governanti, che, a loro volta, sono dunque responsabili solo davanti a Dio. Da ciò discendeva un atteggiamento di tipo quietistico, simile a quello propalato dalla famosa lettera paolina ai Romani, in cui è contenuto quello che potrebbe a buon diritto definirsi un vero e proprio 'manifesto' del quietismo politico:[44]

> Ciascuno stia sottomesso alle autorità costituite; poiché non c'è autorità se non da Dio e quelle che esistono sono stabilite da Dio. Quindi chi si oppone all'autorità, si oppone all'ordine stabilito da Dio. E quelli che si oppongono si attireranno addosso la condanna. I governanti infatti non sono da temere quando si fa il bene, ma quando si fa il male. Vuoi non aver da temere l'autorità? Fa' il bene e ne avrai lode, poiché essa è al servizio di Dio per il tuo bene. Ma se fai il male, allora temi, perché non invano essa porta la spada; è infatti al servizio di Dio per la giusta condanna di chi opera il male. Perciò

43. Ed. critica Maverdii *Constitutiones politicae*, ed. M. Enger, Bonnae, apud A. Marcum, 1853.

44. *Epist. ad Romanos*, XIII.

> è necessario stare sottomessi, non solo per timore della punizione, ma anche per ragioni di coscienza. Per questo dunque dovete pagare i tributi, perché quelli che sono dediti a questo compito sono funzionari di Dio. Rendete a ciascuno ciò che gli è dovuto: a chi il tributo, il tributo; a chi le tasse, le tasse; a chi il timore, il timore; a chi il rispetto, il rispetto.

Anche per i dotti musulmani di epoca umayyade e proto-ʿabbāside al popolo non è riconosciuto il diritto di ribellarsi a un governante voluto da Dio, perfino qualora si tratti di un tiranno.

Al-Māwardī, che si trovò a vivere la delicata fase di transizione fra i Būiydi e i Selgiuchidi, e che lavorò al servizio dei califfi al-Qādir e al-Qāʾim, riafferma la supremazia del califfo, autentico erede del Profeta, sul sultano, che può esserne al massimo il sostegno militare; per al-Māwardī, il sultanato è legittimo e necessario, ma solo se sottoposto alla supervisione califfale; ugualmente, egli individua i limiti del potere degli emiri, soffermandosi in particolare su quello che egli definisce «emirato di conquista», una tipologia di emirato sempre più diffusa all'interno del debole califfato ʿabbāside della metà dell'XI secolo:[45]

> L'emirato di conquista, che è conferito in seguito a circostanze imperative, consiste nel fatto che un capo che si è reso signore di un paese con la forza è investito dell'emirato di quel paese dal califffo, che gliene confida la direzione e il governo. Grazie alla conquista, questi sono esercitati esclusivamente dall'emiro, ma ottengono una sanzione legale grazie all'autorizzazione concessa dal califfo. Così, uno stato di cose difettoso è regolarizzato, e ciò che è proibito diviene ammissibile.

Naturalmente, l'enfasi è posta sulla 'regolarizzazione' califfale di una situazione di fatto che rischia altrimenti di configurarsi come un illecito sia dal punto di vista politico sia da quello religioso.

Una delle enunciazioni più importanti di al-Māwardī, destinata a diventare classica, è quella secondo cui il califfato è sì un'istituzione imposta dalla Rivelazione divina, ma il califfo non è vicario di Dio come preteso da molti sovrani di epoca umayyade e proto-ʿabbāside: al contrario, egli è il sostituto del Profeta. Come afferma Massimo Campanini, «la precisazione è importante perché, in qualche modo, toglie al califfato l'universalità sacrale, la caratterizzazione 'teocratica', per farne l'istituzione che garantisce, ovviamente secondo i princìpi dell'Islām, l'indissolubilità della

45. Cit. da Campanini, *Islam e politica*, p. 109.

comunità».[46] Secondo al-Māwardī, solo aderendo a questa visione del califfato è possibile tornare alla purezza originaria dell'istituzione dei tempi di ʿUmar, quando il califfo difendeva al tempo stesso i diritti di Dio e quelli degli uomini ed era un funzionario religioso al servizio della *umma*, che lo eleggeva per libera scelta (*iḫtiyār*) stabilita attraverso il consenso (*iğma*). V'è qui una chiara ed esplicita polemica contro la dottrina sciita, in base alla quale ʿAlī sarebbe stato designato suo successore da Muḥammad con un atto esplicito (*naṣṣ*), cosicché i primi tre califfi sarebbero stati degli usurpatori e l'imāmato (cioè il califfato) non potrebbe spettare se non a discendenti di ʿAlī e di sua moglie Fāṭima (dunque gli sciiti non riconoscono i califfi umayyadi e ʿabbāsidi).

Al-Māwardī elenca poi i doveri del califfo: assicurare la conservazione dei fondamenti religiosi e delle credenze che avevano registrato il consenso dei più antichi membri della comunità; far applicare le sentenze dei giudici; assicurare l'ordine pubblico e proteggere i deboli; difendere le frontiere; condurre la guerra contro i nemici dell'Islām; percepire le tasse e l'elemosina imposta dalla legge; distribuire equamente le risorse; reclutare funzionari in grado di amministrare lo stato con giustizia; sovraintendere agli affari generali.

Se l'opera di al-Māwardī ha un notevole valore epistemologico, dal punto di vista politico essa rappresenta invece un tentativo completamente fallito: rivitalizzare l'istituzione califfale era ormai impossibile. Altre forze, ben più vive e dinamiche, erano ormai padrone della scena politica islamica. Nella prassi dell'epoca di al-Māwardī, ma soprattutto in quella del periodo immediatamente successivo, al califfo si tendeva infatti a riservare esclusivamente la sfera religiosa. Come riporta ad esempio uno storico persiano, quando il califfo al-Nāṣir (1180-1225) tentò di ristabilire una forma di autorità politica califfale ai danni dei capi militari, la cosa fu recepita come un'usurpazione, e i militari si sarebbero rivolti alla *umma* in questi termini:[47]

> Se il califfo è l'*imām*, allora sua costante occupazione deve essere la preghiera, dato che la preghiera è il fondamento della fede e delle buone azioni. La sua preminenza in questo campo e il fatto che egli serva da esempio al popolo gli devono bastare. Questa è la vera sovranità: assurda l'interferenza del califfo negli affari di governo, che dovrebbero restare affidati ai sultani.

46. *Ibidem.*
47. Cit. da Lewis, *Il linguaggio politico dell'Islam*, p. 56.

Uno stadio ulteriore delle riflessioni sul califfato in epoca tardo-'abbāside è rappresentato dal pensiero di ʿAbd al-Malik al-Ǧuwaynī (1028-1085), originario del Ḫurāsān e figlio di un docente della grande *madrasa* di Nīšāpūr, dove anch'egli cominciò a insegnare all'età di diciannove anni. Nel 1053 si recò a Baghdad, dove probabilmente incontrò al-Māwardī, lesse la sua opera, e fu introdotto a corte. Dopo un soggiorno di studio a Mecca e a Medina, nel 1063 ritornò nel Ḫurāsān, su invito di Niẓām al-Mulk che lo volle come professore di una nuova madrasa da lui fondata a Nīšāpūr. Tra il 1072 e il 1085, mentre la scena politica ʿabbāside era dominata dallo stesso Niẓām al-Mulk, al-Ǧuwaynī compose il suo trattato politico, *Il soccorso delle nazioni* (*Ġiyāṯ al-umam*), che costituiva l'esposizione dell'idea del califfato elaborata dall'*élite* selgiuchide. Per al-Ǧuwaynī, l'ascendenza ʿabbāside del califfo era del tutto irrilevante, se non addirittura un ostacolo al buon governo; il califfo doveva infatti essere il migliore e il più forte dei musulmani, e la sua genealogia non aveva alcuna importanza; se la salute fisica e mentale costituiva una dote imprescindibile, non era necessario che il califfo fosse esperto in giurisprudenza, perché egli poteva demandare le questioni giuridiche agli *ʿulamāʾ*. Califfato e sultanato dovevano essere uniti sotto il governo del nuovo califfo, quand'anche nelle sue vene non scorresse il sangue del Profeta. Il califfato è un'istituzione eminentemente politica e non è sanzionata da Dio, come pretendono gli sciiti; il modo giusto di scegliere il califfo è la sua elezione da parte di uomini liberi esperti di diritto e amministrazione e detentori di autorità, potere e forza (*šawka*): conseguenza implicita di tale ragionamento è che un potente emiro selgiuchide poteva eleggere legalmente un califfo.

Nella visione di al-Ǧuwaynī, il ruolo del califfo e quello del sultano dovrebbero combinarsi nella persona di un *leader* forte, le cui caratteristiche fondamentali siano l'abilità in campo militare e la capacità di mantenere unita la *umma.* Da ciò l'autore trae una conclusione estrema e radicale: se il califfo diventa debole e perde il suo potere, deve essere deposto, e l'imāmato va affidato a chi è in grado di ottenere obbedienza. Alle possibili obiezioni di chi insisteva sul ruolo religioso del califfo, al-Ǧuwaynī rispondeva affermando che i veri eredi del profeta e gli autentici guardiani della legge islamica erano gli *ʿulamāʾ*, che dovevano affiancare il califfo nella struttura di governo. La rivoluzionaria costruzione politica di al-Ǧuwaynī era ovviamente legata a doppio filo all'azione di Niẓām al-Mulk e questo costituì la sua forza ma anche il suo punto debole: quando, con la morte dell'onnipotente *wazīr* selgiuchide, il suo progetto entrò in crisi in maniera irreversibile, anche le speculazioni di al-Ǧuwaynī divennero presto inattuali.

Che la malattia da cui era affetto il califfato fosse insanabile era ben chiaro a un altro grande filosofo e politologo musulmano, Abū Ḥāmid al-Ġazālī. Soprannominato «La prova dell'Islām» e considerato il più grande teologo islamico, al-Ġazālī visse nell'epoca di Alp Arslān e di Malikshāh e divenne un protetto del *wazīr* Niẓām al-Mulk, che nel 1091 lo fece nominare professore di diritto nella *madrasa* Niẓāmiyya, da lui fondata a Baghdad; nel 1096, in preda a una grave crisi nervosa, al-Ġazālī si allontanò dalla capitale, recandosi a Damasco, poi in pellegrinaggio a Mecca e infine a Gerusalemme: fu in questo periodo che egli elaborò la sua opera più importante, *La rinascita delle scienze religiose* (*Iḥyā' 'ulūm al-dīn*). Nel 1106, tornò a insegnare a Nīšāpūr, la città in cui aveva iniziato i suoi studi, ma solo tre anni dopo, in seguito ad accuse e virulente polemiche riguardanti le sue dottrine, lasciò definitivamente l'insegnamento, ritirandosi a Ṭūs, la sua città natale, dove morì nel 1111. L'importanza di al-Ġazālī nella storia del pensiero islamico sta soprattutto nel fatto che egli cercò di conciliare sufismo e ortodossia, attenuando e riportando nell'alveo della *sunna* tutti quei fenomeni entusiastici e panteistici tipici dello spiritualismo sufi, e propugnando un misticismo moderato e 'razionale'. Per ciò che concerne il pensiero politico, la consapevolezza della crisi del califfato si salda in lui con la strenua difesa della *sunna* profetica dagli attacchi degli sciiti ismā'īliti, acerrimi nemici del sultanato selgiuchide. In tale quadro, si inserisce a buon diritto l'affermazione della piena legittimità e necessità dell'istituzione califfale:[48]

> La vita mondana e la sicurezza delle persone e delle proprietà non sono garantite che da un potere la cui autorità è rispettata. Lo dimostra l'esperienza di lotte e di assassinî di sultani e di califfi (che si è fatta al nostro tempo). Se questa situazione proseguirà e non si perverrà alla designazione di un sovrano autorevole, proseguiranno l'anarchia e le violenze [...]. La religione e il potere sono in perfetto accordo: la religione è quella solida base di cui il sultano deve essere il guardiano. Ciò che non ha base si frantuma; e ciò che non è sorvegliato finisce per andare perduto. A nessun uomo intelligente sfuggirà che, date le differenze di classe e di opinioni, la gente perirà, se non vi sarà un sultano potente e obbedito capace di imporsi alle diverse, opposte tendenze. In conclusione, l'autorità politica è indispensabile per l'ordine della vita sociale, e l'ordine della vita sociale è indispensabile per garantire la religione, e la religione è necessaria per guadagnarsi la vita futura.

Al-Ġazālī insiste più volte sul principio secondo cui l'Islām è *dīn wa dunyā*, «religione e mondo». Religione e politica sono sorelle gemelle:

48. Cit. da Campanini, *Islam e politica*, p. 113.

l'autorità politica, di cui la religione è il fondamento, deve essere in grado di tutelare la vita religiosa. Dio, infatti, ha inviato i sovrani per preservare gli uomini dal distruggersi vicendevolmente e ha affidato loro il compito di difendere la fede. Anche per al-Ġazālī, i sudditi hanno il dovere di obbedire ai reggitori: tutti coloro che Dio ha fatto credenti devono amare e obbedire i re, riconoscendo che la loro sovranità è voluta da Dio. Opporsi al potere stabilito da Dio, significherebbe opporsi alla Sua volontà.

Il filosofo cerca poi di porre le basi per risolvere il conflitto inevitabile tra califfato e sultanato, affermando che se è vero che ai califfi spetta la suprema autorità religiosa e ai sultani la suprema autorità politica, è però anche vero che il califfo ha il diritto di nominare il sultano e che quest'ultimo deve proteggere il primo e difendere con le armi la sicurezza della *umma*. Al-Ġazālī conclude che califfato è più che mai necessario, ma si trova davanti a una situazione estremamente critica:[49]

> Coloro i quali pretendono che l'istituzione dell'imāmato sia defunta (non si rendono conto che) nessun sostituto può essere trovato per essa. Che fare, quindi? Dobbiamo cessare di obbedire alla Legge, dobbiamo licenziare i giudici, dobbiamo dichiarare che ogni autorità è priva di valore, dobbiamo smettere di sposarci, dobbiamo sostenere che gli atti di chi ricopre le cariche più elevate sono destituiti di qualsiasi validità, lasciando così che la massa viva nell'iniquità? Oppure dobbiamo continuare così come siamo adesso, riconoscendo che l'istituzione dell'imāmato esiste realmente e che tutti gli atti dell'amministrazione sono validi, date le circostanze del caso e le necessità del momento?

L'autore tenta di risolvere questa *impasse* proponendo una procedura eccezionale, in virtù della quale il califfo sia designato per elezione assegnata a un capo militare che, con la forza del suo esempio, vincoli la pronta sottomissione delle masse all'autorità della persona che ha proclamato e che riconosce come califfo. Qui è del tutto evidente la divaricazione fra al-Ġazālī, conscio dello sfaldamento del califfato incalzato dal sultanato, e al-Māwardī, sostenitore della primazia assoluta del califfo al di là dei tempi e delle circostanze. Anche al-Ġazālī è tuttavia ben consapevole che, seppure la sua soluzione fosse applicata, non migliorerebbe di molto la situazione di degrado istituzionale in cui versa il califfato. Non è un caso che la sua riflessione politica si chiuda con un invito ad abbandonare l'agone politico per dedicarsi al grande *ǧihād* contro le proprie debolezze e le proprie passioni.

49. Ivi, p. 115.

Per concludere, sembra doveroso accennare alle teorie di un altro grande pensatore sunnita, la cui parabola si svolse però già al di fuori della vicenda politica del califfato: Taqī al-dīn Aḥmad Ibn Taymiyya (1263-1328). Nato ad Ḥarrān nei primi tempi del sultanato mamelucco, il piccolo Ibn Taymiyya dovette trasferirsi con la famiglia a Damasco per sfuggire agli attacchi dei Mongoli. Qui egli si formò presso la *madrasa* Sukkariyya, diretta da suo padre, teologo e giureconsulto appartenente alla rigoristica scuola ḥanbalita, e alla sua morte, Ibn Taymiyya gli subentrò nell'incarico di direttore, per poi tenere corsi presso la *madrasa* Ḥanbaliyya, la più antica e prestigiosa scuola ḥanbalita di Damasco.

Fra il 1299 e il 1303, i Mongoli tentarono per ben tre volte di strappare Damasco ai Mamelucchi, ma ottennnero soltanto successi di breve durata, scontrandosi con l'accanita opposizione degli abitanti e dovendo subire la decisa controffensiva delle armate egiziane. Nei momenti durissimi dell'invasione mongola, Ibn Taymiyya fu uno dei portavoce della resistenza, partecipò attivamente ai negoziati con gli occupanti, contribuendo a salvare molti Damasceni dalla morte o dalla prigionia, denunciò a più riprese la natura sospetta della conversione dei Mongoli all'Islām e sostenne la liceità e la necessità di condurre contro di loro il *ğihād*; infine, nel 1301 si recò personalmente al Cairo per richiedere al sultano l'invio di truppe a protezione della Siria. Negli anni che seguirono, il suo assiduo impegno politico-religioso spinse Ibn Taymiyya a svolgere un'intensa attività di polemista contro le scelte di fede non conformi alla dottrina degli antichi maestri praticate da quelli che egli definiva «innovatori» (gli appartenenti alle scuole giuridiche islamiche diverse dalla ḥanbalita, e in particolare i seguaci delle dottrine del grande mistico Ibn ʿArabī); il suo impeto gli causò numerose inimicizie: ad esempio, si scontrò con le principali personalità del sufismo egiziano sul problema del culto dei santi nell'Islām, che Ibn Taymiyya condannava senza appello e che invece le confraternite mistiche tendevano a incentivare, anche per affermare la loro influenza sulla popolazione. Non di rado, i suoi avversari riuscirono a farlo mettere sotto accusa dalle autorità: nel corso della sua vita tormentata, Ibn Taymiyya trascorse più tempo nelle prigioni del Cairo e di Damasco che in libertà. D'altra parte, a chi analizzi anche solo superficialmente i temi-chiave della riflessione del giureconsulto di Ḥarrān, risulterà del tutto evidente come la sua ostilità al sufismo e al culto dei santi – che non di rado sconfinò nell'intolleranza – fosse solo il pretesto utilizzato dalle autorità mamelucche per atttaccare e reprimere il nucleo fondamentale – altrimenti inattaccabile – del suo pensiero: l'idea cioè che si debba obbedienza al sovrano solo se costui rispetta e applica le disposizioni divine, altrimenti diviene lecita la ribellione.

«Infatti» – scrive Ibn Taymiyya – «è stabilito nel *Corano* e nella *sunna* e dal consenso della comunità che chiunque esca dalla Legge dell'Islām deve essere combattuto, anche se pronuncia la professione di fede». La posizione di Ibn Taymiyya, che costituiva un motivo di profonda inquietudine per le autorità mamelucche, recupera in realtà idee già presenti nel pensiero politico islamico, ove, accanto alle dottrina quietista, sono presenti sin dalle origini attitudini di segno contrario. Una delle più antiche attestazioni di simili visioni è costituita da un'iscrizione dalla moschea di Medina il cui testo, databile alla metà dell'VIII secolo, è riferito dal geografo Ibn Rustah:[50]

> Il servo di Dio, emiro dei credenti, ordina di avere timor di Dio e di ubbidirGli, di mettere in pratica il Libro di Dio e la *sunna* del Suo Profeta (Iddio preghi su di lui e gli dia la salute eterna) e di agire secondo i legami della parentela, di esaltare quanto i prepotenti hanno minimizzato in fatto di diritti dovuti a Dio, di minimizzare quanto di falso essi hanno esaltato, di ridar vita ai diritti che hanno soppresso, di eliminare ogni ostilità cui essi hanno dato vita, di sottostare alla volontà del Signore, di disubbidire agli uomini per ubbidire a Dio; l'ubbidienza è dovuta a Dio e a coloro che obbediscono al Signore. Non è dovuta obbedienza ad alcuno nella disobbedienza a Dio. Invita a osservare il Libro di Dio e la *sunna* del Suo Profeta, alla giustizia nel giudicare i musulmani, a dividere equamente il bottino e a destinarne la quinta parte, secondo quanto ha ordinato Iddio, in favore di parenti, orfani e poveri.

Questo vero e proprio manifesto politico si riflette nell'opera di Aḥmad b. Ḥanbal – il fondatore della scuola giuridica islamica che da lui prese appunto il nome di «ḥanbalita» – Secondo Ibn Ḥanbal, i doveri religiosi dei musulmani non erano stabiliti da proclami califfali, ma derivavano dai testi fondamentali noti ai dotti: il califfo guidava la comunità, ma non era la fonte della sua fede. Ibn Taymiyya portava alle estreme conseguenze le elaborazioni teoriche del suo caposcuola, sostenendo che i dotti avevano la responsabilità di favorire l'applicazione della legge dando consigli religiosi ai governanti e inculcando nella comunità dei musulmani il principio fondamentale

50. Cit. da G. Oman, *Uno "specchio per principi" dell'*imām *'Alī Ibn Abī Ṭālib*, in Gàḥiẓ, *Il Principe musulmano*, a cura di E. Francesca, Genova, Marietti, 1996, pp. 1-33: pp. 8-9. Sul tema classico della promozione del bene e della proibizione del male nella dottrina politica islamica è fondamentale M. Cook, *Commanding Right and Forbidding Wrong in Islamic Thought*, Cambridge, Cambridge University Press, 2000.

dell'«ordinare il bene e proibire il male». Ira M. Lapidus ha giustamente sottolineato come Ibn Taymiyya abbia accantonato la tradizionale questione del califfato e definito i governi musulmani solo in base alla loro effettiva autorità e a quanto tenessero in conto i consigli dei giurisperiti: «Il suo attivismo politico era dunque improntato a una nuova concezione dello stato e della società, i cui principali attori erano più gli *ʿulamāʾ* che i califfi».[51] Ibn Taymiyya è in fondo un «riformista conservatore», come lo definisce efficacemente Massimo Campanini:[52] se da un lato egli aderisce all'interpretazione rigoristica dell'Islām proposta dalla scuola ḥanbalita, dall'altro insiste sulla necessità di una costante riflessione dei dòtti, svincolata dalla supina riproduzione delle idee degli antichi; a ciò si aggiunge un'idea della politica come forma religiosa per eccellenza, per mezzo della quale l'uomo si avvicina a Dio. Nel suo trattato più importante, significativamente intitolato *La politica secondo la legge religiosa* (*al-Siyāsat al-šarʿiyya*), il giureconsulto 'contestatario' afferma infatti che la struttura politica è sorretta dal pilastro costituito dall'identità fra mondo e religione, e che «il criterio dell'ortodossia è il 'giusto mezzo' nella giustizia sociale e nel rigoroso adempimento del governo di Dio».[53] Sono proprio questi elementi teorici (ai quali si aggiunge il tema fondamentale del *ǧihād*), oltre all'esemplarità della sua vicenda biografica a fare di Ibn Taymiyya un punto di riferimento ineludibile per l'islamismo radicale. Egli infatti può considerarsi il grande rigeneratore della dottrina del *ǧihād*: nella sua speculazione, il «combattimento sulla via di Dio» è posto al centro dell'attività umana, ed è considerato l'essenza stessa della religione. L'autore intende comuqnue il *ǧihād* in senso eminentemente difensivo, ritenendolo particolarmente utile per contrastare i nemici «interni» dell'Islām, quali gli eretici e i ribelli, e distingue fra il *ǧihād* combattuto per difendere la fede, che è un dovere della comunità, e quello per propagarla, che è del tutto volontario e personale:[54]

> Il fine è dunque che la parola di Dio trionfi. Per «parola di Dio» si intenderà tutto ciò che è contenuto nel suo Libro [...]. L'uomo che si allontanerà dal Libro sarà dunque corretto dalla spada; ecco perché i due pilastri della religione sono il Libro e la spada. Si racconta che Ǧābir ibn ʿAbd Allāh abbia detto: «il Profeta ci ha ordinato di colpire con questa (e indicò una sciabola) colui che si allontana da questo (e indicò il *Corano*)». La guerra è una lotta per la

51. Lapidus, *Storia delle società islamiche*, I. *Le origini dell'Islam*, p. 197.
52. Campanini, *Islam e politica*, p. 128.
53. Ivi, p. 130.
54. Cit. ivi, p. 131.

religione, l'onore e la vita: nessuno ha il diritto di sottrarvisi; quando essa è offensiva, per contro, è lasciata alla nostra libera decisione e non ha altro fine che quello di propagare la religione.

Inoltre, il *ǧihād*, in quanto prerogativa squisitamente islamica, è per Ibn Taymiyya la prova inconfutabile della superiorità dell'Islām sulle altre religioni: non a caso, egli rimprovera alla dottrina cristiana il suo rifiuto radicale della guerra e, soprattutto, si oppone tenacemente alla teoria, nata negli ambienti della mistica sufi, secondo cui il «*ǧihād* maggiore» sarebbe quello combattuto contro le passioni dell'anima.

La concezione del *ǧihād* di Ibn Taymiyya e le sue continue denunce dell'empietà dei prìncipi e dei nemici interni ed esterni della comunità islamica costituiscono le vere e proprie colonne portanti dell'odierno islamismo radicale: non a caso, le opere del giureconsulto di Ḥarrān sono continuamente ristampate e si vendono nei mercati di molte moschee frequentate dalla nebulosa fondamentalista accanto ai libri di autori classici del radicalismo contemporaneo quali Sayyid Quṭb e Ḥasan al-Bannā'. Tuttavia va sottolineato come Ibn Taymiyya, nella sua codificazione del *ǧihād*, proibisca risolutamente l'uccisione di donne, vecchi, religiosi, malati e bambini: i *fidā'īyūn* (letteralmente, «coloro che sacrificano se stessi», cioè i combattenti islamici) sono autorizzati al sacrificio, ma non al suicidio.[55]

55. Su al-Māwardī vd. soprattutto H. Laoust, *La pensée et l'action politique d'Al-Māwardī*, in «Revue des études islamiques», XXXV (1968), pp. 11-92; cfr. anche Campanini, *Islam e politica*, pp. 107-111, e Kennedy, *The Caliphate*, pp. 217-221, con ulteriore bibliografia. Su al-Ǧuwaynī vd. Kennedy, *The Caliphate*, pp. 222-226, e W.B. Hallaq, *Caliphs, Jurists and the Saljūqs in the Political Thought of Juwaynī*, in *The Caliphate and Islamic Statehood: Formation, Fragmentation and Modern Interpretations*, II, pp. 210-225. Sul pensiero politico di al-Ġazālī vd. Campanini, *Islam e politica*, pp. 111-119; Kennedy, *The Caliphate*, pp. 226-231, e C. Hillenbrand, *Islamic Orthodoxy or Realpolitik? Al-Ghazālī's Views on Government*, in *The Caliphate and Islamic Statehood: Formation, Fragmentation and Modern Interpretations*, II, pp. 226-252. Su Ibn Taymiyya, vd. in particolare H. Laoust, *La biographie d'Ibn Taymiyya d'après Ibn Kaṯīr*, in «Bulletin des Études Orientales», IX (1943), pp. 115-162; A. Morabia, *Ibn Taymiyya, dernier grand théoricien du ǧihād médiéval*, in «Bulletin des Études Orientales», XXIX (1977), pp. 86-100; C. Bori, *Ibn Taymiyya: una vita esemplare. Analisi delle fonti classiche della sua biografia*, Pisa-Roma, Istituti Editoriali e Poligrafici Internazionali, 2003 (Supplemento nr. 1 alla Rivista degli Studi Orientali, LXXVI); *Ibn Taymiyya and his Times*, ed. by Y. Rapoport and S. Ahmed, Oxford, Oxford University Press, 2010 (Studies in Islamic Philosophy, s.n.); sull'influsso di Ibn Taymiyya sul pensiero islamico radicale contemporaneo vd. soprattutto B. Étienne, *L'Islamismo radicale* (1987), tr.it. di A. Pasquale, Milano, Rizzoli, 2001[2].

9. Gli 'altri califfati': Fāṭimidi, Umayyadi di al-Andalus, Almohadi, Mamelucchi, Ottomani

Il califfo nella tradizione sciita

Come i sunniti, anche gli sciiti elaborarono una dottrina riguardante il califfato, i cui punti chiave sono ben sintetizzati da uno dei maggori studiosi dello sciismo medievale, Paul E. Walker:[1]

> Lo sciismo, in diretta opposizione al sunnismo, ritiene che esista un'autorità umana suprema, per quanto stabilita da Dio, responsabile di tutte le questioni religiose. Durante la sua vita, fu il Profeta a svolgere questo compito: le sue decisioni su qualsiasi argomento coincidevano sotto tutti gli aspetti con quelle di Dio stesso. Dopo la morte di Muḥammad, essendo venuta a mancare l'ultima interpretazione del messaggio divino, si avvertì la necessità di un altro metodo. Dal momento che la dottrina sciita afferma che l'uomo da solo inevitabilmente sbaglia, lo sforzo umano, in sé per sé, non fornisce un'adeguata conoscenza del retto cammino e dunque non conduce speditamente a Dio e alla salvezza. Non è sufficiente che gli uomini si limitino a riscoprire o recuperare l'esatta forma e l'esatto contenuto dell'insegnamento del Profeta in ogni circostanza specifica. Deve anche mantenersi, per sanzione divina, almeno un anello della catena che lega dalle origini l'uomo a Dio. In altre parole, in ogni epoca deve esistere un individuo profeticamente ispirato che, in quanto erede del Profeta medesimo, ne rivivifichi i princìpi del governo in tutte quelle occasioni in cui la sua autorità era stata una volta suprema.

Il più compiuto tentativo di dare una concreta strutturazione politica a questa costruzione dottrinale, che, come si è detto in precedenza, ripren-

1. Cit. da Campanini, *Islam e politica*, p. 86.

de elementi originali della fase più antica del califfato, quando il califfo si autodefiniva «vicario di Dio»,[2] fu messo in atto dalla fazione degli sciiti 'settimani', anche noti come ismāʿīliti. Come si è visto, la La *šīʿa* «imāmita» (o anche «duodecimana») ferma la serie degli *imām* legittimi al dodicesimo, Muḥammad al-Mahdī, entrato in «occultamento» nell'874, e si caratterizza per una certa moderazione sia nella sfera religiosa sia in campo politico (dal XVI secolo, peraltro, grazie alla dinastia Ṣafavide, lo sciismo «duodecimano» diventa la religione ufficiale dell'Iran). A questa si oppongono gli sciiti «ismāʿīliti»: costoro, alla morte del sesto *imām*, Ǧaʿfar al-Ṣādiq, avvenuta nel 765, sposarono la causa della famiglia del suo figlio maggiore, Ismāʿīl, che era stato inizialmente designato come erede dal padre e che però, come sembra, gli era premorto. Quando la maggior parte degli sciiti riconobbe come nuovo *imām* il fratellastro minore di Ismāʿīl, Mūsà al-Kāẓim (la cui linea continuò fino al dodicesimo *imām*), il gruppo «ismāʿīlita» si coalizzò in una nuova setta che per la sua coesione, organizzazione e capacità di attrazione intelletuale ed emotiva, ottenne un notevole successo. «Ai loro devoti, gli ismāʿīliti offrivano il rispetto per il *Corano*; agli intellettuali proposero una spiegazione filosofica dell'universo ricavata dal pensiero neoplatonico; ai mistici offrivano una fede forte e personale, sostenuta dall'esempio, dalle sofferenze degli *imām* e dai sacrifici dei fedeli; agli scontenti, infine offrivano la seduzione di un vasto movimento di opposizione, che sembrava garantire la possibilità di rovesciare l'ordine esistente e di costruire al suo posto una società nuova e giusta».[3]

Per più di un secolo gli *imām* della nuova setta restarono sostanzialmente nell'anonimato, pur promuovendo la loro causa in tutte le regioni dell'impero islamico grazie a un numero notevole di «missionari» (*dāʿī*) e fomentando rivolte contro il califfato ʿabbāside di Baghdad. È stato giustamente sostenuto che, per molti versi, l'atteggiamento dell'uomo medio musulmano verso l'Ismāʿīlismo fu paragonabile a quello di molti borghesi attuali verso il comunismo; per un nonnulla si poteva essere accusati di «estremismo» (*ġuluww*) e di eresia, ma al tempo stesso la dottrina e la prassi ismāʿīlita attraevano molti intellettuali.

2. Vd. *supra*, pp. 110-112.
3. Cit. da Campanini, *Islam e politica*, p. 86.

La strategia del Mahdī

Nell’899 la comunità andò incontro a una vera e propria scissione motivata da serie divergenze politico-religiose: in questo anno, infatti, la nuova guida ismāʿīlita, ʿAbd Allāh, che significativamente assunse il *laqab* di al-Mahdī, reclamò l’imāmato per se stesso, rifiutandosi di riconoscere come *mahdī* il figlio di Ismāʿīl, Muḥammad, che si riteneva entrato in occultamento e prossimo al ritorno sotto le vesti di messia. I fondamenti dottrinali di questa sua svolta sono esposti in un’epistola indirizzata alla comunità ismāʿīlita dello Yemen, nella quale il suo autore tenta di conciliare la sua riforma con l’effettivo corso degli eventi storici, divulgando per la prima volta alcune tattiche propagandistiche dei suoi predecessori. Come spiegato nella lettera, i capi del movimento prima di ʿAbd Allāh avevano assunto il titolo di *ḥuǧǧa*, cioè di «prova», rappresentante dell’*imām* in occultamento Muḥammad b. Ismāʿīl. ʿAbd Allāh rivelava che sia lui sia i suoi predecessori erano invece i legittimi *imām* discendenti di Ǧaʿfar al-Ṣādiq, ma che non lo avevano fino ad allora divulgato, dissimulando la cosa attraverso la *taqiyya*, per motivi di sicurezza. Ma l’elemento più importante contenuto nell’epistola era l’annuncio che il nome di Muḥammad b. Ismāʿīl non era il nome del nipote di Ǧaʿfar al-Ṣādiq, bensì una sorta di denominazione messianica collettiva: il ‘nome in codice’ di ogni *imām* della sua progenie.

Il progetto di ʿAbd Allāh provocò, come si è detto, una divisione del movimento in due fazioni rivali: una rimase fedele al nuovo *imām* (e si identifica con quelli che più tardi diverranno gli ismāʿīliti fāṭimidi), sostenendo la dottrina della continuità dell’imāmato; l’altra fazione, che era particolarmente forte in Iraq, in al-Baḥrayn e in Persia, continuò a credere nell’avvento di di Muḥammad b. Ismāʿīl in qualità di *mahdī*: i suoi membri vennero chiamati Qarmaṭi (nome dall’etimologia non chiara, ma che era anche l’appellativo con cui era noto il fondatore del movimento, Ḥamdān Qarmaṭ) e tennero per più di un secolo in scacco i califfi ʿabbāsidi, con rivolte e saccheggi che non risparmiarono nemmeno le città sante di Mecca e Medina.

Nel 902, ʿAbd Allāh, onde evitare di essere catturato da agenti ʿabbāsidi, fuggì in Palestina con la sua famiglia e una piccola scorta. L’anno successivo, i membri della setta rimasti in Siria vennero annientati dagli ʿAbbāsidi che si misero con decisione sulle tracce dell’*imām*. ʿAbd Allāh si rifugiò in Egitto, dove rimase fino al 905, riprendendo contatti con i membri della *dāʿwa* ismāʿīlita, per poi trasferirsi nella remota città di Siğilmāsa (nel Marocco sudorientale), dove risiedette fino al 909. Nel frattempo i suoi *dāʿī* riuscirono a convertire la maggior parte dei Berberi Kutāma che si trasformarono in un disciplinato esercito al servizio dell'*imām*. Tra il 903 e il 909, le truppe ismāʿīlite portarono a termine la conquista dell'Ifrīqiya (odierne Tunisia e Algeria orientale) e nel 908 conquistarono al-Qayrawān, capitale dell'emirato aghlabida. Il luogotenente di ʿAbd Allāh, Abū ʿAbd Allāh al-Ḥusayn b. Aḥmad operò come governatore facendo coniare monete che annunciavano l'avvento della *ḥuğğat Allāh*, la «Prova di Dio», evocando la tradizione del primo imāmismo sciita, in cui i termini *ḥuğğa* e *imām* erano usati come sinonimi, e promuovendo pubblici dibattiti in cui si esponevano le dottrine ismāʿīlite davanti ai principali giurisperiti malikiti. In tal modo vennero gettate le basi per la fondazione di un nuovo califfato sciita.

La fondazione del califfato

Una volta impadronitosi dell'Ifrīqiya, Abū ʿAbd Allāh provocò anche la caduta dell'emirato Rustamide di Tāhart, in Algeria Occidentale; giunto a Siğilmāsa, liberò l'*imām*, che era stato messo agli arresti domiciliari dall'emiro locale e la città fu posta sotto controllo dai Kūtama. Così si concludeva il «periodo di occultamento» (*dawr al-satr*) della prima fase ismāʿīlita: nell'agosto del 909, al-Mahdī venne acclamato califfo nel corso di spettacolari cerimonie, e nell'ottobre dello stesso anno partì per l'Ifrīqiya; il 4 gennaio del 910 fece il suo trionfale ingresso nella città di Raqqāda, e il giorno successivo, per la prima volta, nella *ḫuṭba* di tutte le moschee di al-Qayrawān venne menzionato il nome del nuovo califfo con tutti i suoi titoli: ʿAbd Allāh Abū Muḥammad, *al-imām* al-Mahdī bi-'llah, *amīr al-mu'minīn*. Nello stesso tempo, si annunciò che l'imāmato era stato finalmente conferito all'*ahl al-bayt* «la gente della casa», ed ebbe inizio un processo di adeguamento della giurisprudenza malikita vigente in Ifrīqiya ai principî fondamentali del diritto sciita. Aveva inizio ufficialmente il califfato della dinastia Fāṭimida (Fāṭimiyya), così chiamata perché al-Mahdī e i suoi successori facevano risalire la loro ascendenza ʿalīde a Fāṭima, la figlia del Profeta. I primi tre califfi fāṭimidi, ʿAbd Allāh al-Mahdī bi-'llāh (909-934), Muḥammad al-Qāʾim bi-amr Allāh (934-946) e Ismāʿīl al-Manṣūr bi-naṣr Allāh (946-953) che governarono l'Ifrīqiya, incontrarono molteplici difficoltà nel consolidare il loro potere, scontrandosi ripetutamente sia con gli ʿAbbāsidi sia con gli Umayyadi di al-Andalus sia con i Bizantini sia con varie tribù berbere ḫāriǧite che non riconoscevano la loro *leadership*. Nel 921, al-Mahdī si stabilì nella nuova capitale eponima di Mahdiyya, il cui sito aveva scelto personalmente e le cui strutture di epoca fāṭimida, in particolare la grande moschea e lo straordinario complesso portuale, sono ancora oggi ben visibili e visitabili. I Fāṭimidi si caratterizzarono sin dagli esordi come una grande potenza marittima, la cui base, oltre alle coste dell'Ifrīqiya, era costituita dalla Sicilia, che rimase sotto il loro controllo (prima diretto, poi, dal 948, mediato dal governo della dinastia semi-indipendente dei Kalbiti) fino al 1070, quando fu conquistata dai Normanni; già nell'epoca di al-Mahdī, tuttavia, essi assunsero anche il controllo delle vie carovaniere che conducevano nell'Africa transahariana, da cui traevano oro e schiavi. Il terzo califfo fāṭimida, al-Manṣūr, domò definitivamente le rivolte dei Berberi e spostò la capitale del califfato ad al-Manṣūriyya, una città reale da lui fondata a Sud di al-Qayrawān, che fu sede califfale dal 948 al 973 e che costituì il modello urbanistico del Cairo, fondata, come ora vedremo, nel 969.

Conquiste e amministrazione

Le ingenti risorse ottenute dal commercio carovaniero furono impiegate in un vasto progetto di rafforzamento delle frontiere nei confronti del califfato umayyade di al-Andalus e di espansione verso Est, che diede i suoi frutti sotto il quarto califfo fāṭimida, al-Muʿizz li-dīn Allāh (953-975). Il suo generale, Ǧawhar b. ʿAbd Allāh (che alcune fonti designano come «al-Ṣiqillī», «il Siciliano», mentre altre come «al-Ṣaqlābī», «lo Slavo»), un liberto (*mawlà*) di origini siciliane o slave, guidò l'esercito fāṭimida alla conquista dell'Egitto (969) e di parte della Siria (969-970), ambedue nelle mani di dinastie formalmente dipendenti da Baghdad (l'Egitto in quelle della debole dinastia degli Iḫšīdidi; la Siria del Nord in quelle della dinastia degli Ḥamdānidi). Ǧawhar governò l'Egitto come viceré fāṭimida fino al 973. Nel frattempo, al-Muʿizz si occupava personalmente di riorganizzare la *daʿwa*, cercando anche una riconciliazione con i Qarmaṭi, e di creare una scuola giuridica (*maḏhab*) ismāʿīlita, mettendo a frutto il lavoro prezioso di al-Qāḍī al-Nuʿmān (morto nel 974), il più eminente giurisperito fāṭimida, che aveva collaborato con i califfi fin dal 948 e aveva composto un grande trattato, i *Daʿāʾim al-Islām* (*I Pilastri dell'Islām*), approvato da al-Muʿizz come codice ufficiale dello stato fāṭimida, nel quale confluivano elementi giuridici sciiti ma anche malikiti (quella sunnita malikita era la scuola giuridica fino ad allora prevalente in Ifrīqiya). In tal modo, il califfato ismāʿīlita si dotava di uno strumento fondamentale per dare corpo alle proprie aspirazioni imperiali.

Al-Qāhira, «la Dominante»

Dopo la conquista dell'Egitto, Ǧawhar stabilì il suo quartier generale nei pressi dell'antico insediamento di Fuṣṭāṭ. Secondo una tarda leggenda,[4] che potrebbe ben conservarci una tradizione di epoca fāṭimida, il comandante, la notte stessa del suo arrivo a Fuṣṭāṭ, avrebbe tracciato il perimetro della nuova città che si apprestava a fondare infiggendo dei picchetti, ai quali era attaccata una corda con molti campanelli. Gli operai avrebbero dovuto cominciare il lavoro quando la corda si fosse mossa e la campana e i campanelli avessero suonato: in tal modo il comandante avrebbe potuto scegliere il momento astrologicamente più favorevole per l'inizio dell'opera. Poco dopo, un corvo si posò sulla colonna mettendo in azione i campanelli. Gli operai, vedendo la corda vibrare e udendo i suoni, gettarono le fondamenta della città, resero grazie e innalzarono preghiere.

Gli astrologi notarono che l'intervento del corvo aveva fatto sì che l'inizio dei lavori (969 d.C.) si fosse venuto a trovare sotto la tutela del pianeta Marte, il cui soprannome di *qāhir al-falak*, «il Dominatore del firmamento», si trasmise così alla città stessa: al-Qāhira, «la Dominatrice».

La città fāṭimida aveva un estensione di circa 136 ettari ed era circondata da una cinta muraria nella quale si aprivano otto porte: due sul lato Nord (Bāb al-Futūḥ e Bāb al-Naṣr), due sul lato Est (Bāb al-Baraqīyya e Bāb al-Qarrātīn), due sul lato Sud (Bāb al-Zuwayla e Bāb al-Farağ) e due sul lato Ovest (Bāb al-Saʿāda e Bāb al-Qanṭara). Nata come 'città dinastica', originariamente destinata a ospitare il califfo e le sue truppe scelte, al-Qāhira si trasformò ben presto in una vera e propria megalopoli, assorbendo in un contesto urbano senza più soluzioni di continuità tutti gli agglomerati che erano sorti nell'area dall'epoca della conquista araba dell'Egitto e dotando-

4. La tradizione è riportata nell'opera di Ibn Taġrībirdī (morto nel 1470), *Al-nuğūm al-ẓāhirah fī mulūk Miṣr wa 'l-Qāhirah*, ed. T.J. Juynboll, II, Lugduni Batavorum, Brill, 1855, p. 416.

si di enormi mercati, dove affluivano da tutto il Mediterraneo ogni genere di prodotti, di imponenti strutture artigianali, di magnifici bagni e di splendidi giardini. Ai sovrani erano destinati due palazzi, costituiti in realtà da numerosi padiglioni posizionati all'interno di grandi parchi, che sorgevano a Ovest e a Est della via principale della città; quest'ultima, a metà del suo percorso, si allargava a formare una piazza detta Bayn al-Qaṣrayn («Tra i due palazzi»). I califfi promossero la costruzione di grandi edifici religiosi, tra i quali i più importanti sono la moschea al-Azhar (970), in prossimità dei palazzi, destinata a divenire uno dei principali centri di insegnamento religioso del mondo arabo; la moschea di al-Ḥākim (990-1003), lungo il principale asse viario cittadino, e la moschea al-Ṣāliḥ Ṭalā'iʿ, edificata per ospitare la reliquia della testa di Ḥusayn. Negli edifici fāṭimidi, purtroppo giunti fino a noi solo in minima parte, si individuano influenze bizantine, copte, maghrebine, siriane e mesopotamiche, ma la sintesi proposta da architetti, artisti, artigiani e decoratori è di straordinaria originalità, e, dopo la caduta della dinastia, costituirà una fonte di ispirazione per l'arte 'arabo-normanna' della Sicilia.

Il 10 giugno del 973, al-Muʿizz fece il suo trionfale ingresso nella nuova capitale e prese possesso del suo palazzo; poco dopo guidò per la prima volta la preghiera nella nuova moschea congregazionale della città. L'Egitto e tutto il mondo islamico entravano in una nuova era.

Grazie alla presenza del califfo, al-Qāhira diveniva il centro di un'intensa vita di corte, con delle istituzioni palatine estremamente complesse e un cerimoniale grandioso e minuzioso che trova un equivalente solo in quello bizantino. Se i califfi di Baghdad seguono in larga parte la tradizione 'democratica' ed egualitaria del Profeta e dei suoi primi successori, i califfi fāṭimidi si considerano invece detentori dell'imāmato che Dio ha istituito e rimesso ai successori del Profeta, che continueranno a esercitarlo fino al giorno del Giudizio; l'*imām* ha un carattere divino ed è l'ipostasi dell'intelligenza attiva nel mondo, principio emanato dall'intelligenza universale. La fede in Dio e nel suo Profeta è incompleta senza la fede nell'*imām*, che è dunque oggetto di un culto speciale, di cui fanno parte, ad esempio, il rito della prosternazione (analoga alla *proskýnēsis* ellenistica e bizantina) e l'esposizione di emblemi della sovranità quali la corona (*tāǧ*, in realtà un turbante arrotolato in un modo particolare e ornato da una decorazione di pietre preziose), lo scettro (*qaḍīb al-mulk*), la sciabola, la lancia, lo scudo, lo scrittoio, il parasole e i ventagli scacciamosche (di tradizione persiana), il timpano. Nella capitale si svolgevano cerimonie solenni, simili al complesso cerimoniale di corte bizantino, che potevano essere o meno accompagnate da processioni, sia religiose sia militari sia civili. Le processioni religiose avevano luogo all'inizio e alla fine del mese di *ramaḍān* e in occasione delle grandi feste musulmane della Rottura del digiuno e del Sacrificio; quelle civili avvenivano il Primo dell'anno, il giorno dell'unzione del Nilometro (strumento che misurava l'altezza della piena del Nilo), il giorno dell'apertura del Canale all'inizio della piena, e nell'anniversario della trasmissione del potere dal Profeta ad ʿAlī; c'erano poi processioni minori legate a occasioni particolari. La posizione dei partecipanti all'interno del corteo era regolata da un rigido protocollo e, a seconda dei casi, il califfo poteva essere presente di persona o assistere al passaggio della sfilata da una porta del suo palazzo. Tutta la città era comunque coinvolta: le strade attraverso le quali passava una processione erano riccamente decorate a spese di commercianti, gioiellieri, cambiavalute, mercanti di stoffe che desideravano ottenere la benedizione di uno sguardo del califfo.

Un mercato globale

I Fāṭimidi, una volta stabilitisi in Egitto, riorganizzarono il settore agricolo e le attività produttive interne e crearono una vasta rete di commerci e di scambi, sulla quale abbiamo una notevole messe di informazioni grazie alla raccolta di documenti provenienti dal deposito (*Genizah*) della Sinagoga Ben Ezra del Cairo, nella quale la comunità ebraica di al-Fusṭāṭ (il «vecchio Cairo», che, con lo sviluppo della città fāṭimida, era divenuto il quartiere degli Ebrei e dei Copti), a partire dall'XI secolo, aveva ammucchiato vecchi documenti in cui compariva il nome di Dio e che quindi, secondo la tradizione, non dovevano essere distrutti. I manoscritti della *Genizah*, scoperti a partire dal 1896, contengono frammenti di varia natura: testi sacri, opere letterarie, un gran numero di lettere commerciali, ma anche la corrispondenza personale di molte grandi figure dell'Ebraismo medievale. Prima che le lettere commerciali della *Genizah* cominciassero a essere esaminate dagli studiosi, le informazioni sulla vita economica del mondo islamico medievale erano assai scarse. Fu dunque estremamente importante la decisione di Shlomo Dov Goitein di studiare questi documenti al fine di ricostruire la vita economica e sociale di quella che egli definì efficacemente «una società mediterranea». I testi della *Genizah* non illuminano solo la vita degli Ebrei che abitavano ad al-Fusṭāṭ: costoro erano infatti in corrispondenza con familiari, amici e operatori commerciali disseminati in una vasta area che comprendeva al-Andalus, la Sicilia e i territori dell’impero bizantino, e gli armatori delle navi da loro utilizzate erano in massima parte musulmani. Analogamente, sono numerosi i riferimenti a mercanti islamici ai quali venivano spesso affidate le merci inviate via terra, per evitare il divieto ebraico di viaggiare nel giorno del sabato. I traffici degli Ebrei di al-Fusṭāṭ andavano ben oltre i confini del Mediterraneo, raggiungendo l’Oceano Indiano. Ben presto i mercanti fāṭimidi conquistarono l’egemonia commerciale in tutto il Medio Oriente, soprattutto in fatto di articoli di lusso come spezie e tessuti, convogliando gli scambi sulla via del mar Rosso attraverso l’Egitto, e traendone enormi profitti. Con Abū Manṣūr Nizār al-ʿAzīz bi-’llāh (975-996), figlio di al-Muʿizz, i Fāṭimidi si assicurarono anche il controllo delle piste carovaniere che giungevano dall’Abissinia: l’oro e gli schiavi provenienti dalla regione transahariana attraverso le vie carovaniere centrali e orientali (quelle più occidentali erano state perse a favore degli Umayyadi di Cordova) consentirono alla corte fāṭimida non solo di sfoggiare un incredibile sfarzo, descritto con ammirazione dai viaggiatori, ma anche di dotarsi di un’efficace burocrazia e di un temibile esercito multietnico, composto da Berberi, Turchi, Circassi, Persiani, Arabi e da un’*élite* di schiavi neri provenienti dalla regione del Sudan e dall’Africa orientale.

L’ultima fase del califfato fāṭimida

Sotto il califfato di al-Ḥākim bi-amr Allāh (996-1021), figlio di al-ʿAzīz, si assistette alla fondazione di edifici di grande importanza come la moschea di al-Ḥākim e il centro di studio della *Dār al-ʿilm*, la «Casa del Sapere», detta anche *Dār al-ḥikma*, cioè «Casa della Sapienza». Fondata nel 1005 nel palazzo fāṭimida e provvista di una grande biblioteca accessibile agli studiosi di tutti gli orientamenti filosofici e religiosi, vi venivano insegnate scienze coraniche, logica, grammatica, filologia, astronomia e matematica; molti *dāʿī* ismāʿīliti ricevettero la loro formazione culturale all’interno delle sue mura. Giurisperiti e altri dotti, come anche scribi e bibliotecari, lavoravano nella *Dār al-ʿilm* e venivano pagati dalla tesoreria fāṭimida. La tradizione storiografica, fortemente ostile ad al-Ḥākim, lo rappresenta come un eccentrico moralista, autore di crimini efferati sia contro i cristiani sia contro i musulmani sia contro i suoi stessi collaboratori, ma anche di azioni generose e giuste; come che sia, nel 1009 egli avrebbe ordinato di distruggere la chiesa del Santo Sepolcro a Gerusalemme, un gesto clamoroso, le reali motivazioni del quale non sono ancora completamente chiare, ma che suscitò un'eco vivissima sia a Bisanzio che in Occidente. Tuttavia, le politiche anticristiane e anti-giudaiche messe in atto da al-Ḥākim ebbero breve durata e sembra addirittura che il califfo si sia premurato di indennizzare le comunità danneggiate dai suoi eccessi, in alcuni casi finanziando direttamente anche la ricostruzione di chiese, monasteri e sinagoghe.

Il regno di al-Ḥākim vide anche la nascita di quella che sarebbe divenuta nota come la religione drusa. Alcuni *dāʿī* giunti dalla Persia, fra i quali un certo al-Darzī (in persiano, «il Sarto»), cominciarono infatti a difondere alcune idee 'estremiste' riguardanti lo stesso al-Ḥākim, proclamandone la divinità e dichiarando conclusa l'era dell'Islām. I seguaci di questa setta, dal nome del suo principale zelatore, presero il nome di *durūz*, da cui la loro designazione di drusi.

Dopo al-Ḥākim, durante il lungo califfato di al-Mustanṣir bi-'llāh (1036-1094), la dinastia fāṭimida fu segnata da lotte interne. Alla morte del califfo, il figlio maggiore del sovrano e successore designato al trono del Cairo, Abū Manṣūr Nizār b. al-Mustanṣir, fu assassinato in una congiura di palazzo e il fratello minore, al-Mustaʿlī bi-'llāh (1094-1101), si impadronì del potere. Se gli ismāʿīliti d'Egitto accettarono senza particolari proteste la nuova situazione politica, non altrettanto fecero i missionari e i membri della setta residenti fuori dal territorio egiziano, che presero partito per il defunto Nizār e per questo presero il nome di *nizārī*: fra loro vi era un *daʿī* di nome Ḥasan-i Ṣabbāḥ, che ben presto divenne il capo dei *nizārī* persiani, fondando un vero e proprio stato indipendente che aveva il suo centro nella fortezza di Alamūt, nella Persia settentrionale. Con il «nizārismo» e il declino delle fortune del califfato fāṭimida comincia dunque un nuovo periodo dell'ismāʿīlismo, in cui l'esoterismo e il ribellismo politico e sociale tornano ad avere un ruolo assolutamente fondamentale.

Agli effetti dei contrasti interni al califfato, che nella sua fase estrema fu governato di fatto dai comandanti dell'esercito di origine turca, si sommarono quelli di carestie e pestilenze e quelli dell'espansione dei sultanati turchi in Siria e della formazione degli stati crociati. Il Nord della Siria, con l'affermazione di ʿImād al-dīn Zanǧī, governatore di Mossul, emerse come il cuore dell'Islām sunnita e della resistenza islamica ai Crociati, e Aleppo ne divenne la splendida capitale. Il figlio di Zanǧī, Nūr al-dīn, *atabeg* (reggente) di Aleppo, assunse di fatto il controllo dell'Egitto; uno dei suoi migliori e più ambiziosi generali, Ṣalāḥ al-dīn Yūsuf ibn Ayyūb (Saladino), divenne *wazīr* del califfo fāṭimida al-ʿĀḍid li-dīn Allāh (1160-1171) con il *laqab* di al-Malik al-Nāṣir («il Sovrano vincitore»): alla morte di quest'ultimo, il 13 settembre 1171/10 *muḥarram* 567, Ṣalāḥ al-dīn abolì il califfato sciita, e impose il ritorno all'Islām sunnita. L'istituto califfale scompariva così dall'Egitto, per farvi ritorno, in forme molto diverse, solo in età mamelucca.[5]

5. Sugli ismāʿīliti e le loro dottrine, fondamentale F. Daftary, *The Ismāʿīlīs: their History and Doctrines*, Cambridge, Cambridge University Press, 2007[2], con ulteriore bibliografia. Sull'origine dei Fāṭimidi: *The Advent of the Fatimids. A Contemporary Shiʿi Witness*, ed. by W. Madelung and P.E. Walker, London-New York, I.B. Tauris, 2000 (Ismaili Texts and Translations Series, 1); M. Brett, *The Rise of the Fatimids: the World of the Mediterranean and the Middle East in the Tenth Century CE*, Leiden-Boston, Brill, 2001 (The Medieval Mediterranean, 30); *Founding the Fatimid State. The Rise of an Early Islamic Empire*, ed. by H. Haji, London-New York, 2006 (Ismaili Texts and Translations Series, 6); P.E. Walker, *Fatimid History and Ismaili Doctrine*, Aldershot-Brookfield, VE, Ashgate, 2008 (Variorum Collected Studies, 900), e J.A. Velji, *An Apocalyptic History of the Early Fatimid Empire*, Edinburgh, Edinburgh University Press, 2016 (Edinburgh Studies in Islamic Apocalypticism and Eschatology, s.n.). Sulla storia del califfato vd. soprattutto Y. Lev, *State & Society in Fatimid Egypt*, Leiden-New York-København-Köln, Brill, 1991 (Arab History and Civilization. Studies and Texts, 1); H. Halm, *The Empire of the Mahdī: the Rise of the Fatimids*, Leiden-Boston, Brill, 1996 (Handbuch der Orientalistik. 1. Abt., Der Nahe und Mittlere Osten, 26); Id., *Die Kalifen von Kairo. Die Fatimiden in Ägypten 973-1074*, München, C.H. Beck Verlag, 2003; P.E. Walker, *Exploring an Islamic Empire: Fatimid History and Its Sources*. London-New York, I.B. Tauris, 2002 (Ismaili Heritage Series, 7). Sulla giurisprudenza in epoca fāṭimida, A. Cilardo, *The Early History of Ismaili Jurisprudence: Law under the Fatimids*, London-New York, I.B. Tauris, 2012 (Ismaili Texts and Translations Series, 18). Su al-Muʿizz, *The Founder of Cairo: the Fatimid Imam-Caliph al-Muʿizz and his Era*, ed. by S. Jiwa, London-New York, I.B. Tauris, 2013 (Ismaili Texts and Translations Series, 21). Su al-Ḥākim vd. P.E. Walker, *Caliph of Cairo: al-Hakim bi-Amr Allah, 996-1021*, Cairo, The American University in Cairo Press, 2012, e *Konflikt und Bewältigung. Die Zerstörung der Grabeskirche zu Jerusalem im Jahre 1009*, hrsg. von Th. Pratsch, Berlin-Boston, W. de Gruyter, 2011 (Millennium Studien, 32). Sul Cairo e le sue cerimonie, vd. A. Raymond, *Le Caire*, Paris, Fayard, 1993; P. Sanders, *Ritual and the City in Fatimid Cairo*, Albany, NY, State University of New York Press, 1994, e *Orations of the Fatimid Caliphs: Festival Sermons of the Ismaili Imams*, ed. by P.E. Walker, London-New York, I.B. Tauris, 2009 (Ismaili Texts and Studies, 10). Sui testi della *Genizah*, sempre fondamentale S.D. Goitein, *A Mediterranean Society: the Jewish Communities of the Arab World as portrayed in the Documents of the Cairo Geniza*, I-VI, Berkeley, CA, University of California Press, 1967-1993. Sull'influsso fāṭimida sulla monarchia normanna vd. J. Johns, *I re normanni e i califfi fāṭimiti. Nuove prospettive su vecchi materiali*, in *Del nuovo sulla Sicilia musulmana*, Roma, Accademia Nazionale dei Lincei, 1995 (Accademia Nazionale dei Lincei. Fondazione Leone Caetani, 26).

Gli Umayyadi di al-Andalus

Mentre la lotta tra gli ʿAbbāsidi e i Fāṭimidi per la *leadership* della comunità islamica era ancora in corso, in al-Andalus fu proclamato un terzo califfato.

Dopo il definitivo abbattimento degli Umayyadi in Oriente a opera degli ʿAbbāsidi (750), questi ultimi iniziarono una vera e propria caccia ai membri della dinastia sconfitta, facendone strage. Fra i pochi che riuscirono a sottrarsi a tale carneficina vi fu ʿAbd al-Raḥmān ibn Muʿāwiya (poi detto al-Dāḫil, «l'Immigrante») un nipote del califfo Hišām ibn ʿAbd al-Malik; dopo molte peripezie, il giovane raggiunse la Palestina, poi l'Egitto e infine l'Ifrīqiya, che non aveva ancora riconosciuto l'autorità degli ʿAbbāsidi: qui rischiò di essere assassinato per ordine del governatore locale, che non voleva compromettere i rapporti con la nuova dinastia ospitando un esule umayyade, e si recò dunque nel Maġrib, dove seppe conquistarsi la protezione dei più importanti clan berberi della regione. In seguito, prese contatti con i clienti degli Umayyadi in Spagna, i quali iniziarono preparativi per far giungere ʿAbd al-Raḥmān in al-Andalus. Tuttavia i notabili siriani del paese erano assai turbati dall'avvento di un simile personaggio: essi infatti sapevano bene che la famiglia alla quale il principe apparteneva era così potente che un suo esponente avrebbe eclissato tutti gli altri *leaders*. ʿAbd al-Raḥmān si rivolse allora agli Yemeniti, anch'essi presenti in forze fra i primi coloni arabi, e ne ottenne l'appoggio: grazie al loro apporto e a quello dei Berberi, gli uomini del principe continuarono ad aumentare. Nel 756 il suo esercito marciò su Cordova, la capitale provinciale, e fu in grado di infliggere, nei pressi della città, una grave sconfitta ai suoi avversari, guidati dal governatore della provincia, Yūsuf al-Fihrī. Dopo la battaglia, ʿAbd al-Raḥmān prese possesso di Cordova e guidò nella moschea cittadina la preghiera del venerdì, ricevendo il giuramento di fedeltà dalla popolazione. In breve tempo, il principe riuscì a unificare tutto il paese sotto il suo dominio, dando vita all'emirato umayyade di al-Andalus. Questa istituzione durò per quasi due secoli e al governo della provincia si succedettero altri sei emiri: Hišām (788-796); al-Ḥakam I (796-822); ʿAbd al-Raḥmān II (822-852); Muḥammad (852-888); al-Munḏir (888) e ʿAbd Allāh (888-913). Sotto Muḥammad ebbe inizio la grande *fiṭna*, cioè una violenta reazione indigena al dominio umayyade: in effetti, dalla metà del IX secolo, la comunità dei Mozarabi, cioè dei sudditi cristiani dell'emirato fu turbata dal sacrificio volontario di monaci e fanciulle che fingevano di convertirsi all'Islām per fare atto pubblico di apostasia e ricevere di conseguenza, secondo la legge islamica, il martirio. Tra cristiani e musulmani le relazioni si fecero sempre più tese: i Mozarabi abbandonarono in massa l'emirato e si trasferirono nelle terre dei regni cristiani del Nord della Spagna, contribuendo a ripopolarle. Nell'ultimo quarto del IX secolo si ribellarono anche i *muwallad* (letteralmente, «meticci»), indigeni convertiti all'Islām, il più famoso dei quali, ʿUmar b. Ḥafṣūn (morto nel 917), giunse a fondare un vero e proprio regno indipendente che aveva per capitale Bobastro, sulla Sierra de Rayyo (nella regione di Malaga) e che si estendeva fino a Granada e a Murcia. Quando ormai la situazione stava per precipitare, salì sul trono l'ultimo emiro di al-Andalus, ʿAbd al-Raḥmān b. Muḥammad b. ʿAbd Allāh III (913-961), che in breve tempo, anche grazie alla solidità dell'armata siriana, riuscì a riprendere in mano le redini del governo. Le rivolte furono represse duramente: la comunità dei *muwallad* scompare dalla storia e, dal X secolo in poi, sembra riassorbita all'interno dell'identità andalusa. È a questo punto che l'emiro prende la decisione di riassumere il titolo califfale, abbandonato dalla sua dinastia dopo il disastro del 750. Di fatto, si tratta della fondazione di un califfato indipendente, che si pone come alternativa politico-religiosa al califfato ʿabbāside di Baghdad e al nascente califfato fāṭimida.

Le parole del potere

Al-Andalus conobbe, in rapida successione, tre forme di governo: inizialmente essa fu affidata a un *wālī*, responsabile politico-militare di una *wilāya* («governatorato») in nome e per conto del califfo di Damasco; successivamente fu trasformata in un emirato (provincia autonoma, solo formalmente sottomessa al califfato), e governata appunto da un *amīr*, termine derivante dalla radice araba *amara*, «comandare»; infine, quando ʿAbd al-Raḥmān III si autoproclamò califfo, la provincia divenne un califfato indipendente.

Il califfato

Nel 929, ʿAbd al-Raḥmān III – che le fonti arabe esaltano per le sue grandi qualità morali e intellettuali e per la forza e il coraggio in battaglia – si autoproclamò *amīr* non più solo degli Andalusi ma di tutti i credenti:

così egli (imitando l'uso ʿabbāside) assunse l'epiteto onorifico di al-Nāṣir li-dīn Allāh («Il vincitore per la religione di Dio») e il titolo di califfo, denunciando esplicitamente l'usurpazione ʿabbāside e l'ʻeresia' sciita dei Fāṭimidi. Tre anni più tardi il novello califfo conquistò Toledo, ma successivamente prese a occuparsi soprattutto dell'ingrandimento e dell'abbellimento della sua capitale, Cordova, e della costruzione, a Nord-Est di essa, di una sontuosa 'residenza estiva', Madīnat al-Zahrā', «la Città brillante».

Lo storico Ibn al-Ḫaṭīb ci ha lasciato un sintetico e suggestivo profilo del primo califfo di al-Andalus: «Si dice che quando ʿAbd al- Raḥmān prese le redini del governo, al-Andalus fosse un carbone ardente, un fuoco crepitante, con ribellioni aperte e nascoste che ribollivano fra i suoi confini. Per mezzo della sua mano fortunata e il suo forte potere, Dio ha pacificato il paese. Così il popolo paragona il terzo ʿAbd al-Raḥmān con il primo: egli ha sottomesso i ribelli; egli ha costruito castelli, ha piantato colture e reso immortale il suo nome. Egli ha annientato gli infedeli, e ora in al-Andalus non v'è più un nemico e nessun rivale innalza i suoi vessilli. I popoli si sono sottomessi alla sua legge e hanno accettato la sua pace».[6]

Cordova: una megalopoli medievale

La città di Cordova, sorta sul fiume Baetis (il Guadalquivir degli Spagnoli, dall'arabo *al-wādī al-kabīr*, «il grande fiume»), in epoca imperiale romana fu ricca e fiorente e dette i natali a molti personaggi famosi, fra i quali, ad esempio, Seneca e Lucano. Anche la Cordova tardoantica si caratterizzò come un centro in espansione, e i Visigoti, dopo averla conquistata, ne fecero il centro di un ducato. Con gli Arabi, la città divenne capitale dell'emirato di al-Andalus (756): nel primo periodo del dominio islamico furono riutilizzati gli edifici pubblici già esistenti e si restaurarono le infrastrutture degradate, allo scopo di creare i servizi fondamentali per la vita di un grande centro amministrativo. ʿAbd al-Raḥmān I restaurò le mura e la cittadella, facendone il centro del potere politico, e costruì il primo impianto della grande moschea; ʿAbd al-Raḥmān II fondò la zecca, la fabbrica dei tessuti di lusso (*ṭirāz*) e alcuni bagni pubblici (*ḥammām*); inoltre, ampliò la grande moschea e realizzò un acquedotto che portava in

6. Ibn al-Ḫaṭīb, *Kitāb al aʿmāl al-aʿlām*, ed. E. Lévi-Provençal, Bayrūt, Dār al-Makšūf, 1956, pp. 32-33.

città l'acqua della Sierra Morena. Nella capitale dell'emirato si svolse poi il processo di trasformazione di molte delle antiche chiese intramuranee in moschee, come nel caso della chiesa di San Juan de los Caballeros e della stessa moschea congregazionale. Gli autori arabi medievali parlano dell'esistenza a Cordova di più di tremila moschee.

La proclamazione del califfato ebbe quale conseguenza una crescita esponenziale della città, che tuttavia non fu lasciata al caso, ma avvenne su parametri di pianificazione statale. ʿAbd al-Raḥmān III promosse notevoli interventi pubblici: la nuova zecca (*dār al-sikka*), il mercato (*sūq*), un ulteriore ampliamento della grande moschea, e l'importante complesso residenziale noto come «Casa della Noria». I suoi successori – soprattutto i califfi al-Ḥakam II (961-976) e Hišām II (976-1013) – ingrandirono ancora la moschea congregazionale, ristrutturarono il palazzo reale risalente all'epoca visigota (poi noto in spagnolo come *alcázar*, dall'arabo *al-qaṣr*, «palazzo»), costruirono nuovi complessi termali, che, secondo le fonti, raggiunsero la ragguardevole cifra di seicento, restaurarono il ponte sul Guadalquivir e riorganizzarono, ampliandola, la rete viaria cittadina. Nel breve volgere di meno di tre secoli, Cordova, con il suo milione di abitanti sparso su un'area di circa cinquemila ettari, divenne la città più grande d'Europa e, nel mondo islamico, seconda alla sola Baghdad.

Un gioiello dell'Islām: la grande moschea di Cordova

La grande moschea di Cordova, uno dei più splendidi monumenti dell'arte islamica di tutti i tempi, fu iniziata nel 785 dall'emiro ʿAbd al-Raḥmān I e modificata e ampliata da ʿAbd al-Raḥmān II, ʿAbd al-Raḥmān III, al-Ḥakam II e dal famigerato *wazīr* al-Manṣūr: l'ultima sua manipolazione musulmana risale al 987/8. Oggi l'edificio – il cui interno, dopo la *Reconquista*, fu per buona parte riadattato per ospitare la cattedrale cristiana – misura 23.400 m^2 e conserva 856 delle 1013 colonne originarie, che formano una incredibile 'foresta' marmorea giustamente celebrata dagli antichi e dai moderni. Alla moschea si accede da un ampio cortile, in epoca islamica adibito alle abluzioni rituali, che i cristiani trasformarono nel famoso «patio degli aranci»; di qui, entrando nell'edificio attraverso la «porta delle palme», si ha la visione straordinaria dell'immensa sala colonnata sulla quale si appoggia una serie di doppie arcate che ricordano quelle degli acquedotti romani; i colori che prevalgono sono il rosso dei mattoni e il giallo chiaro della pietra calcarea, ai quali si aggiungono il bianco degli stucchi e l'oro dei mosaici del *miḥrāb*, realizzati da un maestro bizantino. L'ambiente, originariamente inondato di luce che ne illuminava l'impressionante struttura, è oggi immerso nella semioscurità, perché le cappelle cristiane del XVI e del XVII secolo, costruite riutilizzando i muri interni della moschea, impediscono ai raggi del sole di penetrare all'interno del tempio.

Madīnat al-Zahrā', la «Versailles dei califfi»

La costruzione di una nuova città come residenza personale del califfo e sede degli organi amministrativi dello stato fu senza dubbio il progetto più ambizioso portato a compimento da ʿAbd al-Raḥmān III. Con tale impresa, iniziata tra il 936 e il 940, il sovrano fece propria una consuetudine tipica del mondo islamico orientale: quella della fondazione califfale di un nuovo nucleo urbano, adeguato al suo *status* e alla sua dignità, come parte di un programma di ostentazione e autolegittimazione.

La città, di forma rettangolare, lunga 1515 m e larga 745 m, per una superficie di circa 112 ettari, venne disegnata ai piedi delle estreme propaggini della Sierra Morena, in un luogo di notevole attrattiva paesaggistica; l'adattamento all'orografia della zona determinò la disposizione a terrazze dei suoi edifici: il palazzo del califfo, diviso in vari ambienti, fra cui spicca il grande salone di ricevimento, denominato dagli archeologi spagnoli «Salón Rico» per le sue splendide decorazioni architettoniche, è collocato in posizione preminente sulla terrazza superiore; nella terrazza mediana si trovavano giardini e orti; sulla terrazza inferiore si sviluppava invece la città vera e propria, ancora in gran parte da scavare.

L'impianto di Madīnat al-Zahrā' comportò la creazione di una complessa infrastruttura viaria e idraulica e l'organizzazione di un sistema integrato per il trasporto delle materie prime (ancora oggi percepibile nei resti di strade, ponti, acquedotti e cave che circondano la città): il risultato fu un centro assolutamente autonomo, nel suo funzionamento, rispetto alla metropoli cordovana.

Le fonti letterarie ci trasmettono lo stupore e l'ammirazione che Madīnat al-Zahrā' generava in quelli che ebbero la fortuna di contemplarla nella sua epoca di splendore. Tuttavia, la sua esistenza fu molto breve. All'intensa attività costruttiva dispiegata sotto ʿAbd al-Raḥmān III e al-Ḥakam II fece seguito una decadenza quasi immediata durante il regno di Hišām II, quando, a causa delle lotte interne che provocarono la caduta del califfato, cominciò la distruzione della città: a partire dal 1010 essa fu infatti sottoposta a uno spoglio sistematico dei suoi materiali che si prolungò per tutto il Medioevo e l'epoca moderna. Col passare del tempo, della «Versailles dei califfi» si perse quasi del tutto la memoria, e ai suoi resti fu dato il nome di «Córdoba la Vieja». Fu solo nel 1911 che l'architetto Ricardo Velázquez Bosco iniziò, con scavi sistematici, il recupero di questo tesoro archeologico senza precedenti. La parte attualmente scavata costituisce solo un decimo dell'estensione totale della città: essa corrisponde all'area centrale dell'*alcázar*, che risulta diviso in due grandi settori: uno pubblico, e amministrativo a Est, dove si trovano gli edifici di governo e di rappresentanza, e uno privato o residenziale a Ovest, dove sono collocate le abitazioni del califfo e dei notabili della corte umayyade. Contigua al palazzo, ma esterna a esso, era anche la grande moschea congregazionale, di cui restano solo poche rovine.

Un'epoca prospera

ʿAbd al-Raḥmān III, il primo califfo di al-Andalus, morì nel 961. Gli subentrò il figlio, al-Ḥakam II (961-976): nei suoi quindici anni di governo l'espansione islamica in Spagna continuò, mentre il paese registrò un notevolissimo incremento demografico, una congiuntura economica fortemente positiva, e un eccezionale sviluppo scientifico, tecnologico e culturale. Non c'è cronista o geografo medievale che non esalti le abbondanti risorse dell'Andalusia e la capacità dei suoi abitanti di utilizzarle nel migliore dei modi. Gli abilissimi agronomi arabi introdussero in Spagna le più raffinate tecniche agricole, diversificando le coltivazioni e importando nuove specie di piante dall'Oriente: tra queste, secondo la tradizione, vi fu anche la prima palma spagnola, piantata da ʿAbd al-Raḥmān I nei giardini di Cordova per attenuare la nostalgia della sua terra d'origine. Tra i provvedimenti più importanti adottati dagli Umayyadi in agricoltura vi furono il restauro e il perfezionamento degli acquedotti e dei sistemi di irrigazione risalenti all'epoca romana, la creazione di numerosi pozzi artesiani e la costruzione delle cosiddette «norie», macchine idrauliche di grandi dimensioni utilizzate per irrigare orti e giardini. La tecnologia idraulica – che gli Arabi conoscevano per il tramite dei testi greci di Archimede ed Erone di Alessandria – fu applicata anche nella costruzione di orologi e mulini ad acqua. Un'altra fonte di ricchezza era costituita dai commerci: quello più rimunerativo era la tratta degli schiavi, alla quale ogni città andalusa riservava un apposito mercato.

La prosperità economica favorì non solo gli studi scientifici – in particolare chimica, medicina (i primi ospedali in terra di Spagna furono fondati nell'XI secolo), matematica e astronomia – ma anche discipline umanistiche come storia e filosofia, fondamentali per il processo di costruzione della legittimità del califfato di Cordova. A questo proposito, durante il califfato di ʿAbd al-Raḥmān III e di suo figlio al-Ḥakam II, nel contesto che vede la ripresa delle relazioni diplomatiche fra Cordova e Bisanzio, la documentazione disponibile evidenzia una fitta trama di rapporti sviluppatisi nell'arco di un periodo relativamente breve fra le *élites* dei due imperi, all'interno dei quali lo scambio di libri e di informazioni filosofiche e scientifiche sembra giocare un ruolo non secondario. Queste 'relazioni bibliografiche' fra Oriente e Occidente erano incentivate da un lato dalla volontà di Costantinopoli di utilizzare il prestigio della sua tradizione per stabilire vincoli diplomatici con la nuova, potente entità politica andalusa, dall'altro dall'esigenza dei sovrani umayyadi di rendersi indipendenti dal califfato ʿabbāside non solo politicamente ma anche culturalmente. Il risultato fu la nascita di una moda bizantina che condusse in breve tempo, come era già accaduto con i Fāṭimidi, alla parziale 'bizantinizzazione' della corte di al-Andalus.

La caduta

Durante il regno di Hišām II (976-1009, poi 1010-1013), figlio e successore di al-Ḥakam II, si verificò nel califfato umayyade di Cordova lo stesso fenomeno che aveva caratterizzato la fase finale dell'impero ʿabbāside: la presa del potere di una dinastia di 'emiri' detentrice del potere effettivo che lasciava al califfo solo un simulacro di autorità. In effetti, Hišām II non ebbe mai modo di esercitare le prerogative della sua carica, ma sin da bambino fu in sostanza sostitutito dal suo ciambellano (*ḥāğib*) Muḥammad b. Abī ʿĀmir al-Manṣūr, che governò da sovrano assoluto dal 978 al 1002, anno della sua morte. I suoi due figli, ʿAbd al-Malik al-Muẓaffar bi-'llāh (1002-1008) e ʿAbd al-Raḥmān detto «Sanchuelo» (1008-1009) gli subentrarono con le medesime prerogative. Questa breve dinastia di «ʿĀmiridi» accompagnò gli Umayyadi nella loro caduta.

E tuttavia, gli inizi di questa coesistenza furono positivi: al-Manṣūr allargò al Marocco la sfera di influenza del califfato e, utilizzando l'arma del *ǧihād* come strumento di legittimazione, portò la guerra in terra cristiana, attaccando e saccheggiando Barcellona, León e il celebre santuario di Compostela. Questa politica interventista costrinse però al-Manṣūr a ricorrere a truppe mercenarie di origine europea e soprattutto nordafricana e ciò provocò notevoli tensioni nell'esercito (*ǧund*). Nel 1009, il secondo figlio di al-Manṣūr, «Sanchuelo», accusato da più parti di favorire i Berberi del Nordafrica a detrimento degli Arabi, commise l'errore di farsi designare dal debole califfo Hišām II come suo successore al califfato. A questa notizia, Cordova si sollevò innalzando gli stendardi degli Umayyadi: «Sanchuelo» fu assassinato, i Berberi massacrati. Per tutta risposta, truppe maghrebine misero sotto assedio la città per tre anni (1010-1013): Berberi e Umayyadi si succedettero nella *leadership* e al-Andalus precipitò nell'anarchia. Nel 1031 gli abitanti di Cordova deposero il debole Hišām III (1027-1031), l'ultimo califfo umayyade: il paese era ormai diviso in più di venti principati, governati dai cosiddetti «sovrani delle fazioni» (*Reyes de taifas*, in arabo *mulūk al-ṭawā'if*), esponenti dei vari gruppi etnici presenti nella Penisola iberica. L'esperienza del califfato umayyade andaluso si chiuse, mentre venti di guerra soffiavano dall'Africa e dal Nord della Spagna. Circa cinquant'anni dopo (1086), su invito del re di Siviglia Muḥammad al-Muʿtamid, una nuova dinastia, nata ai confini del deserto, giungerà in al-Andalus per respingere l'offensiva dei prìncipi cristiani del Nord e riportare gran parte del paese sotto il dominio islamico: si trattava dei guerriglieri detti Almoravidi (*al-Murābiṭūn*, «quelli dei *ribāṭ*», sorta di mistici combattenti che si raccoglievano in strutture di tipo conventuale e militare denominate appunto *ribāṭ*). Ma questa è un'altra storia.[7]

7. Per il quadro storico delle vicende del califfato umayyade di al-Andalus vd. Kennedy, *Muslim Spain and Portugal. A Political History of al-Andalus*; É. Lévi-Provençal, *Histoire de l'Espagne musulmane*, II. *Le Califat umaiyade de Cordoue*, Paris, Maisonneuve & Larose, 1999[3]; P. Guichard, *Al-Andalus, 711-1492: une histoire de l'Espagne musulmane*, Paris, Hachette, 2001. Sull'ideologia del califfato andaluso vd. soprattutto G. Martinez-Gros, *L'Idéologie omeyyade*, Madrid, Casa de Velázquez, 1992; J.M. Safran, *The Command of he Faithful in Al-Andalus: a Study in the Articulation of Caliphal Legitimacy*, in «International Journal of Middle East Studies», 30 (1998), pp. 183-198, e Ead., *The Second Umayyad Caliphate*, Cambridge, MA, Harvard University Press, 2001 (Harvard Middle Eastern Monographs 33). Su Cordova islamica e la sua Grande moschea vd. da ultimo *El esplendor de los Omeyas cordobeses. La civilización musulmana de Europa Occidental*, ed. M.J. Viguera Molins, C. Castillo, Granada, Fondación El Legado Andalusí, 2001, pp. 360-

Gli Almohadi: il ritorno del califfato messianico

Alla metà del XII secolo, gli Almoravidi furono soppiantati da un'altra dinastia berbera guerriera e puritana originaria dei monti dell'Atlante: gli Almohadi (*al-muwaḥḥidūn*, «gli Unitari»), un movimento riformatore che, in polemica con altri musulmani, sosteneva l'assoluta unicità divina. Loro fondatore fu Muḥammad ibn Tūmart, la cui biografia, certamente sottoposta a un processo di revisione in senso agiografico, ripete elementi della vicenda esistenziale del Profeta dell'Islām, dall'ègira alla costituzione di un gruppo di compagni (anch'essi divisi in *anṣār* e *muhāğirūn*). Secondo Ibn Tūmart, l'ègira dai luoghi in cui comandano i nemici di Dio è un dovere legale per tutti i fedeli, e l'obbligo di abbandonare le case e le proprietà per la religione non è cancellato per alcuno: l'esecuzione dei comandi di Dio è doverosa, va compiuta senza ritardi e non è lecito indugiare; l'imāmato è necessario e al *mahdī*, con cui lo stesso Ibn Tūmart si identificò a partire dal 1121, vanno riconosciuti disciplina e onore; si è inoltre tenuti all'ègira verso di lui. Il mahdīsmo implica dunque l'impegno attivo del credente sulla via di Dio, che ha il preciso dovere di combattere quelli che non obbediscono alle leggi divine: l'iniquo non deve essere sostenuto nella sua iniquità ed è illecito obbedire a chi si rivolti a Dio. Nella dottrina esposta da Ibn Tūmart sono evidenti gli influssi sciiti e ismāʿīliti, che si fondono con elementi più classicamente sunniti.

In qualità di *mahdī*, Ibn Tūmart dichiarò il *ğihād* contro gli Almoravidi, ma nel 1130 morì prematuramente e la guida del movimento fu assunta

385, con ulteriore bibliografia. Su Madīnat al-Zahrā' vd. A. Vallejo Triano, *La ciudad califal de Madīnat al-Zahrā'*, Córdoba, Almuzara, 2010. Sui Mozarabi, C. Aillet, *Les Mozarabes: Christianisme, islamisation et arabisation en péninsule Ibérique (IXe-XIIe siècle)*, Madrid, Casa de Velázquez, 2010, con ampia bibliografia. Sulla vita culturale in al-Andalus e sugli scambi culturali con Bisanzio vd. F.J. Martín Fernández, *Las relaciones diplomáticas y el derecho de embajada entre Córdoba y Bizancio (siglos IX-XI)*, in «Axerquia», 6 (1983), pp. 87-97; J. Wasserstein, *Byzantium and al-Andalus*, in «Mediterranean Historical Review», 1-2 (1987), pp. 76-101; A. Cutler, *Constantinople and Cordoba: Cultural Exchange and Cultural Difference in the Ninth and Tenth Centuries*, in *La religión en el mundo griego de la Antigüedad a la Grecia moderna*, ed. M. Morfakidis, M. Alganza Roldán, Granada 1997, pp. 417-436; M. Fierro, *Al-Andalus: savoirs et échanges culturels*, Aix-en-Provence, Edisud, 2001; A. Vanoli, *La Spagna delle tre culture. Ebrei, cristiani e musulmani tra storia e mito*, Roma, Viella, 2006 (La Storia. Temi, 1). Su al-Manṣūr e gli ʿĀmiridi vd. Ph. Sénac, *Al-Mansur. Il flagello dell'anno Mille* (2006), tr. it. di A. Di Lernia, Roma, Salerno Editrice 2007 (Piccoli Saggi, 34), con bibliografia.

dal suo principale discepolo e consigliere, ʿAbd al-Mu'min. Se i sovrani almoravidi non si erano mai attribuiti né il titolo di califfo né quello, analogo, di *amīr al-mu'minīn*, ma solo quello di *amīr al-muslimīn*, al contrario, ʿAbd al-Mu'min, tre anni dopo la morte di Ibn Tūmart, si fece acclamare califfo. Le fonti almohadi dell'epoca indugiano nel descrivere il nuovo sovrano come illuminato dalla luce divina, dotato di qualità profetiche e detentore di un'autorità (*al-amr*) proveniente da Dio. Proprio il termine *al-amr* viene utilizzato nelle legende monetali almohadi accanto alle classiche formule di *ḫalīfa* e di *amīr al-mu'minīn*. In altre iscrizioni apposte sulle monete almohadi si leggono formule di chiara derivazione ismāʿīlita, come ad esempio *al-mahdī imām al-umma al-qā'im bi-amr Allāh*, cioè «Il messia è la guida della comunità, l'esecutore della volontà di Dio».

Nel 1145, invitati dagli Andalusi, gli Almohadi sbarcarono in Spagna e cominciarono una lenta opera di sostituzione degli Almoravidi nella tutela dei musulmani della Penisola iberica. Nel 1147, Murrākuš (attuale Marrakech), la capitale almoravide, cadeva nelle mani di ʿAbd al-Mu'min.

I suoi successori, Abū Yaʿqūb Yūsuf (1163-1184) e Abū Yūsuf Yaʿqūb al-Manṣūr (1184-1199), condussero una serie straordinaria di vittoriose campagne militari che permisero alla dinastia di dare vita a un nuovo impero esteso dalla Cirenaica al Marocco, fino alla Spagna. Esso durerà sino alla metà del XIII secolo, ma il suo declino fu segnato già nel 1212, quando le forze riunite dei cristiani di Navarra, Aragona, Castiglia e Portogallo inflissero agli Almohadi una rovinosa sconfitta presso Las Navas de Tolosa (presso l'attuale Jaén).[8]

Dai Mamelucchi agli Ottomani: il califfato fantasma

Con la caduta di Baghdad nel 1258, il califfato, di nome e di fatto, cessò di esistere. Tuttavia, nel periodo immediatamente successivo alla

8. Sulla storia della dinastia almohade vd. A.J. Fromherz, *The Almohads. The Rise of an Islamic Empire*, London-New York, I.B. Tauris, 2010 (Library of Middle East History, s.n.), e A.K. Bennison, *The Almoravid and Almohad Empires*, Edinburgh, Edinburgh University Press, 2016 (The Edinburgh History of the Islamic Empires, s.n.). Sulla biografia di Ibn Tūmart vd. W. al-Sharif, *The Dearest Quest. A Biography of Ibn Tumart*, Tranent, Jerusalem Academic Publications, 2010. Sul messianismo almohade vd. soprattutto M. García-Arenal *Messianism and Puritanical Reform. Mahdīs of the Muslim West*, Leiden-Boston, Brill, 2006 (The Medieval and Early Modern Iberian World, 29).

conquista mongola della capitale ʿabbāside, Abū ’l-ʿAbbās Aḥmad b. al-Ḥasan, un discendente del califfo al-Mustaršid (1118-1135), cercò di ridare vita all’istituto califfale, autoproclamandosi califfo ad Aleppo con il *laqab* di al-Ḥākim: il suo tentativo ebbe un successo alquanto effimero. Nello stesso periodo, alcuni ʿAbbāsidi in fuga da Baghdad si rifugiarono nel Sud della Persia, dove più tardi dettero vita a un khanato indipendente. Nel 1261 comparve invece in Egitto un personaggio nerovestito di nome Aḥmad b. al-Ẓāhir Muḥammad, che aveva assunto il *laqab* di al-Mustanṣir bi-’llāh e affermava di essere membro della famiglia ʿabbāside e di essere miracolosamente scampato alle stragi dei Mongoli. Il sultano egiziano Baybars I al-Bunduqdārī (1260-1277), membro eminente della dinastia del Mamelucchi circassi (o Baḥriti) che aveva preso il potere dopo la morte dell’ultimo sultano ayyūbide (1254), sfidando l’ironico scetticismo di molti, ritenne utile ai propri fini prendere sul serio tale rivendicazione: egli dunque convocò una commissione che confermò la legittima discendenza ʿabbāside di Aḥmad b. al-Ẓāhir Muḥammad e Baybars lo riconobbe come califfo; questi, a sua volta, gli conferì il riconoscimento del possesso mamelucco di Egitto, Siria, Yemen e al-Ḥiǧāz, l’investitura a sultano e il titolo di *Ḫādim al-Ḥaramayn al-Šarīfayn*, «Servitore dei due Luoghi Santi» (cioè delle due moschee di Mecca e Medina), titolo, quest’ultimo, forse già usato dal celebre sultano ayyūbide Ṣalāḥ ad-Dīn Yūsuf ibn Ayyūb (Saladino) e oggi prerogativa dei monarchi sauditi.

In tal modo, Baybars, adottando una prassi più volte sperimentata durante l’ultima fase del califfato ʿabbāside, contava di accrescere il suo prestigio e di autolegittimarsi agli occhi degli altri sovrani islamici che non potevano più ricevere la sanzione del loro rango da parte dell’autorità suprema della *umma*.

Il califfo di Aleppo al-Ḥākim e quello del Cairo al-Mustanṣir bi-’llāh si trovarono poi alleati nel fallito tentativo di stabilirsi a Baghdad, dove pensavano di risolvere la loro disputa successoria. Ai seicento cavalieri del primo, Baybars aggiunse poche migliaia di soldati, affidando al secondo il comando delle operazioni. I due califfi e lo stesso Baybars speravano che la popolazione di Baghdad avrebbe accolto con entusiasmo un nuovo califfo ʿabbāside, ma il 28 novembre 1261, presso al-Anbār, sulla sponda sinistra dell’Eufrate, il governatore mongolo di Baghdad Qarā Boghā inflisse all’esercito mamelucco-ʿabbaside una pesantissima sconfitta: lo stesso al-Mustanṣir bi-’llāh perse la vita sul campo di battaglia, mentre al-Ḥākim riparò in tutta fretta al Cairo, dove fu riconosciuto califfo da

Baybars. Sorse così un nuovo califfato ʿabbāside d’Egitto: un califfato del tutto nominale, sia perché non riconosciuto da quasi tutte le entità statali islamiche dell’epoca, sia in quanto il califfo rinunciava già in partenza a prerogative fondamentali quali ad esempio il diritto di coniare moneta a suo nome, mantenendo solo alcuni privilegi economici e la facoltà – puramente formale – di accordare l’investitura ai sultani mamelucchi. Come sottolinea Carlo Alfonso Nallino, i califfi del Cairo non ebbero mai poteri di carattere religioso e non godettero di autorità di alcun tipo presso il ceto dei giurisperiti (*ʿulāmāʾ*). Essi sono dunque dei califfi ‘dimezzati’, privi di qualsiasi reale importanza storica: la loro statura politica è inversamente proporzionale alla severa grandezza del mausoleo destinato a ospitarne le spoglie, che è possibile visitare ancora oggi qualora ci si avventuri per le vie della «Città dei morti», la misteriosa e affascinante necropoli medievale del Cairo.

Nel 1517, il sultano ottomano Selīm I conquistò l’Egitto e mise fine al sultanato mamelucco: in questa occasione, l’ultimo califfo ʿabbāside, al-Mutawakkil ʿalà-’llāh III, fu portato a Istanbul con tutti gli emblemi del potere califfale ʿabbāside, tra i quali il mantello e la spada del Profeta, che vennero custoditi nella residenza del Topkapı. Dopo la morte di Selīm (1520), il califfo potè tornare in Egitto, dove morì nel 1538 o nel 1543. Con lui, il califfato ʿabbāside, anche nella forma depauperata e fantasmatica che aveva assunto al Cairo, scomparve per sempre. Non scomparve, però, l’interesse nei confronti dell’istituzione califfale, e molti letterati di corte iniziarono ad attribuire abusivamente al sultano il titolo di califfo, anche se tale titolo per lungo tempo non fu accolto nel formulario ufficiale ottomano (nel quale comunque il sultano era definito *khilāfet penāhī*, «asilo del califfato»). Secondo una tarda leggenda, l’ultimo califfo ʿabbāside del Cairo avrebbe trasmesso il califfato a Selīm I, che sarebbe divenuto il primo di una serie di califfi ottomani legittimi. In realtà, il primo documento in cui un sovrano ottomano appare esplicitamente e ufficialmente definito come sultano e califfo è un trattato concluso il 21 luglio 1774 fra Abdü ’l-Ḥamīd I e Caterina II di Russia. Nota finemente Nallino:[9]

9. C.A. Nallino, *Appunti sulla natura del “Califfato” in genere e sul presunto “Califfato ottomano”*, in Id., *Raccolta di scritti editi e inediti*, III. *Storia dell’Arabia preislamica. Storia delle istituzioni musulmane*, a cura di M. Nallino, Roma, Istituto per l’Oriente, 1941, pp. 234-259: pp. 241-242.

Abdü 'l-Ḥamīd I vi è sempre chiamato coi titoli sultanici; ma nell'art. 3, col quale egli si adatta a riconoscere la piena indipendenza dei Tatari della Crimea e del Kuban si dice che costoro tuttavia, «quanto alle costumanze di Religione, essendo della stessa co' i Mosulmani, e sua Sultanea Maestà essendo come Supremo Califfo Maomettano, hanno essi a regolarsi verso di lei, come si è prescritto nelle regole della Religione loro, senza però mettere in compromesso la stabilita libertà loro politica, e civile». L'abilità dei plenipotenziari ottomani era riuscita a trarre in inganno i Russi ed a far rientrare dalla finestra, sotto le false vesti d'una inesistente potestà spirituale, quello che il Trattato aveva voluto (nell'intenzione dei Russi) eliminare del tutto, cioè la sovranità turca sui Tatari. I plenipotenziari ottomani giuocarono sull'equivoco e sull'ignoranza del loro avversario.

L'assunzione del titolo califfale da parte del sultano poteva suscitare dei dubbi nei giurisperiti musulmani, ma nulla vietava di utilizzarla, a fini politici, davanti a interlocutori non islamici. Alla fine, però, per quanto tardivamente, i sovrani ottomani giunsero a formalizzare la rivendicazione del califfato: gli articoli 3 e 4 della Costituzione del 24 dicembre 1876 recitano infatti:[10]

Art. 3. – L'inclito Sultanato ottomano, che possiede il sommo Califfato islamico, spetterà al più anziano dei discendenti della stirpe di ʿOsmān, conformemente alle norme antiche.

Art. 4. – S.M. il Sultano, in quanto Califfo, è il protettore della religione musulmana [...].

Ciononostante, negli atti ufficiali emanati dal sultano, si continuò anche in seguito a evitare di mettere in evidenza il titolo califfale. Vien fatto dunque di chiedersi per quale motivo Muṣṭafà Kemāl Atatürk abbia ritenuto fondamentale la soppressione di quello che potrebbe sembrare un mero simulacro. La risposta a questa domanda chiama in causa la natura profonda del califfato islamico, che è essenzialmente 'politica'. Per Atatürk era infatti impossibile e assurdo immaginare un califfato privo di potere temporale o senza sovranità sui paesi musulmani, perché la dottrina islamica afferma inequivocabilmente che l'ufficio del califfo è quello di governare l'impero universale sotto il segno dell'Islām. Di conseguenza, andavano respinti anche quei tentativi di conciliazione, che sfociarono nel voto della Grande Assemblea Nazionale Turca del 1° novembre del 1922, con i quali

10. Cit. da Nallino, *Appunti sulla natura del "Califfato"*, pp. 247-248.

si trasformava il califfato in una pura 'autorità spirituale'. Atatürk era ben conscio dell'artificiosità di una simile operazione: il califfato era un'entità squisitamente politica, e come tale costituiva un rischio che la nuova repubblica turca non poteva e non doveva correre.[11]

11. Sul califfato di Aleppo vd. S. Heidemann, *Das Aleppiner Kalifat (AD 1261): Vom Ende des Kalifates in Baghdad über Aleppo zu den Restaurationen in Kairo*, Leiden-Boston, Brill, 1994 (Islamic History and Civilization, 6). Sul califfato mamelucco vd. L.S. Northrop, The Baḥrī Mamlūk Sultanate, 1250-1390, in *The Cambridge History of Egypt*, ed. by Carl F. Petry, I. *Islamic Egypt: 640-1517*, Cambridge, Cambridge University Press, 1998, pp. 242-289, con ulteriore bibliografia, e A.F. Broadbridge, *Kingship and Ideology in the Islamic and Mongol Worlds*, Cambridge, Cambridge University Press, 2008 (Cambridge Studies in Islamic Civilization, s.n.), pp. 138-167. Sul califfato ottomano, oltre alla bibliografia indicata *supra*, nn. 1-2, pp. 33-34, vd. anche Nallino, *Appunti sulla natura del "Califfato"*. Cfr. anche H. Aydin, *The Sacred Trusts: Pavilion of the Sacred Relics, Topkapı Palace Museum, Istanbul*, Clifton, NJ, Tughra Books, 2014. Sulle tombe dei califfi ʿAbbāsidi nella «Città dei morti» del Cairo vd. G. El Kadi, A. Bonnamy, *Architecture for the Dead. Cairo's Medieval Necropolis*, Cairo-New York, The American University in Cairo Press, 2007, pp. 38-42.

Conclusione

L'Islām è nato straniero e tornerà straniero,
come fu al principio. Beati siano gli stranieri.
(*Ḥadīṯ* attribuito al Profeta Muḥammad)

Alla fine di questo itinerario fra teoria e prassi del califfato, vale la pena di soffermarsi brevemente su alcuni punti chiave. In primo luogo, va ribadito che l'istituzione califfale non fu originariamente il prodotto di uno sviluppo dottrinario o di un dibattito teorico, bensì il risultato di uno scontro politico concreto che aveva come posta in palio la successione al Profeta, guida al tempo stesso spirituale e temporale della comunità dei credenti. Proprio per questo, esso non ebbe affatto una natura univoca, e anzi fu in continua evoluzione, mutando con il mutare della società islamica. Questa natura 'magmatica' del califfato non è stata sempre compresa dagli studiosi contemporanei, che hanno indugiato a lungo a considerarlo come un istituto puramente e unicamente politico sin dai primordi, riprendendo quella che è la visione tradizionale delle fonti sunnite di epoca ʿabbāside. In realtà – come si è visto – in una prima fase il califfo ereditò dal Profeta sia l'autorità politica sia quella religiosa, e fu appunto «vicario di Dio» (*ḫalīfat Allāh*); solo successivamente (a partire dalla seconda metà del IX secolo), e non senza contrasti, il ceto degli *ʿulamāʾ* avocò a sé la maggior parte degli aspetti religiosi del potere califfale, facendo del califfo il «vicario dell'Inviato di Dio» (*ḫalīfat rasūl Allāh*). Peraltro, questo avvenne solo in ambito sunnita, giacché la dottrina sciita insiste costantemente e invariabilmente sulla coesistenza di potere spirituale e temporale nella figura del califfo/*imām*. Ne consegue, paradossalmente, che gli 'eretici' sciiti aderiscono in maniera più fedele alla concezione originaria del califfato.

Un altro elemento su cui appare importante riflettere è quello della progressiva perdita di potere del califfo, la cui sfera di influenza politica diminuisce sensibilmente sin dalla prima età ʿabbāside, con l'emergere delle varie dinastie di emiri e sultani che pongono di fatto il califfato solo la tutela dell'elemento militare. In tal modo, l'istituzione califfale, in Oriente come in al-Andalus, tende a restringere sempre di più la propria effettiva autorità e a essere respinta nella sfera spirituale, dalla quale, peraltro, era già stata in larga parte allontanata dall'incombere degli *ʿulamāʾ*: l'*impasse* che ne deriva mostra come la sua crisi sia in qualche modo strutturale e non vada certo ristretta alla sua fase terminale. La pubblicistica islamica medievale che riflette su questo tema, prova da un lato a costruire a posteriori una teoria del califfato che elimini tutte le incongruenze e le contraddizioni insite nel processo formativo dell'istituzione, dall'altro a fornire, senza successo, soluzioni atte a frenarne la decadenza.

Infine, è forse utile tornare brevemente a confrontarsi con l'attualità: un'attualità che, come ha scritto recentemente un raffinato studioso del mondo islamico, vede agire «forze impazzite che definiscono sé stesse islamiche e lasciano impietriti per la visione del mondo che proclamano e perseguono, imponendola innanzi tutto a milioni di musulmani».[1]

Gli odierni teorici fondamentalisti della restaurazione del califfato (non a caso, tutti di ambito sunnita) si concentrano in maniera esclusiva sul *côté* politico dell'istituto califfale, evitando volutamente di affrontare il problema della sua crisi secolare. Una questione da approfondire, proprio alla luce della storia del califfato (e dei califfati) che si è tentato di delineare, è quella della reale portata dell'attrazione che l'ideologia fondamentalista esercita oggi sulle masse musulmane. Si tratta, infatti, di un punto centrale, spesso ignorato dai politici e dai *media* occidentali, che negano legittimità al califfo dello Stato Islamico, definendolo immancabilmente come «sedicente» o «presunto» o «cosiddetto», senza peraltro specificare sulla base di quali elementi un califfato possa considerarsi o meno legittimo. Va appunto sottolineato che, nell'ottica musulmana sunnita, il conferimento della dignità di califfo deve considerarsi come un contratto che interviene tra colui che accetta la carica e la comunità islamica, senza il cui accordo – che si esprime attraverso la *bayʿa*, cioè il giuramento di alleanza – il contratto non è valido. La necessità di autolegittimazione agli occhi della *umma* spiega dunque la pervasività della propaganda di *al-Qāʿida* e dello «Stato islamico», che ha assunto dimensioni notevolissime e per così dire 'virali'. L'IS, oltre a padroneggiare perfettamente le tecnologie in-

1. L. Capezzone, *Medioevo arabo. Una storia dell'islam medievale*, Milano, Mondadori, 2016, p. VII.

formatiche, possiede perfino un periodico di informazione *on-line*, *Dābiq* (il nome è quello di una località della Siria settentrionale menzionata in un *ḥadīṯ* della raccolta di Muslim ibn al-Ḥaǧǧāǧ come il luogo nel quale dovrebbe avvenire lo scontro finale tra i musulmani e i Rūm, che si concluderà con la vittoria dei primi e il trionfo definitivo dell'Islām sulla terra). E tuttavia, l'effettiva influenza del messaggio 'ǧihādista' risulta, almeno dal punto di vista dei numeri, assai limitata. Peraltro, è stato notato che essa sembra riscontrare il maggior successo soprattutto negli strati sociali medio-alti, fra persone istruite, cresciute in ambienti risparmiati dalla miseria. Nelle fila dei fondamentalisti non mancano ovviamente gli squilibrati, ed è altamente probabile che molti individui entrino a far parte di gruppi radicali perché psicologicamente fragili o altamente manipolabili, ma tutti i ricercatori che hanno tentato di tratteggiare la figura dell''estremista tipo' (non solo islamico) insistono, ad esempio, sul fatto che, con l'importante eccezione del caso francese, la maggioranza degli autori di attentati possiede diplomi superiori e proviene da classi sociali agiate. La propaganda dell'IS, dunque, non penetra nelle folle musulmane e questo è certamente uno dei motivi alla base delle sue mediocri *performances* militari: in effetti, le sue azioni più eclatanti (a voler prendere per buone le rivendicazioni in tal senso) sono state gli attentati suicidi portati a termine in Europa contro obiettivi esclusivamente civili e gli attacchi al patrimonio culturale dell'umanità, come nei casi di Palmyra, Hatra e Nimrud, che non hanno certo richiesto particolari doti organizzative né una partecipazione di massa. Questa medesima propaganda ha però un enorme effetto in Occidente, dove trova una rispondenza tanto singolare quanto inquietante con gli stereotipi qui coltivati sull'Islām dall'epoca medievale fino ad oggi. L'immagine dell'IS è infatti straordinariamente vicina a tutto ciò che la 'razionalità occidentale' disprezza maggiormente. Per usare le parole di un celebre saggio di Edward W. Said dedicato al modo di rappresentare l'Islām da parte dei *media*, esso «sembra fagocitare i variegati aspetti del mondo musulmano, tutti riconducibili a una speciale entità malvagia, priva di ragione. Di conseguenza, tende a prevalere la più cruda forma di scontro fra le parti, un antagonismo tra noi e loro, a discapito di analisi e comprensione».[2] Anche nella visione dei commentatori più 'progressisti',

2. E.W. Said, Covering Islam. *Come i media e gli esperti determinano la nostra visione del resto del mondo* (1997²), tr. it. di M. Gatto, Massa, Transeuropa, 2012 (Collana differenze, s.n.), p. 7.

l'Islām, indipendentemente dalla realtà del suo sviluppo storico, tende così a divenire la perfetta antitesi dei valori considerati – spesso a torto[3] – come distintivi e specifici dell'Occidente: democrazia liberale, tolleranza, diritti umani, laicità, libertà. Insomma, la creazione di un nuovo califfato, con tutto il suo evocativo immaginario storico, archeologico e 'spettacolare' (con annesse decapitazioni ed efferatezze di ogni tipo, diffuse in altissima definizione), sembra dunque pensata più per terrorizzare gli occidentali che per parlare ai musulmani. Al di là delle domande, per ora senza risposta, sull'identità dei suoi ideatori, questa costruzione simbolica del nemico assoluto appare comunque estremamente funzionale al riassetto del Medioriente, considerato prioritario nelle strategie del blocco NATO, ed è potenzialmente utile anche nel caso di eventuali svolte autoritarie dovute all'aggravarsi delle crisi economiche e istituzionali attualmente in atto in Occidente. Essa, infatti, ponendo l'opinione pubblica di fronte all'alternativa tra il terrore dell'IS e uno stato di emergenza perenne, che può trasformarsi in qualsiasi momento in un vero e proprio stato di guerra, risolve alla radice uno dei problemi-chiave con cui le *élites* politiche europee e statunitensi devono necessariamente confrontarsi per poter mettere in atto i propri disegni: quello del consenso.[4]

3. Sulla tendenza a ritenere l'Occidente come unico depositario di valori in realtà diffusi, sia pure in forme diverse, anche in molte altre società, fondamentale J. Goody, *Il furto della storia* (2006), tr. it. di A. Bottini, Milano, Feltrinelli, 2008 (Campi del sapere, s.n.).

4. Per il problema della connotazione sociale dei fondamentalisti islamici, vd. ad es. G. Bronner, *Il pensiero estremo. Come si diventa fanatici* (2009), tr. it. di N. Cavazza, Bologna, il Mulino, 2012 (Saggi, 772). Sulle origini medievali dell'immagine negativa dell'Islām in Occidente, vd. soprattutto J.V. Tolan, *Saracens. Islam in the Medieval European Imagination*, New York, Columbia University Press, 2002. Scenari inquietanti sui rapporti fra Occidente e terorismo islamico apre il tanto controverso quanto interessante saggio di D. Estulin, *ISIS S.P.A.* (2015), tr. it. di A. Mazza, Milano, Sperling & Kupfer, 2016 (Saggi, s.n.).

Liste dei califfi

Califfi «ben guidati»

1. Abū Bakr, detto al-Ṣiddīq, «Il grandemente veritiero», 632-634
2. ʿUmar ibn al-Ḫaṭṭāb, detto al-Fārūq «Colui che sa distinguere», 634-644
3. ʿUtmān ibn ʿAffān, detto Dū l-Nūrayn «Quello delle due luci», 644-656
4. ʿAlī ibn Abī Ṭālib, detto al-Murtaḍā «Colui che è approvato», 656-661

Califfi umayyadi

Ramo sufyānide

1. Muʿāwiya ibn Abī Sufyān, 661-680
2. Yazīd I ibn Muʿāwiya, 680-683
3. Muʿāwiya II ibn Yazīd, 683-683

Ramo marwānide

1. Marwān I ibn al-Ḥakam, 684-685
2. ʿAbd al-Malik ibn Marwān, 685-705
3. al-Walīd I ibn ʿAbd al-Malik, 705-715
4. Sulaymān ibn ʿAbd al-Malik, 715-717
5. ʿUmar ibn ʿAbd al-ʿAzīz, 717-720
6. Yazīd II ibn ʿAbd al-Malik, 720-724
7. Hišām ibn ʿAbd al-Malik, 724-743
8. al-Walīd II ibn Yazīd II, 743-744
9. Yazīd III ibn al-Walīd, 744
10. Ibrāhīm ibn al-Walīd, 744
11. Marwān II, 744-750

Califfi ʿabbāsidi

1. Abū ʾl-ʿAbbās al-Saffāḥ, 750-754
2. al-Manṣūr, 754-775
3. al-Mahdī, 775-785
4. al-Hādī ilà al-Ḥaqq, 785-786

5. Hārūn al-Rašīd, 786-809
6. al-Amīn, 809-813
7. al-Maʾmūn, 813-833
8. al-Muʿtaṣim bi-'llāh, 833-842
9. al-Wātiq bi-'llāh, 842-847
10. al-Mutawakkil ʿalà-'llāh, 847-861
11. al-Muntaṣir bi-'llāh, 861-862
12. al-Mustaʿīn bi-'llāh, 862-866
13. al-Muʿtazz bi-'llāh, 866-869
14. al-Muhtadī bi-'llāh, 869-870
15. al-Muʿtamid ʿalà-'llāh, 870-892
16. al-Muʿtadid bi-'llāh, 892-902
17. al-Muktafī bi-'llāh, 902-908
18. al-Muqtadir bi-'llāh, 908-932
19. al-Qāhir bi-'llāh, 932-934
20. al-Rāḍī bi-'llāh, 934-940
21. al-Muttaqī-'llāh, 940-944
22. al-Mustakfī bi-'llāh, 944-946
23. al-Muṭīʿ-'llāh, 946-974
24. al-Ṭāʾīʿ bi-'llāh, 974-991
25. al-Qādir bi-'llāh, 991-1031
26. al-Qāʾim bi-amr Allāh, 1031-1075
27. al-Muqtadī bi amr Allāh, 1075-1094
28. al-Mustaẓhir bi-'llāh, 1094-1118
29. al-Mustaršid bi-'llāh, 1118-1135
30. al-Rāšid bi-'llāh, 1135-1136
31. al-Muqtafī li-amr Allāh, 1136-1160
32. al-Mustanǧid bi-'llāh, 1160-1170
33. al-Mustaḍīʾ bi-amr Allāh, 1170-1180
34. al-Nāṣir li-dīn Allāh, 1180-1225
35. al-Ẓāhir bi amr Allāh, 1225-1226
36. al-Mustanṣir bi-'llāh, 1226-1242
37. al-Mustaʿṣim, 1242-1258

Califfi ʿabbāsidi del Cairo

1. al-Mustanṣir bi-'llāh, 1261
2. al-Ḥākim I, 1262-1302
3. al-Mustakfī bi-'llāh I, 1302-1340
4. al-Wātiq bi-'llāh I, 1340-1341
5. al-Ḥākim II, 1341-1352
6. al-Muʿtadid bi-'llāh I, 1352-1362

7. al-Mutawakkil ʿalà-'llāh I, 1362-1377
8. al-Wāthiq bi-'llāh II, 1383-1386
9. al-Muʿtaṣim bi-'llāh, 1377
10. al-Mutawakkil alà-'llāh I, 1377-1383 (secondo califfato)
11. al-Muʿtaṣim bi-'llāh, 1386-1389 (secondo califfato)
12. al-Mutawakkil I, 1389-1406 (terzo califfato)
13. al-Mustaʿīn bi-'llāh, 1406-1414
14. al-Muʿtadid bi-'llāh II, 1414-1441
15. al-Mustakfī bi-'llāh II, 1441-1451
16. al-Qāʾim bi-amr Allāh, 1451-1455
17. al-Mustanğid bi-'llāh, 1455-1479
18. al-Mutawakkil ʿalà-'llāh II, 1479-1497
19. al-Mustamsik bi-'llāh, 1497-1508 e dal 1516 al 1517 come plenipotenziario del padre
20. al-Mutawakkil ʿalà-'llāh III, 1508-1517

Califfi umayyadi di Cordova

1. ʿAbd al-Raḥmān III ibn Muḥammad al-Nāṣir li-dīn Allāh, 929-961
2. al-Ḥakam II ibn ʿAbd al-Raḥmān III al-Mustanṣir bi-'llāh, 961-976
3. Hišām II ibn al-Ḥakam II al-Mu'ayyad bi-'llāh, 976-1009
4. Muḥammad II ibn Hišām II al-Mahdī bi-'llāh, 1009-1010
5. Hišām II, 1010 (secondo califfato)
6. Sulaymān al-Mustaʿīn bi-'llāh, 1010
7. Hišām II, 1010-1013 (terzo califfato)
8. Sulaymān al-Mustaʿīn, 1013-1016 (secondo califfato)
9. ʿAlī ibn Ḥammūd al-Nāṣir, 1016-1018
10. ʿAbd al-Raḥmān IV ibn Muḥammad al-Murtaḍà, 1018
11. al-Qāsim al-Maʾmūn, 1018-1021
12. Yaḥyà ibn ʿAlī al-Muʿtalī, 1021
13. al-Qāsim al-Maʾmūn, 1021-1023 (secondo califfato)
14. ʿAbd al-Raḥmān V ibn Hišām al-Mustaẓhir bi-'llāh, 1023-1024
15. Muḥammad III ibn ʿAbd al-Raḥmān al-Mustakfī, 1024-1025
16. Yaḥyà ibn ʿAlī, 1025-1026 (secondo califfato)
17. Hišām III ibn Muḥammad al-Muʿttad bi-'llāh, 1027-1031

Califfi fāṭimidi

1. ʿAbd Allāh al-Mahdī bi-'llāh, 909-934
2. Muḥammad al-Qāʾim bi-amr Allāh, 934-946
3. Ismāʿīl al-Manṣūr bi-naṣr Allāh, 946-953
4. al-Muʿizz li-dīn Allāh, 953-975
5. Abū Manṣūr Nizār al-ʿAzīz bi-'llāh, 975-996

6. al-Ḥākim bi-amr Allāh, 996-1021
7. ʿAlī al-Ẓāhir, 1021-1036
8. al-Mustanṣir bi-'llāh, 1036-1094
9. al-Mustaʿlī bi-'llāh, 1094-1101
10. al-Āmir bi-aḥkām Allāh, 1101-1130
11. al-Ḥāfiẓ li-dīn Allāh, 1130-1149
12. al-Ẓāfir bi-dīn Allāh, 1149-1154
13. al-Fāʾiz bi-naṣr Allāh, 1154-1160
14. al-ʿĀḍid li-dīn Allāh, 1160-1171

Califfi almohadi

1. ʿAbd al-Muʾmin, 1145-1163
2. Abū Yaʿqūb Yūsuf, 1163-1184
3. Abū Yūsuf Yaʿqūb al-Manṣūr, 1184-1199
4. Muḥammad al-Nāṣir, 1199-1213
5. Yūsuf al-Mustanṣir, 1213-1223
6. ʿAbd al-Wāḥid I 1223
7. Abū Muḥammad ʿAbd Allāh al-ʿĀdil, 1223-1227
8. Abū al-ʿAlāʾ Idrīs al-Maʾmūn, 1227-1233
9. Yahyā al-Muʿtaṣim, 1227-1229
10. Abū Muḥammad ʿAbd al-Wāḥid al-Rašīd, 1233-1242
11. Abū al-Ḥasan al-Saʿīd al-Muʿtadid, 1242-1248
12. Abū Ḥafṣ ʿUmar al-Murtaḍà, 1248-1266
13. Abu 'l-ʿAlāʾ al-Watiq bi-'llāh Idrīs, 1266-1269

Glossario*

Aḏān: richiamo alla preghiera.

Amān: assicurazione di incolumità.

Amīr al-umarā': emiro degli emiri.

Amīr al-mu'minīn: emiro dei credenti, califfo.

Amr: autorità.

Amṣār (singolare *miṣr*): campi militari islamici stabiliti nei paesi in via di conquista e in quelli conquistati.

Anṣār: ausiliari.

Arkān: pilastri.

'Aṭā': stipendi o pensioni.

Ayāt: segni, miracoli, versetti coranici.

Bay'a: giuramento di fedeltà.

Bayt: casa, residenza

Bid'a: innovazione religiosa.

Dā'ī: missionario

Dār: casa.

Dār al-ḥarb: letteralmente, «la Casa della Guerra», i territori controllati dai nemici della comunità islamica.

Dār al-imāra: residenza ufficiale del califfo.

Dār al-Islām: letteralmente, «la Casa dell'Islām», i teritori sotto il diretto controllo della comunità islamica.

Dār al-ṣulḥ: letteralmente, «la Casa del Patto», i territori i cui governanti hanno stabilito un patto con i musulmani.

* Per comodità del lettore, i termini arabi che compaiono più spesso nel testo sono riportati nel presente glossario.

Daʿwa: propaganda clandestina.

Dawla: letteralmente, «ritorno alle origini», rivolgimento, dinastia, stato.

al-Dawla al-Islāmiyya: Stato Islamico.

D̲immī: sudditi non musulmani, protetti dalla comunità islamica dietro pagamento di una tassa (vd. *Ǧizya)*.

Dinār: moneta d'oro.

Dirham: moneta d'argento.

Dīwān: registro, ma anche amnministrazione.

D̲ū 'l-ḥiǧǧa: il dodicesimo mese dell'anno islamico.

Fay': proprietà comune.

Fiṭna: letteralmente, «prova, tribolazione», ma anche scandalo, corruzione, dissenso, litigio e guerra civile.

Ġayba: occultamento.

Ǧihād: letteralmente, «sforzo», lotta interiore, ma anche guerra santa.

Ǧinn: genio, entità soprannaturale.

Ǧizya: il testatico o tributo personale gravante sui sudditi non musulmani.

Ġuluww: eccesso di zelo

Ǧund: armata, esercito.

Ḥadīt̲: tradizione concernente i detti e fatti del Profeta.

Ḥakam: arbitro.

Ḫalīfa: califfo.

Ḫarāǧ: tassa fondiaria.

Ḥarām: sacro, inviolabile, vietato.

Ḫaṭīb: oratore.

Hiǧra: migrazione.

Ḥikma: saggezza.

Ḥukm: governo, giudizio, arbitrato.

Ḫuṭba: sermone religioso che è anche un discorso a tutti gli effetti politico.

Iǧma: consenso.

Imām: letteralmente, «guida», ma anche la guida della comunità sciita.

Iqṭāʿ: concessione di terre.

Isnād: catena di testimonianze.

Isrāʾ: il viaggio notturno del Profeta.

Kāhin: sacerdote, veggente.

Kātib (plurale *Kuttāb*): segretario.

Kunya: tecnonimico, soprannome onorifico derivato dal nome di un figlio, per lo più il primogenito.

Laqab: titolo onorifico, soprannome.

Madrasa: scuola.

Mağlis: assemblea.

Mahdī: letteralmente, «ben guidato», il messia atteso nella tradizione islamica.

Malik: re.

Mawlà: cliente.

Milla: comunità religiosa.

Minbar: pulpito.

Mi'rāğ: l'ascesa al Cielo del Profeta.

Muhağirūn: emigrati.

Mulk: regno.

Naṣṣ: designazione.

Musḥaf: volume.

Qāḍī: giudice.

Qarāba: intimità (con Muḥammad).

Qaṣr: palazzo.

Rabb: signore, sovrano, ma anche Dio.

Ra'īs: capo.

Ramaḍān: il nono mese dell'anno islamico, nel quale si pratica il digiuno rituale.

Ra'y: opinione personale.

Ridda: rivolta.

Sābiqa: anzianità di fede.

Salaf: (pii) antenati.

Saqīfa: corte coperta.

Šarī'a: legge prescritta da Dio.

Šarīf (plurale *ašrāf*): letteralmente, «nobile»; titolo attribuito al governatore di Mecca dal X secolo fino al 1925.

Šī'a: fazione.

Sulṭān: potere, autorità, ma anche sultano.

Sunna: tradizione, l'insegnamento di Muḥammad e l'imitazione delle sue azioni.
Šūrà: assemblea.
'Ulamā' (singolare *'ālim*): giurisperiti islamici.
Umma: comunità, nazione.
Umm: madre.
Wālī: ministro, ma anche santo, governatore o erede designato al califfato.
Waqf: donazione perpetua.
Wazīr, consigliere principale del califfo e capo del servizio civile.
Wilāya: provincia.

Bibliografia

A.A.V.V., s.v. «Khalīfa», in *The Encyclopaedia of Islam²*, IV (1997), pp. 937-953

The Advent of the Fatimids. A Contemporary Shi'i Witness, ed. by W. Madelung and P.E. Walker, London & New York, I.B. Tauris, 2000 (Ismaili Texts and Translations Series, 1)

M.Y. Abu-Munshar, *Islamic Jerusalem and its Christians. A History of Tolerance and Tensions*, London & New York, I.B. Tauris, 2007

A. Afsaruddin, *The First Muslims. History and Memory*, Oxford, Oneworld, 2008

A. Afsaruddin, *Striving on the Path of God.* Jihād *and Martyrdom in Islamic Thought*, Oxford, Oxford University Press, 2013

C. Aillet, *Les Mozarabes: Christianisme, islamisation et arabisation en péninsule Ibérique (IXᵉ-XIIᵉ siècle)*, Madrid, Casa de Velázquez, 2010

Al-Qaida dans le texte, éd. par G. Kepel et J.-P. Milelli, Paris, Presses Universitaires de France, 2005

T. Allen, *The Tombs of the 'Abbāsid Caliphs in Baghdād*, in «Bulletin of the School of Oriental and African Studies» 46 (1983), pp. 421-431

M. Almagro, L. Caballero, J. Zozaya, A. Almagro, *Quṣayr 'Amra. Residencia y baños Omeyas en el desierto de Jordania*, Granada, Fundación El Legado Andalusí, 2003[2]

M. Amari, *Storia dei musulmani di Sicilia*, II, Catania, R. Prampolini, 1935[2]

A.F. Ambrosio, *L'Islam in Turchia*, Roma, Carocci, 2015 (Quality Paperbacks, 443)

M.A. Amir-Moezzi, *Le Coran silencieux et le Coran parlant*, Paris, CNRS Éditions, 2011

M.A. Amir-Moezzi, Ch. Jambet, *Qu'est-ce que le shî'isme?*, Paris, Librairie A. Fayard, 2004

A. Arioli, *Le città mirabili. Labirinto arabo medievale*, Bologna, Mimesis, 2003 (Sīmorγ, s.n.)

T.W. Arnold, *The Caliphate*, Oxford, Clarendon Press, 1924

G. Avni, *The Byzantine-Islamic Transition in Palestine*, Oxford, Oxford University Press, 2014 (Oxford Sudies in Byzantium, s.n.)

H. Aydin, *The Sacred Trusts: Pavilion of the Sacred Relics, Topkapı Palace Museum, Istanbul*, Clifton, NJ, Tughra Books, 2014

A. al-Aziz Duri, *Early Islamic Institutions. Administration and Taxation from the Caliphate to the Umayyads and ʿAbbāsids*, I.B. Tauris, London, 2011 (Contemporary Arab Scholarship in Social Sciences, 4)

A. al-Azmeh, *Muslim Kingship. Power and the Sacred in Muslim, Christian and Pagan Polities*, London-New York, I.B. Tauris, 2001[2]

A. al-Azmeh, *The Arabs and Islam in Late Antiquity*, Berlin, Gerlach Press, 2014

A. Afsaruddin, *Excellence & Precedence. Islamic Discourse on Legitimate Leadership*, Leiden-Boston-Köln, Brill, 2002 (Islamic History and Civilization. Studies and Texts, 36)

K. Babayan, *Mystics, Monarchs, and Messiahs. Cultural Landscapes of Early Modern Iran*, Cambridge, MA-London, Harvard University Press, 2002 (Harvard Middle Eastern Monographs, XXXV)

Al-Balāḏūrī, *Kitāb futūḥ al-buldān*, a cura di M.J. de Goeje, I, Lugduni Batavorum, Brill, 1863

A. Bausani, *L'Islam*, Milano, Garzanti, 1980

A. Bausani, *Persia religiosa. Da Zaratustra a Bahā'u'llāh*, Milano, Il Saggiatore, 1959

Ch.I. Beckwith, *Empires of the Silk Road: A History of Central Eurasia from the Bronze Age to the Present*, Princeton, Princeton University Press, 2009

A. Beihammer, *Nachrichten zum byzantinischen Urkundenwesen in arabischen Quellen (565-811)*, Bonn, R. Habelt, 2000 (Poikila Byzantina, 17)

A.K. Bennison, *The Almoravid and Almohad Empires*, Edinburgh, Edinburgh University Press, 2016 (The Edinburgh History of the Islamic Empires, s.n.)

M. van Berchem, *Matériaux pour un Corpus Inscriptionum Arabicarum. 2. Syrie du Sud, Jérusalem*, Le Caire, Imprimerie de l'Institut français d'archéologie orientale, 1927

H. Berg, *The Development of Exegesis in Early Islam. The Authenticity of Muslim Literature from the Formative Period*, New York-London, Routledge, 2000 (Routledge Studies in the Qur'ān, s.n.)

M. van Berkel, N. El Cheikh, Hugh Kenned, L. Osti, *Crisis and Continuity at the Abbasid Court. Formal and Informal Politics in the Caliphate of al-Muqtadir (295-320/908-32)*, Boston-Köln, 2013 (Islamic History and Civilization, 102)

M. Bernardini, *Storia del mondo islamico (VII-XVI secolo)*, II. *Il mondo iranico e turco*, Torino, Einaudi, 2003 (Piccola Biblioteca Einaudi, 252)

M. Bernardin, D. Guida, *I Mongoli. Espansione, imperi, eredità*, Torino, Einaudi, 2015 (Piccola Biblioteca Einaudi, Mappe, 38)

T. Bernheimer, *The ʿAlids. The First Family of Islam, 750-1200*, Edinburgh, Edinburgh University Press, 2013

M. Bettetini, *Contro le immagini. Le radici dell'iconoclastia*, Roma-Bari, Laterza, 2006 (Universale Laterza, 869)

M. Bettetini, *Distruggere il passato. L'iconoclastia dall'Islam all'Isis*, Milano, R. Cortina Editore, 2016 (Minima, 136)

Kh.Y. Blankinship, *The End of the Jihād State. The Reign of Hišām Ibn ʿAbd al-Malik and the Collapse of the Umayyads*, Albany, NY, State University of New York Press, 1994 (SUNY Series in Medieval Middle East History, s.n.)

M. Bloch, *I re taumaturghi*, tr. it. di S. Lega, Torino, Einaudi, 2005 (ET-Saggi)

J.M. Bloom, *Paper before Print. The History and Impact of Paper in the Islamic World*, New Haven-London, Yale University Press, 2001

F. Boespflug, *Le Prophète de l'Islam en images. Un sujet tabou?*, Montrouge, Bayard, 2013

M. Bonner, *Jihad in Islamic History*, Princeton-Oxford, Princeton University Press, 2006

M. Bonner, *Some Observations concerning the Early Development of Jihad on the Arab-Byzantine Frontier*, in «Studia islamica», 75 (1992), pp. 5-31

C. Bori, *Ibn Taymiyya: una vita esemplare. Analisi delle fonti classiche della sua biografia*, Pisa-Roma, Istituti Editoriali e Poligrafici Internazionali, 2003 (Supplemento nr. 1 alla Rivista degli Studi Orientali, LXXVI)

A. Borrut, *Entre mémoire et pouvoir. L'espace syrien sous les derniers Omeyyades etles premiers Abbassides (v. 72-193/692-809)*, Leiden-Boston, Brill, 2011 (Islamic History and Civilization. Studies and Texts, 81)

S. Bowen Savant, *The New Muslims of Post-Conquest Iran. Tradition, Memory and Conversion*, Cambridge, Cambridge University Press, 2013 (Cambridge Studies in Islamic Civilization, s.n.)

G. Bowersock, *L'Ellenismo nel mondo tardoantico* (1990), tr. it. di P. Rosafio, Roma-Bari, Laterza, 1992 (Quadrante Laterza, 55)

P. Branca, *Il califfato fra storia e mito*, in *Il marketing del terrore*, a cura di M. Maggioni e P. Magri, Milano, Mondadori, 2016 (Piccola Biblioteca Oscar, 750), pp. 29-47

M. Brett, *The Rise of the Fatimids: the World of the Mediterranean and the Middle East in the Tenth Century CE*, Leiden-Boston, Brill, 2001 (The Medieval Mediterranean, 30)

M. Brett, E. Fentress, *The Berbers*, Malden, MA-Oxford, Blackwell, 1996 (The Peoples of Africa, s.n.)

A.F. Broadbridge, *Kingship and Ideology in the Islamic and Mongol Worlds*, Cambridge, Cambridge University Press, 2008 (Cambridge Studies in Islamic Civilization, s.n.)

G. Bronner, *Il pensiero estremo. Come si diventa fanatici* (2009), tr. it. di N. Cavazza, Bologna, il Mulino, 2012 (Saggi, 772)

R. Burns, *Damascus. A History*, London-New York, Routledge, 2005

C. Cahen, *Mouvements populaires et autonomisme urbain dans l'Asie musulmane du Moyen Âge*, I-III, in «Arabica», 5 (1958), pp. 225-250, e 6 (1959), pp. 25-56 e 233-265

C. Cahen, *La Turquie Pré-Ottomane*, Istanbul-Paris, IFEA, 1988
Il califfo Muʿāwiya I secondo il Kitāb ansāb al-ašrāf *(Le genealogie dei nobili) di Aḥmad Ibn Yaḥyā Balāḏurī*, a cura di O. Pinto e G. Levi Della Vida, Roma, Libreria di Scienze e Lettere, 1938
The Caliphate and Islamic Statehood: Formation, Fragmentation and Modern Interpretations, ed. by C. Kersten, I-III, Berlin, Gerlach Press, 2015
J. Calmard, *Shiʿi Rituals and Power,* II. *The Consolidation of Safavid Shiʿism: Folklore and Popular Religion*, in *Safavid Persia. The History and Politics of an Islamic Society*, ed. by Ch. Melville, London, I.B. Tauris, 2009 (Pembroke Persian Papers, 4), pp. 139-190
A. Cameron, *Cyprus at the Time of the Arab Conquests*, in «Cyprus Historical Review» 1 (1992), pp. 27-49 (poi in Id. *Changing Cultures in Early Byzantium*, Aldershot-Brookfield, VE, Ashgate, 1996 [Variorum Collected Studies, 536], nr. VI)
M. Campanini, *Islam e politica*, Bologna, il Mulino, 2015[3]
M. Canard, *Deux episodes des relations diplomatiques arabo-byzantines au Xe siècle*, in «Bulletin d'études orientales» XIII (1949-1950), pp. 51-69 (poi in Id., *Byzance et les musulmans du Proche Orient*, London 1973 [CS, 18], nr. XII)
L. Capezzone, *Medioevo arabo. Una storia dell'islam medievale*, Milano, Mondadori, 2016
L. Capezzone, *La trasmissione del sapere nell'Islam medievale*, Roma, Jouvence, 1998
F. Cardini, *Il Califfato e l'Europa. Dalle crociate all'I.S.I.S.: mille anni di paci e guerre, scambi, alleanze e massacri*, Torino, UTET, 2015
F. Cardini, *Europa e Islam. Storia di un malinteso*, Roma-Bari, Laterza, 2007[2] (EL, 432)
F. Cardini, *L'invenzione del nemico*, Palermo, Sellerio Editore, 2006 (Nuovo Prisma, 67)
F. Cardini, *L'ipocrisia dell'Occidente. Il califfo il terrore e la storia*, Roma-Bari, Laterza, 2015 (I Robinson/Letture, s.n.)
F. Cardini, *"L'Islam è una minaccia". Falso!*, Roma-Bari, Laterza, 2016 (Idòla, s.n.)
F. Cardini, M. Montesano, *Terrore e idiozia. Tutti i nostri errori nella lotta contro l'islamismo*, Milano, Mondadori, 2015
C.G. Cereti, *La letteratura pahlavi. Introduzione ai testi con riferimenti alla storia degli studi e alla tradizione manoscritta*, Milano, Mimesis, 2001 (Sīmorγ, s.n.)
J. Chabbi, s.v. «Ribāṭ», in *The Encyclopaedia of Islam*[2], VIII (1995), pp. 510-523
J. Chabbi, *Le Seigneur des tribus. L'Islam de Mahomet*, Paris, Noêsis, 1997
A. Cheddadi, *Les Arabes et l'appropriation de l'histoire*, Paris, Sindbad, 2004
N.M. El Cheikh, *The Institutionalisation of ʿAbbāsid Ceremonial*, in *Diverging Paths? The Shapes of Power and Institutions in Medieval Christendom and Islam*, ed. by J. Hudson and A. Rodriguez, Leiden-Boston, Brill, 2014 (The Medieval Mediterranean. Peoples, Economies and Cultures, 400-1500, 101), pp. 351-370
W.C. Chittick, *Il sufismo* (2000), a cura di F.A. Leccese, Torino, Einaudi, 2009 (Piccola Biblioteca Einaudi, Mappe. Scienze religiose e antropologiche, 10)

A. Cilardo, *The Early History of Ismaili Jurisprudence: Law under the Fatimids*, London-New York, I.B. Tauris, 2012 (Ismaili Texts and Translations Series, 18)

N. Clarke, *The Muslim Conquest of Iberia. Medieval Arabic Narratives*, London-New York, 2012 (Culture and Civilizations in the Middle East, 30)

F. Clément, *Pouvoir et légitimité en Espagne musulmane à l'époque des Taifas*, Paris, L'Harmattan, 1997

E.H. Cline, *Gerusalemme assediata. Dall'antica Canaan allo Stato d'Israele* (2014), tr. it. di S. Suigo, Torino, Bollati Boringhieri, 2017 (Saggi Storia, s.n.)

P.M. Cobb, *White Banners. Contention in ʿabbāsid Syria, 750-880*, Albany, NY, State University of New York Press, 2001 (SUNY, s.n.)

R. Collins, *The Arab Conquest of Spain. 710-797*, Oxford-Malden, MA, Blackwell, 1989

Constantine Porphyrogenitus, *De administrando imperio*, a cura di G. Moravcsik and R.J.H. Jenkins, Washington, DC, Dumbarton Oaks Center, 1967 (Corpus Fontium Historiae Byzantinae, I)

D. Cook, *Studies in Muslim Apocalyptic*, Princeton, NJ, Darwin Press, 2002 (Studies in Late Antiquity and early Islam, 21)

D. Cook, *Understanding Jihad*, Oakland, CA, University of California Press, 2015[2]

M. Cook, *Commanding Right and Forbidding Wrong in Islamic Thought*, Cambridge, Cambridge University Press, 2000

M. Cook, *Il Corano* (2000), a cura di R. Tottoli, tr. it. di A. Martini, Torino, Einaudi, 2001

P. Crone, *Arabs, Persians and the Advent of Abbasids Reconsidered*, in «Journal of the American Oriental Society», 117 (1993), pp. 542-548

P. Crone, *How did the Quranic Pagans make a Living?*, in «Bulletin of the School of Oriental and African Studies», 63 (2005), pp. 387-399

P. Crone, *Meccan Trade and the Rise of Islam*, Princeton, Princeton University Press, 1987

P. Crone, *Medieval Islamic Political Thought*, Edinburgh, Edinburgh University Press, 2004 (The New Edinburgh Islamic Surveys, s.n.)

P. Crone, *The Nativist Prophets of Early Islamic Iran. Rural Revolt and Local Zoroastrianism*, Cambridge, Cambridge University Press, 2012

P. Crone, *Slaves on Horses. The Evolution of the Islamic Polity*, Cambridge, Cambridge University Press, 1980

P. Crone, *Šūrā as an Elective Institution*, in «Quaderni di Studi Arabi», 19 (2001), pp. 3-39

P. Crone, M. Cook, *Hagarism. The Making of the Islamic World*, Oxford, Oxford University Press, 1977

P. Crone, M. Hinds, *God's Caliph. Religious Authority in the first Century of Islam*, Cambridge, Cambridge University Press, 1986 (University of Cambridge Oriental Publications, 37)

P. Cuneo, *Storia dell'urbanistica. Il mondo islamico*, Roma-Bari, Laterza, 1986

A. Cutler, *Constantinople and Cordoba: Cultural Exchange and Cultural Difference in the Ninth and Tenth Centuries*, in *La religión en el mundo griego de la Anti-*

güedad a la Grecia moderna, ed. M. Morfakidis, M. Alganza Roldán, Granada 1997, pp. 417-436

F. Daftary, *The Ismāʿīlīs: their History and Doctrines*, Cambridge, Cambridge University Press, 2007[2]
G. Dagron, *Empereur et prêtre. Étude sur le 'césaropapisme' byzantin*, Paris, Gallimard, 1988 (Bibliothèque des histoires, s.n.)
C. D'Ancona, *La Casa della Sapienza*, Milano, Guerini & Associati, 1996
J. Darmesteter, *La lettre de Tansar au roi de Tabaristan*, in «Journal Asiatique», s. IX, III (1894), pp. 185-250 (introduzione e testo persiano) e 502-555 (trad. francese e note)
T. Daryaee, *Sasanian Persia. The Rise and Fall of an Empire*, London, I.B. Tauris, 2009 (International Library of Iranian Studies, 8)
B. De Poli, *Il califfato di al-Baghdādī. L'ideologia dello «Stato Islamico»*, in *L'ultimo califfato. L'organizzazione dello Stato Islamico in Medio Oriente*, a cura di M. Trentin, Bologna, il Mulino, 2017 (Saggi, 849), pp. 97-124
F. Déroche, *La transmission écrite du Coran dans les débuts de l'Islam: Le codex Parisino-petropolitanus*, Leiden, Brill, 2009 (Texts and Studies on the Qur'ān, 5)
M. Di Branco, *Alessandro Magno. Eroe arabo del Medioevo*, Roma, Salerno Editrice, 2009 (Piccolo saggi, 49)
M. Di Branco, *Breve storia di Bisanzio*, Roma, Carocci, 2016 (Quality Paperbacks, s.n.)
M. Di Branco, *Storie arabe di Greci e di Romani*, Pisa, Pisa University Press, 2009 (Le vie del sapere. Studi, 1)
L. Di Fiore, *L'Islam e l'impero*, Roma, Viella, 2015 (I libri di Viella, 196)
H. Djaït, *Al-Kūfa. Naissance de la ville islamique*, Paris, Maisonneuve & Larose, 1986 (Islam d'hier et d'aujourd'hui, 29)
H. Djaït, *La Grande Discorde*, Paris, Éditions Gallimard, 1989
F.M. Donner, *The Early Islamic Conquests*, Princeton, NJ, Princeton University Press, 1981
F.M. Donner, *Maometto e le origini dell'Islam* (2010), a cura di R. Tottoli, tr. it. di P. Arlorio, Torino, Einaudi, 2011 (PBE, Mappe, 31)
F.M. Donner, *Narratives of Islamic Origins: The Beginnings of Islamic Historical Writing*, Princeton, Darwin Press 1998 (Studies in Late Antiquity and Early Islam, 14)
F.M. Donner, *The Sources of Islamic Conceptions of War*, in *Just War and Jihad: Historical and Theoretical Perspectives on War and Peace in Western and Islamic Traditions*, ed. by J. Kelsay and J. Turner Johnson, Westport, Greenwood Press, 1991, pp. 31-70
F.M. Donner, *Umayyad Efforts at Legitimation: the Umayyads' Silent Heritage*, in *Umayyad Legacies. Medieval Memories from Syria to Spain*, ed. by A. Borrut and P.M. Cobb, Leiden-Boston, Brill, 2010 (Islamic History and Civilization. Studies and Texts, 80), pp. 187-211

A. Ducellier, *Cristiani d'Oriente e Islam nel Medioevo* (1996), tr. it. di S. Vacca, Torino, Einaudi 2001 (Biblioteca di cultura storica, s.n.)

U. Eco, *A passo di gambero. Guerre calde e populismo mediatico*, Milano, Bompiani, 2006

A. Elad, *The Ethnic Composition of the 'Abbāsid Revolution*, in «Jerusalem Studies in Arabic and Islam», 24 (2000), pp. 246-326

A. Elad, *Medieval Jerusalem and Islamic Worship. Holy Places, Ceremonies, Pilgrimage*, Leiden-New York-Köln, Brill, 1995 (Islamic History and Civilization. Studies and Texts, 8)

A. Elad, *The Rebellion of Muḥammad al-Nafs al-Zakiyya in 145/762.* Ṭālibīs *and Early 'Abbāsīs in Conflict*, Leiden-Boston, Brill, 2015 (Islamic History and Civilization, 118)

J.J. Elias, *Aisha's Cushion. Religious Art, Perception, and Practice in Islam*, Cambridge, MA-London, Harvard University Press, 2012

G. Endress, *Athen - Alexandria - Bagdad - Samarkand. Übersetzung, Überlieferung und Integration der griechischen Philosophie im Islam*, in *Von Athen nach Bagdad. Zur Rezeption griechischer Philosophie von der Spätantike bis zum Islam*, hrsg. von P. Bruns, Bonn 2003, pp. 42-62

G. Endress, *Introduzione alla storia del mondo musulmano* (1982), tr. it. di G. Vercellin, Venezia, Marsilio, 1994 (Supertascabili, s.n.)

H.M. Enzensberger, *Il Perdente radicale* (2006), tr. it. di E. Picco, Torino, Einaudi, 2007

El esplendor de los Omeyas cordobeses. La civilización musulmana de Europa Occidental, ed. M.J. Viguera Molins, C. Castillo, Granada, Fondación El Legado Andalusí, 2001

J. van Ess, *'Abd al-Malik and the Dome of the Rock: An Analysis of Some Texts*, in *Bayt Al-Maqdis: 'Abd al-Malik's Jerusalem*, I., ed. by J. Raby and J. Johns, Oxford, Oxford University Press, 1992, pp. 89-104

J. van Ess, *Les Qadarites et la Ġailānīya de Yazīd III*, in «Studia Islamica», 31 (1970), pp. 269-286

D. Estulin, *ISIS S.P.A.* (2015), tr. it. di A. Mazza, Milano, Sperling & Kupfer, 2016 (Saggi, s.n.)

B. Étienne, *L'Islamismo radicale* (1987), tr. it. di A. Pasquale, Milano, Rizzoli, 2001²

D. Feissel, in *Bulletin épigraphique*, in «Revue des Études Grecques», C (1987) pp. 380-381 (poi in Id., *Chroniques d'épigraphie byzantine, 1987-2004*, Paris, Collège de France/CNRS, Centre de Recherche d'Histoire et Civilisation de Byzance, 2006 [Monographies, 20])

G. Fiaccadori, s.v. «John of Nikiou», in *Christian-Muslim Relations. A Biographical History*, I. *(600-900)*, ed. by D. Thomas and B. Roggema, Leiden-Boston, 2009, pp. 211-218

Z.T. Fiema, A. al-Jallad, M.C.A. Macdonald, L. Nehmé, Provincia Arabia: *Nabataea, the Emergence of Arabic as a Written Language, and Graeco-Arabica*, in *Arabs and Empires before Islam*, ed. by G. Fisher, Oxford, Oxford University Press, 2015, pp. 373-433

M. Fierro, *Al-Andalus: savoirs et échanges culturels*, Aix-en-Provence, Edisud, 2001

P. Filippani-Ronconi, *Regalità iranica e gnosi ismaelita*, Roma, Irradiazioni, 2014 (Edizione critica degli scritti editi e inediti di P. Filippani-Ronconi sull'Islam, II)

R. Firestone, *Jihad. The Origin of Holy War in Islam*, New York-Oxford, Oxford University Press, 1999

F.B. Flood, *The Great Mosque of Damascus. Studies on the Making of an Umayyad Visual Culture*, Leiden-Boston-Köln, Brill, 2001 (Islamic History and Civilization. Studies and Texts, 33)

B. Flusin, *Démons et Sarrasins*, in «Travaux & Mémoires», 11 (1991), pp. 381-409

C. Foss, *Syria in Transition, AD 550-750: An Archaeological Approach*, in «Dumbarton Oaks Papers», 51 (1997), pp. 189-269

The Founder of Cairo: the Fatimid Imam-Caliph al-Muʿizz and his Era, ed. by S. Jiwa, London-New York, I.B. Tauris, 2013 (Ismaili Texts and Translations Series, 21)

Founding the Fatimid State. The Rise of an Early Islamic Empire, ed. by H. Haji, London-New York, 2006 (Ismaili Texts and Translations Series, 6)

G. Fowden, *Quṣayr ʿAmra. Art and the Umayyad Elite in Late Antique Syria*, Berkeley-Los Angeles, University of California Press, 2004 (The Transformation of the Classical Heritage, XXXVI)

Y. Friedmann, *Tolerance and Coercion in Islam. Interfaith Relations in the Muslim Tradition*, Cambridge, Cambridge University Press, 2003

A.J. Fromherz, *The Almohads. The Rise of an Islamic Empire*, London-New York, I.B. Tauris, 2010 (Library of Middle East History, s.n.)

D. Fromkin, *A Peace to End All Peace. The Fall of the Ottoman Empire and the Creation of the Modern Middle East*, New York, NY, Avon Books, 1989

F. Gabrieli, *Maometto e le grandi conquiste arabe*, Roma, Newton Compton 1996

F. Gabrieli, *L'opera di Ibn al-Muqaffaʿ*, in «Rivista degli Studi Orientali», XIII (1932), pp. 197-247

M. García-Arenal, *Messianism and Puritanical Reform. Mahdīs of the Muslim West*, Leiden-Boston, Brill, 2006 (The Medieval and Early Modern Iberian World, 29)

D. Genequand, *Les établissements des élites omeyyades en Palmyrène at au Proche-Orient*, Beyrouth, Presses de l'Ifpo, 2012 (Bibliothèque archéologiques et historiques, 200)

A.I. Ghabban, *The Inscription of Zuhayr, the Oldest Islamic Inscription (24 AH/AD 644-645), the Rise of the Arabic Script and the Nature of Early Islamic State*, in «Arabian Archaeology and Epigraphy», 19 (2008), pp. 210-237

A. Giardina, *Esplosione di tardoantico*, in «Studi Storici», 4 (1999), pp. 157-180

C. Ginzburg, *Il filo e le tracce. Vero, falso, finto*, Milano, Feltrinelli 2006 (Campi del sapere, s.n.)

S.D. Goitein, *A Mediterranean Society: the Jewish Communities of the Arab World as Portrayed in the Documents of the Cairo Geniza*, I-VI, Berkeley, CA, University of California Press, 1967-1993

J. Goody, *L'ambivalenza della rappresentazione. Cultura, ideologia, religione* (1997), tr. it. di M. Gregorio, Milano, Feltrinelli, 2000 (Società, s.n.)

J. Goody, *Il furto della storia* (2006), tr. it. di A. Bottini, Milano, Feltrinelli, 2008 (Campi del sapere, s.n.)

M.S. Gordon, *The Breaking of a Thousand Swords: A History of the Turkish Military of Samarra (AH 200-275/815-889 CE)*, Albany, NY, State University of New York Press, 2001 (SUNY series in Middle Eastern History, s.n.)

O. Grabar, *Arte islamica. La formazione di una civiltà* (1973), tr. it. di M. Parizzi, Electa, Milano 1989 (Biblioteca Electa. Saggistica universale illustrata, 7)

O. Grabar, *The Dome of the Rock*, Cambridge, MA-London, The Belknap Press of Harvard University Press, 2006

O. Grabar, *The Shape of the Holy. Early Islamic Jerusalem*, Princeton, NJ, Princeton University Press, 1996

O. Grabar, R. Holod, J. Knustad, W. Trousdale, *City in the Desert. Qasr al-Hayr East*, I-II, Cambridge, MA, Harvard University Press, 1978 (Harvard Middle Eastern Monographs, XIII/XXIV)

O. Grabar, M. Natif, *The Story of Portraits of the Prophet Muhammad*, in «Studia Islamica», 96 (2003), pp. 19-37

M. Grignaschi, *Les "Rasā'il 'Arisṭāṭālīsa ilā 'l-Iskandar" de Sālim Abū 'l-ʿAlā' et l'activité culturelle à l'époque omayyade*, in «Bulletin d'Études Orientales de Damas», XIX, (1965-66), pp. 7-83

C. Grottanelli, *Kings and Prophets. Monarchic Power, Inspired Leadership, and Sacred Texts in Biblical Narrative*, Oxford, Oxford University Press, 1999

P. Guichard, *Al-Andalus, 711-1492: une histoire de l'Espagne musulmane*, Paris, Hachette, 2001

M. Guidère, *Le retour du califat*, Paris, Gallimard, 2016 (Le débat, s.n.)

M. Guidetti, *The Contiguity between Churches and Mosques in Early Islamic Bilād al-Shām*, in «Bulletin of the School of Oriental and African Studies», 76 (2013), pp. 229-258

M. Guidetti, *In the Shadow of the Church: The Building of Mosques in Early Medieval Syria*, Leiden-Boston, Brill, 2016 (Arts and Archaeology of the Islamic World, 8)

M. Guidetti, *Il* Kitāb waṣf al-firdaws *di ʿAbd al-Malik b. Ḥabīb e i mosaici d'epoca umayyade della Grande Moschea di Damasco*, in «Phoenix», I (2008), pp. 271-298

M. Guidetti, *The Long Tradition of the Cycle of Paintings of Qusayr ʿAmra*, in A mari usque ad marem. *Cultura visuale e materiale dall'Adriatico all'India. Scritti in memoria di G. Macchiarella*, a cura di M. Guidetti e S. Mondini, Venezia, Edizioni Ca' Foscari, 2016 (Eurasiatica. Quaderni di studi su Balcani, Anatolia, Iran, Caucaso e Asia Centrale, 4), pp. 185-200

N. Haider, *The Origins of the Shīʿa. Identity, Ritual, and Sacred Space in Eighth-Century Kūfa*, Cambridge, Cambridge University Press, 2011 (Cambridge Studies in Islamic Civilization, s.n.)

N. Haider, *Shīʿī Islam. An Introduction*, Cambridge, Cambridge University Press, 2014

A. Hakim, *'Umar b. al-Ḫaṭṭāb and the Title* Ḫalīfat Allāh, in «Jerusalem Studies in Arabic and Islam», 30 (2005), pp. 207-230

L. Halevi, *Muhammad's Grave. Death Rites and the Making of Islamic Society*, New York, Columbia University Press, 2007

W.B. Hallaq, *Caliphs, Jurists and the Saljūqs in the Political Thought of Juwaynī*, in *The Caliphate and Islamic Statehood: Formation, Fragmentation and Modern Interpretations*, ed. by C. Kersten, II, Berlin, Gerlach Press, 2015, pp. 210-225

H. Halm, Al-Andalus *und* Gothica Sors, in «Der Islam», 66 (1989), pp. 252-263

H. Halm, *The Empire of the Mahdī: the Rise of the Fatimids*, Leiden-Boston, Brill, 1996 (Handbuch der Orientalistik. 1. Abt., Der Nahe und Mittlere Osten, 26)

H. Halm, *Die Kalifen von Kairo. Die Fatimiden in Ägypten 973-1074*, München, C.H. Beck Verlag, 2003

R.W. Hamilton, *Khirbat al-Mafjar: An Arabian Mansion in the Jordan Valley*, Oxford, Clarendon Press, 1959

G.R. Hawting, *The First Dinasty of Islam. The Umayyad Caliphate AD 661-750*, London-New York, Routledge, 2000[2]

G.R. Hawting, *The Significance of the Slogan "lā ḥukm illā lillāh" and the References to the "Ḥudūd" in the Traditions about the Fiṭna and the Murder of 'Uthmān*, in «Bulletin of the School of Oriental and African Studies, University of London», 41 (1978), pp. 453-463

S. Heidemann, *Das Aleppiner Kalifat (AD 1261): Vom Ende des Kalifates in Baghdad über Aleppo zu den Restaurationen in Kairo*, Leiden-Boston, Brill, 1994 (Islamic History and Civilization, 6)

T. El-Hibri, *Reinterpreting Islamic Historiography. Hārūn al-Rašīd and the Narrative of the 'Abbāsid Caliphate*, Cambridge, Cambridge University Press (Cambridge Studies in islamic Civilization, s.n.)

T. El-Hibri, *Parable and Politics in Early Islamic History. The Rashidun Caliphs*, New York, Columbia University Press, 2010

D.R. Hill, *The Termination of Hostilities in the Early Arab Conquests. A.D. 634-656*, London, Luzac, 1971

C. Hillenbrand, *Islamic Orthodoxy or Realpolitik? Al-Ghazālī's Views on Government*, in *The Caliphate and Islamic Statehood: Formation, Fragmentation and Modern Interpretations*, ed. by C. Kersten, II, Berlin, Gerlach Press, 2015, pp. pp. 226-252

M. Hinds, *The Ṣiffīn Arbitration Agreement*, in Id., *Studies in Early Islamic History*, ed. by J. Bacharach, L.I. Conrad and P. Crone, Princeton, NJ, Darwin Press, 1996 (Studies in Late Antiquity and Early Islam, 4), pp. 56-96

Ph.K. Hitti, *History of the Arabs from the Earliest Times to the Present*, London, Macmillan, 1970[10]

Hodoeporicon Sancti Willibaldi, in *Itinera Hierosolymitana et descriptiones Terrae Sanctae*, a cura di T. Tobler, A. Molinier, Genevae, J.-G. Fick, 1879

R.G. Hoyland, *Arabia and the Arabs. From the Bronze Age to the Coming of Islam*, New York-London, Routledge, 2001

R.G. Hoyland, *In God's Path. The Arab Conquest and the Creation of an Islamic Empire*, Oxford, Oxford University Press, 2015

R.G. Hoyland, *New Documentary Texts and the Early Islamic State*, in «Bulletin of the School of Oriental and African Studies », 69 (2006), pp, 395-416

R. S. Humphreys, *Islamic History*, Princeton, Princeton University Press, 1991

R.S. Humphreys, *Mu'awiya ibn Abi Sufyan. From Arabia to Empire*, Oxford, Oneworld, 2006 (Makers of Islamic World, s.n.)

Ibn al-Ḫaṭīb, *Kitāb al a'māl al-a'lām*, ed. E. Lévi-Provençal, Bayrūt, Dār al-Makšūf, 1956

Ibn Ḥawqal, *Liber imaginis terrae*, ed. J.H. Kramers, I, Lugduni Batavorum, Brill, 1938

Ibn Taġrībirdī, *Al-nuğūm al-ẓāhirah fī mulūk Miṣr wa 'l-Qāhirah*, ed. T.J. Juynboll, II, Lugduni Batavorum, Brill, 1855

Ibn Taymiyya and his Times, ed. by Y. Rapoport and S. Ahmed, Oxford, Oxford University Press, 2010 (Studies in Islamic Philosophy, s.n.)

The Idea of Iran. 4. *The Rise of Islam*, ed. by V. Sarkhosh Curtis and S. Stewart, London, I.B. Tauris, 2009

The Idea of Iran. 5. *Early Islamic Iran*, ed. by E. Herzig and S. Stewart, London, I.B. Tauris, 2012

F. Imbert, *Graffiti arabes de Cnide et de Kos: premières traces épigraphiques de la conquête musulmane en mer Égée*, in *Constructing the Seventh Century*, ed. by C. Zuckerman, Paris, Ass. des Amis du Centre d'Histoire et Civilisation de Byzance, 2013 (Travaux et mémoires, 17), pp. 731-758

R. Ismail, *Saudi Clerics and Shi'a Islam,* Oxford, Oxford University Press, 2016

S.H.M. Jafri, *The Origins and Early Development of Shi'a Islam*, Karachi, Oxford University Press, 2000

M. al-Jamil, *Statuto personale della "Gente del Libro" e autorità patriarcale nella città islamica*, Neamţ, Serafica, 2009 (Academia Historico-Juridico-Theologica P. Tocănel Instituti Theologici Franciscani Roman. Studia et Documenta, 17)

J. Johns, *Archaeology and the History of Early Islam: The First Seventy Years*, in «Journal of the Economic and Social History of the Orient», 46 (2003), pp. 411-436

J. Johns, *I re normanni e i califfi fāṭimiti. Nuove prospettive su vecchi materiali*, in *Del nuovo sulla Sicilia musulmana*, Roma, Accademia Nazionale dei Lincei, 1995 (Accademia Nazionale dei Lincei. Fondazione Leone Caetani, 26)

J.M.B. Jones, *The* Maghāzī *Literature*, in *Arabic Literature to the End of the Umayyad Period*, ed. by A.F.L. Beeston, T.M. Johnstone, R.B. Serjeant and G.R. Smith, Cambridge, Cambridge University Press, 1983, pp. 344-351

L.G. Jones, *The Power of Oratory in the Medieval Muslim World*, Cambridge, Cambridge University Press, 2012 (Cambridge Studies in Islamic Civilization, s.n.)

S.C. Judd, *Medieval Explanations for the Fall of the Umayyads*, in *Umayyad Legacies. Medieval Memories from Syria to Spain*, ed. by A. Borrut and P.M. Cobb, Leiden

& Boston, Brill, 2010 (Islamic History and Civilization. Studies and Texts, 80), pp. 89-104

S.C. Judd, *Religious Scholars and the Umayyads*, London-New York, Routledge, 2014

Just Wars, Holy Wars & Jihads. Christian, Jewish, and Muslim Encounters and Exchanges, ed. by S.H. Hashmi, Oxford, Oxford University Press, 2012

G. El Kadi, A. Bonnamy, *Architecture for the Dead. Cairo's Medieval Necropolis*, Cairo-New York, The American University in Cairo Press, 2007

W.E. Kaegi, *Byzantium and the Early Islamic Conquests*, Cambridge, Cambridge University Press, 1992

W.E. Kaegi, *Muslim Expansion and Byzantine Collapse in North Africa*, Cambridge, Cambridge University Press, 2010

E.H. Kantorowicz, *I due corpi del re. L'idea di regalità nella teologia politica medievale*, tr. it. di G. Rizzoni, Torino, Einaudi, 2012 (PBE, N.S.)

A. Kaplony, *Konstantinopel und Damaskus. Gesandschaften und Verträge zwischen Kaisern und Kalifen 639-750*, Berlin, K. Schwarz Verlag, 1996 (Islamkundliche Untersuchungen, 208)

Gh. Kazna Katbi, *Islamic Land Tax – Al-Kharāj*, London, I.B. Tauris, 2010 (Contemporary Arab Scholarship in Social Sciences, 6)

H.N. Keaney, *Medieval Islamic Historiography. Remembering Rebellion*, New York-London, Routledge, 2013 (Routledge Research in Medieval Studies, 5)

H. Kennedy, *Caliphate. The History of an Idea*, in corso di stampa

H. Kennedy, *The Caliphate*, London, Pelican Books, 2016

H. Kennedy, *Gli eserciti dei califfi* (2001), tr. it. di L. Lanza e P. Vicentini, Gorizia, Libreria editrice Goriziana, 2010

H. Kennedy, *From* Polis *to* Madīna. *Urban Changes in Late Antique and Early Islamic Syria*, in «Past & Present», 106 (1985), pp. 3-27 (poi in Id., *The Byzantine and Early Islamic Near East*, Aldershot-Burlington, VT, Ashgate, 2006 [Variorum Collected Studies, 860], nr. I)

H. Kennedy, *Le grandi conquiste arabe* (2007), tr. it. di V. Gorla, Roma, Newton Compton, 2008

H. Kennedy, *Muslim Spain and Portugal. A Political History of al-Andalus*, Harlow, Longman, 1996

H. Kennedy, *Storia della più grande dinastia islamica. Ascesa e declino della corte dei califfi* (2004), tr. it. di C. Carmenati, Roma, Newton Compton, 2005 (I volti della storia, 184)

G. Kepel, *Fitna. Guerra nel cuore dell'Islam* (2004), tr. it. di C. Brancaccio e L. Capezzone, Roma-Bari, 2004 (I Robinson/Letture, s.n.)

Kh. Keshk, *The Historians' Muʿāwiya. The Depiction of Muʿāwiya in the Early Islamic Sources*, Saarbrücken, VDM Verlag Dr. Müller, 2008

Ch. Kessler, *ʿAbd Al-Malik's Inscription in the Dome of the Rock: A Reconsideration*, in «The Journal of the Royal Asiatic Society of Great Britain and Ireland», 1 (1970), pp. 2-14

E. Key Fowden, *The Barbarian Plain. Saint Sergius between Rome and Iran*, Berkeley-Los Angeles-London, University of California Press, 1999 (The Transformation of the Classical Heritage, XXVIII)

M. Khadduri, *War and Peace in the Law of Islam*, Baltimore, MA, John Hopkins Press, 1955

N. Khalek, *Damascus after the Muslim Conquest. Text and Image in Early Islam*, Oxford, Oxford University Press, 2011

T. Khalidi, *Arabic Historical Thought in the Classical Period*, Cambridge, Cambridge University Press, 1994

T. Khalidi, *Images of Muhammad. Narratives of the Prophet in Islam across the Centuries*, New York-London-Toronto-Sydney-Auckland, Doubleday, 2009

Ch. King, *Mezzanotte a Istanbul. Dal crollo dell'Impero alla nascita della Turchia moderna*, tr. it. di L. Giacone, Torino, Einaudi, 2015 (La Biblioteca, s.n.)

M.J. Kister, "The *Sīrah* Literature", in *Arabic Literature to the End of the Umayyad Period, Arabic Literature to the End of the Umayyad Period*, ed. by A.F.L. Beeston, T.M. Johnstone, R.B. Serjeant and G.R. Smith, Cambridge, Cambridge University Press, 1983, pp. 352-367

Konflikt und Bewältigung. Die Zerstörung der Grabeskirche zu Jerusalem im Jahre 1009, hrsg. von Th. Pratsch, Berlin-Boston, W. de Gruyter, 2011 (Millennium Studien, 32)

D. Korobeinikov, *Byzantium and the Turks in the Thirteenth Century*, Oxford, Oxford University Press, 2014 (Oxford Studies in Byzantium, s.n.)

C.P. Kyrris, *The Nature of the Arab-Byzantine Relations in Cyprus from the Middle of the 7th to the Middle of the 10th Century A.D.*, in «Graeco-Arabica», III (1984), pp. 149-175

H. Laoust, *La biographie d'Ibn Taymiyya d'après Ibn Kaṯīr*, in «Bulletin des Études Orientales», IX (1943), pp. 115-162

H. Laoust, *La pensée et l'action politique d'Al-Māwardī*, in «Revue des études islamiques», XXXVI (1968), pp. 11-92

H. Laoust, *Gli scismi nell'Islam. Un percorso nella pluralità del mondo musulmano* (1965), tr. it. di V. Colombo, Genova, ECIG, 2002[2] (Nuova Atlantide, s.n.)

I.M. Lapidus, *Storia delle società islamiche*, I. *Le origini dell'Islam* (1988), tr. it. di N. Negro, Torino, Einaudi, 1993 (Biblioteca Einaudi, 101*)

Ph. Lauer, *Le poème de la Destruction de Rome et les origines de la Cité Léonine*, in «Mélanges d'archéologie et d'histoire», 19 (1899), pp. 307-361

D. Lav, *Radical Islam and the Revival of Medieval Theology*, Cambridge, Cambridge University Press, 2012

T.E. Lawrence, *I sette pilastri della saggezza* (1926), tr. it. di P. Pieroni e W. Mauro, Roma, Newton Compton, 1995

M. Lecker, *Bibliographical Notes on Ibn Shihāb al-Zuhrī*, in «Journal of Semitic Studies», 41 (1996), pp. 26-63

M. Lecker, *The "Constitution of Medina". Muhammad's First Legal Document*, Princeton, Darwin Press, 2004 (Studies in Late Antiquity and Early Islam, 23)

M. Lecker, *Pre Islamic Arabia*, in *The New Cambridge History of Islam*, I. *The Formation of the Islamic World. Sixth to Eleventh Century*, ed. by Ch.F. Robinson, Cambridge, Cambridge University Press, 2010, pp. 153-170

J. Le Goff, *Il re nell'Occidente medievale* (2004), tr. it. di R. Riccardi, Bari-Roma, Laterza, 2006 (I Robinson/Letture, s.n.)

G. Le Strange, *Baghdad during the ʿabbāsid Caliphate: from Contemporary Arabic and Persian Sources*, Oxford-London, Oxford University Press & H. Milford, 1924

The Letter of Tansar, ed. by M. Boyce, Roma, Is.M.E.O., 1968

Y. Lev, *State & Society in Fatimid Egypt*, Leiden-New York-København-Köln, Brill, 1991 (Arab History and Civilization. Studies and Texts, 1)

É. Lévi-Provençal, *Histoire de l'Espagne musulmane*, I. *La conquête et l'Émirat hispano-umaiyade*, Paris, Maisonneuve & Larose, 1999[3]

É. Lévi-Provençal, *Histoire de l'Espagne musulmane*, II. *Le Califat umaiyade de Cordoue*, Paris, Maisonneuve & Larose, 1999[3]

M. Levy-Rubin, *Non-Muslims in the Early Islamic Empire. From Surrender to Coexistence*, Cambridge, Cambridge University Press, 2011

B. Lewis, *The Arab Destruction of The Library of Alexandria: Anatomy of a Myth*, in *What Happened to the Ancient Library of Alexandria?*, ed. by M. El-Abbadi, O. Fathallah and I. Serageldin, Leiden-Boston, Brill, 2008 (Library of the Written World, 3. The Manuscript World, 1), pp. 213-217

B. Lewis, *The Islamic Guilds*, in «The Economic History Review», 8 (1937), pp. 20-37

B. Lewis, *Il linguaggio politico dell'Islam* (1988), tr. it. di B. Scarcia Amoretti, Bari-Roma, Laterza, 1991 (Quadrante, 41)

B. Lewis, *Il Medio Oriente. Duemila anni di storia* (1995), tr. it. di M. Lunari, Milano, Arnoldo Mondadori, 1996 (La Storia, s.n.)

C. Lo Jacono, *Maometto*, Roma-Bari, Laterza, 2011 (Biblioteca essenziale Laterza, s.n.)

C. Lo Jacono, *Storia del mondo islamico (VII-XVI secolo)*, I. *Il Vicino Oriente*, Torino, Einaudi, 2003 (PBE, 251)

W. Madelung, *The Succession to Muḥammad. A Study of the Early Caliphate*, Cambridge, Cambridge University Press, 1997

P. Maggiolini, *Dal* jihad *al jihadismo: militanza e lotta armata tra XX e XXI secolo*, in *Jihad e terrorismo. Da al-Qaʿida all'ISIS: storia di un nemico che cambia*, a cura di A. Plebani, Milano, Mondadori, 2016 (Oscar storia, s.n.), pp. 3-44

Mālik ibn Anas, *Al-Muwaṭṭa'. Manuale di legge islamica*, a cura di R. Tottoli, Torino, Einaudi, 2011 (I millenni, s.n.)

Il marketing del terrore, a cura di M. Maggioni e P. Magri, Milano, Mondadori, 2016 (Piccola Biblioteca Oscar, 750)

L. Marlow, *Hierarchy and Egalitarianism in Islamic Thought*, Cambridge, Cambridge University Press, 1997 (Cambridge Studies in Islamic Civilization, s.n.)

G. Markoe, *Petra Rediscovered. The Lost City of the Nabataean Kingdom*, London, Thames & Hudson, 2003

M. Maróth, *The Correspondence between Aristotle and Alexander the Great. An Anonymous Greek Novel in Letters in Arabic Translation*, in «Acta Antiqua» XLV (2005), pp. 231-315

M. Maróth, *The Correspondence between Aristotle and Alexander the Great. An Anonymous Greek Novel in Letters in Arabic Translation*, Piliscsaba, The Avicenna Institute of Middle Eastern Studies, 2006

J. Marozzi, *Baghdad. City of Peace, City of Blood*, London, Allen Lane, 2014

A. Marsham, *Rituals of Islamic Monarchy. Accession and Succession in the First Muslim Empire*, Edinburgh, Edinburgh University Press, 2009

F.J. Martín Fernández, *Las relaciones diplomáticas y el derecho de embajada entre Córdoba y Bizancio (siglos IX-XI)*, in «Axerquia», 6 (1983), pp. 87-97

G. Martinez-Gros, *Le califat omeyyade selon Ibn Khaldūn. Revanche des impies ou fondation de l'empire?*, in *Umayyad Legacies. Medieval Memories from Syria to Spain*, ed. by A. Borrut e P.M. Cobb, Leiden-Boston, Brill, 2010 (Islamic History and Civilization. Studies and Texts, 80)

G. Martinez-Gros, *L'Idéologie omeyyade*, Madrid, Casa de Velázquez, 1992

C. Martini Bonadeo, *Le biblioteche arabe e i centri di cultura fra IX e X secolo,* in *Storia della filosofia nell'Islam medievale*, a cura di C. D'Ancona, Einaudi, Torino 2005, pp. 261-281

L. Massignon, *La passion de Ḥusayn ibn Manṣūr Ḥallāj: martyr mystique de l'Islam, exécuté à Bagdad le 26 mars 922: étude d'histoire religieuse (nouvelle édition)*, I-IV, Paris, Gallimard, 2010 (Collection Tel, s.n.)

Al-Mas῾ūdī, *Murūǧ al-ḏahab*, éd. par Ch. Barbier de Meynard et A. Pavet de Courteille (rev. par Ch. Pellat), VIII, Beyrouth, I.F.A.O, 1966 (Sect. des études historiques, XI)

Maverdii *Constitutiones politicae*, ed. M. Enger, Bonnae, apud A. Marcum, 1853

S. Mazzarino, *L'impero romano*, I, Roma-Bari, Laterza, 1986

I. Mélikoff, *Abū Muslim, le «porte-hache» du Khorassan dans la tradition épique turco-iranienne*, Paris, A. Maisonneuve, 1962

A. Mérad, *Le Califat, une autorité pour l'Islam?,* Paris, Desclée de Brouwer, 2008

D.M. Metcalf, *Byzantine Cyprus 491-1191*, Nicosia, Cyprus Research Centre, 2009 (Texts and Studies in the History of Cyprus, LXII)

F. Micheau, *Bagdad*, in *Grandes villes méditerranéennes du monde musulman médiéval*, éd. par J.-C. Garcin, Roma, École française de Rome, 2000 (Collection de l'École française de Rome, 269), pp. 89-112

F. Micheau, *Les débuts de l'Islam. Jalons pour une nouvelle histoire*, Paris, Téraèdre, 2012 (L'Islam en débats, s.n.)

M.S.A. Mikhail, *From Byzantine to Islamic Egypt. Religion, Identity and Politics after the Arab Conquest*, London, I.B. Tauris, 2014

M. Milwright, *The Dome of the Rock and its Umayyad Mosaic Inscriptions*, Edinburgh, Edinburgh University Press, 2016 (Edinburgh Studies in Islamic Art, s.n.)

A. Miquel, *La géographie humaine du monde musulman jusqu'au milieu du 11e siècle*, I-IV, Paris, Mouton, 1967-88 (Civilisations et Sociétés, s.n.)
M. Molinari, *Il califfato del terrore. Perché lo Stato islamico minaccia l'Occidente*, Milano, Rizzoli, 2015
M. Molinari, *Jihad. Guerra all'Occidente*, Milano, Rizzoli, 2015
A. Morabia, *Le Gihad dans l'Islam médiéval*, Paris, Albin Michel, 1993 (Bibl. A. Michel Histoire, s.n.)
A. Morabia, *Ibn Taymiyya, dernier grand théoricien du ǧihād médiéval*, in «Bulletin des Études Orientales», XXIX (1977), pp. 86-100
M.G. Morony, *Iraq after the Muslim Conquest*, Princeton, NJ, Princeton University Press, 1984
W. Muir, *The Caliphate: Its Rise, Decline and Fall*, London, The Religious Tract Society, 1892[2]
H. Munt, *The Holy City of Medina. Sacred Space in Early Islamic Arabia*, Cambridge, Cambridge University Press, 2014
Al-Muqaddasī, *Aḥsan al-taqāsīm fī ma'rifat al-aqālīm*, a cura di M.J. de Goeje, Lugduni Batavorum, Brill, 1877 (Bibliotheca Geographorum Arabicorum, 3)
A. Musil, *Ḳuṣejr 'Amra*, I-II, Wien, K. Akademie der Wissenschaften, 1907

S. Naef, *La questione dell'immagine nell'Islam* (2004), tr. it. di G. Prucca, Milano, O barra O edizioni, 2011
B.M. Nafi, *The Abolition of the Caliphate in Historical Context*, in *Demystifying the Caliphate. Historical Memory and Contemporary Contexts*, ed. by M. al-Rasheed, C. Kersten and M. Shterin, Oxford, Oxford University Press, 2015, pp. 31-56
B.M. Nafi, *Arabism, Islamism and the Palestine Question, 1909-1941*, Reading, Ithaca Press, 1998
C.A. Nallino, *Appunti sulla natura del "Califfato" in genere e sul presunto "Califfato ottomano"*, in Id., *Raccolta di scritti editi e inediti*. III. *Storia dell'Arabia preislamica. Storia delle istituzioni musulmane*, a cura di M. Nallino, Roma, Istituto per l'Oriente, 1941, pp. 234-259
G. Necipoğlu, *The Dome of The Rock as Palimpsest: 'Abd Al-Malik's Grand Narrative and Sultan Süleyman's Glosses*, in «Muqarnas», 25 (2008), pp. 17-105
L. Nees, *Perspective on Early Islamic Art in Jerusalem*, Leiden-Boston-Köln, Brill, 2015 (Arts and Archaeology of the Islamic World, 5)
A. Nef, *Instruments de la légitimation politique et légitimité religieuse dans l'Ifrīqiya de la fin du IXe siècle. L'exemple d'Ibrāhīm II*, in *La légitimation du pouvoir au Maghreb médiéval. De l'orientalisation à l'émancipation politique*, éd. par A. Nef et E. Voguet, Madrid, Casa de Velásquez, 2011, pp. 75-91
A. Nef, *Violence and the Prince: The Case of the Aghlabid* Amīr *Ibrāhīm*, in *Public Violence in Islamic Societies*, ed. by Ch. Lange and M. Fierro, Edinburgh, Edinburgh University Press, 2009, pp. 217-237
Nicholas I Patriarch of Constantinople, *Letters*, a cura di R.J.H. Jenkins e L.G. Westerink, Washington, DC, Dumbarton Oaks Center, 1973 (Corpus Fontium Historiae Byzantinae, VI)

F. Nicoll, *The Sword of the Prophet. The Mahdi of Sudan and the Death of General Gordon*, Thrupp, Sutton Publishing, 2004

Nizām al-Mulk, *L'arte della politica*, tr. it. di M. Pistoso, Milano, Luni Editrice, 1999

A. Northedge, *The Historical Topography of Samarra*, London, British School of Archaeology in Iraq & Fondation M. van Berchem, 2005 (Samarra Studies, 1)

A. Northedge, *Studies on Roman and Islamic ʿAmmān: The Excavation of Mrs C.M. Bennet and Other Investigations*, I. *History, Site and architecture*, Oxford, Oxford University Press, 1992 (British Academy Monographs in Archaeology, 3)

L.S. Northrop, *The Baḥrī Mamlūk Sultanate, 1250-1390*, in *The Cambridge History of Egypt*, ed. by Carl F. Petry, I. *Islamic Egypt: 640-1517*, Cambridge, Cambridge University Press, 1998, pp. 242-289

S. Oliver-Dee, *The Caliphate Question*, Lanham-Boulder-New York-Toronto-Plymouth, Lexington Books, 2009

G. Oman, *Uno "specchio per principi" dell'*imām *ʿAlī Ibn Abī Ṭālib*, in Gàḥiẓ, *Il Principe musulmano*, a cura di E. Francesca, Genova, Marietti, 1996, pp. 1-33

Orations of the Fatimid Caliphs: Festival Sermons of the Ismaili Imams, ed. by P.E. Walker, London-New York, I.B. Tauris, 2009 (Ismaili Texts and Studies, 10)

A. Orsini, *ISIS. I terroristi più fortunati del mondo e tutto ciò che è stato fatto per favorirli*, Milano, Rizzoli, 2016

R. Pagliero, Viale, *La fortezza islamica di al-Uḫayḍir*, in «Castellum», VII (1968), pp. 13-36

A. Panaino, *Politica religiosa e regalità sacra nell'Iran preislamico*, Milano, Mimesis, 2007

R. Pankhurst, *The Inevitable Caliphate? A History of the Struggle for Global Islamic Union, 1924 to the Present*, Oxford, Oxford University Press, 2013

R. Parviz Mottahedeh, R. al-Sayyid, *The Idea of the* Jihād *in Islam before the Crusades*, in *The Crusades from the Perspective of Byzantium and the Muslim World*, ed. by A. Laiou and R. Parviz Mottahedeh, Washington, DC, D.O.R.L.C., 2001, pp. 23-29

A.C.S. Peacok, *The Great Seljuk Empire*, Edinburgh, Edinburgh University Press, 2015 (The Edinburgh History of the Islamic Empire)

Ch. Pellat, *Le culte de Muʿāwiya au IIIe siècle de l'hégire*, in «Studia Islamica», VI (1956), pp. 53-66 (poi in Id., *Études sur l'histoire socio-culturelle de l'Islam (VIIe-XVe siècle)*, London, Variorum Reprints, 1976 [Collected Studies, 43], nr. x)

Ch. Picard, *Baḥriyyūn, émirs et califes: l'origine des équipages des flottes musulmanes en Méditerranée occidentale (VIIIe-Xe siècle)*, in «Medieval Encounters», 13 (2007), pp. 413-451

Ch. Picard, *La mer des califes. Une histoire de la Méditerranée musulmane*, Paris, Éditions du Seuil, 2015 (L'Univers Historique, s.n.)

A. Popovic, *The Revolt of African Slaves in Iraq in the 3rd/9th Century*, Princeton, NJ, M. Wiener, 1999 (Princeton Series on the Middle East, s.n.)

P. Pourshariati, *Decline and Fall of the Sasanian Empire. The Sasanian-Parthian Confederacy and the Arab Conquest of Iran*, London, I.B. Tauris, 2008 (International Library of Iranian Sudies, 10)

D.S. Power, *Muḥammad is Not the Father of Any of Your Men. The Making of the Last Prophet*, Philadelphia, University of Pennsylvania Press, 2009

A.L. de Prémare, *Alle origini del Corano* (2004), a cura di C. Bori, tr. it. di C. Banti, Roma, Carocci 2014 (Quality Paperbacks, 403)

A.-L. De Prémare, *Les fondations de l'Islam*, Paris, Éditions du Seuil, 2002

V. Prigent, *Chypre entre Islam et Byzance*, in *Chypre entre Byzance et l'Occident*, éd. par J. Durand et D. Giovannoni, Paris, Musée du Louvre, Somogy éditions d'art, 2012, pp. 79-87

W. Qadi, A.A. Shahin, s.v. «Caliph, Caliphate», in *The Princeton Encyclopedia of Islamic Political Thought*, ed. by G. Bowering, P. Crone, W. Kadi, D.J. Stewart and M. Qasim Zaman, Princeton, Princeton University Press, 2012, pp. 81-86

M. Qasim Zaman, *Religion & Politics under the Early ʿabbāsids. The Emergence of the Proto-Sunnī Elite*, Leiden-New York-Köln, Brill, 1997 (Islamic History and Civilization. Studies and Texts, 16)

Y. Ragheb, *Les premiers documents arabes de l'ère musulmane*, in *Constructing the Seventh Century*, ed. by C. Zuckerman, Paris, Ass. des Amis du Centre d'Histoire et Civilisation de Byzance, 2013 (Travaux et mémoires, 17), pp. 679-729

A. Rahal, *Le Califat, de sa naissance à son abolition*, Alger, Entreprise Nationale du Livre, 1992

Raqqa II. *Die islamische Stadt*, hrsg. von S. Heidemann, A. Becker, Mainz, Ph. von Zabern, 2003

A. Raymond, *Le Caire*, Paris, Fayard, 1993

G.J. Reinink, *Early Christian Reactions to the Building of the Dome of the Rock in Jerusalem*, in «Xristianskij Vostok», 2 (8) (2001), pp. 227-241 (poi in Id., *Syriac Christianity under Late Sasanian and Early Islamic Rule*, Burlington, VT-London, Variorum Reprints, 2005, nr. XII)

J. Retsö, *The Arabs in Antiquity. Their History from the Assyrians to the Umayyads*, New York-London, Routledge-Curzon, 2003

Ch.J. Robin, *Before Ḥimyar: Epigraphic Evidence for the Kingdoms of South Arabia*, in *Arabs and Empires before Islam*, ed. by G. Fisher, Oxford, Oxford University Press, 2015, pp. 90-126

Ch.J. Robin, *Ḥimyar, Aksūm and* Arabia Deserta *in Late Antiquity*, in *Arabs and Empires before Islam*, ed. by G. Fisher, Oxford, Oxford University Press, 2015, pp. 127-171

Ch.F. Robinson, *ʿAbd al-Malik*, Oxford, Oneworld, 2005 (Makers of the Muslim World, s.n.)

Ch.F. Robinson, *Empires and Elites after the Muslim Conquest*, Cambridge, Cambridge University Press, 2000 (Cambridge Studies in Islamic Civilization, s.n.)

Ch.F. Robinson, *Islamic Historiography*, Cambridge, Cambridge University Press, 2003

Ch.F. Robinson, *The Rise of Islam, 600-705*, in *The New Cambridge History of Islam*, I. *The Formation of the Islamic World. Sixth to Eleventh Century*, ed. by Ch.F.R., Cambridge, Cambridge University Press, 2010, pp. 173-225

M. Rosen-Ayalon, *Art et archéologie islamiques en Palestine*, Paris, PUF, 2002 (Islamiques, s.n.)

E.I.J. Rosenthal, *Political Thought in Medieval Islam. An Introductory Outline*, Cambridge, Cambridge University Press, 1958

F. Rosenthal, *The Classical Heritage in Islam* (1965), transl. by E. and J. Marmorstein, London-New York, Routledge & K. Paul, 1975

J.-P. Roux, *Histoire des Turcs*, Paris, Fayard, 2000²

O. Roy, *Le djihad et la mort*, Paris, Éditions du Seuil, 2016

O. Roy, *L'échec de l'Islam politique*, Paris, Éditions du Seuil, 2015² (Points, 763)

M.J. Rubiera y Mata, *L'immaginario e l'architettura nella letteratura araba medievale* (1988), tr. it. di E. Concina, Genova, Marietti, 1990 (Biblioteca araba e islamica, 3)

S. Runciman, *La teocrazia bizantina*, tr. it. di V. Peri, Firenze, Sansoni, 1988

J. Ryckmans, *L'institution monarchique en Arabie méridionale avant l'Islam*, Louvain, Publications Universitaires, 1951

S. Sabari, *Mouvements populaires à Bagdad à l'époque abbasside IXe-XIe siècle*, Paris, A. Maisonneuve, 1981 (Série Étude de civilisation et d'histoire islamique. Centre «Shiloa» des études du Moyen-Orient et de l'Afrique, s.n.)

C. Saccone, *La regalità nella letteratura persiana: dall'Iran mazdeo al medioevo islamico*, in *La regalità*, a cura di C. Donà e F. Zambon, Roma, Carocci, 2002 (Biblioteca Medievale. Saggi, 9), pp. 33-64

B. Sadeghi, *The Codex of a Companion of the Prophet and the Qurān of the Prophet*, in «Arabica», 57 (2010), pp. 343-436

J.M. Safran, *The Command of the Faithful in Al-Andalus: a Study in the Articulation of Caliphal Legitimacy*, in «International Journal of Middle East Studies», 30 (1998), pp. 183-198

J.M. Safran, *The Second Umayyad Caliphate*, Cambridge, MA, Harvard University Press, 2001 (Harvard Middle Eastern Monographs 33)

E.W. Said, Covering Islam. *Come i media e gli esperti determinano la nostra visione del resto del mondo* (1997²), tr. it. di M. Gatto, Massa, Transeuropa, 2012 (Collana differenze, s.n.)

S. Said Agha, *The Revolution which Toppled the Umayyads. Neither Arab nor 'Abbāsid*, Leiden-Boston, Brill, 2003 (Islamic History and Civilization, 50)

Ph.-J. Salazar, *Parole armate. Quello che l'ISIS ci dice e che noi non capiamo* (2015), tr. it. di C. Lurati e G. Sartori, Milano, Bompiani (Saggi Bompiani, s.n.), 2016

S.Kh. Samir, *L'Apocalypse de Samuel de Qalamūn et la domination des Hagaréens*, in *"Guerra santa" e conquiste islamiche nel Mediterraneo (VII-XI secolo)*, a cura di M. Di Branco e K. Wolf, Roma, Viella, 2014 (I libri di Viella, 179), pp. 17-63

P. Sanders, *Ritual and the City in Fatimid Cairo*, Albany, NY, State University of New York Press, 1994
B. Scarcia Amoretti, *Il Corano*, Roma, Carocci, 2009 (Frecce, 82)
B. Scarcia Amoretti, *Sciiti nel mondo*, Roma, Jouvence, 1994 (Storia, 35)
B. Scarcia Amoretti, *Teorizzare il Jihād: percorsi interni all'Islam e letture storiografiche*, in «Studi Storici», 43 (2002), pp. 739-753
J. Schacht, *The Origins of Muhammadan Jurisprudence*, Oxford, Clarendon Press, 1959
A. Schimmel, *Das islamische Jahr. Zeiten und Feste*, München, Verlag C.H. Beck, 2001
G. Schoeler, *Écrire et transmettre dans les débuts de l'islam*, Paris, PUF, 2002 (Islamiques, s.n.)
Ph. Sénac, *Al-Mansur. Il flagello dell'anno Mille* (2006), tr. it. di A. Di Lernia, Roma, Salerno Editrice 2007 (Piccoli Saggi, 34)
I. Shahîd, *Byzantium and the Arabs in the Sixth Century*, I.1, I.2 e II, Washington, DC, Dumbarton Oaks Research Library and Collection, 1995-2009
V. Shalev-Hurvitz, *Holy Sites Encircled. The Early Byzantine Concentric Churches of Jerusalem*, Oxford, Oxford University Press, 2015 (Oxford Studies in Byzantium, s.n.)
A. El Shamsy, *The Canonization of Islamic Law: A Social and Intellectual History*, Cambridge, Cambridge University Press, 2013 (Cambridge Studies in Islamic Civilization, s.n.)
W. al-Sharif, *The Dearest Quest. A Biography of Ibn Tumart*, Tranent, Jerusalem Academic Publications, 2010
K. Şahin, *Constantinople and the End Time: Ottoman Conquest as a Portent of the Last Hour*, in «Journal of Early Modern History», 14 (2010) pp. 317-354
M. Sharon, *Black Banners from the East*, I. *The Establishment of the Abbasid State: Incubation of a Revolt*, Jerusalem-Leiden, The Magnes Press-The Hebrew University-Brill, 1983 (The Max Schloessinger Memorial Series, Monographs, II)
M. Sharon, *Black Banners from the East*. 2. *Revolt: The Social and Military Aspects of the Abbasid Revolution,* Jerusalem, The Max Schloessinger Memorial Fund-The Hebrew University, 1990 (The Max Schloessinger Memorial Series, Monographs, V)
M. Shatzmiller, *Labour in the Medieval Islamic World*, Leiden-Boston, Brill, 1994 (Islamic History and Civilization, 4)
S.J. Shoemaker, *The Death of a Prophet. The End of Muhammad's Life and the Beginning of Islam*, Philadelphia, University of Pennsylvania Press, 2012 (Divination: Rereading Late Ancient Religion, s.n.)
P.M. Sijpesteijn, *Shaping a Muslim State*, Oxford, Oxford University Press, 2013 (Oxford Studies in Byzantium)
Soloi. Dix campagnes de fouilles (1964-1974), I, éd.par J. des Gagniers, R. Ginouvès et T. Tinh Tran, Sainte-Foy, Les Presses de l'Université Laval, 1985
M.G. Stasolla, *Come legge la storia un letterato del X secolo. Al-Ǧahšiyārī e i Barmecidi*, Roma, Aracne, 2007 (AIO, 311)

H. Stierlin, *Turchia. Dai Selgiuchidi agli Ottomani*, Köln-London-Madrid-Paris-New York-Tokyo, Taschen, 1999

V. Strika, *La formazione dell'iconografia del Califfo nell'arte ommiade*, in *Scritti in onore di L. Veccia Vaglieri*, II, in «AION», 24, n.s., XIV (1964), pp. 727-757

V. Strika, J. Khalīl, *The Islamic Architecture of Baghdād. The Results of a Joint Italian-Iraqi Survey*, Napoli, Istituto Universitario Orientale, 1987

Ṭabarī, *Ta'rīḫ al-rusul wa 'l-mulūk*, ed. M.J. de Goeje, Lugduni Batavorum, I.4-I.5, 1890-1893

F. Taeschner, *Futuwwa, eine gemeinschaftsbildende Idee im mittelalterlichen Orient und ihre verschiedenen Erscheinungsformen*, in «Schweiz. Archiv für Volkskunde», LII (1956), pp. 124-34

M. Talbi, *L'émirat aghlabide (184-296/800-909). Histoire politique*, Paris, A. Maisonneuve, 1966

J. Teitelbaum, *The Rise and Fall of the Hashemite Kingdom of the Hijaz*, London, C. Hurst & Co. Publishers, 2001

J. Teixidor, *Hommage à Bagdad*, Paris, CNRS Éditions, 2007

Theophanes, *The Chronicle of Theophanes Confessor. Byzantine and Near Eastern History a.d. 284-813*, ed. by C. Mango, Oxford, Oxford University Press, 1997

Theophanes, *Chronicon*, ed. C. de Boor, I, Lipsiae, Teubner, 1883

J.V. Tolan, *Saracens. Islam in the Medieval European Imagination*, New York, Columbia University Press, 2002

D.G. Tor, *Violent Order: Religious Warfare, Chivalry, and the* ʿAyyār *Phenomenon in the Medieval Islamic World*, Istanbul-Würzburg, Ergon Verlag, 2007 (Istanbuler Texte und Studien, 11)

I. Toral-Niehoff, *Al-Ḥīra. Eine arabische Kulturmetropole im spätantiken Kontext*, Leiden-Boston, Brill, 2014 (I.H.C., 104)

Les traditions apocalyptiques au tournant de la chute de Constantinople, éd. par B. Lellouch et S. Yerasimos, Paris, L'Harmattan 1999 (Varia Turcica, XXXIII)

A.S. Tritton, *The Caliphs and their Non-Muslim Subjects. A Critical Study of the Covenant of 'Umar*, London-Bombay-Calcutta-Madras, Humphrey Milford-Oxford University Press, 1930

W.F. Tucker, *Mahdis and Millenarians. Shī'ite Extremists in Early Muslim Iraq*, Cambridge, Cambridge University Press, 2008

J.P. Turner, *Inquisition in Early Islam: The Competition for Political and Religious Authority in the Abbasid Empire*, London, I.B. Tauris, 2013

M. Vaiou, *Diplomacy in the Early Islamic World. A Tenth Century Treatise on Arab-Byzantine Relations*, London-New York, I.B. Tauris, 2015

A. Vallejo Triano, *La ciudad califal de Madīnat al-Zahrā'*, Córdoba, Almuzara, 2010

A. Vanoli, *La Spagna delle tre culture. Ebrei, cristiani e musulmani tra storia e mito*, Roma, Viella, 2006 (La Storia. Temi, 1)

A.A. Vasiliev, *Byzance et les Arabes*, II.1. *La dynastie Macédonienne (867-959)*, Bruxelles, Fondation Byzantine, 1968 (Corpus Bruxellense Historiae Byzantinae, II.1)

L. Veccia Vaglieri, *Il conflitto ʿAlī-Muʿāwiya e la secessione khārigita riesaminata alla luce delle fonti ibāḍite*, in «AION», n.s., IV (1952), pp. 1-94

J.A. Velji, *An Apocalyptic History of the Early Fatimid Empire*, Edinburgh, Edinburgh University Press, 2016 (Edinburgh Studies in Islamic Apocalypticism and Eschatology, s.n.)

M. Verlicchi, *Influenze e conflitti tra Persia e Bisanzio. La regalità e il sacro nel mondo iranico*, Milano, Mimesis, 2009 (Esssere e libertà, s.n.)

P. Veyne, *Palmyre. L'irremplaçable trésor*, Paris, A. Michel, 2015

P.E. Walker, *Caliph of Cairo: al-Hakim bi-Amr Allah, 996-1021*, Cairo, The American University in Cairo Press, 2012

P.E. Walker, *Exploring an Islamic Empire: Fatimid History and Its Sources*. London-New York, I.B. Tauris, 2002 (Ismaili Heritage Series, 7)

P.E. Walker, *Fatimid History and Ismaili Doctrine*, Aldershot-Brookfield, VE, Ashgate, 2008 (Variorum Collected Studies, 900)

A. Walmsley, *The 'Islamic City': the Archaeological Experience in Jordan*, in «Mediterranean Archaeology», 13 (2000), pp. 1-9

J. Warrick, *Black Flags. TheRise of ISIS*, New York, Doubleday, 2015

J. Wasserstein, *Byzantium and al-Andalus*, in «Mediterranean Historical Review», 1-2 (1987), pp. 76-101

J. Wellhausen, *Das arabische Reich und sein Sturz*, Berlin, W. de Gruyter & Co., 1960[2]

E. Yar-Shater, s.v. «Ibn Isfandyār», in *The Encyclopaedia of Islam*[2], III (1971), pp. 833-834

H. Yücesoy, *Messianic Beliefs & Imperial Politics in Medieval Islam. The ʿAbbāsid Caliphate in the Early Ninth Century*, Columbia, SC, University of South Carolina Press, 2009

Zakarija Ben Mohammad Ben Mahmud el-Cazwini's Kosmographie. 2. *Die Denkmäler der Länder*, ed. F. Wüstenfeld, Göttingen, Verlag der Dieterichschen Buchhandlung, 1849

M. Zakeri, *Sāsānid Soldier sin Early Muslim Society*, Wiesbaden, O. Harrassowitz, 1995

A. Zarrinkoub, *Do qarn sokūt*, Tehrān, Amirkabir Publ., 1957

Indice dei nomi e dei luoghi

Finito di stampare
nel mese di maggio 2017
dalla CDC Arti Grafiche s.r.l.
Città di Castello (PG)